A Interpretação das Culturas

Antropologia Social
Diretor: Gilberto Velho

Nesta coleção:

História Social da Criança e da Família, *Philippe Ariès*
Estigma: Notas sobre a Manipulação da Identidade Deteriorada, *Erving Goffman*

O GEN | Grupo Editorial Nacional – maior plataforma editorial brasileira no segmento científico, técnico e profissional – publica conteúdos nas áreas de ciências humanas, exatas, jurídicas, da saúde e sociais aplicadas, além de prover serviços direcionados à educação continuada e à preparação para concursos.

As editoras que integram o GEN, das mais respeitadas no mercado editorial, construíram catálogos inigualáveis, com obras decisivas para a formação acadêmica e o aperfeiçoamento de várias gerações de profissionais e estudantes, tendo se tornado sinônimo de qualidade e seriedade.

A missão do GEN e dos núcleos de conteúdo que o compõem é prover a melhor informação científica e distribuí-la de maneira flexível e conveniente, a preços justos, gerando benefícios e servindo a autores, docentes, livreiros, funcionários, colaboradores e acionistas.

Nosso comportamento ético incondicional e nossa responsabilidade social e ambiental são reforçados pela natureza educacional de nossa atividade e dão sustentabilidade ao crescimento contínuo e à rentabilidade do grupo.

Clifford Geertz

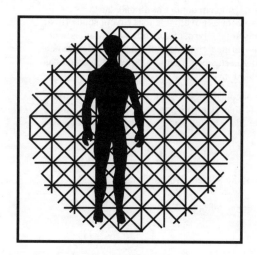

a Interpretação das Culturas

- O autor deste livro e a editora empenharam seus melhores esforços para assegurar que as informações e os procedimentos apresentados no texto estejam em acordo com os padrões aceitos à época da publicação, *e todos os dados foram atualizados pelo autor até a data de fechamento do livro*. Entretanto, tendo em conta a evolução das ciências, as atualizações legislativas, as mudanças regulamentares governamentais e o constante fluxo de novas informações sobre os temas que constam do livro, recomendamos enfaticamente que os leitores consultem sempre outras fontes fidedignas, de modo a se certificarem de que as informações contidas no texto estão corretas e de que não houve alterações nas recomendações ou na legislação regulamentadora.

- O autor e a editora se empenharam para citar adequadamente e dar o devido crédito a todos os detentores de direitos autorais de qualquer material utilizado neste livro, dispondo-se a possíveis acertos posteriores caso, inadvertida e involuntariamente, a identificação de algum deles tenha sido omitida.

- THE INTERPRETATION OF CULTURES
  Copyright © 1973 Basic Books, a Member of the Perseus Books Group
  All Rights Reserved.
  Authorized translation from the English language edition -
  Chapters 1, 2, 3, 4, 5, 8, 11, 14 and 15.

- Direitos exclusivos para a língua portuguesa
  Copyright © 1989 by
  LTC — Livros Técnicos e Científicos Editora Ltda.
  Uma editora integrante do GEN | Grupo Editorial Nacional

- Travessa do Ouvidor, 11
  Rio de Janeiro – RJ – 20040-040
  www.grupogen.com.br

- Reservados todos os direitos. É proibida a duplicação ou reprodução deste volume, no todo ou em parte, em quaisquer formas ou por quaisquer meios (eletrônico, mecânico, gravação, fotocópia, distribuição pela Internet ou outros), sem permissão, por escrito, da LTC | Livros Técnicos e Científicos Editora Ltda.

CIP-BRASIL. CATALOGAÇÃO-NA- FONTE
SINDICATO NACIONAL DOS EDITORES DE LIVROS, RJ.

G264i

Geertz, Clifford, 1926-
A interpretação das culturas / Clifford Geertz. - 1.ed. - [Reimpr.]. - Rio de Janeiro : LTC, 2022.
323p.

Tradução de: The interpretation of cultures
ISBN 978-85-216-1333-6

1. Etnologia. 2. Cultura. I. Título.

08-0869.   CDD: 301
                                            CDU: 316

Sumário

Prefácio vii

PARTE I

    1.   Uma Descrição Densa: Por uma Teoria Interpretativa da Cultura 3

PARTE II

    2.   O Impacto do Conceito de Cultura sobre o Conceito de Homem 25
    3.   O Crescimento da Cultura e a Evolução da Mente 41

PARTE III

    4.   A Religião como Sistema Cultural 65
    5.   "Ethos", Visão do Mundo e a Análise de Símbolos Sagrados 93

PARTE IV

    6.   A Ideologia como Sistema Cultural 107
    7.   A Política do Significado 135

PARTE V

    8.   Pessoa, Tempo e Conduta em Bali 149
    9.   Um Jogo Absorvente: Notas sobre a Briga de Galos Balinesa 185

Agradecimentos 215

Prefácio

Quando um antropólogo, incitado por um editor atencioso, começa a reunir alguns de seus ensaios para uma espécie de exposição retrospectiva do que vem fazendo, ou tentando fazer, no período de quinze anos desde que terminou a pós-graduação, ele enfrenta duas decisões dilacerantes: o que incluir e como tratar respeitosamente aquilo que é incluído. Todos nós que escrevemos artigos sobre ciências sociais, e cada vez é maior o número dos que os publicam, temos conosco uma espécie de registro negativo; imaginamos poder aprimorar o que já publicamos no passado e estamos prontos a introduzir melhoramentos em nosso próprio trabalho que não toleraríamos por parte de qualquer revisor. Tentar encontrar o desenho certo na tapeçaria de seus próprios escritos pode ser tão desanimador como tentar encontrá-lo na própria vida; tantar tecê-lo *post facto* — "isto é exatamente o que eu pretendia dizer" — é uma verdadeira tentação.

Enfrentei a primeira dessas decisões incluindo nesta coletânea apenas aqueles dentre os meus ensaios que têm relação direta e explícita com o conceito da cultura. De fato, em sua maioria, esses ensaios são mais estudos empíricos do que indagações teóricas, pois sinto-me pouco à vontade quando me distancio das imediações da vida social. Mas todos eles preocupam-se, basicamente, em levar adiante, em cada caso imediato, uma visão particular, que alguns chamariam peculiar, do que seja a cultura, do papel que ela desempenha na vida social, e como deve ser devidamente estudada. Embora esta redefinição da cultura tenha sido, talvez, o meu interesse persistente como antropólogo, também venho trabalhando extensivamente nas áreas do desenvolvimento econômico, da organização social, da história comparativa e da ecologia cultural — preocupações essas que, todavia, não se refletem aqui, a não ser de modo tangencial. Assim, o que é ostensivamente um conjunto de ensaios aparece mais, segundo espero, como algo semelhante a um tratado — um tratado de teoria cultural, desenvolvido por meio de uma série de análises concretas. Não se tratando apenas da revisão de uma carreira profissional um tanto errante do tipo "e então eu escrevi...", este livro tem uma posição a apresentar.

A segunda decisão foi mais difícil de tomar. De forma geral, eu tenho a opinião *stare decisis* sobre as coisas publicadas: se necessitam de muita revisão, provavelmente não deveriam ser reimpressas e sim substituídas por algo inteiramente novo. Além disso, corrigir uma falha de julgamento acrescentando opiniões diferentes a trabalhos anteriores não me parece inteiramente honesto, pois, em primeiro lugar, isso obscurece o desenvolvimento das ideias que alguém está supostamente tentando demonstrar ao coligir os ensaios.

Não obstante, parece haver alguma justificativa para uma certa quantidade de revisões retroativas nos casos em que a substância do argumento não é seriamente afetada; entretanto, deixar as coisas exatamente como foram escritas originalmente seria ao mesmo tempo fornecer informações já ultrapassadas e esvaziar uma discussão ainda válida ligando-a muito estreitamente a um conjunto particular de acontecimentos já superados.

Nos ensaios abaixo, há dois lugares em que essas considerações me pareceram relevantes e nos quais fiz, portanto, algumas modificações no que havia escrito originalmente. O primeiro é nos ensaios da Parte II, sobre cultura e evolução biológica, cuja datação dos fósseis nos ensaios originais foram definitivamente superadas. De forma geral, as datas foram situadas mais longe no tempo e, como essa mudança deixa meus argumentos centrais essencialmente intactos, não vejo prejuízo nenhum em introduzir as novas estimativas. Não há sentido nenhum em continuar a dizer ao mundo que os Australopitecíneos remontam a um milhão de anos, quando agora os arqueólogos estão encontrando fósseis de quatro a cinco milhões de anos. O segundo tem ligação com o Capítulo 10, na Parte IV,* "A Revolução Integradora", no qual o fluxo — se assim pode ser chamado — da história do novo Estado, uma vez que o artigo foi escrito no início dos anos 1960, torna a leitura de algumas passagens realmente esquisita. Como Nasser está morto, o Paquistão se dividiu, a Nigéria foi desfederalizada e o Partido Comunista desapareceu do cenário indonésio, escrever como se essas coisas não tivessem ocorrido é dar um sentido de irrealidade à discussão, uma discussão que, repito, continuo a achar válida mesmo que seja a filha de Nehru e não ele próprio quem dirija a Índia, e que a República da Malásia se tenha expandido na Federação da Malásia. Assim, fiz dois tipos de modificação naquele ensaio. Principalmente, mudei o tempo do verbo, introduzi cláusulas, acrescentei uma ou duas notas e assim por diante no

---

*Esse capítulo não consta desta coletânea. (N.T.)

viii PREFÁCIO

corpo do texto, para que se possa lê-lo um pouco melhor e não ficar com a noção de que os últimos dez anos não se passaram. Entretanto, nada mudei de substancial, de forma a melhorar minha argumentação. Segundo, acrescentei a cada um desses casos históricos — claramente à parte deles — um parágrafo resumindo os acontecimentos relevantes desde que o ensaio foi escrito, de forma a indicar que, quando mais não seja, esses acontecimentos demonstram a relevância continuada dos assuntos que o ensaio trata em termos de acontecimentos anteriores e, ainda, para dissipar o efeito de "Rip Van Winkle". Com a exceção de insignificantes correções tipográficas e gramaticais (e modificações no estilo referencial, para salvaguarda da consistência), o restante do livro não foi alterado no essencial.

Todavia, acrescentei um novo capítulo, o primeiro, numa tentativa de afirmar minha posição atual da forma mais geral que pude. Como as minhas opiniões sobre os assuntos que os capítulos discutem evoluíram neste intervalo de quinze anos, há na verdade algumas diferenças na forma como algumas coisas são colocadas no capítulo introdutório e a forma em que são colocadas em algumas das reimpressões. Certas das minhas preocupações anteriores — com o funcionalismo, por exemplo — têm agora menos importância para mim; algumas das mais recentes — como a semiótica — são mais importantes. Mas a linha de pensamento nos ensaios — que estão numa ordem lógica e não cronológica — parece-me relativamente consistente, e o capítulo introdutório representa um esforço para afirmar mais explícita e sistematicamente o que é essa linha de pensamento: em suma, uma tentativa de dizer o que venho dizendo.

Eliminei todos os agradecimentos que os ensaios originais continham. Aqueles que me ajudaram sabem que o fizeram e quanto. Espero que agora eles saibam que eu o reconheço. Em vez de implicá-los novamente nas minhas confusões, é melhor que eu siga o caminho um tanto peculiar de agradecer a três notáveis instituições acadêmicas, as quais ofereceram condições para meu trabalho que, estou convencido, não poderiam ter sido superadas em nenhum outro lugar do mundo: o Departamento de Relações Sociais da Universidade Harvard, onde fui treinado; o Departamento de Antropologia da Universidade de Chicago, onde ensinei durante uma década, e o Instituto de Estudos Avançados, em Princeton, onde trabalho agora. Numa ocasião em que o sistema universitário norte-americano está sendo atacado como irrelevante, ou pior, posso apenas dizer que para mim ele foi um presente redentor.

Clifford Geertz

Princeton
1973

PARTE I

CAPÍTULO 1

UMA DESCRIÇÃO DENSA:
Por uma Teoria Interpretativa da Cultura

I

Em seu livro *Philosophy in a New Key*, Susanne Langer observa que certas ideias surgem com tremendo ímpeto no panorama intelectual. Elas solucionam imediatamente tantos problemas fundamentais que parecem prometer também resolver *todos* os problemas fundamentais, esclarecer todos os pontos obscuros. Todos se agarram a elas como um "abre-te sésamo" de alguma nova ciência positiva, o ponto central em termos conceituais em torno do qual pode ser construído um sistema de análise abrangente. A moda repentina de tal *grande idée*, que exclui praticamente tudo o mais por um momento, deve-se, diz ela, "ao fato de todas as mentes sensíveis e ativas se voltarem logo para explorá-la. Utilizamo-la em cada conexão, para todos os propósitos, experimentamos cada extensão possível de seu significado preciso, com generalizações e derivativos."

Entretanto, ao nos familiarizarmos com a nova ideia, após ela se tornar parte do nosso suprimento geral de conceitos teóricos, nossas expectativas são levadas a um maior equilíbrio quanto às suas reais utilizações, e termina a sua popularidade excessiva. Alguns fanáticos persistem em sua opinião anterior sobre ela, a "chave para o universo", mas pensadores menos bitolados, depois de algum tempo, fixam-se nos problemas que a ideia gerou efetivamente. Tentam aplicá-la e ampliá-la onde ela realmente se aplica e onde é possível expandi-la, desistindo quando ela não pode ser aplicada ou ampliada. Se foi verdade uma ideia seminal, ela se torna, em primeiro lugar, parte permanente e duradoura do nosso arsenal intelectual. Mas não tem mais o escopo grandioso, promissor, a versatilidade infinita de aplicação aparente que um dia teve. A segunda lei da termodinâmica ou princípio da seleção natural, a noção da motivação inconsciente ou a organização dos meios de produção não explicam tudo, nem mesmo tudo o que é humano, mas ainda assim explicam alguma coisa. Nossa atenção procura isolar justamente esse algo, para nos desvencilhar de uma quantidade de pseudociência à qual ele também deu origem, no primeiro fluxo da sua celebridade.

Não sei se é exatamente dessa forma que todos os conceitos científicos basicamente importantes se desenvolvem. Todavia, esse padrão se confirma no caso do conceito de cultura, em torno do qual surgiu todo o estudo da antropologia e cujo âmbito essa matéria tem se preocupado cada vez mais em limitar, especificar, enfocar e conter. É justamente a essa redução do conceito de cultura a uma dimensão justa, que realmente assegure a sua importância continuada em vez de debilitá-lo, que os ensaios abaixo são dedicados, em suas diferentes formas e direções. Todos eles argumentam, às vezes de forma explícita, muitas vezes simplesmente através da análise particular que desenvolvem, em prol de um conceito de cultura mais limitado, mais especializado e, imagino, teoricamente mais poderoso, para substituir o famoso "o todo mais complexo" de E. B. Tylor, o qual, embora eu não conteste sua força criadora, parece-me ter chegado ao ponto em que confunde muito mais do que esclarece.

4 Capítulo Um

O pantanal conceptual para o qual pode conduzir a espécie de teorização *pot-au-feu* tyloriana sobre cultura é evidente naquela que ainda é uma das melhores introduções gerais à antropologia, o *Mirror for Man*, de Clyde Kluckhohn. Em cerca de vinte e sete páginas do seu capítulo sobre o conceito, Kluckhohn conseguiu definir a cultura como: (1) "o modo de vida global de um povo"; (2) "o legado social que o indivíduo adquire do seu grupo"; (3) "uma forma de pensar, sentir e acreditar"; (4) "uma abstração do comportamento"; (5) "uma teoria, elaborada pelo antropólogo, sobre a forma pela qual um grupo de pessoas se comporta realmente"; (6) "um celeiro de aprendizagem em comum"; (7) "um conjunto de orientações padronizadas para os problemas recorrentes"; (8) "comportamento aprendido"; (9) "um mecanismo para a regulamentação normativa do comportamento"; (10) "um conjunto de técnicas para se ajustar tanto ao ambiente externo como em relação aos outros homens"; (11) "um precipitado da história", e voltando-se, talvez em desespero, para as comparações, como um mapa, como uma peneira e como uma matriz. Diante dessa espécie de difusão teórica, mesmo um conceito de cultura um tanto comprimido e não totalmente padronizado, que pelo menos seja internamente coerente e, o que é mais importante, que tenha um argumento definido a propor, representa um progresso (como, para ser honesto, o próprio Kluckhohn perspicazmente compreendeu). O ecletismo é uma autofrustração, não porque haja somente uma direção a percorrer com proveito, mas porque há muitas: é necessário escolher.

O conceito de cultura que eu defendo, e cuja utilidade os ensaios abaixo tentam demonstrar, é essencialmente semiótico. Acreditando, como Max Weber, que o homem é um animal amarrado a teias de significados que ele mesmo teceu, assumo a cultura como sendo essas teias e a sua análise; portanto, não como uma ciência experimental em busca de leis, mas como uma ciência interpretativa, à procura do significado. É justamente uma explicação que eu procuro, ao construir expressões sociais enigmáticas na sua superfície. Todavia, essa afirmativa, uma doutrina numa cláusula, requer por si mesma uma explicação.

II

O operacionismo como dogma metodológico nunca fez muito sentido no que concerne às ciências sociais e, a não ser por alguns cantos já bem varridos — o "behavorismo" skinneriano, os testes de inteligência, etc. — está agora praticamente morto. Todavia, e apesar disso, ela teve um papel importante e ainda tem uma certa força, qualquer que seja a força que sintamos ao tentarmos definir o carisma ou a alienação em termos de operações: se você quer compreender o que é a ciência, você deve olhar, em primeiro lugar, não para as suas teorias ou as suas descobertas, e certamente não para o que seus apologistas dizem sobre ela; você deve ver o que os praticantes da ciência fazem.

Em antropologia ou, de qualquer forma, em antropologia social, o que os praticantes fazem é a etnografia. E é justamente ao compreender o que é a etnografia, ou mais exatamente, o que é a prática da etnografia, é que se pode começar a entender o que representa a análise antropológica como forma de conhecimento. Devemos frisar, no entanto, que essa não é uma questão de métodos. Segundo a opinião dos livros-textos, praticar a etnografia é estabelecer relações, selecionar informantes, transcrever textos, levantar genealogias, mapear campos, manter um diário, e assim por diante. Mas não são essas coisas, as técnicas e os processos determinados, que definem o empreendimento. O que o define é o tipo de esforço intelectual que ele representa: um risco elaborado para uma "descrição densa", tomando emprestada uma noção de Gilbert Ryle.

A discussão de Ryle sobre "descrição densa" aparece em dois recentes ensaios de sua autoria (ora reimpressos no segundo volume de seus *Collected Papers*) e dirigida ao tema genérico sobre o que, como ele diz, o "*Le Penseur*" está fazendo: "Pensando e Refletindo" e "O Pensar dos Pensamentos". Vamos considerar, diz ele, dois garotos piscando rapidamente o olho direito. Num deles, esse é um tique involuntário; no outro, é uma piscadela conspiratória a um amigo. Como movimentos, os dois são idênticos; observando os dois sozinhos, como se fosse uma câmara, numa observação "fenomenalista", ninguém poderia dizer qual delas seria um tique nervoso ou uma piscadela ou, na verdade, se ambas eram piscadelas ou tiques nervosos. No entanto, embora não retratável, a diferença entre um tique nervoso e uma piscadela é grande, como bem sabe aquele que teve a infelicidade de ver o primeiro tomado pela segunda. O piscador está se comunicando e, de fato, comunicando de uma forma precisa e especial: (1) deliberadamente, (2) a alguém em particular, (3) transmitindo uma mensagem particular, (4) de acordo com um código socialmente estabelecido e (5) sem o conhecimento dos demais companheiros. Conforme salienta Ryle, o piscador executou duas ações — contrair a pálpebra e piscar — enquanto o que tem um tique nervoso apenas executou uma — contraiu a pálpebra. Contrair as pálpebras de propósito, quando existe um código público no qual agir assim significa um sinal conspiratório, *é* piscar. É tudo que há a respeito: uma partícula de comportamento, um sinal de cultura e — *voilà!* — um gesto.

Todavia, isso é apenas o princípio. Suponhamos, continua ele, que haja um terceiro garoto que, "para divertir maliciosamente seus companheiros", imita o piscar do primeiro garoto de uma forma propositada, grosseira, óbvia, etc. Naturalmente, ele o faz da mesma maneira que o segundo garoto piscou e com o tique nervoso do primeiro: contraindo sua pálpebra direita. Ocorre, porém, que esse garoto não está piscando nem tem um tique nervoso, ele está imitando alguém que, na sua opinião, tenta piscar. Aqui também existe um código socialmente estabelecido (ele irá "piscar" laboriosamente, superobviamente, talvez fazendo uma careta — os artifícios habituais do mímico), e o mesmo ocorre com a mensagem. Só que agora não se trata de uma conspiração, mas de ridicularizar. Se os outros pensarem que ele está realmente piscando, todo o seu propósito vai por água abaixo, embora com resultados um tanto diferentes do que se eles pensassem que ele tinha um tique nervoso. Pode ir-se mais além: em dúvida sobre sua capacidade de mímica, o imitador pode praticar em casa, diante de um espelho, e nesse caso ele não está com um tique nervoso, nem piscando ou imitando — ele está ensaiando. Entretanto, para a câmara, um behaviorista radical ou um crente em sentenças protocolares, o que ficaria registrado é que ele está contraindo rapidamente sua pálpebra direita, como os dois outros. As complexidades são possíveis, se não praticamente infindáveis, pelo menos do ponto de vista da lógica. O piscador original poderia, por exemplo, estar apenas fingindo, para levar outros a pensarem que havia uma conspiração, quando de fato nada havia, e nesse caso nossas descrições do que o imitador está imitando e o ensaiador ensaiando mudam completamente. O caso é que, entre o que Ryle chama de "descrição superficial" do que o ensaiador (imitador, piscador, aquele que tem o tique nervoso...) está fazendo ("contraindo rapidamente sua pálpebra direita") e a "descrição densa" do que ele está fazendo ("praticando a farsa de um amigo imitando uma piscadela para levar um inocente a pensar que existe uma conspiração em andamento") está o objeto da etnografia: uma hierarquia estratificada de estruturas significantes em termos das quais os tiques nervosos, as piscadelas, as falsas piscadelas, as imitações, os ensaios das imitações são produzidos, percebidos e interpretados, e sem as quais eles de fato não existiriam (nem mesmo as formas zero de tiques nervosos as quais, como *categoria cultural*, são tanto não piscadelas como as piscadelas são não tiques), não importa o que alguém fizesse ou não com sua própria pálpebra.

Como tantas historietas que os filósofos de Oxford gostam de inventar para eles mesmos, todo esse piscar, a imitação de piscar, a farsa da imitação do piscar, o ensaio da farsa da imitação de piscar, pode parecer um tanto artificial. Para acrescentar uma nota mais empírica, deixem-me dar, sem precedê-lo deliberadamente

6 Capítulo Um

de qualquer comentário explicativo, um excerto não pouco típico do meu próprio diário de campo, para demonstrar que, mesmo aplainado para propósitos didáticos, o exemplo de Ryle apresenta uma imagem extremamente correta do tipo de estruturas superpostas de inferências e implicações através das quais o etnógrafo tem de procurar o seu caminho continuamente:

Os franceses (disse o informante) acabavam de chegar. Eles construíram cerca de vinte pequenos fortes entre este local, a cidade e a área de Marmusha, no meio das montanhas, colocando-os em promontórios de forma a poderem pesquisar o campo. Todavia, apesar disso eles não podem garantir a segurança, especialmente durante a noite, e assim, a despeito do *mezrag*, o pacto comercial, ter sido supostamente abolido do ponto de vista legal, na verdade tudo continua como antes.

Uma noite, quando Cohen (que fala berbere fluentemente) estava lá em cima, em Marmusha, dois outros judeus que negociavam com uma tribo vizinha apareceram para comprar dele algumas mercadorias. Alguns berberes, de uma outra tribo vizinha, tentaram penetrar na casa de Cohen, mas ele deu uns tiros para o ar com seu rifle. (Tradicionalmente, não era permitido aos judeus portarem armas, mas a situação era tão insegura na época que alguns as adquiriam.) Isso atraiu a atenção dos franceses e os invasores fugiram.

Na noite seguinte, porém, eles voltaram, e um deles, disfarçado de mulher, bateu na porta, contando uma história. Cohen desconfiou e não quis deixá-"la" entrar, mas os outros judeus disseram, "ora, está tudo bem, é só uma mulher". Eles abriram a porta e todo o bando entrou; mataram os dois judeus visitantes, mas Cohen conseguiu entrincheirar-se no aposento contíguo. Ele ouviu os ladrões planejarem queimá-lo vivo na loja, depois de retirarem suas mercadorias; abriu a porta e, manobrando um cacete, como um louco, conseguiu escapar por uma janela.

Foi então até o forte, para tratar seus ferimentos, e queixou-se ao comandante local, um certo Capitão Dumari, dizendo que queria ser '*ar*', isto é, quatro ou cinco vezes o valor da mercadoria que lhe fora roubada. Os ladrões eram de uma tribo ainda não submetida às autoridades francesas e estavam em rebelião aberta contra elas, portanto ele pedia uma autorização para ir com o seu portador *mezrag*, o xeque tribal Marmusha, cobrar a indenização a que tinha direito, segundo os regulamentos tradicionais. O Capitão Dumari não podia dar-lhe uma permissão oficial para fazê-lo, uma vez que havia uma proibição francesa para a relação *mezrag*, mas ele lhe deu uma autorização verbal dizendo: "Se você for morto, o problema é seu."

Assim, o xeque, o judeu e um pequeno grupo de Marmusha, armados, percorreram dez ou quinze quilômetros até a área rebelde, onde naturalmente não havia franceses, e furtivamente capturaram o pastor da tribo dos ladrões e roubaram seus rebanhos. A outra tribo prontamente veio em sua perseguição, montados a cavalo, armados de rifles e prontos a atacar. Mas quando viram quem eram os "ladrões de carneiros", pensaram melhor e disseram, "muito bem, vamos conversar". Eles não podiam negar efetivamente o que acontecera — que alguns dos seus homens haviam roubado Cohen e matado os dois visitantes — e não estavam preparados para começar uma briga séria com os Marmushas, o que a luta com os invasores acarretaria. Assim, os dois grupos falaram, falaram, falaram, ali na planície, entre os milhares de carneiros, e finalmente decidiram ressarcir os danos com quinhentos carneiros. Os dois grupos berberes armados alinharam-se em seus cavalos, nos pontos opostos da planície, com o rebanho de carneiros entre eles, e Cohen, com seu traje negro, chapéu-coco e chinelos batendo, percorreu sozinho o rebanho, escolhendo um por um e, inteiramente à vontade, os que ele achava melhor como pagamento.

Assim Cohen conseguiu seus carneiros e levou-os de volta a Marmusha. Os franceses, lá no seu forte, escutaram-no chegar ainda a alguma distância. ("Ba, ba, ba", dizia Cohen, muito feliz, relembrando o acontecido) e se perguntaram: "Que diabo é isso?" E Cohen respondeu: "Isto é o meu '*ar*'." Os franceses não podiam acreditar que ele fizera o que dizia e acusaram-no de ser espião dos berberes rebeldes, pondo-o na prisão e apossando-se do seu rebanho. Na cidade, sua família, não tendo notícias dele durante tanto tempo, o julgava morto. Após algum tempo os franceses soltaram-no e ele voltou para casa, porém sem o rebanho. Dirigiu-se, então, ao coronel da cidade, um francês encarregado de toda a região, para queixar-se. Todavia, o coronel respondeu: "Nada posso fazer a respeito. Não é meu problema."

Citada literalmente, como um recado numa garrafa, essa passagem indica, como qualquer outra semelhante o faria, um sentido correto do muito que existe na descrição etnográfica da espécie mais elementar — como ela é extraordinariamente "densa". Nos escritos etnográficos acabados, inclusive os aqui selecionados, esse fato — de que o que chamamos de nossos dados são realmente nossa própria construção das construções de outras pessoas, do que elas e seus compatriotas se propõem — está obscurecido, pois a maior parte do que precisamos para compreender um acontecimento particular, um ritual, um costume, uma ideia, ou o que quer que seja está insinuado como informação de fundo antes da coisa em si mesma ser examinada diretamente. (Mesmo revelar que esse pequeno drama ocorreu nas montanhas do Marrocos central em 1912 — e foi novamente contado aqui em 1968 — é determinar muito da nossa compreensão dele.) Nada há de errado nisso e, de qualquer forma, é inevitável. Todavia, isso leva à visão da pesquisa antropológica como uma atividade mais observadora e menos interpretativa do que ela realmente é. Bem no fundo da base fatual, a rocha dura, se é que existe uma, de todo o empreendimento, nós já estamos explicando e, o que é pior, explicando explicações. Piscadelas de piscadelas de piscadelas...

A análise é, portanto, escolher entre as estruturas de significação — o que Ryle chamou de códigos estabelecidos, uma expressão um tanto mistificadora, pois ela faz com que o empreendimento soe muito parecido com a tarefa de um decifrador de códigos, quando na verdade ele é muito mais parecido com a do crítico literário — e determinar sua base social e sua importância. Aqui em nosso texto, tal escolha começaria com o diferençar os três quadros desiguais de interpretação, ingredientes da situação — o judeu, o berbere e o francês — e passaria então a mostrar como (e por que), naquela ocasião, naquele lugar, sua co-presença produziu uma situação na qual um desentendimento sistemático reduziu uma forma tradicional a uma farsa social. O que levou Cohen a fracassar, e com ele todo o antigo padrão de relações sociais e econômicas dentro do qual ele funcionava, foi uma confusão de idiomas.

Voltarei a esse aforismo demasiado compacto mais tarde, bem como aos detalhes sobre o próprio texto. O ponto a enfocar agora é somente que a etnografia é uma descrição densa. O que o etnógrafo enfrenta, de fato — a não ser quando (como deve fazer, naturalmente) está seguindo as rotinas mais automatizadas de coletar dados — é uma multiplicidade de estruturas conceptuais complexas, muitas delas sobrepostas ou amarradas umas às outras, que são simultaneamente estranhas, irregulares e inexplícitas, e que ele tem de, de alguma forma, primeiro apreender e depois apresentar. E isso é verdade em todos os níveis de atividade do seu trabalho de campo, mesmo o mais rotineiro: entrevistar informantes, observar rituais, deduzir os termos de parentesco, traçar as linhas de propriedade, fazer o censo doméstico... escrever seu diário. Fazer a etnografia é como tentar ler (no sentido de "construir uma leitura de") um manuscrito estranho, desbotado, cheio de elipses, incoerências, emendas suspeitas e comentários tendenciosos, escrito não com os sinais convencionais do som, mas com exemplos transitórios de comportamento modelado.

III

A cultura, esse documento de atuação, é portanto pública, como uma piscadela burlesca ou uma incursão fracassada aos carneiros. Embora uma ideação, não existe na cabeça de alguém; embora não física, não é uma identidade oculta. O debate interminável, porque não terminável, dentro da antropologia, sobre se a cultura é "subjetiva" ou "objetiva", ao lado da troca mútua de insultos intelectuais ("idealista!" — "materialista!"; "mentalista!" — "behavorista!"; "impressionista!" — "positivista!") que o acompanha, é concebido de forma totalmente errônea. Uma vez que o comportamento humano é visto como ação simbólica (na maioria das vezes; *há* duas contrações) — uma ação que significa, como a fonação na fala, o pigmento na pintura, a linha na escrita ou a ressonância na música, — o problema se a cultura é uma conduta padronizada ou um estado da mente ou mesmo as duas coisas juntas, de alguma forma perde o sentido. O que se deve perguntar a respeito de uma piscadela burlesca ou de uma incursão fracassada aos carneiros não é qual o seu *status* ontológico. Representa o mesmo que pedras de um lado e sonhos do outro — são coisas deste mundo. O que devemos indagar é qual é a sua importância: o que está sendo transmitido com a sua ocorrência e através da sua agência, seja ela um ridículo ou um desafio, uma ironia ou uma zanga, um deboche ou um orgulho.

Isso pode parecer uma verdade óbvia, mas há inúmeras formas de obscurecê-la. Uma delas é imaginar que a cultura é uma realidade "superorgânica" autocontida, com forças e propósitos em si mesma, isto é, reificá-la. Outra é alegar que ela consiste no padrão bruto de acontecimentos comportamentais que de fato observamos ocorrer em uma ou outra comunidade identificável — isso significa reduzi-la. Todavia, embora essas duas confusões ainda existam, e sempre continuarão conosco, sem dúvida, a fonte principal de desordem teórica na antropologia contemporânea é uma opinião que se desenvolveu em reação a elas e que hoje é largamente difundida — a saber, "a cultura (está localizada) na mente e no coração dos homens", para citar Ward Goodenough, talvez seu proponente mais famoso.

Chamada diversamente de etnociência, análise componencial ou antropologia cognitiva (hesitação terminológica que reflete uma incerteza profunda), essa escola de pensamento afirma que a cultura é composta de estruturas psicológicas por meio das quais os indivíduos ou grupos de indivíduos guiam seu comportamento. "A cultura de uma sociedade", para citar novamente Goodenough, desta vez numa passagem que se tornou o *locus classicus* de todo o movimento, "consiste no que quer que seja que alguém tem de saber ou acreditar a fim de agir de uma forma aceita pelos seus membros." A partir dessa visão do que é a cultura, segue-se outra visão, igualmente segura, do que seja descrevê-la — a elaboração de regras sistemáticas, um algoritmo etnográfico que, se seguido, tornaria possível operá-lo dessa maneira, passar por um nativo (deixando de lado a aparência física). Desta forma, um subjetivismo extremo é casado a um formalismo extremo, com o resultado já esperado: uma explosão de debates sobre se as análises particulares (que surgem sob a forma de taxonomias, paradigmas, tabelas, genealogias e outras inventivas) refletem o que os nativos pensam "realmente" ou se são apenas simulações inteligentes, equivalentes lógicos, mas substantivamente diferentes do que eles pensam.

Já que, num primeiro relance, essa abordagem pode parecer suficientemente próxima da que está sendo desenvolvida aqui para ser tomada por ela, é útil ser bem explícito quanto ao que as separa. Deixando de lado, por um momento, nossas piscadelas e carneiros, se tomamos, por exemplo, um quarteto de Beethoven como uma amostra de cultura, muito especial, mas suficientemente ilustrativa para estes propósitos, acredito que ninguém o identificaria com os seus arranjos musicais, com a habilidade e o conhecimento necessário para tocá-lo, com a compreensão dele que têm seus instrumentistas ou ouvintes, nem, para levar em conta *en passant* os reducionistas e os reificadores, com uma execução particular do quarteto ou com alguma entidade misteriosa que transcende sua existência material. Talvez a expressão "ninguém" aqui utilizada seja demasiado forte, pois sempre há os incorrigíveis. Todavia, o fato de um quarteto de Beethoven ser uma estrutura tonal desenvolvida temporalmente, uma sequência coerente de sons modulados — em suma, uma música — e não o conhecimento ou a crença de qualquer pessoa em algo, inclusive como executá-la, é uma proposição com a qual, após refletir, concordará a maioria das pessoas.

Para tocar violino é necessário possuir certos hábitos, habilidades, conhecimento e talento, estar com disposição de tocar e (como piada) ter um violino. Mas tocar violino não é nem o hábito, a habilidade, o conhecimento e assim por diante, nem a disposição ou (a noção que os crentes na "cultura material" aparentemente seguem) o próprio violino. Para fazer um tratado comercial em Marrocos você tem de fazer certas coisas, de uma certa maneira (entre outras, enquanto canta em árabe Quranic, cortar a garganta de um cordeiro ante os membros masculinos adultos, não aleijados, de sua tribo reunidos) e possuir certas características psicológicas (entre outras, um desejo de coisas distantes). Mas um pacto comercial não é nem cortar a garganta nem o desejo, embora este seja bastante real, conforme descobriram sete parentes do nosso "xeque" Marmusha quando, numa ocasião anterior, foram por ele executados em seguida ao roubo de uma pele de carneiro esfarrapada e praticamente sem valor pertencente a Cohen.

A cultura é pública porque o significado o é. Você não pode piscar (ou caricaturar a piscadela) sem saber o que é considerado uma piscadela ou como contrair, fisicamente, suas pálpebras, e você não pode fazer uma incursão aos carneiros (ou imitá-la) sem saber o que é roubar um carneiro e como fazê-lo na prática. Mas tirar de tais verdades a conclusão de que saber como piscar é piscar e saber como roubar um carneiro é fazer uma incursão aos carneiros é revelar uma confusão tão grande como, assumindo as descrições superficiais por densas, identificar as piscadelas com contrações de pálpebras ou incursão aos carneiros com a caça aos animais lanígeros fora dos pastos. A falácia cognitivista — de que a cultura consiste (para citar um outro porta-voz do movimento, Stephen Tyler) "em fenômenos mentais que podem (ele quer dizer "poderiam") ser analisados através de métodos formais similares aos da matemática e da lógica" — é tão destrutiva do uso efetivo do conceito como o são as falácias "behavorista" e "idealista", para as quais ele é uma correção mal concluída. Como seus erros são mais sofisticados e suas distorções mais sutis, talvez seja ainda mais do que isso.

O ataque generalizado às teorias de significado constitui, desde Husserl, chegando a Wittgenstein, parte tão integrante do pensamento moderno que não é necessário desenvolvê-lo aqui mais uma vez. O que é necessário é verificar se as notícias a respeito chegam à antropologia; e em particular esclarecer que dizer que a cultura consiste em estruturas de significado socialmente estabelecidas, nos termos das quais as pessoas fazem certas coisas como sinais de conspiração e se aliam ou percebem os insultos e respondem a eles, não é mais do que dizer que esse é um fenômeno psicológico, uma característica da mente, da personalidade, da estrutura cognitiva de alguém, ou o que quer que seja, ou dizer ainda o que é tantrismo, a genética, a forma progressiva do verbo, a classificação dos vinhos, a *Common Law* ou a noção de "uma praga condicional" (como Westermarck definiu o conceito do 'ar' em cujos termos Cohen apresentou sua queixa de danos). O que impede a nós, que crescemos piscando outras piscadelas ou cuidando de outros carneiros, de entender corretamente, num lugar como Marrocos, que o que pretendem as pessoas não é a ignorância sobre como atua a cognição (mas principalmente porque, presume-se, ela atua da mesma maneira que entre nós, e seria bem melhor se pudéssemos passar também sobre isso) como a falta de familiaridade com o universo imaginativo dentro do qual os seus atos são marcos determinados. Como já invocamos Wittgenstein, podemos muito bem transcrevê-lo:

Falamos... de algumas pessoas que são transparentes para nós. Todavia, é importante no tocante a essa observação que um ser humano possa ser um enigma completo para outro ser humano. Aprendemos isso quando chegamos a um país estranho, com tradições inteiramente estranhas e, o que é mais, mesmo que se tenha um domínio total do idioma do país. Nós não *compreendemos* o povo (e não por não compreender o que eles falam entre si). Não nos podemos situar entre eles.

IV

Situar-nos, um negócio enervante que só é bem-sucedido parcialmente, eis no que consiste a pesquisa etnográfica como experiência pessoal. Tentar formular a base na qual se imagina, sempre excessivamente, estar-se situado, eis no que consiste o texto antropológico como empreendimento científico. Não estamos procurando, pelo menos eu não estou, tornar-nos nativos (em qualquer caso, eis uma palavra comprometida) ou copiá-los. Somente os românticos ou os espiões podem achar isso bom. O que procuramos, no sentido mais amplo do termo, que compreende muito mais do que simplesmente falar, é conversar com eles, o que é muito mais difícil, e não apenas com estranhos, do que se reconhece habitualmente. "Se falar *por* alguém parece ser um processo misterioso", observou Stanley Cavell, "isso pode ser devido ao fato de falar *a* alguém não parecer de maneira alguma misterioso."

Visto sob esse ângulo, o objetivo da antropologia é o alargamento do universo do discurso humano. De fato, esse não é seu único objetivo — a instrução, a diversão, o conselho prático, o avanço moral e a descoberta da ordem natural no comportamento humano são outros, e a antropologia não é a única disciplina a persegui-los. No entanto, esse é um objetivo ao qual o conceito de cultura semiótico se adapta especialmente bem. Como sistemas entrelaçados de signos interpretáveis (o que eu chamaria símbolos, ignorando as utilizações provinciais), a cultura não é um poder, algo ao qual podem ser atribuídos casualmente os acontecimentos sociais, os comportamentos, as instituições ou os processos; ela é um contexto, algo dentro do qual eles podem ser descritos de forma inteligível — isto é, descritos com densidade.

A famosa absorção antropológica com o exótico (para nós) — os cavaleiros berberes, os negociantes judeus, os legionários franceses — é, assim, praticamente um artifício para deslocar o senso de familiaridade embotador com o qual o mistério da nossa própria habilidade em relacioná-los compreensivelmente uns aos outros se esconde de nós. Procurar o comum em locais onde existem formas não usuais ressalta não, como se alega tantas vezes, a arbitrariedade do comportamento humano (não há nada especialmente arbitrário em tomar o roubo de carneiros como insolência no Marrocos), mas o grau no qual o seu significado varia de acordo com o padrão de vida através do qual ele é informado. Compreender a cultura de um povo expõe a sua normalidade sem reduzir sua particularidade. (Quanto mais eu tento seguir o que fazem os marroquinos, mais lógicos e singulares eles me parecem.) Isso os torna acessíveis: colocá-los no quadro de suas próprias banalidades dissolve sua opacidade.

É essa manobra, a que se referem habitualmente, com uma casualidade excessiva, como "ver as coisas do ponto de vista de ator", ou muito livrescamente como "a abordagem *verstehen*", ou muito tecnicamente como "análise êmica", que tantas vezes leva à noção de que a antropologia é uma variedade de leitura da mente a longa distância ou uma fantasia da ilha dos canibais e que, para alguém ansioso em navegar por sobre o naufrágio de uma dúzia de filosofias, deve ser executada com o máximo de cuidados. Nada mais necessário para compreender o que é a interpretação antropológica, e em que grau ela *é* uma interpretação, do que a compreensão exata do que ela se propõe dizer — ou não se propõe — de que nossas formulações dos sistemas simbólicos de outros povos devem ser orientadas pelos atos.[1]

Isso significa que as descrições das culturas berbere, judaica ou francesa devem ser calculadas em termos das construções que imaginamos que os berberes, os judeus ou os franceses colocam através da vida que levam, a fórmula que eles usam para definir o que lhes acontece. O que isso não significa é que tais descrições são elas mesmas berbere, judia ou francesa — isto é, parte da realidade que elas descrevem ostensivamente; elas são antropológicas — isto é, partem de um sistema em desenvolvimento de análise científica. Elas devem ser encaradas em termos das interpretações às quais pessoas de uma denominação particular submetem sua experiência, uma vez que isso é o que elas professam como descrições. São antropológicas porque, de fato, são os antropólogos que as professam. Normalmente, não é necessário ressaltar de forma tão laboriosa que o objeto de estudo é uma coisa e o estudo é uma outra. Está bastante claro que o mundo físico não é a física e que *A Skeleton Key to Finnegan's Wake* não é o *Finnegan's Wake*. Todavia, como no estudo da cultura a análise penetra no próprio corpo do objeto — isto é, *começamos com as nossas próprias interpretações do que pretendem nossos informantes, ou o que achamos que eles pretendem, e depois passamos a sistematizá-las* —, a linha entre cultura (marroquina) como um fato natural e cultura (marroquina) como entidade teórica tende a ser obscurecida. Isso ocorre ainda mais na medida em que a última é apresentada sob a forma de uma descrição do ator das concepções (marroquinas) de todas as coisas, desde a violência, a honra, a divindade e a justiça, até a tribo, a propriedade, a patronagem e a chefia.

Resumindo, os textos antropológicos são eles mesmos interpretações e, na verdade, de segunda e terceira mão. (Por definição, somente um "nativo" faz a interpretação em primeira mão: é a *sua* cultura.)[2] Trata-se, portanto, de ficções; ficções no sentido de que são "algo construído", "algo modelado" — o sentido original de *fictio* — não que sejam falsas, não fatuais ou apenas experimentos de pensamento. Construir descrições orientadas pelo ator dos envolvimentos de um chefe berbere, um mercador judeu e um soldado francês uns com os outros no Marrocos de 1912 é claramente um ato de imaginação, não muito diferente da construção de descrições semelhantes de, digamos, os envolvimentos uns com os outros de um médico francês de província, com a mulher frívola e adúltera e seu amante incapaz, na França do século XIX. Neste último caso, os atores são representados como hipotéticos e os acontecimentos como se não tivessem ocorrido, enquanto no primeiro caso eles são representados como verdadeiros, ou pelo menos como aparentemente verdadeiros. Essa não é uma diferença de pequena importância: é precisamente a que Madame Bovary teve dificuldade em apreender. Mas a importância não reside no fato de a história dela ter sido inventada enquanto a de Cohen foi apenas anotada. As condições de sua criação e o seu enfoque (para não falar da maneira e da qualidade) diferem, todavia uma é tanto uma *fictio* — "uma fabricação" — quanto a outra.

Nem sempre os antropólogos têm plena consciência desse fato: que embora a cultura exista no posto comercial, no forte da colina ou no pastoreio de carneiros, a antropologia existe no livro, no artigo, na conferência, na exposição do museu ou, como ocorre hoje, nos filmes. Convencer-se disso é compreender que a

---

[1] Não apenas outros povos: a antropologia *pode* ser treinada no exame da cultura da qual ela própria é parte — e o é de maneira crescente. Esse é um fato de profunda importância, mas, como dá origem a alguns problemas especiais de ordem secundária e um tanto complicados, deixá-lo-ei à parte no momento.

[2] O problema da ordem, novamente, é complexo. Trabalhos antropológicos baseados em outras obras antropológicas (Lévi-Strauss, por exemplo) podem ser até de quarta mão ou mais, e mesmo os informantes frequentemente, até mesmo habitualmente, fazem interpretações de segunda mão — o que passou a ser conhecido como "modelos nativos". Nas culturas mais adiantadas, nas quais a interpretação "nativa" pode alcançar níveis mais elevados — com referência ao Maghreb, temos de pensar apenas em Ibn Khaldun; quanto aos Estados Unidos, em Margaret Mead — esses temas se tornam, na verdade, muito intrincados.

linha entre o modo de representação e o conteúdo substantivo é tão intraçável na análise cultural como é na pintura. E este fato, por sua vez, parece ameaçar o *status* objetivo do conhecimento antropológico, sugerindo que sua fonte não é a realidade social, mas um artifício erudito.

Essa ameaça existe, na verdade, mas ela é superficial. A exigência de atenção de um relatório etnográfico não repousa tanto na capacidade do autor em captar os fatos primitivos em lugares distantes e levá-los para casa como uma máscara ou um entalho, mas no grau em que ele é capaz de esclarecer o que ocorre em tais lugares, para reduzir a perplexidade — que tipos de homens são esses? — a que naturalmente dão origem os atos não familiares que surgem de ambientes desconhecidos. Isso naturalmente levanta alguns problemas sérios de verificação — ou, se "verificação" é uma palavra muito forte para uma ciência tão *soft** (por mim eu prefeririia "avaliação") — de que maneira diferençar um relato melhor de um pior. Todavia, essa é também a sua melhor virtude. Se a etnografia é uma descrição densa e os etnógrafos são aqueles que fazem a descrição, então a questão determinante para qualquer exemplo dado, seja um diário de campo sarcástico ou uma monografia alentada, do tipo Malinowski, é se ela separa as piscadelas dos tiques nervosos e as piscadelas verdadeiras das imitadas. Não precisamos medir a irrefutabilidade de nossas explicações contra um corpo de documentação não interpretada, descrições radicalmente superficiais, mas contra o poder da imaginação científica que nos leva ao contato com as vidas dos estranhos. Conforme disse Thoreau, não vale a pena correr o mundo para contar os gatos de Zanzibar.

V

Ora, essa proposição, de que não é do nosso interesse retirar do comportamento humano justamente as propriedades que nos interessam antes de começar a examiná-lo, tem sido, por vezes, dimensionada numa grande alegação: a saber, de que uma vez que são apenas essas propriedades que nos interessam, não precisamos nos preocupar com o comportamento, a não ser superficialmente. A cultura é tratada de modo mais efetivo, prossegue o argumento, puramente como sistema simbólico (a expressão-chave é, "em seus próprios termos"), pelo isolamento dos seus elementos, especificando as relações internas entre esses elementos e passando então a caracterizar todo o sistema de uma forma geral — de acordo com os símbolos básicos em torno dos quais ela é organizada, as estruturas subordinadas das quais é uma expressão superficial, ou os princípios ideológicos nos quais ela se baseia. Embora se trate já de uma melhoria acentuada em relação às noções de "comportamento aprendido" e "fenômeno mental" do que é a cultura e fonte de algumas das ideias teóricas mais poderosas da antropologia contemporânea, essa abordagem hermética das coisas parece-me correr o perigo de fechar (e de ser superada cada vez mais por ela) a análise cultural longe do seu objetivo correto, a lógica informal da vida real. Há pouca vantagem em se extrair um conceito dos defeitos do psicologismo apenas para mergulhá-lo, imediatamente, nos do esquematismo.

Deve atentar-se para o comportamento, e com exatidão, pois é através do fluxo do comportamento — ou, mais precisamente, da ação social — que as formas culturais encontram articulação. Elas encontram-na também, certamente, em várias espécies de artefatos e vários estados de consciência. Todavia, nestes casos o significado emerge do papel que desempenham (Wittgenstein diria seu "uso") no padrão de vida decorrente,

---

*No original, *soft science*, em oposição às *hard sciences*, de base matemática, consideradas mais exatas.

não de quaisquer relações intrínsecas que mantenham umas com as outras. É o que Cohen, o "xeque" e o "Capitão Dumari" estavam fazendo quando tropeçavam nos objetivos uns dos outros — fazendo o comércio, defendendo a honra, estabelecendo a dominação — que criou nesse drama pastoral, e é "sobre" isso que o drama surgiu, portanto. Quaisquer que sejam, ou onde quer que estejam esses sistemas de símbolos "em seus próprios termos", ganhamos acesso empírico a eles inspecionando os acontecimentos e não arrumando entidades abstratas em padrões unificados.

Outra implicação é que a coerência não pode ser o principal teste de validade de uma descrição cultural. Os sistemas culturais têm de ter um grau mínimo de coerência, do contrário não os chamaríamos sistemas, e através da observação vemos que normalmente eles têm muito mais do que isso. Mas não há nada tão coerente como a ilusão de um paranoico ou a estória de um trapaceiro. A força de nossas interpretações não pode repousar, como acontece hoje em dia com tanta frequência, na rigidez com que elas se mantêm ou na segurança com que são argumentadas. Creio que nada contribuiu mais para desacreditar a análise cultural do que a construção de representações impecáveis de ordem formal, em cuja existência verdadeira pratica-mente ninguém pode acreditar.

Se a interpretação antropológica está construindo uma leitura do que acontece, então divorciá-la do que acontece — do que, nessa ocasião ou naquele lugar, pessoas específicas dizem, o que elas fazem, o que é feito a elas, a partir de todo o vasto negócio do mundo — é divorciá-la das suas aplicações e torná-la vazia. Uma boa interpretação de qualquer coisa — um poema, uma pessoa, uma estória, um ritual, uma instituição, uma sociedade — leva-nos ao cerne do que nos propomos interpretar. Quando isso não ocorre e nos conduz, ao contrário, a outra coisa — a uma admiração da sua própria elegância, da inteligência do seu autor ou das belezas da ordem euclidiana —, isso pode ter encantos intrínsecos, mas é algo muito diferente do que a tarefa que temos — exige descobrir o que significa toda a trama com os carneiros.

A trama com os carneiros — a tapeação do roubo, a transferência reparadora, o confisco político deles — é (ou foi) essencialmente um discurso social, mesmo que tenha sido feito, como sugeri anteriormente, em diversos idiomas e tanto em ação como em palavras.

Ao reclamar o seu '*ar*', Cohen invocou o pacto comercial; reconhecendo a alegação, o xeque desafiou a tribo dos ofensores; aceitando a responsabilidade, a tribo dos ofensores pagou a indenização; ansioso por demonstrar tanto aos xeques como aos negociantes quem estava no poder, o francês mostrou a mão domi-nadora. Como em qualquer discurso, o código não determina a conduta, e o que foi dito não precisava sê-lo, na verdade. Dada a sua ilegitimidade aos olhos do Protetorado, Cohen não precisava ser escolhido para pressionar sua queixa. Por motivos semelhantes, o xeque poderia tê-la recusado. A tribo dos ofensores, ainda resistentes à autoridade francesa, poderia considerar a incursão como "verdadeira" e lutar em vez de nego-ciar. Os franceses, se fossem mais *habiles* e menos *durs* (como ocorreu de fato, mais tarde, sob a tutelagem senhorial do Marechal Lyautey), poderiam permitir a Cohen conservar seus carneiros, concordando — como dizemos — com a continuação do padrão de comércio e suas limitações à autoridade deles. E há ainda outras possibilidades: os Marmushas podiam ver a atuação dos franceses como um insulto muito grande, e entrar em dissidência entre eles; os franceses poderiam tentar não apenas apertar Cohen, mas impor medidas mais drásticas ao próprio xeque; e Cohen poderia ter concluído que entre os renegados berberes e os soldados "Beau Geste" não valia mais a pena fazer negócio na região montanhosa do Atlas, e retirar-se para o recinto da cidade, melhor governada. Aliás, foi mais ou menos o que aconteceu, um pouco mais tarde, quando o Protetorado avançou para uma soberania genuína. Entretanto, o ponto aqui não é descrever o que aconteceu ou não no Marrocos. (A partir desse simples incidente, pode chegar-se a complexidades enormes de experi-ência social.) Isso é apenas para demonstrar em que consiste um tipo de interpretação antropológica: traçar a curva de um discurso social; fixá-lo numa forma inspecionável.

O etnógrafo "inscreve" o discurso social: *ele o anota*.[3] Ao fazê-lo, ele o transforma de acontecimento passado, que existe apenas em seu próprio momento de ocorrência, em um relato, que existe em sua inscrição e que pode ser consultado novamente. O xeque já está morto há muito tempo, assassinado no processo de "pacificação" como o chamaram os franceses: o "Capitão Dumari", seu pacificador, mora no Sul da França, aposentado juntamente com suas lembranças; e Cohen foi no ano passado para "casa", para Israel, em parte como refugiado, em parte como peregrino e em parte como patriarca moribundo. Todavia, no meu sentido amplo, o que eles "disseram" uns aos outros, há sessenta anos, nos planaltos do Atlas — embora longe da perfeição — está conservado para estudo. Paul Ricoeur, de quem foi emprestada e um tanto distorcida toda a ideia da inscrição da ação, pergunta: "O que a escrita fixa?"

> Não o acontecimento de falar, mas o que foi "dito", onde compreendemos, pelo que foi "dito" no falar, essa exteriorização intencional constitutiva do objetivo do discurso graças ao qual o *sagen* — o dito — torna-se *Aus-sage* — a enunciação, o enunciado. Resumindo, o que escrevemos é o *noema* ("pensamento", "conteúdo", "substância") do falar. É o significado do acontecimento de falar, não o acontecimento como acontecimento.

Isso não está muito bem "dito" — se os filósofos de Oxford recorrem a historietas, os fenomenológicos empregam frases longas. De qualquer forma, isso nos leva a uma resposta mais precisa à nossa indagação: "O que faz o etnógrafo?" — ele escreve. Isso também pode parecer uma descoberta um tanto surpreendente e talvez até implausível para quem está familiarizado com a "literatura" corrente. Entretanto, como a resposta padrão à nossa questão tem sido "ele observa, ele registra, ele analisa" — uma espécie de concepção de *veni, vidi, vinci* do assunto — ela pode ter consequências bem mais profundas do que na aparência, sendo que talvez a menor delas, a de distinguir essas três fases da busca de conhecimento, pode não ser normalmente possível, na verdade, e de fato, como "operações" autônomas elas podem nem sequer existir.

A situação é ainda mais delicada porque, como já foi observado, o que inscrevemos (ou tentamos fazê-lo) não é o discurso social bruto ao qual não somos atores, não temos acesso direto a não ser marginalmente, ou muito especialmente, mas apenas àquela pequena parte dele que os nossos informantes nos podem levar a compreender.[4] Isso não é tão fatal como soa, pois, na verdade, nem todos os cretenses são mentirosos, e não é necessário conhecer tudo para poder entender uma coisa. Todavia, isso torna a visão da análise antropológica como manipulação conceptual dos fatos descobertos, uma reconstrução lógica de uma simples realidade, parecer um tanto incompleta. Apresentar cristais simétricos de significado, purificados da complexidade material nos quais foram localizados, e depois atribuir sua existência a princípios de ordem autógenos, atributos universais da mente humana ou vastos, *a priori*, *Weltanschauungen*, é pretender uma ciência que não existe e imaginar uma realidade que não pode ser encontrada. A análise cultural é (ou deveria ser) uma adivinhação dos significados, uma avaliação das conjeturas, um traçar de conclusões explanatórias a partir das melhores conjeturas e não a descoberta do Continente dos Significados e o mapeamento da sua paisagem incorpórea.

---

[3]Ou mais uma vez, mais exatamente, "inscreve". Aliás, a maior parte da etnografia é encontrada em livros e artigos, em vez de filmes, discos, exposições de museus, etc. Mesmo neles há, certamente, fotografias, desenhos, diagramas, tabelas e assim por diante. Tem feito falta à antropologia uma autoconsciência sobre modos de representação (para não falar de experimentos com elas).

[4]Na medida em que reforçou o impulso do antropólogo em engajar-se com seus informantes como pessoas ao invés de objetos, a noção de "observação participante" foi uma noção valiosa. Todavia, ela se transforma na fonte mais poderosa de má fé quando leva o antropólogo a bloquear da sua visão a natureza muito especial, culturalmente enquadrada, do seu próprio papel e imaginar-se algo mais do que um interessado (nos dois sentidos da palavra) temporário.

VI

Assim, há três características da descrição etnográfica: ela é interpretativa; o que ela interpreta é o fluxo do discurso social e a interpretação envolvida consiste em tentar salvar o "dito" num tal discurso da sua possibilidade de extinguir-se e fixá-lo em formas pesquisáveis. O *kula* desapareceu ou foi alterado, mas, de qualquer forma, *Os Argonautas do Pacífico Ocidental* continuam a existir. Há ainda, em aditamento, uma quarta característica de tal descrição, pelo menos como eu a pratico: ela é microscópica.

Isso não significa que não haja interpretações antropológicas em grande escala, de sociedades inteiras, civilizações, acontecimentos mundiais e assim por diante. Aliás, é justamente essa extensão de nossas análises a contextos mais amplos que, juntamente com suas implicações teóricas, as recomenda à atenção geral e justifica nosso empenho em construí-las. Ninguém se preocupa mais, nem mesmo Cohen (bem... pode ser que ele), com os carneiros como tal. A história pode ter seus pontos críticos discretos, "muito barulho por nada", e certamente essa pequena comédia não foi um deles.

É para dizer, simplesmente, que o antropólogo aborda caracteristicamente tais interpretações mais amplas e análises mais abstratas a partir de um conhecimento muito extensivo de assuntos extremamente pequenos. Ele confronta as mesmas grandes realidades que os outros — historiadores, economistas, cientistas políticos, sociólogos — enfrentam em conjunturas mais decisivas: Poder, Mudança, Fé, Opressão, Trabalho, Paixão, Autoridade, Beleza, Violência, Amor, Prestígio. Mas ele as confronta em contextos muito obscuros — lugares como Marmusha e vidas como as de Cohen — para retirar deles as maiúsculas. Essas constâncias demasiado humanas, "essas palavras altissonantes que assustam a todos", assumem uma forma doméstica em tais contextos caseiros. Mas essa é justamente a vantagem; já existem suficientes profundidades no mundo.

Entretanto, o problema de como retirar de uma coleção de miniaturas etnográficas a respeito da nossa estória de carneiros — um conjunto de observações e anedotas — uma ampla paisagem cultural da nação, da época, do continente ou da civilização, não se faz facilmente passando por cima com vagas alusões às virtudes do concreto e da mente comum. Para uma ciência nascida em tribos indígenas, ilhas do Pacífico e linhagens africanas, e subsequentemente apropriada a grandes ambições, isso tornou-se um importante problema metodológico, na maior parte das vezes muito mal manuseado. Os modelos que os próprios antropólogos elaboraram para justificar a mudança de verdades locais para visões gerais têm sido, de fato, tão responsáveis em minar o esforço como qualquer coisa que seus críticos — sociólogos obcecados com tamanhos de amostragem, psicólogos com medidas ou economistas com outras medidas — foram capazes de inventar contra eles.

Desses, os dois principais foram: o modelo "microcósmico" Jonesville-é-os Estados Unidos; e o modelo "experimento natural" a Ilha de Páscoa-é-um-caso-de-teste. Ou o paraíso num grão de areia ou os pontos mais afastados da possibilidade.

A falácia Jonesville-é-a-América em ponto pequeno (ou a América-é-Jonesville em ponto grande) é tão óbvia que a única coisa que exige explicação é como as pessoas conseguiam acreditar nisso e levar outros a acreditarem também. A noção de que se pode encontrar a essência de sociedades nacionais, civilizações, grandes religiões ou o que quer que seja, resumida e simplificada nas assim chamadas pequenas cidades e aldeias "típicas" é um absurdo visível. O que se encontra em pequenas cidades e vilas é (por sinal) a vida de pequenas cidades e vilas. Se os estudos localizados, microscópicos, fossem realmente dependentes de

16 CAPÍTULO UM

tais premissas para sua maior relevância — se pudessem capturar o mundo amplo no pequeno — eles não teriam qualquer relevância.

Todavia, isso não ocorre realmente. O *locus* do estudo não é o objeto do estudo. Os antropólogos não estudam as aldeias (tribos, cidades, vizinhanças...), eles estudam *nas* aldeias. Você pode estudar diferentes coisas em diferentes locais, e algumas coisas — por exemplo, o que a dominação colonial faz às estruturas estabelecidas de expectativa moral — podem ser melhor estudadas em localidades isoladas. Isso não faz do lugar o que você está estudando. Nas remotas províncias do Marrocos e da Indonésia eu lutei com as mesmas questões com que outros cientistas sociais lutaram em lugares mais centrais — por exemplo, por que as alegações mais insistentes dos homens em favor de humanidade são feitas em termos de orgulho grupal? — e chegamos quase que à mesma conclusão. Pode acrescentar-se uma dimensão — especialmente necessária no atual clima de levante-se-e-resolva da ciência social —, mas isso é tudo. Se você tiver de discorrer sobre a exploração das massas, há um certo valor em ter visto um meeiro javanês revolvendo a terra durante um temporal tropical ou um alfaiate marroquino bordando *kaftans* à luz de uma lâmpada de 20 watts. Mas a noção que isso lhe dá (e que o coloca numa situação moral vantajosa, de onde você pode olhar para os menos privilegiados eticamente) é no seu todo uma ideia que somente alguém que ficou muito tempo no mato pode ter, possivelmente.

A noção de "laboratório natural" tem sido igualmente perniciosa, não apenas porque a analogia é falsa — que espécie de laboratório é esse onde *nenhum* dos parâmetros é manipulável? —, mas porque ela leva à noção de que os dados obtidos com os estudos etnográficos são mais puros, ou mais fundamentais, ou mais sólidos, ou menos condicionados (a palavra favorita é "elementar") do que aqueles conseguidos através de outras espécies de pesquisa social. A grande variação natural de formas culturais é, sem dúvida, não apenas o grande (e desperdiçado) recurso da antropologia, mas o terreno do seu mais profundo dilema teórico: de que maneira tal variação pode enquadrar-se com a unidade biológica da espécie humana? Mas não se trata, mesmo metaforicamente, de uma variação experimental, uma vez que o contexto na qual ela ocorre varia simultaneamente com ela e não é possível (embora haja aqueles que tentam) isolar os y's dos x's para escrever a função adequada.

Os famosos estudos que se propuseram mostrar que o complexo de Édipo funcionava ao contrário nas ilhas Trobriand, que os papéis do sexo estavam invertidos em Tchambuli e que faltava agressividade aos índios Pueblo (é característico que todos eles eram negativos — "mas não no Sul"), qualquer que seja a sua validade empírica, são hipóteses não "testadas e aprovadas cientificamente". São interpretações, ou interpretações errôneas, como tantas outras, a que chegamos da mesma maneira que tantos outros, e tão inerentemente inconclusivas como tantas outras, e a tentativa de investi-las da autoridade da experimentação física não passa de uma prestidigitação metodológica. Os achados etnográficos não são privilegiados, apenas particulares: um outro país do qual se ouve falar. Vê-los como qualquer coisa mais (*ou qualquer coisa menos*) do que isso distorce a ambos e às suas implicações para a teoria social, muito mais profundas que o simples primitivismo.

Um outro país do qual se ouviu falar: o motivo por que essas descrições alongadas sobre distantes incursões aos carneiros têm uma relevância geral (e um etnógrafo realmente bom chegaria a ponto de dizer que espécie de carneiros eram) está no fato de fornecerem à mente sociológica material suficiente para alimentar. O que é importante nos achados do antropólogo é sua especificidade complexa, sua circunstancialidade. É justamente com essa espécie de material produzido por um trabalho de campo quase obsessivo de peneiramento, a longo prazo, principalmente (embora não exclusivamente) qualitativo, altamente participante e realizado em contextos confinados, que os megaconceitos com os quais se aflige a ciência social contemporânea — legitimidade, modernização, integração, conflito, carisma, estrutura... significado — podem adquirir toda a espécie de atualidade sensível que possibilita pensar não apenas realista e concretamente *sobre* eles, mas, o que é mais importante, criativa e imaginativamente *com* eles.

O problema metodológico que a natureza microscópica da etnografia apresenta é tanto real como crítico. Mas ele não será resolvido observando uma localidade remota como o mundo numa chávena ou como o equivalente sociólogo de uma câmara de nuvens. Deverá ser solucionado — ou tentar sê-lo de qualquer maneira — através da compreensão de que as ações sociais são comentários a respeito de mais do que elas mesmas; de que, de onde vem uma interpretação não determina para onde ela poderá ser impelida a ir. Fatos pequenos podem relacionar-se a grandes temas, as piscadelas à epistemologia, ou incursões aos carneiros à revolução, por que eles são levados a isso.

VII

O que nos leva, finalmente, à teoria. O pecado obstruidor das abordagens interpretativas de qualquer coisa — literatura, sonhos, sintomas, culturas — é que elas tendem a resistir, ou lhes é permitido resistir, à articulação conceptual e, assim, escapar a modos de avaliação sistemáticos. Ou você apreende uma interpretação ou não, vê o ponto fundamental dela ou não, aceita-a ou não. Aprisionada na imediação de seu próprio detalhe, ela é apresentada como autovalidante ou, o que é pior, como validada pelas sensibilidades supostamente desenvolvidas da pessoa que a apresenta; qualquer tentativa de ver o que ela é em termos diferentes do seu próprio é vista como um travesti — como etnocêntrico, o termo mais severo do antropólogo para o abuso moral.

É claro que isso não serve para um campo de estudo que, embora timidamente (embora eu não seja tímido quanto ao assunto, em absoluto), afirma-se como ciência. Não há razão alguma para que seja menos formidável a estrutura conceptual de uma interpretação cultural e, assim, menos suscetível a cânones explícitos de aprovação do que, digamos, uma observação biológica ou um experimento físico — nenhuma razão, exceto que os termos nos quais tais formulações podem ser apresentadas são, se não totalmente inexistentes, muito próximos disso. Estamos reduzidos a insinuar teorias porque falta-nos o poder de expressá-las.

Ao mesmo tempo, deve admitir-se que há uma série de características de interpretação cultural que tornam ainda mais difícil o seu desenvolvimento teórico. A primeira é a necessidade de a teoria conservar-se mais próxima do terreno do que parece ser o caso em ciências mais capazes de se abandonarem a uma abstração imaginativa. Somente pequenos voos de raciocínio tendem a ser efetivos em antropologia; voos mais longos tendem a se perder em sonhos lógicos, em embrutecimentos acadêmicos com simetria formal. O ponto global da abordagem semiótica da cultura é, como já disse, auxiliar-nos a ganhar acesso ao mundo conceptual no qual vivem os nossos sujeitos, de forma a podermos, num sentido um tanto mais amplo, conversar com eles. A tensão entre o obstáculo dessa necessidade de penetrar num universo não familiar de ação simbólica e as exigências do avanço técnico na teoria da cultura, entre a necessidade de apreender e a necessidade de analisar, é, em consequência, tanto necessariamente grande como basicamente irremovível. Com efeito, quanto mais longe vai o desenvolvimento teórico, mais profunda se torna a tensão. Essa é a primeira condição para a teoria cultural: não é seu próprio dono. Como não se pode desligar das imediações que a descrição minuciosa apresenta, sua liberdade de modelar-se em termos de uma lógica interna é muito limitada. Qualquer generalidade que consegue alcançar surge da delicadeza de suas distinções, não da amplidão das suas abstrações.

18 Capítulo Um

A partir daí, segue-se uma peculiaridade no caminho: como simples tema de fato empírico, nosso conhecimento da cultura... culturas... uma cultura... cresce aos arrancos. Em vez de seguir uma curva ascendente de achados cumulativos, a análise cultural separa-se numa sequência desconexa e, no entanto, coerente de incursões cada vez mais audaciosas. Os estudos constroem-se sobre outros estudos, não no sentido de que retomam onde outros deixaram, mas no sentido de que, melhor informados e melhor conceptualizados, eles mergulham mais profundamente nas mesmas coisas. Cada análise cultural séria começa com um desvio inicial e termina onde consegue chegar antes de exaurir seu impulso intelectual. Fatos anteriormente descobertos são mobilizados, conceitos anteriormente desenvolvidos são usados, hipóteses formuladas anteriormente são testadas, entretanto o movimento não parte de teoremas já comprovados para outros recém-provados, ele parte de tateio desajeitado pela compreensão mais elementar para uma alegação comprovada de que alguém a alcançou e a superou. Um estudo é um avanço quando é mais incisivo — o que quer que isto signifique — do que aqueles que o precederam; mas ele se conserva menos nos ombros do que corre lado a lado, desafiado e desafiando.

É por essa razão, entre outras, que o ensaio, seja de trinta páginas ou trezentas, parece o gênero natural no qual apresentar as interpretações culturais e as teorias que as sustentam e porque, se alguém procura tratados sistemáticos na área, logo se desaponta, principalmente se encontra algum. Mesmo artigos de inventário são raros aqui e, de qualquer forma, apenas de interesse bibliográfico. As principais contribuições teóricas não estão apenas nos estudos específicos — o que é verdade em praticamente qualquer área —, mas é muito difícil abstraí-las desses estudos e integrá-las em qualquer coisa que se poderia chamar "teoria cultural" como tal. As formulações teóricas pairam tão baixo sobre as interpretações que governam que não fazem muito sentido ou têm muito interesse fora delas. Isso acontece não porque não são gerais (se não são gerais, não são teóricas), mas porque, afirmadas independentemente de suas aplicações, elas parecem comuns ou vazias. Pode-se, e isso é de fato como a área progride conceitualmente, assumir uma linha de ataque teórico desenvolvida em ligação com um exercício de interpretação etnográfica e utilizá-la em outro, levando-a adiante a uma precisão maior e maior relevância, mas não se pode escrever uma "Teoria Geral de Interpretação Cultural" ou se pode, de fato, mas parece haver pouca vantagem nisso, pois aqui a tarefa essencial da construção teórica não é codificar regularidades abstratas, mas tornar possíveis descrições minuciosas; não generalizar através dos casos, mas generalizar dentro deles.

Generalizar dentro dos casos é chamado habitualmente, pelo menos em medicina e em psicologia profunda, uma inferência clínica. Em vez de começar com um conjunto de observações e tentar subordiná-las a uma lei ordenadora, essa inferência começa com um conjunto de significantes (presumíveis) e tenta enquadrá-los de forma inteligível. As medidas são calculadas para as previsões teóricas, mas os sintomas (mesmo quando mensurados) são escrutinados em busca de peculiaridades teóricas — isto é, eles são diagnosticados. No estudo da cultura, os significantes não são sintomas ou conjuntos de sintomas, mas atos simbólicos ou conjuntos de atos simbólicos e o objetivo não é a terapia, mas a análise do discurso social. Mas a maneira pela qual a teoria é usada — investigar a importância não aparente das coisas — é a mesma.

Somos levados, assim, à segunda condição da teoria cultural: ela não é, pelo menos no sentido estrito do termo, profética. O diagnosticador não prediz o sarampo; ele decide que alguém o tem ou, no máximo, *antecipa* que alguém pode tê-lo em breve. Mas essa limitação, que é bem real, tem sido habitualmente mal compreendida e, ao mesmo tempo, exagerada, uma vez que foi assumida como significando que a interpretação cultural é apenas *post facto*: que, como o camponês na antiga história, primeiro fazemos os buracos na cerca e depois pintamos os olhos do touro em torno deles. É difícil negar que existe muito disso em torno de nós, às vezes em lugares importantes. Todavia, deve negar-se que seja esse o resultado inevitável de uma abordagem clínica ao uso da teoria.

É verdade que no estilo clínico da formulação teórica a conceptualização é dirigida para a tarefa de gerar interpretações de assuntos já sob controle, não para projetar resultados de manipulações experimentais ou para deduzir estados futuros de um sistema determinado. Todavia, isso não significa que a teoria tenha apenas de se ajustar a realidades passadas (ou, mais cautelosamente, a gerar interpretações convincentes); ela tem de sobreviver — sobreviver intelectualmente — às realidades que estão por vir. Embora formulemos nossa interpretação de uma série de piscadelas ou um caso de incursão aos carneiros após a sua ocorrência, às vezes muito tempo depois, o arcabouço teórico em termos dos quais é feita tal interpretação deve ser capaz de continuar a render interpretações defensáveis à medida que surgem novos fenômenos sociais. Apesar de se iniciar qualquer esforço para uma descrição minuciosa, além do óbvio e do superficial, a partir de um estado de confusão geral a respeito do que, diabo, está acontecendo — tentando colocar os pés no chão — ninguém começa (ou não deveria) intelectualmente vazio. As ideias teóricas não aparecem inteiramente novas a cada estudo; como já disse, elas são adotadas de outros estudos relacionados e, refinadas durante o processo, aplicadas a novos problemas interpretativos. Se deixarem de ser úteis com referência a tais problemas, deixam também de ser usadas e são mais ou menos abandonadas. Se continuam a ser úteis, dando à luz novas compreensões, são posteriormente elaboradas e continuam a ser usadas.[5]

Tal visão de como a teoria funciona numa ciência interpretativa sugere que a diferença, relativa em qualquer caso, que surge nas ciências experimentais ou observacionais entre "descrição" e "explicação" aqui aparece como sendo, de forma ainda mais relativa, entre "inscrição" ("descrição densa") e "especificação" ("diagnose") — entre anotar o significado que as ações sociais particulares têm para os atores cujas ações elas são e afirmar, tão explicitamente quanto nos for possível, o que o conhecimento assim atingido demonstra sobre a sociedade na qual é encontrado e, além disso, sobre a vida social como tal. Nossa dupla tarefa é descobrir as estruturas conceptuais que informam os atos dos nossos sujeitos, o "dito" no discurso social, e construir um sistema de análise em cujos termos o que é genérico a essas estruturas, o que pertence a elas porque são o que são, se destacam contra outros determinantes do comportamento humano. Em etnografia, o dever da teoria é fornecer um vocabulário no qual possa ser expresso o que o ato simbólico tem a dizer sobre ele mesmo — isto é, sobre o papel da cultura na vida humana.

À parte alguns detalhes de orientação, ligados a assuntos mais de apoio, é dessa maneira que a teoria funciona nos ensaios aqui colecionados. Um repertório de conceitos muito gerais, feitos-na-academia e sistemas de conceitos — "integração", "racionalização", "símbolo", "ideologia", "*ethos*", "revolução", "identidade", "metáfora", "estrutura", "ritual", "visão do mundo", "ator", "função", "sagrado" e, naturalmente, a própria "cultura" — se entrelaçam no corpo da etnografia de descrição minuciosa na esperança de tornar cientificamente eloquentes as simples ocorrências.[6] O objetivo é tirar grandes conclusões a partir de fatos

---

[5]Admito que isso parece uma idealização. Como as teorias raramente são decisivamente desaprovadas no uso clínico, tornando-se apenas crescentemente canhestras, improdutivas, deslocadas ou vazias, muitas vezes elas persistem depois que todos perdem o interesse nelas, exceto um punhado de pessoas (embora *estas* sejam sempre muito passionais). Com efeito, no que concerne à antropologia, é quase sempre um problema maior conseguir ideias já exauridas na literatura do que conseguir nela ideias produtivas e, desta forma, grande parte da discussão teórica é mais crítica do que construtiva, mais do que se poderia desejar, e carreiras inteiras se têm devotado a apressar a morte de noções moribundas. À medida que o campo avança, seria de esperar que essa espécie de controle intelectual de ervas daninhas se tornasse uma parte menos proeminente de nossas atividades. Todavia, no momento, continua sendo verdade que as antigas teorias tendem menos a morrer do que ir para segundas edições.

[6]O grosso dos capítulos seguintes refere-se à Indonésia e não ao Marrocos, pois eu havia justamente começado a examinar meu material sobre a África do Norte recolhido mais recentemente, em sua maioria. O trabalho de campo na Indonésia foi levado a efeito em 1952-1954, 1957-1958 e 1971; no Marrocos, foi feito em 1964, 1965-1966, 1968-1969 e 1972.

pequenos, mas densamente entrelaçados; apoiar amplas afirmativas sobre o papel da cultura na construção da vida coletiva empenhando-as exatamente em especificações complexas.

Assim, não é apenas a interpretação que refaz todo o caminho até o nível observacional imediato: o mesmo acontece com a teoria da qual depende conceptualmente tal interpretação. Meu interesse na estória de Cohen, como o de Ryle nas piscadelas, surgiu na verdade de algumas noções muito gerais. O modelo da "confusão de línguas" — a visão de que o conflito social não é algo que acontece quando, a partir da fraqueza, da indefinição, da obsolescência ou da negligência, as formas culturais cessam de funcionar, mas, ao contrário, algo que acontece quando, como as piscadelas imitadas, tais formas são pressionadas por situações não usuais ou intenções não habituais de operar de formas não usuais — não é uma ideia que me surgiu com a estória de Cohen. Foi uma ideia que adaptei a ela, instruído por colegas, estudantes e predecessores.

Esse "recado numa garrafa", de aspecto tão inocente, é mais do que um retrato das estruturas de significado dos negociantes judeus, dos guerreiros berberes e dos procônsules franceses, ou mesmo da sua interferência mútua. É um argumento no sentido de que remodelar o padrão das relações sociais é reordenar as coordenadas do mundo experimentado. As formas da sociedade são a substância da cultura.

VIII

Há uma estória indiana — pelo menos eu a ouvi como indiana — sobre um inglês a quem contaram que o mundo repousava sobre uma plataforma apoiada nas costas de um elefante, o qual, por sua vez, apoiava-se nas costas de uma tartaruga, e que indagou (talvez ele fosse um etnógrafo; é a forma como eles se comportam), e onde se apoia a tartaruga? Em outra tartaruga. E essa tartaruga? "Ah, "Sahib; depois dessa são só tartarugas até o fim."

De fato, essa é a situação das coisas. Não sei até quando seria proveitoso meditar sobre o encontro de Cohen, do xeque e de "Dumari" (talvez o período já tenha sido excedido), mas sei que, por mais que tenha feito, não cheguei nem perto do fundo da questão. Aliás, não cheguei próximo do fundo de qualquer questão sobre a qual tenha escrito, tanto nos ensaios abaixo como em qualquer outro local. A análise cultural é intrinsecamente incompleta e, o que é pior, quanto mais profunda, menos completa. É uma ciência estranha, cujas afirmativas mais marcantes são as que têm a base mais trêmula, na qual chegar a qualquer lugar com um assunto enfocado é intensificar a suspeita, a sua própria e a dos outros, de que você não o está encarando de maneira correta. Mas essa é que é a vida do etnógrafo, além de perseguir pessoas sutis com questões obtusas.

Há uma série de caminhos para fugir a isso — transformar a cultura em folclore e colecioná-lo, transformá-la em traços e contá-los, transformá-la em instituições e classificá-las, transformá-la em estruturas e brincar com elas. Todavia, isso *são* fugas. O fato é que comprometer-se com um conceito semiótico de cultura e uma abordagem interpretativa do seu estudo é comprometer-se com uma visão da afirmativa etnográfica como "essencialmente contestável", tomando emprestada a hoje famosa expressão de W. B. Gallie. A antropologia, ou pelo menos a antropologia interpretativa, é uma ciência cujo progresso é marcado menos por uma perfeição de consenso do que por um refinamento de debate. O que leva a melhor é a precisão com que nos irritamos uns aos outros.

Isso é muito difícil de constatar quando a atenção de alguém é monopolizada por apenas uma das partes do argumento. Os monólogos têm pouco valor aqui, pois não há conclusões a serem apresentadas; há apenas uma discussão a ser sustentada. Aliás, se os ensaios aqui reunidos têm alguma importância, é menos pelo que dizem do que pelo que testemunham: um enorme aumento no interesse, não só na antropologia como nos estudos sociais em geral, no papel das formas simbólicas na vida humana. Isso significa que aquela pseudoentidade impalpável e mal definida, que mais de uma vez nos contentamos em deixar a cargo dos filósofos e críticos literários remexer, voltou ao cerne da nossa disciplina. Até mesmo os marxistas citam agora Cassirer, e até os positivistas citam Kenneth Burke.

Em meio a tudo isso, minha própria posição tem sido tentar resistir ao subjetivismo, de um lado, e ao cabalismo de outro, tentar manter a análise das formas simbólicas tão estreitamente ligadas quanto possível aos acontecimentos sociais e ocasiões concretas, o mundo público da vida comum, e organizá-la de tal forma que as conexões entre as formulações teóricas e as interpretações descritivas não sejam obscurecidas por apelos às ciências negras (mágicas). Nunca me impressionei com o argumento de que, como é impossível uma objetividade completa nesses assuntos (o que de fato ocorre), é melhor permitir que os sentimentos levem a melhor. Conforme observou Robert Solow, isso é o mesmo que dizer que, como é impossível um ambiente perfeitamente asséptico, é válido fazer uma cirurgia num esgoto. De outro lado, também não me impressionaram as alegações de que as linguísticas estruturais, a engenharia de computação, ou qualquer outra forma avançada de pensamento possibilitar-nos-á compreender os homens sem conhecê-los. Nada concorrerá mais para o descrédito de uma abordagem semiótica da cultura do que permitir que ela deslize para uma combinação de intuição e alquimia, não importa quão elegantemente se expressem essas intuições ou quão moderna a alquimia se apresente.

Na busca das tartarugas demasiado profundas, está sempre presente o perigo de que a análise cultural perca contato com as superfícies duras da vida — com as realidades estratificadoras políticas e econômicas, dentro das quais os homens são reprimidos em todos os lugares — e com as necessidades biológicas e físicas sobre as quais repousam essas superfícies. A única defesa contra isso e, portanto, contra transformar a análise cultural numa espécie de esteticismo sociológico é primeiro treinar tais análises em relação a tais realidades e tais necessidades. É por isso que eu escrevi sobre nacionalismo, violência, identidade, a natureza humana, a legitimidade, revolução, etnicismo, urbanização, *status*, a morte, o tempo e, principalmente, sobre as tentativas particulares de pessoas particulares de colocar essas coisas em alguma espécie de estrutura compreensiva e significativa.

Olhar as dimensões simbólicas da ação social — arte, religião, ideologia, ciência, lei, moralidade, senso comum — não é afastar-se dos dilemas existenciais da vida em favor de algum domínio empírico de formas não emocionalizadas; é mergulhar no meio delas. A vocação essencial da antropologia interpretativa não é responder às nossas questões mais profundas, mas colocar à nossa disposição as respostas que outros deram — apascentando outros carneiros em outros vales — e assim incluí-las no registro de consultas sobre o que o homem falou.

PARTE II

CAPÍTULO 2

O IMPACTO DO CONCEITO DE CULTURA SOBRE O CONCEITO DE HOMEM

I

Já no final de seu recente estudo sobre as ideias usadas pelos povos tribais, *O Pensamento Selvagem*, o antropólogo francês Lévi-Strauss observa que a explicação científica não consiste, como fomos levados a imaginar, na redução do complexo ao simples. Ao contrário, ela consiste, diz ele, na substituição de uma complexidade menos inteligível por outra mais inteligível. No que concerne ao estudo do homem, pode ir-se até mais adiante, penso eu, no argumento de que a explicação consiste, muitas vezes, em substituir quadros simples por outros complexos, enquanto se luta, de alguma forma, para conservar a clareza persuasiva que acompanha os quadros simples.

Suponho que a elegância permaneça como um ideal científico geral; mas nas ciências sociais muitas vezes é no afastamento desse ideal que ocorrem desenvolvimentos verdadeiramente criativos. O avanço científico comumente consiste numa complicação progressiva do que alguma vez pareceu um conjunto de noções lindamente simples e que agora parece uma noção insuportavelmente simplista. É após ocorrer essa espécie de desencanto que a inteligibilidade e, dessa forma, o poder explanatório, chega à possibilidade de substituir o enredado, mas incompreensível, pelo enredado, mas compreensível, ao qual Lévi-Strauss se refere. Whitehead uma vez ofereceu às ciências naturais a máxima "Procure a simplicidade, mas desconfie dela"; para as ciências sociais ele poderia ter oferecido "Procure a complexidade e ordene-a".

O estudo da cultura se tem desenvolvido, sem dúvida, como se essa máxima fosse seguida. A ascensão de uma concepção científica da cultura significava, ou pelo menos estava ligada a, a derrubada da visão da natureza humana dominante no iluminismo — uma visão que, o que quer que se possa falar contra ou a favor, era ao mesmo tempo clara e simples — e sua substituição por uma visão não apenas mais complicada, mas enormemente menos clara. A tentativa de esclarecê-la, de reconstruir um relato inteligente do que é o homem, tem permeado todo o pensamento científico sobre a cultura desde então. Tendo procurado a complexidade e a encontrado numa escala muito mais grandiosa do que jamais imaginaram, os antropólogos embaralharam-se num esforço tortuoso para ordená-la. E o final ainda não está à vista.

A perspectiva iluminista do homem era, naturalmente, a de que ele constituía uma só peça com a natureza e partilhava da uniformidade geral de composição que a ciência natural havia descoberto sob o incitamento de Bacon e a orientação de Newton. Resumindo, há uma natureza humana tão regularmente organizada, tão perfeitamente invariante e tão maravilhosamente simples como o universo de Newton. Algumas de suas leis talvez sejam diferentes, mas *existem* leis; parte da sua imutabilidade talvez seja obscurecida pelas armadilhas da moda local, mas ela *é* imutável.

Uma citação que faz Lovejoy (cuja análise magistral estou seguindo aqui) transcrevendo um historiador iluminista, Mascou, apresenta a posição com a rudeza útil que muitas vezes se encontra num autor menor:

O cenário (em períodos e locais diferentes) é alterado, de fato, os atores mudam sua indumentária e aparência; mas seus movimentos internos surgem dos mesmos desejos e paixões dos homens e produzem seus efeitos nas vicissitudes dos reinos e dos povos.[1]

Ora, essa perspectiva não deve ser desprezada e, a despeito da minha ligeira referência à "derrubada" um momento atrás, não se pode dizer que ela tenha desaparecido do pensamento antropológico contemporâneo. A noção de que os homens são homens sob quaisquer disfarces e contra qualquer pano de fundo não foi substituída por "outros costumes, outros animais".

Todavia, lançado como foi, o conceito iluminista da natureza humana tinha muito menos implicações aceitáveis, sendo a mais importante, para citar o próprio Lovejoy desta vez, "qualquer coisa da qual a inteligibilidade, a verificabilidade ou a afirmação real sejam limitadas a homens de um período, raça, temperamento, tradição ou condição, não contém (por si mesma) qualquer verdade ou valor, nem tem importância para um homem razoável".[2] A enorme e ampla variedade de diferenças entre os homens, em crenças e valores, em costumes e instituições, tanto no tempo como de lugar para lugar, é essencialmente sem significado ao definir sua natureza. Consiste em meros acréscimos, até mesmo distorções, sobrepondo e obscurecendo o que é verdadeiramente humano — o constante, o geral, o universal — no homem.

Assim, numa passagem hoje notória, Dr. Johnson viu que o gênio de Shakespeare residia no fato de que "seus caracteres não são modificados pelos costumes de determinados lugares, não praticados pelo restante do mundo; pelas peculiaridades dos estudos ou profissões seguidas por pequeno número de pessoas, ou pelos acidentes de modas passageiras ou opiniões temporárias".[3] E Racine via o sucesso de suas peças ou temas clássicos como prova de que "o gosto de Paris... combina com o de Atenas: meus espectadores foram tocados pelas mesmas coisas que, em outros tempos, levaram lágrimas aos olhos das classes mais cultas da Grécia".[4]

O problema com esse tipo de perspectiva, além do fato de isso soar cômico vindo de alguém tão profundamente inglês como Johnson ou tão francês como Racine, é que a imagem de uma natureza humana constante, independente de tempo, lugar e circunstância, de estudos e profissões, modas passageiras e opiniões temporárias, pode ser uma ilusão, que o que o homem é pode estar tão envolvido com onde ele está, quem ele é e no que ele acredita, que é inseparável deles. É precisamente o levar em conta tal possibilidade que deu margem ao surgimento do conceito de cultura e ao declínio da perspectiva uniforme do homem. O que quer que seja que a antropologia moderna afirme — e ela parece ter afirmado praticamente tudo em uma ou outra ocasião —, ela tem a firme convicção de que não existem de fato homens não modificados pelos costumes de lugares particulares, nunca existiram e, o que é mais importante, não o poderiam pela própria natureza do caso. Não existem, não podem existir, bastidores onde possamos ver de relance os atores de Mascou como "pessoas reais", perambulando em suas roupas comuns, afastados de suas profissões, revelando com uma candura natural seus desejos espontâneos e paixões não incitadas. Eles podem trocar seus papéis, seu estilo de atuar, até mesmo os dramas que desempenham, mas — como observou o próprio Shakespeare — eles estão sempre atuando.

---

[1] A. O. Lovejoy. *Essays in the History of Ideas* (Nova York, 1960), p. 173.
[2] *Ibid.*, p. 80.
[3] "Preface to Shakespeare", *Johnson on Shakespeare* (Londres, 1931), pp. 11-12.
[4] Do Prefácio a *Iphigénie*.

Essa circunstância faz com que seja extraordinariamente difícil traçar uma linha entre o que é natural, universal e constante no homem, e o que é convencional, local e variável. Com efeito, ela sugere que traçar tal linha é falsificar a situação humana, ou pelo menos interpretá-la mal, mesmo de forma séria.

Consideremos o transe balinês. Os balineses caem em estados extremos desassisados, nos quais executam toda espécie de atividades espetaculares — cortar com uma mordida a cabeça de galinhas vivas, perfurar-se com adagas, girar loucamente, falar engrolado, executar feitos miraculosos de equilíbrio, imitar relações sexuais, comer fezes, e assim por diante — de forma muito mais fácil e mais rapidamente do que nós adormecemos. Os estados de transe são parte crucial de qualquer cerimônia. Em algumas, cinquenta ou sessenta pessoas podem cair em transe, uma após a outra ("à maneira de uma guirlanda de foguetes estourando", como citou um observador), surgindo cinco minutos ou horas mais tarde na ignorância total do que fizeram e convencidos, a despeito da amnésia, de que passaram pela experiência mais extraordinária e mais profundamente satisfatória que um homem pôde ter. O que se pode aprender sobre a natureza humana a partir dessa espécie de coisa e das milhares de coisas igualmente peculiares que os antropólogos descobrem, investigam e descrevem? Que os balineses são espécies peculiares de seres, marcianos dos Mares do Sul? Que eles são iguais a nós, no fundo, mas com alguns costumes peculiares, verdadeiramente incidentais, que não nos agradam? Que eles são mais dotados inatamente ou mais instintivamente dirigidos em certas direções que outros? Ou que a natureza humana não existe e que os homens são pura e simplesmente o que a sua cultura faz deles?

É entre interpretações como essas, todas insatisfatórias, que a antropologia tem tentado encontrar seu caminho para um conceito mais viável sobre o homem, no qual a cultura e a variabilidade cultural possam ser mais levadas em conta do que concebidas como capricho ou preconceito e, no entanto, ao mesmo tempo, um conceito no qual o princípio dominante na área, "a unidade básica da humanidade", não seja transformado numa expressão vazia. Assumir esse passo gigantesco longe da perspectiva uniforme da natureza humana, no que concerne ao estudo do homem, é abandonar o Paraíso. Alimentar a ideia de que a diversidade de costumes no tempo e no espaço não é simplesmente uma questão de indumentária ou aparência, de cenários e máscaras de comediantes, é também alimentar a ideia de que a humanidade é tão variada em sua essência como em sua expressão. E com esta reflexão começam a se afrouxar alguns ancoradouros filosóficos bem amarrados, iniciando-se uma jornada em águas bem perigosas.

Perigosas, porque, se nos descartamos da noção de que o Homem, com letra maiúscula, deve ser visto "por trás", "debaixo", ou "além" dos seus costumes, e se a substituímos pela noção de que o homem, sem maiúscula, deve ser visto "dentro" deles, corre-se o perigo de perder por completo a perspectiva do homem. Ou ele se dissolve, sem deixar resíduos, em seu tempo e lugar, um filho e um cativo perfeito da sua era, ou ele se torna um soldado recrutado num vasto exército tolstoiano, engolfado em um ou outro dos terríveis determinismos históricos com que fomos assolados a partir de Hegel. Tivemos, e de alguma maneira ainda temos, ambas essas aberrações nas ciências sociais — uma marchando sob a bandeira do relativismo cultural, a outra sob a bandeira da evolução cultural. Mas tivemos também, e mais comumente, tentativas de evitar a ambas procurando nos próprios padrões culturais os elementos definidores de uma existência humana a qual, embora não constante na expressão, é ainda diferente no caráter.

II

As tentativas de localizar o homem no conjunto dos seus costumes assumiram diversas direções, adotaram táticas diversas; mas todas elas, ou virtualmente todas, agiram em termos de uma única estratégia intelectual ampla: a que eu chamarei, de forma a ter uma arma a brandir contra ela, de concepção "estratigráfica" das relações entre os fatores biológico, psicológico, social e cultural na vida humana. De acordo com essa concepção, o homem é um composto de "níveis", cada um deles superposto aos inferiores e reforçando os que estão acima dele. À medida que se analisa o homem, retira-se camada após camada, sendo cada uma dessas camadas completa e irredutível em si mesma, e revelando uma outra espécie de camada muito diferente embaixo dela. Retiram-se as variegadas formas de cultura e se encontram as regularidades estruturais e funcionais da organização social. Descascam-se estas, por sua vez, e se encontram debaixo os fatores psicológicos — "as necessidades básicas" ou o-que-tem-você — que as suportam e as tornam possíveis. Retiram-se os fatores psicológicos e surgem então os fundamentos biológicos — anatômicos, fisiológicos, neurológicos — de todo o edifício da vida humana.

O atrativo dessa espécie de conceptualização, além do fato de ter garantido a independência e soberania das disciplinas acadêmicas estabelecidas, era parecer tornar possível ter o bolo e comê-lo. Não se precisava afirmar que a cultura do homem era tudo que ele podia reclamar, embora ele fosse, não obstante, um ingrediente essencial e irredutível em sua natureza, talvez mesmo o ingrediente dominante. Os fatos culturais podiam ser interpretados contra o pano de fundo dos fatos não culturais sem dissolvê-los nesse pano de fundo ou neles dissolver o pano de fundo. O homem era um animal hierarquicamente estratificado, uma espécie de depósito evolutivo, em cuja definição cada nível — orgânico, psicológico, social e cultural — tinha um lugar designado e incontestável. Para ver o que ele realmente era tínhamos de suportar os achados das várias ciências relevantes — antropologia, sociologia, psicologia, biologia — uns sobre os outros como em muitos padrões de *moiré*; e quando isso fosse feito, a importância cardinal do nível cultural, o único que é distinto ao homem, surgiria naturalmente, com seu direito próprio, como o faria o que ele teria que nos contar sobre o que ele era realmente. Para a imagem do homem do século XVIII, como o racional nu que surgiu quando ele se despiu dos seus costumes culturais, a antropologia do final do século XIX e início do século XX substitui a imagem do homem como do animal transfigurado que surgia quando ele novamente se vestia com esses costumes.

Ao nível da pesquisa concreta e da análise específica, essa estratégia grandiosa desceu, primeiro, a uma caçada por universais na cultura, por uniformidades empíricas que, em face da diversidade de costumes no mundo e no tempo podiam ser encontradas em todo o lugar em praticamente a mesma forma e, segundo, a um esforço para relacionar tais universais, uma vez encontrados, com as constantes estabelecidas de biologia, psicologia e organização social humanas. Se alguns costumes pudessem ser destacados no meio do abarrotado catálogo da cultura mundial como comuns a todas as variantes locais, e se eles pudessem ser ligados, de maneira determinada, a certos pontos invariantes de referência nos níveis subculturais, então pelo menos algum progresso poderia ser feito para especificar quais os traços culturais que são essenciais à existência humana e quais aqueles que são apenas adventícios, periféricos ou ornamentais. Dessa forma, a antropologia podia determinar as dimensões culturais de um conceito do homem coincidente com as dimensões fornecidas, de maneira semelhante, pela biologia, pela psicologia ou pela sociologia.

Em essência, essa não é certamente uma ideia nova. A noção de um *consensus gentium* (um consenso de toda a humanidade) — a noção de que há algumas coisas sobre as quais todos os homens concordam como corretas, reais, justas ou atrativas, e que de fato essas coisas são, portanto, corretas, reais, justas ou atrativas — estava presente no iluminismo e esteve presente também, em uma ou outra forma, em todas as eras e climas. É ela uma dessas ideias que ocorrem a quase todos, mais cedo ou mais tarde. Todavia, seu desenvolvimento na antropologia moderna — começando com a elaboração de Clark Wissler, nos anos 1920, do que chamou "o padrão cultural universal", através de apresentação do Bronislaw Malinowski de uma lista de "tipos institucionais universais", no princípio dos anos 1940, até a elaboração de G. P. Murdock de um conjunto de "denominadores comuns da cultura" desde e durante a II Guerra Mundial — acrescentou algo de novo. Para citar Clyde Kluckhohn, talvez o teórico mais persuasivo do *consensus gentium*, ele acrescentou a noção de que "alguns aspectos da cultura assumem suas forças específicas como resultado de acidentes históricos; outros são modelados por forças que podem ser designadas corretamente como universais".[5] Com isso, a vida cultural do homem é dividida em duas: parte dela, como a indumentária dos atores de Mascou, é independente dos "movimentos interiores" newtonianos dos homens; parte é uma emanação desses mesmos movimentos. A questão que surge, então, é: Será que esse edifício a meio do caminho entre os séculos XVIII e XX pode manter-se de pé?

Se pode ou não, depende de se o dualismo entre os aspectos da cultura empiricamente universais enraizados em realidades subculturais e os aspectos empiricamente variáveis, não tão enraizados, pode ser estabelecido e sustentado. E isso, por sua vez, exige (1) que os universais propostos sejam substanciais e não categorias vazias; (2) que eles sejam especificamente fundamentados em processos partilares biológicos, psicológicos ou sociológicos, e não vagamente associados a "realidades subjacentes"; e (3) que eles possam ser convincentemente defendidos como elementos essenciais numa definição da humanidade em comparação com a qual as muito mais numerosas particularidades culturais são, claramente, de importância secundária. Parece-me que a abordagem *consensus gentium* falha em todos esses três itens; em vez de mover-se em direção aos elementos essenciais da situação humana, ela se move para longe deles.

A razão pela qual o primeiro desses requisitos — que os universais propostos sejam substanciais e não categorias vazias ou quase entre afirmar que, digamos, "religião", "casamento", ou "propriedade" são universais empíricos e dar a eles algo de substancial em termos de conteúdo específico, pois dizer que se trata de universais empíricos é dizer que têm o mesmo conteúdo, e dizer que eles têm o mesmo conteúdo é chegar diante do fato inegável de que eles não o têm. Se alguém define a religião de maneira geral e indeterminada — como a orientação mais fundamental do homem quanto à realidade, por exemplo —, então esse alguém não pode atribuir a essa orientação um conteúdo altamente circunstancial. De fato, o que compõe a orientação mais fundamental quanto à realidade entre os astecas arrebatados, que levantavam corações ainda pulsando, retirados vivos dos peitos dos humanos sacrificados em favor dos céus, não é o mesmo que a fundamenta entre os impassíveis Zuñi, ao dançarem em massa suas súplicas aos deuses benevolentes da chuva. O ritualismo obsessivo e o politeísmo sem rebuços dos hindus expressam uma perspectiva bem diferente do que é para eles o "verdadeiramente real" em relação ao monoteísmo sem compromisso e ao legalismo austero do islamismo Sunni. Mesmo se o que se quer é descer a níveis menos abstratos e afirmar, como fez Kluckhohn, que o conceito da vida eterna é universal ou, como fez Malinowski, que o sentido da Providência é universal, se é perseguido pela mesma contradição. Para fazer uma generalização em torno de uma vida eterna idêntica para os confucionistas e os calvinistas, para os zen-budistas e os budistas tibetanos, há que se defini-la, na verdade, nos termos mais gerais — tão gerais, de fato, que qualquer força que porventura tenha virtualmente se evapora. O mesmo ocorre, também, com qualquer noção de um sentido

---

[5]A. L. Kroeber, org., *Anthropology Today* (Chicago, 1953), p. 516.

de Providência, que pode incluir sob suas asas tanto as noções Navajo sobre as relações entre deuses e homens como as dos Trobriand. E o que acontece à religião acontece com o "casamento", o "comércio", e todo o restante do que A. L. Kroeber intitulou corretamente "universais falsificados", até um tema aparentemente tão tangível como o "abrigo". O fato de que em todos os lugares as pessoas se juntam e procriam filhos têm algum sentido do que é meu e do que é teu, e se protegem, de alguma forma, contra a chuva e o sol não é nem falso nem sem importância, sob alguns pontos de vista. Todavia, isso pouco ajuda no traçar um retrato do homem que seja uma parecença verdadeira e honesta e não uma espécie de caricatura de um "João Universal", sem crenças e credos.

Meu ponto de vista, que deve ser claro e, espero, logo se tornará ainda mais claro não é que não existam generalizações que possam ser feitas sobre o homem como homem, além da que ele é um animal muito variado, ou de que o estudo da cultura nada tem a contribuir para a descoberta de tais generalizações. Minha opinião é que tais generalizações não podem ser descobertas através de uma pesquisa baconiana de universais culturais, uma espécie de pesquisa de opinião pública dos povos do mundo em busca de um *consensus gentium* que de fato não existe e, além disso, que as tentativas de assim proceder conduzem precisamente à espécie de relativismo que toda a abordagem se propunha expressamente evitar. "A cultura Zuñi preza o autocontrole", escreve Kluckhohn; "a cultura Kwakiutl encoraja o exibicionismo por parte do indivíduo. Esses são valores contrastantes, mas, aderindo a eles, os Zuñi e os Kwakiutl mostram sua adesão a um valor universal: a apreciação de normas distintas da cultura de cada um".[6] Isso é simples evasão, mas é apenas mais aparente, não mais evasiva do que as discussões em geral sobre universais culturais. Afinal de contas, em que que nos ajuda dizer, como Herskovits, que "a moralidade é um universo, assim como o apreciar a beleza e alguns padrões de verdade", se somos forçados a acrescentar na própria frase seguinte, como ele o faz, que "as muitas formas que esses conceitos assumem não são mais que produtos da experiência histórica particular das sociedades que os manifestaram"?[7] Uma vez que se abandona o uniformitarismo, mesmo que apenas parcial e incertamente, como os teóricos do *consensus gentium*, o relativismo passa a ser um perigo genuíno. Todavia, ele pode ser afastado, enfrentando direta e totalmente as diversidades da cultura humana, o refreamento dos Zuñi e o exibicionismo dos Kwakiutl e englobando-as no corpo do seu conceito do homem, não deslizando por sobre elas com vagas tautologias e frágeis banalidades.

Naturalmente, a dificuldade em estabelecer universais culturais que sejam ao mesmo tempo substanciais também embaraça o cumprimento do segundo requisito que a abordagem *consensus gentium* enfrenta, a de fundamentar tais universais em processos particulares biológicos, psicológicos ou sociológicos. Mas há muito mais do que isso: a conceptualização "estatigráfica" das relações entre fatores culturais e não culturais embaraça ainda mais efetivamente tal fundamento. Uma vez que a cultura, a psique, a sociedade, o organismo são convertidos em "níveis" científicos separados, completos e autônomos em si mesmo, é muito difícil reuni-los novamente.

A forma mais comum de tentar fazê-lo é através da utilização dos assim chamados "pontos invariantes de referência". Esses pontos são encontrados, para citar uma das afirmativas mais famosas dessa estratégia — a "Toward a Common Language for the Areas of the Social Sciences", memorando elaborado por Talcott Parsons, Kluckhohn, O. H. Taylor e outros no início dos anos 1940

---

[6]C. Kluckhohn, *Culture and Behavior* (Nova York, 1962), p. 280.
[7]M. J. Herskovits, *Cultural Anthropology* (Nova York, 1955), p. 364.

na natureza dos sistemas sociais, na natureza biológica e psicológica dos indivíduos componentes, nas situações externas nas quais eles vivem e atuam, na necessidade de coordenação dos sistemas sociais. Na (cultura)... esses *"foci"* de estrutura jamais são ignorados. Eles devem, de alguma forma, ser "adaptados a" ou "levados em consideração".

Os universais culturais são concebidos como respostas cristalizadas a essas realidades inevitáveis, formas institucionalizadas de chegar a termos com elas.

A análise consiste, portanto, em combinar suportes universais com necessidades subjacentes postuladas, tentando mostrar que existe alguma combinação entre as duas. No nível social, é feita referência a tais fatos irrefutáveis como o de que todas as sociedades, a fim de persistirem, têm de reproduzir seus membros ou alocar bens e serviços, daí resultando a universalidade de alguma forma de família ou alguma forma de troca. No nível psicológico, recorre-se às necessidades básicas como o crescimento pessoal — daí a ubiquidade das instituições educacionais — ou a problemas pan-humanos, como a situação edipiana — daí a ubiquidade de deuses primitivos e deusas dadivosas. Biologicamente, há o metabolismo e a saúde; culturalmente, os hábitos alimentares e os processos de cura. E assim por diante. O método é olhar as exigências humanas subjacentes, de uma ou outra espécie, e tentar mostrar que esses aspectos da cultura, que são universais, são, para usar novamente a menção de Kluckhohn, "modelados" por essas exigências.

Novamente o problema aqui não é tanto se, de uma forma geral, essa espécie de congruência existe, mas se ela é maior do que uma congruência frouxa e indeterminada. Não é difícil relacionar algumas instituições humanas ao que a ciência (ou o senso comum) nos diz serem exigências para a existência humana, mas é muito mais difícil afirmar essa relação de forma inequívoca. Qualquer instituição serve não apenas uma multiplicidade de necessidades sociais, psicológicas e orgânicas (de forma que dizer que o casamento é mero reflexo da necessidade social de reprodução, ou que os hábitos alimentares são mero reflexo das necessidades metabólicas, é fazer uma paródia), mas não há modo algum de se afirmar, de forma precisa e testável, quais as relações interníveis que se supõe manter-se.

A despeito do que possa parecer, não há aqui uma tentativa séria de aplicar os conceitos e teorias da biologia, da psicologia ou até mesmo da sociologia à análise da cultura (e, certamente, nem mesmo uma sugestão do inverso), mas apenas a colocação, lado a lado, de fatos supostos dos níveis cultural e subcultural, de forma a induzir um sentimento vago de que existe uma espécie de relação entre eles — uma obscura espécie de "modelagem". Não há aqui integração teórica alguma, mas uma simples correlação, assim mesmo intuitiva, de achados separados. Com a abordagem de níveis não podemos jamais, mesmo invocando "pontos invariantes de referência", construir interligações funcionais genuínas entre os fatores cultural e não cultural, apenas analogias, paralelismos, sugestões e afinidades mais ou menos persuasivas.

Todavia, mesmo que eu esteja errado (como muitos antropólogos certamente acharão) em alegar que a abordagem *consensus gentium* não pode produzir nem universais substanciais nem ligações específicas entre os fenômenos cultural e não cultural para explicá-los, permanece a questão de se tais universais devem ser tomados como elementos centrais na definição do homem, se a perspectiva do mais baixo denominador comum da humanidade é exatamente o que queremos. Naturalmente, essa é agora uma questão filosófica e não, como tal, uma questão científica. Todavia, a noção de que a essência do que significa ser humano é revelada mais claramente nesses aspectos da cultura humana que são universais do que naqueles que são típicos deste ou daquele povo, é um preconceito que não somos obrigados a compartilhar. Será que é apreendendo alguns fatos gerais — que o homem tem, em todo lugar, uma espécie de "religião" — ou apreendendo a riqueza deste ou daquele fenômeno religioso — o transe balinês ou o ritualismo indiano, o sacrifício humano asteca ou a dança da chuva dos Zuñi — que iremos apreendê-lo? O fato de o "casamento" ser universal (se de fato ele o é) será um comentário tão penetrante sobre o que somos como os fatos

32 CAPÍTULO DOIS

relativos à poliandria himalaia, àquelas regras fantásticas do casamento australiano ou aos complicados sistemas de dote da África banto? O comentário a respeito de ser Cromwell o inglês mais típico do seu tempo, precisamente por ser o mais esquisito, também pode ser relevante quanto a esse propósito: pode ser que nas particularidades culturais dos povos — nas suas esquisitices — sejam encontradas algumas das revelações mais instrutivas sobre o que é ser genericamente humano. E a principal contribuição da ciência da antropologia à construção — ou reconstrução — de um conceito do homem pode então repousar no fato de nos mostrar como encontrá-las.

III

A principal razão pela qual os antropólogos fogem das particularidades culturais quando chegam à questão de definir o homem, procurando o refúgio em universais sem sangue, é que, confrontados como o são pela enorme diversidade do comportamento humano, eles são perseguidos pelo medo do historicismo, de se perderem num torvelinho de relativismo cultural tão convulsivo que poderá privá-los de qualquer apoio fixo. Não que não tenha havido oportunidade para tal receio: *Patterns of Culture*, de Ruth Benedict, talvez o livro de antropologia mais popular que já se publicou nos Estados Unidos, com sua estranha conclusão de que qualquer coisa que um grupo de pessoas se incline a fazer é digno do respeito de qualquer outro grupo, é talvez o exemplo mais relevante das posições canhestras que se pode assumir quando alguém se entrega por completo àquilo que Marc Bloch chamou "a excitação de aprender coisas singulares". No entanto, o receio é um truque. A noção de que, a menos que um fenômeno cultural seja empiricamente universal, ele não pode refletir o que quer que seja sobre a natureza do homem é tão lógica como a noção de que, porque uma anemia celular não é, felizmente, universal, ela nada nos pode dizer sobre os processos genéticos humanos. O ponto crítico em ciência não é se os fenômenos são empiricamente comuns — do contrário, por que Becquerel estaria tão interessado no comportamento peculiar do urânio? —, mas se eles podem ser levados a revelar os processos naturais duradouros subjacentes neles. Ver o céu num grão de areia não é um ardil privativo dos poetas.

Resumindo, precisamos procurar relações sistemáticas entre fenômenos diversos, não identidades substantivas entre fenômenos similares. E para consegui-lo com bom resultado precisamos substituir a concepção "estratigráfica" das relações entre os vários aspectos da existência humana por uma sintética, isto é, na qual os fatores biológicos, psicológicos, sociológicos e culturais possam ser tratados como variáveis dentro dos sistemas unitários de análise. O estabelecimento de uma linguagem comum nas ciências sociais não é assunto de mera coordenação de terminologias ou, o que é pior ainda, de cunhar novas terminologias artificiais. Também não é o caso de impor um único conjunto de categorias sobre a área como um todo. É uma questão de integrar diferentes tipos de teorias e conceitos de tal forma que se possa formular proposições significativas incorporando descobertas que hoje estão separadas em áreas estanques de estudo.

Na tentativa de lançar tal integração do lado antropológico e alcançar, assim, uma imagem mais exata do homem, quero propor duas ideias. A primeira delas é que a cultura é vista melhor não como complexos de padrões concretos de comportamento — costumes, usos, tradições, feixes de hábitos —, como tem sido o caso até agora, mas como um conjunto de mecanismos de controle — planos, receitas, regras, instruções (o que os engenheiros de computação chamam "programas") — para governar o comportamento. A segunda ideia é que o homem é precisamente o animal mais desesperadamente dependente de tais mecanismos de controle, extragenéticos, fora da pele, de tais programas culturais, para ordenar seu comportamento.

Nenhuma dessas ideias é completamente nova, mas certos desenvolvimentos recentes, tanto em antropologia como em outras ciências (cibernética, teoria da informação, neurologia, genética molecular) tornaram-nas suscetíveis de uma afirmação mais precisa, além de emprestar-lhes certo grau de apoio empírico que anteriormente não tinham. A partir de tais reformulações do conceito da cultura e do papel da cultura na vida humana, surge, por sua vez, uma definição do homem que enfatiza não tanto as banalidades empíricas do seu comportamento, a cada lugar e a cada tempo, mas, ao contrário, os mecanismos através de cujo agenciamento a amplitude e a indeterminação de suas capacidades inerentes são reduzidas à estreiteza e especificidade de suas reais realizações. Um dos fatos mais significativos a nosso respeito pode ser, finalmente, que todos nós começamos com o equipamento natural para viver milhares de espécies de vidas, mas terminamos por viver apenas uma espécie.

A perspectiva da cultura como "mecanismo de controle" inicia-se com o pressuposto de que o pensamento humano é basicamente tanto social como público — que seu ambiente natural é o pátio familiar, o mercado e a praça da cidade. Pensar consiste não nos "acontecimentos na cabeça" (embora sejam necessários acontecimentos na cabeça e em outros lugares para que ele ocorra), mas num tráfego entre aquilo que foi chamado por G. H. Mead e outros de símbolos significantes — as palavras, para a maioria, mas também gestos, desenhos, sons musicais, artifícios mecânicos como relógios, ou objetos naturais como joias — na verdade, qualquer coisa que esteja afastada da simples realidade e que seja usada para impor um significado à experiência. Do ponto de vista de qualquer indivíduo particular, tais símbolos são dados, na sua maioria. Ele os encontra já em uso corrente na comunidade quando nasce e eles permanecem em circulação após a sua morte, com alguns acréscimos, subtrações e alterações parciais dos quais pode ou não participar. Enquanto vive, ele se utiliza deles, ou de alguns deles, às vezes deliberadamente e com cuidado, na maioria das vezes espontaneamente e com facilidade, mas sempre com o mesmo propósito: para fazer uma construção dos acontecimentos através dos quais ele vive, para auto-orientar-se no "curso corrente das coisas experimentadas", tomando de empréstimo uma brilhante expressão de John Dewey.

O homem precisa tanto de tais fontes simbólicas de iluminação para encontrar seus apoios no mundo porque a qualidade não simbólica constitucionalmente gravada em seu corpo lança uma luz muito difusa. Os padrões de comportamento dos animais inferiores, pelo menos numa grande extensão, lhes são dados com a sua estrutura física; fontes genéticas de informação ordenam suas ações com margens muito mais estreitas de variação, tanto mais estreitas e mais completas quanto mais inferior o animal. Quanto ao homem, o que lhe é dado de forma inata são capacidades de resposta extremamente gerais, as quais, embora tornem possível uma maior plasticidade, complexidade e, nas poucas ocasiões em que tudo trabalha como deve, uma efetividade de comportamento, deixam-no muito menos regulado com precisão. Este é, assim, o segundo aspecto do nosso argumento. Não dirigido por padrões culturais — sistemas organizados de símbolos significantes — o comportamento do homem seria virtualmente ingovernável, um simples caos de atos sem sentido e de explosões emocionais, e sua experiência não teria praticamente qualquer forma. A cultura, a totalidade acumulada de tais padrões, não é apenas um ornamento da existência humana, mas uma condição essencial para ela — a principal base de sua especificidade.

Na antropologia, algumas das evidências mais reveladoras que apoiam tal posição provêm de avanços recentes em nossa compreensão daquilo que costumava ser chamado a descendência do homem: a emergência do *Homo sapiens* do seu ambiente geral primata. Três desses avanços são de importância relevante: (1) o descartar de uma perspectiva sequencial das relações entre a evolução física e o desenvolvimento cultural do homem em favor de uma superposição ou uma perspectiva interativa; (2) a descoberta de que a maior parte das mudanças biológicas que produziram o homem moderno, a partir de seus progenitores mais imediatos, ocorreu no sistema nervoso central, e especialmente no cérebro; (3) a compreensão de que o homem é, em termos físicos, um animal incompleto, inacabado; o que o distingue mais graficamente dos não homens é menos sua simples habilidade de aprender (não importa quão grande seja ele) do que quanto e que espécie particular de coisas ele *tem* de aprender antes de poder funcionar. Deixem-me abordar cada um desses pontos em particular.

A perspectiva tradicional das relações entre o avanço biológico e cultural do homem era que o primeiro, o biológico, foi completado, para todos os intentos e propósitos, antes que o último, o cultural, começasse. Isso significa dizer novamente que era estratigráfico. O ser físico do homem evoluiu, através dos mecanismos usuais de variação genética e seleção natural, até o ponto em que sua estrutura anatômica chegou a mais ou menos à situação em que hoje o encontramos: começou então o desenvolvimento cultural. Em algum estágio particular da sua história filogenética, uma mudança genética marginal de alguma espécie tornou-o capaz de produzir e transmitir cultura e, daí em diante, sua forma de resposta adaptativa às pressões ambientais foi muito mais exclusivamente cultural do que genética. À medida que se espalhava pelo globo, ele vestia peles nos climas frios e tangas (ou nada) nos climas quentes; não alterou seu modo inato de responder à temperatura ambiental. Fabricou armas para aumentar seus poderes predatórios herdados e cozinhou os alimentos para tornar alguns deles mais digestivos. O homem se tornou homem, continua a história, quando, tendo cruzado algum Rubicon mental, ele foi capaz de transmitir "conhecimento, crença, lei, moral, costume" (para citar os itens da definição clássica de cultura de Sir Edward Tylor) a seus descendentes e seus vizinhos através do aprendizado. Após esse momento mágico, o avanço dos hominídios dependeu quase que inteiramente da acumulação cultural, do lento crescimento das práticas convencionais, e não da mudança orgânica física, como havia ocorrido em áreas passadas.

O único problema é que tal momento não parece ter existido. Pelas estimativas recentes, a transição para um tipo de vida cultural demorou alguns milhões de anos até ser conseguida pelo gênero *Homo*. Assim retardado, isso envolveu não apenas uma ou um punhado de mudanças genéticas marginais, porém uma sequência, longa, complexa e estreitamente ordenada.

Na perspectiva atual, a evolução do *Homo sapiens* — o homem moderno — a partir de seu ambiente pré-*sapiens* imediato, surgiu definitivamente há cerca de quatro milhões de anos, com o aparecimento do agora famoso Australopitecíneo — os assim chamados homens-macacos da África do Sul e Oriental — e culminou com a emergência do próprio *sapiens*, há apenas uns duzentos ou trezentos mil anos. Assim, como pelo menos formas elementares de atividade cultural ou, se desejam, protocultural (a feitura de ferramentas simples, a caça e assim por diante) parecem ter estado presentes entre alguns dos Australopitecíneos, há então uma superposição de mais de um milhão de anos entre o início da cultura e o aparecimento do homem como hoje o conhecemos. As datas precisas — que são apenas tentativas e que pesquisas futuras podem alterar para mais ou menos — não são importantes; o que é importante é ter havido uma superposição, e ela ter sido muito extensa. As fases finais (finais até hoje, pelo menos) da história filogenética do homem tiveram lugar na mesma era geológica grandiosa — a chamada Era Glacial — das fases iniciais da sua história cultural. Os homens comemoram aniversários, mas o homem não.

Isso significa que a cultura, em vez de ser acrescentada, por assim dizer, a um animal acabado ou virtualmente acabado, foi um ingrediente, e um ingrediente essencial, na produção desse mesmo animal. O crescimento lento, constante, quase glacial da cultura através da Era Glacial alterou o equilíbrio das pressões seletivas para o *Homo* em evolução, de forma tal a desempenhar o principal papel orientador em sua evolução. O aperfeiçoamento das ferramentas, a adoção da caça organizada e as práticas de reunião, o início da verdadeira organização familiar, a descoberta do fogo e, o mais importante, embora seja ainda muito difícil identificá-la em detalhe, o apoio cada vez maior sobre os sistemas de símbolos significantes (linguagem, arte, mito, ritual) para a orientação, a comunicação e o autocontrole, tudo isso criou para o homem um novo ambiente ao qual ele foi obrigado a adaptar-se. À medida que a cultura, num passo a passo infinitesimal, acumulou-se e se desenvolveu, foi concedida uma vantagem seletiva àqueles indivíduos da população mais capazes de levar vantagem — o caçador mais capaz, o colhedor mais persistente, o melhor ferramenteiro, o líder de mais recursos — até que o que havia sido o *Australopiteco* proto-humano, de cérebro pequeno, tornou-se o *Homo sapiens*, de cérebro grande, totalmente humano. Entre o padrão cultural, o corpo e o cérebro foi criado um sistema de realimentação (*feedback*) positiva, no qual cada um modelava o progresso do outro, um sistema no qual a interação entre o uso crescente das ferramentas, a mudança da anatomia da mão e a representação expandida do polegar no córtex é apenas um dos exemplos mais gráficos. Submetendo-se ao governo de programas simbolicamente mediados para a produção de artefatos, organizando a vida social ou expressando emoções, o homem determinou, embora inconscientemente, os estágios culminantes do seu próprio destino biológico. Literalmente, embora inadvertidamente, ele próprio se criou.

Conforme mencionei, apesar de terem ocorrido algumas mudanças importantes na anatomia bruta do gênero *Homo* durante esse período de sua cristalização — na forma do crânio, na dentição, no tamanho do polegar, e assim por diante — as mudanças muito mais importantes e dramáticas foram as que tiveram lugar, evidentemente, no sistema nervoso central. Esse foi o período em que o cérebro humano, principalmente sua parte anterior, alcançou as pesadas proporções atuais. Os problemas técnicos são aqui complicados e controvertidos; todavia, o ponto central é que, embora os Australopitecíneos tivessem um torso e uma configuração de braço não drasticamente diferente da nossa, e uma formação da pélvis e da perna antecipadora da nossa própria, a capacidade craniana era pouco maior do que a dos macacos — o que quer dizer, de um terço a metade da nossa. O que separa, aparentemente, os verdadeiros homens dos proto-homens não é, aparentemente, a forma corpórea total, mas a complexidade da organização nervosa. O período superposto de mudança cultural e biológica parece ter consistido numa intensa concentração do desenvolvimento neural e talvez, associados a ela, o refinamento de comportamentos diversos — das mãos, da locomoção bípede, etc. — para as quais os fundamentos anatômicos básicos — ombros e pulsos móveis, um ílio alargado, etc. — já haviam sido antecipados. Isso talvez não seja marcante em si mesmo, mas, combinado ao que dissemos anteriormente, sugere algumas conclusões sobre a espécie de animal que o homem é, as quais, penso, estão muito afastadas não apenas das que surgiram no século XVIII, mas também das da antropologia de apenas dez ou quinze anos atrás.

Grosso modo, isso sugere não existir o que chamamos de natureza humana independente da cultura. Os homens sem cultura não seriam os selvagens inteligentes de *Lord of the Flies*, de Golding, atirados à sabedoria cruel dos seus instintos animais; nem seriam eles os bons selvagens do primitivismo iluminista, ou até mesmo, como a antropologia insinua, os macacos intrinsecamente talentosos que, por algum motivo, deixaram de se encontrar. Eles seriam monstruosidades incontroláveis, com muito poucos instintos úteis, menos sentimentos reconhecíveis e nenhum intelecto: verdadeiros casos psiquiátricos. Como nosso sistema nervoso central — e principalmente a maldição e glória que o coroam, o neocórtex — cresceu, em sua maior parte, em interação com a cultura, ele é incapaz de dirigir nosso comportamento ou organizar nossa experiência sem a orientação fornecida por sistemas de símbolos significantes. O que nos aconteceu na Era Glacial é que fomos obrigados a abandonar a regularidade e a precisão do controle genético detalhado sobre nossa conduta em favor da flexibilidade e adaptabilidade de um controle genético mais generalizado sobre ela, embora não menos real. Para obter a informação adicional necessária no sentido de agir, fomos forçados a depender cada vez mais de fontes culturais — o fundo acumulado de símbolos significantes. Tais símbolos

36 CAPÍTULO DOIS

são, portanto, não apenas simples expressões, instrumentalidade ou correlatos de nossa existência biológica, psicológica e social: eles são seus pré-requisitos. Sem os homens certamente não haveria cultura, mas, de forma semelhante e muito significativamente, sem cultura não haveria homens.

Somando tudo isso, nós somos animais incompletos e inacabados que nos completamos e acabamos através da cultura — não através da cultura em geral, mas através de formas altamente particulares de cultura: dobuana e javanesa, Hopi e italiana, de classe alta e classe baixa, acadêmica e comercial. A grande capacidade de aprendizagem do homem, sua plasticidade, tem sido observada muitas vezes, mas o que é ainda mais crítico é sua extrema dependência de uma espécie de aprendizado: atingir conceitos, a apreensão e aplicação de sistemas específicos de significado simbólico. Os castores constroem diques, os pássaros constroem ninhos, as abelhas localizam seu alimento, os babuínos organizam grupos sociais e os ratos acasalam-se à base de formas de aprendizado que repousam predominantemente em instruções codificadas em seus genes e evocadas por padrões apropriados de estímulos externos — chaves físicas inseridas nas fechaduras orgânicas. Mas os homens constroem diques ou refúgios, localizam o alimento, organizam seus grupos sociais ou descobrem seus companheiros sexuais sob a direção de instruções codificadas em diagramas e plantas, na tradição da caça, nos sistemas morais e nos julgamentos estéticos: estruturas conceptuais que moldam talentos amorfos.

Conforme um autor mencionou com grande propriedade, vivemos num "hiato de informações".* Entre o que o nosso corpo nos diz e o que devemos saber a fim de funcionar, há um vácuo que nós mesmos devemos preencher, e nós o preenchemos com a informação (ou desinformação) fornecida pela nossa cultura. A fronteira entre o que é controlado de forma inata e o que é controlado culturalmente no comportamento humano é extremamente mal definida e vacilante. Para todos os intentos e propósitos, algumas coisas são inteiramente controladas intrinsecamente: não precisamos de direção cultural para aprender a respirar mais do que um peixe precisa para aprender a nadar. Outras são quase que inteiramente culturais: não tentamos explicar através de uma base genética por que alguns homens confiam no planejamento centralizado enquanto outros confiam no mercado livre, embora esse talvez fosse um exercício divertido. Quase todo o comportamento humano complexo representa, sem dúvida, o resultado interativo e não aditivo dos dois. Nossa capacidade de falar é inata certamente, nossa capacidade de falar inglês, porém, é sem dúvida cultural. Sorrir ante um estímulo agradável e franzir o cenho ante estímulos desagradáveis são, até certo ponto, determinações genéticas (até mesmo os macacos contorcem a face ante odores mefíticos), mas o sorriso sardônico e o franzir caricato são com certeza predominantemente culturais, o que talvez seja demonstrado muito bem pela definição balinesa de louco como alguém, como um americano, que sorri quando nada existe para rir. Entre os planos básicos para a nossa vida que os nossos genes estabelecem — a capacidade de falar ou de sorrir — e o comportamento preciso que de fato executamos — falar inglês num certo tom de voz, sorrir enigmaticamente numa delicada situação social — existe um conjunto complexo de símbolos significantes, sob cuja direção nós transformamos os primeiros no segundo, os planos básicos em atividade.

Nossas ideias, nossos valores, nossos atos, até mesmo nossas emoções são, como nosso próprio sistema nervoso, produtos culturais — na verdade, produtos manufaturados a partir de tendências, capacidades e disposições com as quais nascemos, e, não obstante, manufaturados. Chartres é feita de pedra e vidro, mas não é apenas pedra e vidro, é uma catedral, e não somente uma catedral, mas uma catedral particular, construída num tempo particular por certos membros de uma sociedade particular. Para compreender o que isso significa, para perceber o que isso é exatamente, você precisa conhecer mais do que as propriedades

---

*No original *information gap*. (N.R.T.)

genéricas da pedra e do vidro e bem mais do que é comum a todas as catedrais. Você precisa compreender também — e, em minha opinião, da forma mais crítica — os conceitos específicos das relações entre Deus, o homem e a arquitetura que ela incorpora, uma vez que foram eles que governaram a sua criação. Não é diferente com os homens: eles também, até o último deles, são artefatos culturais.

IV

Quaisquer que sejam as diferenças que elas apresentam, as abordagens para a definição da natureza humana adotadas pelo iluminismo e pela antropologia clássica têm uma coisa em comum: ambas são basicamente tipológicas. Elas tentam construir uma imagem do homem como um modelo, um arquétipo, uma ideia platônica ou uma forma aristotélica, em relação à qual os homens reais — você, eu, Churchill, Hitler e o caçador de cabeças bornéu — não são mais que reflexos, distorções, aproximações. No caso do iluminismo, os elementos desse tipo essencial deviam ser descobertos desvendando as exterioridades da cultura dos homens verdadeiros para ver o que sobrava — o homem natural. Na antropologia clássica, seriam descobertos pela decomposição das banalidades da cultura, verificando, então, o que aparecia — o homem consensual. Em qualquer dos casos o resultado é o mesmo que tende a emergir em todas as abordagens tipológicas de problemas científicos: as diferenças entre os indivíduos e entre os grupos de indivíduos tornam-se secundárias. A individualidade passa a ser vista como excentricidade, a diferença como desvio acidental do único objeto de estudo legítimo para o verdadeiro cientista: o tipo normativo subjacente, imutável. Em tal abordagem, por mais bem formulada e bem defendida que seja, os detalhes vivos são submersos em estereótipos mortos: estamos buscando uma entidade metafísica, o Homem, com "H" maiúsculo, no interesse de quem sacrificamos a entidade empírica que de fato encontramos — o homem com "h" minúsculo.

Todavia, o sacrifício é tão desnecessário como inútil. Não há oposição entre a compreensão teórica geral e a compreensão circunstancial, entre a visão sinóptica e a visão detalhista. Na verdade, é através do seu poder de tirar proposições gerais a partir de fenômenos particulares que uma teoria científica — aliás, a própria ciência — deve ser julgada. Se queremos descobrir quanto vale o homem, só poderemos descobri-lo naquilo que os homens são: e o que os homens são, acima de todas as outras coisas, é variado. É na compreensão dessa variedade — seu alcance, sua natureza, sua base e suas implicações — que chegaremos a construir um conceito da natureza humana que contenha ao mesmo tempo substância e verdade, mais do que uma sombra estatística e menos do que o sonho de um primitivista.

E para chegar, finalmente, à razão do meu título, é aqui que o conceito de cultura tem seu impacto no conceito de homem. Quando vista como um conjunto de mecanismos simbólicos para controle do comportamento, fontes de informação extrassomáticas, a cultura fornece o vínculo entre o que os homens são intrinsecamente capazes de se tornar e o que eles realmente se tornam, um por um. Tornar-se humano é tornar-se individual, e nós nos tornamos individuais sob a direção dos padrões culturais, sistemas de significados criados historicamente em termos dos quais damos forma, ordem, objetivo e direção às nossas vidas. Os padrões culturais envolvidos não são gerais, mas específicos — não apenas o "casamento", mas um conjunto particular de noções sobre como são os homens e as mulheres, como os esposos devem tratar uns aos outros, ou quem deve casar-se com quem; não apenas "religião", mas crença na roda do *karma*, a observância de um mês de jejum ou a prática do sacrifício do gado. O homem não pode ser definido nem apenas por suas habilidades inatas, como fazia o iluminismo, nem apenas por seu comportamento real, como o faz

38 Capítulo Dois

grande parte da ciência social contemporânea, mas sim pelo elo entre eles, pela forma em que o primeiro é transformado no segundo, suas potencialidades genéricas focalizadas em suas atuações específicas. É na *carreira* do homem, em seu curso característico, que podemos discernir, embora difusamente, sua natureza, e apesar de a cultura ser apenas um elemento na determinação desse curso, ela não é o menos importante. Assim como a cultura nos modelou como espécie única — e sem dúvida ainda nos está modelando — assim também ela nos modela como indivíduos separados. É isso o que temos realmente em comum — nem um ser subcultural imutável, nem um consenso de cruzamento cultural estabelecido.

Por estranho que pareça — embora, num segundo momento não seja talvez tão estranho — muitos dos nossos sujeitos parecem compreender isso mais claramente que nós mesmos, os antropólogos. Em Java, por exemplo, onde executei grande parte do meu trabalho, as pessoas diziam com muita tranquilidade: "Ser humano é ser javanês." Às crianças pequenas, aos rústicos, aos simplórios, aos loucos, aos flagrantemente imorais, chamam *ndurung djawa*, "ainda não javaneses". Um adulto "normal", capaz de agir em termos do sistema de etiqueta altamente elaborado, possuidor das delicadas percepções estéticas associadas à música, à dança, ao drama e ao desenho têxtil, que responde às sutis incitações do divino que reside na estabilidade da consciência de cada indivíduo, é um *sampum djawa*, "já um javanês", isto é, já um humano. Ser humano não é apenas respirar; é controlar a sua respiração pelas técnicas do ioga, de forma a ouvir literalmente, na inspiração e na expiração, a voz de Deus pronunciar o seu próprio nome — "*hu Allah*". Não é apenas falar, é emitir as palavras e frases apropriadas, nas situações sociais apropriadas, no tom de voz apropriado e com a indireção evasiva apropriada. Não é apenas comer: é preferir certos alimentos, cozidos de certas maneiras, e seguir uma etiqueta rígida à mesa ao consumi-los. Não é apenas sentir, mas sentir certas emoções muito distintamente javanesas (e certamente intraduzíveis) — "paciência", "desprendimento", "resignação", "respeito".

Aqui, ser humano certamente não é ser Qualquer Homem; é ser uma espécie particular de homem, e sem dúvida os homens diferem: "Outros campos", dizem os javaneses, "outros gafanhotos". Dentro da sociedade as diferenças também são reconhecidas — a forma como um camponês de arroz se torna humano e javanês difere da forma através da qual um funcionário civil se torna humano. Este não é um caso de tolerância e relativismo ético, pois nem todos os modos de se tornar humano são vistos como igualmente admiráveis. A forma como isso ocorre para os chineses locais, por exemplo, é intensamente desaprovada. O caso é que há maneiras diferentes e, mudando agora para a perspectiva antropológica, é na revisão e na análise sistemática dessas maneiras — a bravura do índio das planícies, a obsessão do hindu, o racionalismo do francês, o anarquismo berbere, o otimismo americano (para arrolar uma série de etiquetas que eu não gostaria de defender como tais) — que poderemos encontrar o que é ser um homem ou o que ele pode ser.

Resumindo, temos que descer aos detalhes, além das etiquetas enganadoras, além dos tipos metafísicos, além das similaridades vazias, para apreender corretamente o caráter essencial não apenas das várias culturas, mas também dos vários tipos de indivíduos dentro de cada cultura, se é que desejamos encontrar a humanidade face a face. Nessa área, o caminho para o geral, para as simplicidades reveladoras da ciência, segue através de uma preocupação com o particular, o circunstancial, o concreto, mas uma preocupação organizada e dirigida em termos da espécie de análises teóricas sobre as quais toquei — as análises da evolução física, do funcionamento do sistema nervoso, da organização social, do processo psicológico, da padronização cultural e assim por diante — e, muito especialmente, em termos da influência mútua entre eles. Isso quer dizer que o caminho segue através de uma complexidade terrificante, como qualquer expedição genuína.

"Deixe-o sozinho por um momento ou dois", escreve Robert Lowell, não, como se pode suspeitar, a respeito do antropólogo, mas a respeito daquele outro pesquisador excêntrico da natureza do homem, Nathaniel Hawthorne.

Deixe-o sozinho por um momento ou dois,
e você o verá com sua cabeça baixa,
cismando, cismando,
olhos fixos em algum fragmento,
alguma pedra, alguma planta comum,
a coisa mais comum,
como se fosse a pista.
Os olhos preocupados se erguem,
furtivos, metálicos, insatisfeitos
com a meditação sobre a verdade
e o insignificante.[8]

Curvado sobre seus próprios fragmentos, pedras e plantas comuns, o antropólogo também medita sobre o verdadeiro e o insignificante, nele vislumbrando (ou pelo menos é o que pensa), fugaz e inseguramente, sua própria imagem desconcertante, mutável.

---

[8]Transcrito com a permissão de Farrar, Straus & Giroux, Inc., e Faber & Faber, Ltd. de "Hawthorne", *in For The Union Dead*, p. 39. *Copyright* © 1964, *by* Robert Lowell.

CAPÍTULO 3

O CRESCIMENTO DA CULTURA E A EVOLUÇÃO DA MENTE

A expressão "a mente em seu próprio lugar", que os teóricos poderiam construir, não é verdadeira, pois a mente não é sequer um "lugar"... Pelo contrário, o tabuleiro de xadrez, a estação de trem, a carteira do garoto de escola, a poltrona do juiz, o assento do motorista, o estúdio e o campo de futebol estão entre os seus lugares. É nesses lugares que as pessoas trabalham e se divertem, estúpida ou inteligentemente. A "mente" não é o nome de uma outra pessoa, que trabalha ou brinca por trás de um biombo impenetrável; não é o nome de algum outro lugar onde se executa um trabalho ou se joga, e também não é o nome de uma outra ferramenta com a qual se executa um trabalho ou um outro instrumento com que se joga.

Gilbert Ryle

I

Na história intelectual das ciências comportamentais, o conceito da "mente" tem desempenhado um curioso papel duplo. Aqueles que viam o desenvolvimento de tais ciências compreendendo uma extensão retilínea dos métodos da ciência física para o reino da orgânica utilizaram-na como uma palavra endiabrada, cujo referente eram todos aqueles métodos e teorias que falharam em alcançar um ideal muito heroico de "objetividade". Termos tais como introspecção, compreensão, pensamento conceptual, imagem, ideia, sentimento, reflexão, fantasia, e assim por diante, foram estigmatizados como mentalistas, "isto é, contaminados pela subjetividade da consciência", e sua utilização foi castigada como um fracasso lamentável do esforço científico.[1] Aqueles que, pelo contrário, viam o movimento do físico para o orgânico e, mais especialmente, para o humano, com o significado de revisões de longo alcance na abordagem teórica e no processo de pesquisa, tendiam a utilizar a "mente" como um conceito cauteloso, que se propunha mais apontar os defeitos na compreensão do que corrigi-los, que se propunha mais enfatizar os limites da ciência positiva do que ampliá-los. Para tais pensadores, a função primordial era dar uma expressão vagamente definida, porém intuitivamente válida, à sua convicção estabelecida de que a experiência humana tem importantes dimensões de ordem que a teoria física (e, *pari passu*, as teorias psicológica e social modeladas sobre a teoria física) não leva em consideração. A imagem de Sherrington de uma "mente nua" — "tudo o que conta na vida. Desejo, prazer, verdade, amor, conhecimento, valores" — surgindo "em nosso mundo espacial mais fantasmagórica que um fantasma" serve como um epítome dessa posição, como a conhecida

---

[1]M. Scheerer, "Cognitive Theory", *in Handbook of Social Psychology* (Reading, Mass., 1954).

42 Capítulo Três

prática de Pavlov de multar qualquer dos seus estudantes que pronunciasse uma única palavra mentalista em seu laboratório fez com a posição contrária.[2]

Com efeito, e com poucas exceções, o termo "mente" jamais funcionou como conceito científico, mas como um artifício retórico, mesmo quando foi proibida a sua utilização. Para ser mais exato, ele atuou como transmissor de um medo — e às vezes explorador desse medo — em vez de definir um processo, um medo do subjetivismo, de um lado e do mecanicismo de outro. "Mesmo quando inteiramente convicto da natureza do subjetivismo antropomórfico e seus perigos", adverte-nos solenemente Clark Hull, "o pensador mais cauteloso e experiente pode tornar-se vítima das suas seduções", e ele nos aponta, como uma profilaxia, a estratégia de ver todo o comportamento como se fosse produzido por um cão, um rato albino ou, o que é ainda mais seguro, por um robô.[3] Enquanto isso, no campo oposto, Gordon Allport parece ver em tal abordagem uma ameaça à dignidade humana, queixando-se de que "nos modelos que vimos seguindo falta a orientação de longo alcance que é a essência da moralidade... Consagrar-se a máquinas, ratos ou crianças leva-nos a superestimar os aspectos do comportamento humano que são periféricos, orientados por sinais ou genéticos [e] menosprezar os aspectos centrais, orientados para o futuro ou simbólicos."[4] Em face de tais descrições contraditórias do espectro que persegue o estudo do homem, não é de admirar que recentemente um grupo de psicólogos, divididos entre o desejo de apresentar uma análise convincente dos aspectos direcionais do comportamento humano e cumprir os cânones científicos de objetividade, fosse tentado pelo desesperado estratagema de se referir a eles mesmos como "behavoristas subjetivos".[5]

No que concerne ao conceito da mente, essa situação é extremamente infeliz, uma vez que uma noção extraordinariamente útil e para a qual não há um equivalente preciso, a não ser talvez o arcaico "psique", é transformada num abantesma. E a infelicidade é ainda maior porque os medos que tanto mutilaram o termo são grandemente infundidos, ecos moribundos da grande e ridícula guerra civil entre o materialismo e o dualismo gerada pela revolução newtoniana. Conforme disse Ryle, o mecanicismo é uma farsa, pois o medo que dele se tem está na concepção de que é contraditório dizer que uma mesma ocorrência é governada por leis mecânicas e princípios morais, como se um jogador de golfe não pudesse ao mesmo tempo conformar-se com as leis da balística, obedecer às regras do golfe e jogá-lo com elegância.[6] Todavia, o subjetivismo também é uma farsa, pois o medo a ele está na concepção igualmente peculiar de que por eu não poder saber o que você sonhou durante a noite, o que pensou enquanto decorava uma série de sílabas sem sentido, ou o que pensa a respeito da doutrina de maldição infantil, a menos que você resolva contar-me, qualquer teorização que eu possa fazer sobre o papel que tais fatos mentais desempenham no seu comportamento deve ser baseada numa falsa analogia "antropomórfica" com o papel que eles desempenham no meu comportamento, conforme o que eu sei ou penso que sei. O cáustico comentário de Lashley de que "os metafísicos e teólogos gastaram tanto tempo acenando com histórias de fadas sobre [a mente] que chegaram a acreditar nas fantasias uns dos outros" só não é correto quando deixa de observar que grande número de cientistas do comportamento se engajou na mesma espécie de autismo coletivo.[7]

---

[2] C. Sherrington, *Man on His Nature*, 2.ª ed. (Nova York, 1953), p. 161; L. S. Kubie, "Psychiatric and Psycoanalytic Considerations of the Problem of Consciousness", *in Brain Mechanisms and Consciousness*, org. por E. Adrian *et al.* (Oxford, Inglaterra, 1954), pp. 444-467.

[3] C. L. Hull, *Principles of Behavior* (Nova York, 1943).

[4] G. W. Allport, "Scientific Models and Human Morals", *Psychol. Rev.*, 54 (1947): 182-192.

[5] G. A. Miller, E. H. Galanter e K. H. Pribram, *Plans and the Structure of Behavior* (Nova York, 1960).

[6] G. Ryle, *The Concept of Mind* (Nova York, 1949).

[7] K. S. Lashley, "Cerebral Organization and Behavior", *in The Brain and Human Behavior*, org. por H. Solomon *et al.* (Baltimore, 1958).

O Crescimento da Cultura e a Evolução da Mente **43**

Um dos métodos sugeridos com mais frequência para reabilitar a mente como um conceito científico útil é transformá-la num verbo ou num particípio. "Mente é mentalizar, a reação de um organismo como um todo, como uma unidade coerente... [uma perspectiva que] nos liberta do jugo verbal de uma metafísica estéril e paralisante e nos deixa livre para semear e colher num campo que dará frutos".[8] Mas essa "cura" implica voltar aos bancos escolares, onde "um substantivo é a palavra que nomeia uma pessoa, lugar ou coisa", o que, não é verdade, em primeiro lugar. O uso dos substantivos como termos ordenadores — ou seja, palavras que denotam capacidade e propensão em vez de entidades ou atividades — é de fato uma prática padronizada e indispensável no inglês,* tanto o comum como o científico.[9] Se isso ocorre com "mente", então tem de ocorrer também com "fé", "esperança" e "caridade", assim como com "causa", "força" e "gravitação", "motivo", "papel" e "cultura". "Mente é mentalizar" ainda vai bem, "ciência é cientificar" ainda é tolerável,[10] mas "superego é superegoar" soa muito estranho. Mais importante ainda, embora seja verdade que parte da confusão que surgiu em torno do conceito de mente seja resultado de uma falsa analogia com substantivos que nomeiam pessoas, lugares ou coisas, ela resulta principalmente de fontes muito mais profundas do que a simples linguística. Daí, o fato de transformá-la num verbo não representar uma verdadeira proteção contra "uma metafísica estéril e paralisante". Como os mecanicistas, os subjetivistas são homens de infinitos recursos e uma atividade oculta pode ser simplesmente substituída por uma entidade oculta, como no caso, por exemplo, da "introspecção".

Do ponto de vista científico, identificar a mente com o comportamento — "a reação do organismo como um todo" — é torná-la tão inutilmente redundante como identificá-la com uma entidade "mais fantasmagórica do que um fantasma". A noção de que é mais defensável transformar uma realidade em outra realidade do que transformá-la em uma irrealidade não é correta: um coelho desaparece tão completamente quando é magicamente transformado em um cavalo como quando é transformado em um centauro. "Mente" é um termo que denota uma espécie de habilidade, propensão, capacidade, tendência, hábitos; ela se refere, na frase de Dewey, a um "ambiente ativo e ansioso, que fica na expectativa e se engaja no que quer que apareça".[11] Como tal, não é nem uma ação nem uma coisa, mas um sistema organizado de disposições que descobre a sua manifestação através de algumas ações e algumas coisas. Conforme demonstrou Ryle, se um homem desajeitado tropeça acidentalmente, não achamos certo atribuir sua ação ao trabalho da sua mente, mas se um palhaço tropeça de propósito, achamos perfeitamente correto dizer:

A inteligência do palhaço pode exibir-se em seus tropeços e tombos. Ele tropeça e cai da mesma forma que pessoas desajeitadas, só que ele tropeça e cai de propósito, após muitos ensaios, no momento exato em que as crianças podem vê-lo e de forma a não se machucar. Os espectadores aplaudem sua habilidade em parecer desajeitado, mas o que eles aplaudem não é uma atuação oculta executada "em sua cabeça". É sua atuação visível que eles admiram, mas eles admiram-na não como o resultado de qualquer causa interna oculta, mas por ser um exercício de habilidade. Ora, uma habilidade não é um ato, portanto não se trata de um ato testemunhável ou não. Reconhecer que uma tal atuação é um exercício de habilidade é apreciá-lo, de fato, à luz de um fator que não pode ser registrado isoladamente por uma câmara. O motivo pelo qual a habilidade exercida numa atuação não pode ser registrada isoladamente por uma câmara não é por se tratar de um acontecimento oculto ou fantasmagórico um complexo de disposições, e uma disposição

---

[8]L. A. White, *The Science of Culture* (Nova York, 1949).
*E no português. (N.R.T.)
[9]Ryle, *The Concept of Mind*.
[10]White, *The Science of Culture*.
[11]J. Dewey, *Art as Experience* (Nova York, 1934).

44 CAPÍTULO TRÊS

é um fator do tipo lógico errado para ser visto ou não visto, registrado ou não registrado. Tal como o hábito de falar alto não é, em si mesmo, alto ou baixo, uma vez que não é a espécie de termo ao qual pode opor-se o predicado "alto" ou "baixo", ou como uma suscetibilidade à dor de cabeça não é, em si mesma, insuportável clinações exercidas em operações externas ou internas não são em si mesmas externas ou internas, testemunháveis ou não.[12]

Argumento semelhante se aplica a objetos: não nos referiríamos, a não ser de forma metafórica, ao legendário porco queimado que o chinês produziu acidentalmente ao pôr fogo no chiqueiro como "cozinhado", embora ele o tenha comido, porque isso não resultou do exercício de uma capacidade mental chamada "conhecimento de cozinhar". Todavia, faríamos tal referência ao segundo porco que o chinês, agora educado, produziu queimando deliberadamente o chiqueiro porque o mesmo resultaria de uma tal capacidade, não importa quão primária. Tais julgamentos, sendo empíricos, podem estar errados: um homem poderia ter tropeçado realmente enquanto pensávamos que ele apenas imitava um tropeção e o porco poderia estar sendo assado, realmente, enquanto pensávamos que ele estava apenas queimado. O que ocorre, porém, é que, quando atribuímos uma mente a um organismo, não estamos falando das ações do organismo nem de seus produtos *per se*, mas sobre suas capacidades e propensões, sua disposição de executar certos tipos de ações e produzir certas espécies de produtos, uma capacidade e uma propensão que inferimos, naturalmente, a partir do fato de que ele às vezes executa tais ações e produz tais produtos. Nada há de extramundano a esse respeito: ele indica, simplesmente, que a falta de termos ordenadores num idioma torna extraordinariamente difícil a descrição científica e a análise do comportamento humano, frustrando severamente o seu desenvolvimento conceptual. É o mesmo que ocorre com um idioma como o Arapesh, no qual você tem de enumerar dizendo "um, dois, dois e um, um cão (isto é, 'quatro'), um cão e um, um cão e dois, um cão e dois e um, dois cães... etc.", o que frustra o desenvolvimento matemático, tornando o contar tão difícil que as pessoas acham um esforço tremendo ir além de dois cães e dois cães e dois cães (isto é, "vinte e quatro") e referem-se a todas as quantidades maiores como "uma porção".[13]

Além disso, dentro de um quadro conceptual geral como esse, é possível discutir os determinantes biológicos, psicológicos, sociológicos e culturais da vida mental do homem simultaneamente sem fazer qualquer hipótese reducionista. Isso acontece porque, como a capacidade para alguma coisa, ou a inclinação para fazer alguma coisa, não são entidades ou execuções, elas simplesmente não são suscetíveis de redução. No caso do palhaço de Ryle, eu poderia dizer, sem dúvida incorretamente, que seus tombos poderiam ser reduzidos a uma cadeia de reflexos condicionados, mas não poderia dizer que sua habilidade de cair teria essa redução, uma vez que, com sua habilidade, eu estaria apenas dizendo que ele sabe cair. Em lugar de "o palhaço sabe cair", é possível escrever, de forma simplista, "(esse organismo) sabe (produz a série reflexa descrita)", mas só posso retirar a palavra "sabe" da frase substituindo-a por "é capaz de", "tem a capacidade de", etc., o que não é uma redução, mas apenas uma mudança imaterial de uma forma verbal para uma forma adjetiva ou substantiva. Tudo que se pode fazer na análise da habilidade é mostrar de que maneira ela é (ou não é) dependente de vários fatores, tais como a complexidade do sistema nervoso, o desejo de exibição reprimido, a existência de instituições sociais como circos ou a presença de uma tradição cultural de imitar a falta de jeito com o propósito de satirizar. Uma vez que os predicados ordenadores são admitidos na descrição científica, eles não são eliminados por mudanças ao "nível" da descrição utilizada. Assim, com o reconhecimento desse fato, pode ser posta de lado, simplesmente, toda uma série de pseudoproblemas, falsos temas e medos irreais.

---

[12]Ryle, *The Concept of Mind*, p. 33. Citado com a permissão de Barnes & Noble Books e Hutchinson Publishing Group Ltd.

[13]M. Mead, "Comment", *in Discussions in Child Development*, org. por J. Tanner e B. Inhelder (Nova York, s. d.), 1: 480-503.

Talvez em nenhuma outra área seja mais útil evitar tais paradoxos manufaturados do que no estudo da evolução mental. Sobrecarregada no passado por praticamente todas as falácias da antropologia clássica — o etnocentrismo, uma preocupação exagerada com a singularidade humana, uma história reconstruída imaginativamente, um conceito de cultura superorgânico, estágios *a priori* de mudança evolutiva — toda a pesquisa da origem da mentalidade humana tendia a cair no descrédito ou, então, a ser negligenciada. No entanto, as questões legítimas — e a questão de por que o homem chegou a ter essa mente é legítima — não são invalidadas por respostas equívocas. Pelo menos no que concerne à antropologia, uma das vantagens mais importantes de uma resposta ordenada à questão "O que é a mente?" é que ela nos permite reabrir um tema clássico sem reviver as controvérsias clássicas.

II

Durante mais de metade do século XX estiveram em vigor duas perspectivas sobre a evolução da mente humana, ambas inadequadas. A primeira é a tese de que a espécie de processos do pensamento humano chamados por Freud de "primários" — substituição, reversões, condensação, e assim por diante — são filogeneticamente anteriores àqueles que ele chamou de "secundários" — dirigidos, ordenados logicamente, raciocínio, etc.[14] Dentro dos limites da antropologia, essa tese baseou-se na presunção de que é possível simplesmente identificar padrões de cultura e modos de pensamento.[15] Com tal pressuposto, os grupos de pessoas que se ressentiam da falta de recursos culturais da ciência moderna, os quais, pelo menos em alguns contextos, eram empregados no Ocidente com tão bons resultados no raciocínio direto, são considerados, *ipso facto*, como carentes da própria capacidade de intelecção à qual se aplicam esses recursos — como se o fato de os Arapesh se reduzirem às combinações de "um", "dois", "cão" fosse o resultado e não a causa de sua falta de facilidade matemática. Se se acrescenta a esse argumento a generalização empírica, não válida, de que os povos tribais utilizam os parcos recursos culturais de que dispõem para a intelecção com menos frequência, menos persistência e menos circunspecção dos que os povos ocidentais, a proposição de que o processo primário de pensamento antecede o processo secundário de pensamento filogeneticamente apenas precisa, para completá-la, do engano final de ver os povos tribais como formas primitivas de humanidade, "fósseis vivos".[16]

---

[14]S. Freud, "The Interpretation of Dreams", trad. *in The Basic Writings of Sigmund Freud*, org. por A. A. Brill (Nova York, 1938), pp. 179-548; S. Freud, "Formulations Regarding Two Principles in Mental Functioning", *in Collected Papers of Sigmund Freud* (Londres, 1946), 4: 13-27.

[15]L. Levy-Bruhl, *Primitive Mentality* (Londres, 1923).

[16]Além disso, essa proposição foi apoiada, como apontou Hallowell (A. I. Hallowell, "The Recapitulation Theory and Culture", transcrito em *Culture and Experience*, por A. I. Hallowell [Filadélfia, 1939], pp. 14-31), por uma aplicação não crítica da "lei de recapitulação" de Haeckel, ora rejeitada, na qual foram utilizados supostos paralelos de pensamento de crianças, psicóticos e selvagens, como prova da prioridade filogenética do autismo. Para sugestões de que os processos primários nem sequer são onto-geneticamente anteriores aos processos secundários, cf. H. Hartmann, "Ego Psychology and The Problem of Adaptation", trad. e condensado *in Organization and Pathology of Thought*, org. por D. Rappaport (Nova York, 1951), pp. 362-396; e H. Hartmann, E. Kris e R. Lowenstein, "Comments on the Formation of Psychic Structure", *in The Psychoanalytic Study of the Child* (Nova York, 1946), 2: 11-38.

46 CAPÍTULO TRÊS

Foi justamente como reação a esse tecido de erros que surgiu a segunda perspectiva sobre a evolução mental humana, a saber, que a existência da mente humana, basicamente em sua forma moderna, não é apenas um pré-requisito para a aquisição da cultura, mas que o crescimento da cultura em si mesmo não teve qualquer significado para a evolução mental:

> O pássaro abandonou um par de pernas para adquirir asas. Adquirir uma nova faculdade transformando parte de uma antiga... O avião, ao contrário, deu aos homens uma nova faculdade sem diminuir ou mesmo prejudicar qualquer das outras que eles possuíam anteriormente. Não levou a mudança física visível alguma, nem a alteração da capacidade mental.[17]

Esse argumento, por sua vez, implica dois corolários, um dos quais, a doutrina da unidade psíquica da humanidade, encontrou crescente substanciação empírica à medida que prosseguia a pesquisa antropológica, enquanto o outro, a teoria do "ponto crítico" do aparecimento da cultura, tornou-se cada vez mais fraco. A doutrina da unidade psíquica da humanidade que, parece-me, não é mais questionada seriamente, hoje em dia, por nenhum antropólogo de reputação, é justamente a contradição direta do argumento da mentalidade primitiva. Ela afirma não haver diferenças essenciais na natureza fundamental do processo de pensamento entre as várias raças vivas do homem. Se a existência de um tipo moderno de mente é considerada pré-requisito para a aquisição da cultura, a posse universal da cultura por parte de todos os grupos humanos contemporâneos faz com que a doutrina da unidade psíquica seja uma simples tautologia. Entretanto, quer seja genuinamente tautológica ou não, é uma proposição para cuja validade empírica a evidência etnográfica e psicológica já é bastante considerável.[18]

Quanto à teoria do ponto crítico do aparecimento da cultura, ela postula que o desenvolvimento da capacidade de adquirir cultura foi um tipo de ocorrência súbita, tudo ou nada, na filogenia dos primatas.[19] Num momento específico da nova história irrecuperável da hominidização, ocorreu uma alteração orgânica, portentosa, mas provavelmente bem insignificante em termos genéticos ou anatômicos — presumivelmente na estrutura cortical — com a qual um animal cujos antecessores não estavam dispostos "a comunicar-se, a aprender e a ensinar, a generalizar a partir de uma cadeia interminável de sentimentos e atitudes discretas" equipou-se a um ponto a partir do qual "ele começou a ser capaz de agir como receptor e transmissor, e iniciou a acumulação que é a cultura".[20] Com ele nasceu a cultura e, uma vez nascida, ela determinou seu próprio curso de forma a crescer totalmente independente de qualquer evolução orgânica do homem. Todo o processo de criação da capacidade do homem moderno de produzir e usar a cultura, seu atributo mental mais destacado, é conceptualizado como uma mudança quantitativa marginal, que deu origem a uma diferença qualitativa radical, como acontece com a água quando, reduzida grau a grau sem perder sua fluidez, subitamente se congela a 0° C, ou quando um avião deslizando na pista ganha velocidade suficiente para lançar-se ao ar.[21]

Mas não estamos falando nem de água, nem de aviões, e a questão é se se pode de fato traçar uma linha demarcando o homem "enculturado" e o não homem "não enculturado" que essa perspectiva subentende ou, se precisamos de analogias, se não seria mais correto assumir uma perspectiva mais histórica, tal

---

[17]A. L. Kroeber, *Anthropology* (Nova York, 1948).

[18]C. K. Kluckhohn, "Universal Categories of Culture", *in Anthropology Today*, org. por A. L. Kroeber (Chicago, 1953), pp. 507-523; cf. também Kroeber, *Anthropology*, p. 573.

[19]Kroeber, *Anthropology*, pp. 71-72.

[20]*Ibid*.

[21]*Ibid*., White, *The Science of Culture*, p. 33.

como a ascensão gradual e constante da Inglaterra moderna a partir da medieval. Dentro do ramo físico da antropologia, a dúvida a respeito do fato de se poder falar sobre o aparecimento do homem "como se ele fosse promovido subitamente de coronel a general de brigada e tivesse uma época para patentes" cresceu com grande rapidez quando os fósseis australopitecíneos, originariamente da África do Sul, mas hoje em dia encontrados em vários locais, passaram a desempenhar um papel cada vez mais importante na linha dos hominídios.[22]

Esses fósseis, que datam de períodos do alto Plioceno e baixo Pleistoceno, de três ou quatro milhões de anos passados, exibem um notável mosaico de características morfológicas primitivas e avançadas, das quais os aspectos mais importantes são uma pélvis e uma formação de perna notavelmente semelhantes aos do homem moderno e uma capacidade craniana pouco maior do que a dos macacos vivos.[23] Embora a tendência inicial fosse ver essa conjunção de sistema locomotor bipedal "tipo homem" e de cérebro "tipo macaco" como indicativa de que os Australopitecíneos representavam uma linha de desenvolvimento aberrante e infeliz, isolada tanto dos hominídeos como dos pongídeos, o consenso contemporâneo segue a conclusão de Howells de que "os primeiros hominídeos tinham cérebro pequeno, eram bípedes recentes, eram hominoides protoaustralopitecos e que o que sempre consideramos como 'homem' representa formas posteriores desse grupo, com adaptações secundárias voltadas para cérebros maiores e esqueletos modificados da mesma forma".[24]

Ora, esses hominídeos mais ou menos eretos, de cérebros pequenos, com suas mãos livres da locomoção, manufaturavam ferramentas e provavelmente caçavam pequenos animais. Entretanto, não é provável que pudessem ter uma cultura desenvolvida comparável à do aborígine australiano, por exemplo, ou que possuíssem uma linguagem no sentido moderno do termo com apenas 500 centímetros cúbicos de cérebro.[25] Assim, parece que temos nos Australopitecíneos um tipo diferente de "homem", evidentemente capaz de adquirir alguns elementos de cultura — confecção de ferramentas simples, "caçadas" esporádicas e talvez algum sistema de comunicação mais adiantado que o dos macacos contemporâneos, porém menos adiantado do que a verdadeira fala — mas não outros elementos, um estado de coisas que lança dúvidas muito sérias sobre a viabilidade da teoria do "ponto crítico".[26] Com efeito, como o cérebro do *Homo sapiens* é três vezes maior que o dos Australopitecíneos, a maior parte da expansão cortical humana seguiu, e não precedeu, o "início" da cultura, circunstância bastante inexplicável se se considera a capacidade de cultura como sendo

---

[22]W. W. Howells, "Concluding Remarks of the Chairman", *in Cold Spring Harbor Symposia on Quantitative Biology*, 15 (1950): 79-86.

[23]Para descobertas originais de Australopitecíneos, cf. R. A. Dart, *Adventures with the Missing Link* (Nova York, 1959); sobre uma revisão recente, cf. P. V. Tobias, "The Taxonomy and Phylogeny of the Australopithecines", *in Taxonomy and Phylogeny of Old World Primates with Reference to the Origin of Man*, org. por B. Chiarelli (Turim, 1968), pp. 277-315.

[24]O termo "hominoide" significa a superfamília de animais, vivos e extintos, à qual pertencem tanto o homem como os macacos pongídeos (gorila, orangotango, chimpanzé e gibão), e o termo "hominídeo" a família de animais, vivos e extintos, à qual pertence o homem, mas não o macaco. Sobre a perspectiva "aberrante", cf. E. Hooton, *Up From the Ape*, ed. rev. (Nova York, 1949); sobre o consenso, Howells, "Concluding Remarks of the Chairman". A afirmativa de que os Australopitecíneos foram os "primeiros hominídeos" teria que ser modificada agora, segundo creio.

[25]Para uma visão geral, cf. A. I. Hallowell, "Self, Society and Culture in Phylogenetic Perspective", *in The Evolution of Man*, org. por S. Tax (Chicago, 1960), pp. 309-372. Na década passada, toda essa discussão prosseguiu a grande velocidade e com crescente precisão. Para uma série de referências, ver o artigo pormenorizado de R. L. Holloway e Elizabeth Szinyei-Merse, "Human Biology: a Catholic Review", *in Biennial Review of Anthropology, 1971*, org. por B. J. Siegel (Stanford, 1972), pp. 83-166.

[26]Para uma discussão geral da teoria do "ponto crítico" à luz de trabalhos antropológicos recentes, cf. C. Geertz, "The Transition to Humanity", *in Horizons of Anthropology*, org. por S. Tax (Chicago, 1964) pp. 37-48.

48 CAPÍTULO TRÊS

o resultado unitário de uma mudança ligeiramente quantitativa, mas qualitativamente metastática, da espécie do congelamento da água.[27] Assim, tornou-se agora um equívoco empregar a imagem da "série gradativa" para o aparecimento do homem, como "é igualmente duvidoso se ainda podemos falar em termos de 'aparecimento da cultura', como se a cultura, juntamente com o 'homem', passasse a existir subitamente".[28]

Como o paradoxo é sinal de um erro antecedente, o fato de um dos corolários parecer válido, e o outro não, sugere que a tese que mantém a evolução mental e a acumulação cultural como dois processos inteiramente separados, estando o primeiro basicamente completo antes que se iniciasse o segundo, é incorreta em si mesma. Se é esse o caso, torna-se necessário descobrir um meio de nos livrarmos dessa tese sem prejudicar, ao mesmo tempo, a doutrina da unidade psíquica, na ausência da qual "teríamos de jogar ao lixo a maior parte da história, da antropologia e da sociologia e começar tudo de novo com uma interpretação genética psicossomática do homem e das suas variedades".[29] Precisamos ser capazes tanto de negar qualquer relação significativa entre a realização cultural (grupo) e a capacidade mental inata no presente como de afirmar tal relação no passado.

Os meios através dos quais podemos cumprir essa tarefa estranha de duas cabeças estão no que pode parecer um simples artifício técnico, mas que é, na verdade, uma importante reorientação metodológica — a escolha de uma balança de tempo mais detalhadamente graduada, em termos da qual se possam discriminar os estágios de mudança evolutiva que produziram o *Homo sapiens* a partir de um proto-hominoide do Eoceno. O fato de se ver o aparecimento da capacidade cultural como uma ocorrência mais ou menos abrupta, instantânea, ou um desenvolvimento lento, contínuo, depende, obviamente, pelo menos em parte, do tamanho das unidades elementares de balança de tempo de cada um: para um geólogo, que mede através de *eons*, toda a evolução dos primatas pode parecer uma explosão qualitativa indiferenciada. Com efeito, o argumento contra a teoria do ponto crítico poderia ser elaborado mais precisamente em termos de uma queixa, de que ela deriva de uma escolha insatisfatória de uma balança de tempo, uma balança de tempo cujos intervalos básicos são demasiado grandes para uma análise refinada da história evolutiva recente. É como se, da mesma maneira, um biólogo fosse tolo o suficiente para estudar a maturação humana utilizando décadas como intervalos; fatalmente, ele veria a condição de adulto como uma súbita transformação da criança, e perderia de vista a adolescência.

Um bom exemplo de tal abordagem às considerações temporais está implícito naquela que é, provavelmente, a espécie mais frequente de documentação científica invocada em apoio da "diferença em espécie em vez de diferença em grau" como perspectiva da cultura humana: a comparação do homem com seus parentes vivos mais próximos, os pongídeos, particularmente os chimpanzés. O homem pode falar, pode criar símbolos, pode adquirir cultura, cita o argumento, mas o chimpanzé (e, por extensão, todos os animais menos dotados) não pode. Assim, o homem é único nesse sentido e, no que concerne à mentalidade, "somos confrontados por uma série de saltos, não uma ascensão contínua".[30] Todavia, isso deixa passar o fato de que, embora os pongídeos possam ser os parentes mais próximos do homem — e "próximo" é um termo muito

---

[27]S. L. Washburn, "Speculations on the Interrelations of Tools and Biological Evolution", *in The Evolution of Man's Capacity for Culture*, org. por J. M. Spuhler (Detroit, 1959), pp. 21-31.

[28]A. I. Hallowell, "Culture, Personality and Society", *in Anthropology Today*, org. por A. L. Kroeber (Chicago, 1953), pp. 597-620. Cf. A. I. Hallowell, "Behavioral Evolution and the Emergence of the Self", *in Evolution and Anthropology: A Centennial Appraisal*, org. por B. J. Meggers (Washington, D. C., 1959), pp. 36-60.

[29]Kroeber, *Anthropology*, p. 573.

[30]L. A. White, "Four Stages in the Evolution of Minding", *in The Evolution of Man*, org. por S. Tax (Chicago, 1960), pp. 239-253; o argumento é muito comum.

elástico — e levando em conta uma balança de tempo mais realista do ponto de vista evolutivo, eles não são realmente tão próximos, e o último ancestral comum seria, no mínimo, um macaco do alto Plioceno (e, no máximo, do alto Oligoceno) e, desde essa ocasião, a diferenciação filética ocorreu com uma rapidez sempre crescente. O fato de os chimpanzés não falarem é ao mesmo tempo interessante e importante, mas tirar desse fato a conclusão de que a fala é um fenômeno tipo tudo ou nada é condensar um período de um a quarenta milhões de anos num único instante do tempo, perdendo toda a linha do hominídeo pré-*sapiens* da mesma forma que nosso biólogo perdeu a adolescência. Manipulada cuidadosamente, a comparação interespecífica dos animais vivos é um artifício legítimo e, na verdade, indispensável para deduzir as tendências evolutivas gerais. Entretanto, da mesma forma que o comprimento finito da onda de luz limita a possível discriminação nas medidas físicas, igualmente o fato de os parentes vivos mais próximos do homem serem, no máximo, primos remotos (*não* ancestrais) limita o grau de refinamento na medida da mudança evolutiva na linha do hominoide quando alguém se limita inteiramente ao contraste entre as formas visíveis.[31]

Se, pelo contrário, estendemos a filogenia do hominídeo ao longo de uma balança de tempo mais apropriada, focalizando nossa atenção no que parece ter acontecido à linha "humana" desde a irradiação dos hominoides, e, em particular, desde a emergência do *Australopiteco* até o final do Plioceno, é possível uma análise mais sutil do crescimento evolutivo da mente. E torna-se evidente, de forma ainda mais crucial, que a acumulação cultural não só já estava encaminhada muito antes de cessar o desenvolvimento orgânico, mas que tal acumulação certamente desempenhou um papel ativo moldando os estágios finais desse desenvolvimento. Embora seja aparentemente verdadeiro que a invenção do aeroplano não acarretou mudanças corporais visíveis ou qualquer alteração (inata) da capacidade mental, isso não ocorreu, necessariamente, com a ferramenta de pedra ou o machado rústico, em cujo rastro parece ter surgido não apenas uma estatura mais ereta, uma dentição reduzida e uma mão com domínio do polegar, mas a própria expansão do cérebro humano até seu tamanho atual.[32] Como a manufatura de ferramentas é uma apologia à habilidade natural e à previsão, sua introdução deve ter influído na mudança das pressões seletivas de forma a favorecer o rápido crescimento do cérebro anterior, como parece ser o caso também da organização social, da comunicação e da regulamentação moral, as quais, há razões para crer, também ocorreram durante esse período de transição entre a mudança cultural e a biológica. Essas mudanças do sistema nervoso não foram apenas quantitativas; talvez as alterações nas interligações entre os neurônios e sua maneira de funcionar possam ter uma importância ainda maior do que o simples acréscimo no seu número. Porém, colocando de lado os detalhes — e a maior parte deles ainda precisa ser determinada — o caso é que a constituição inata, genérica do homem moderno (o que costumava ser chamado, simplesmente, de "natureza humana") parece ser agora um produto tanto cultural quanto biológico, pelo fato de "ser provavelmente mais correto pensar em muito da nossa estrutura como resultante da cultura, em vez de pensar nos homens, anatomicamente iguais a nós, descobrindo lentamente a cultura".[33]

O Pleistoceno, com suas rápidas e radicais variações de clima, formações terrestres e vegetação, já foi reconhecido, há muito tempo, como o período no qual as condições foram ideais para o veloz e eficiente desenvolvimento evolutivo do homem. Agora ele parece ter sido, também, um período no qual o ambiente

---

[31]Para uma discussão geral dos perigos que envolvem o uso não crítico das comparações entre formas contemporâneas para criar hipóteses históricas, cf. G. Simpson, "Some Principles of Historical Biology Bearing on Human Organisms", *in Cold Spring Harbor Symposia on Quantitative Biology*, 15 (1950); 55-66.

[32]Washburn, "Speculations on the Interrelations".

[33]*Ibid*.

cultural suplementou crescentemente o ambiente natural no processo de seleção, de forma a acelerar ainda mais a taxa de evolução do hominídeo, numa velocidade sem precedente. A Era Glacial parece ter sido não apenas a época do alargamento da fronte e do encolhimento das mandíbulas, mas uma época em que se forjaram praticamente todas essas características da existência do homem que são as mais graficamente humanas: seu sistema nervoso perfeitamente encefalado, sua estrutura social baseada no tabu do incesto e sua capacidade de criar e usar símbolos. O fato de esses diversos aspectos de humanidade emergirem juntos, numa interação complexa uns com os outros, em vez de surgirem em série, como se propunha há tempos, é de importância excepcional na interpretação da mentalidade humana, pois sugere que o sistema nervoso do homem não permite apenas que ele adquira cultura, mas positivamente exige que o faça para poder simplesmente funcionar. Em vez de a cultura funcionar simplesmente para suplementar, desenvolver e ampliar capacidades organicamente baseadas, lógica e geneticamente anteriores a ela, ela parece ser o ingrediente dessas capacidades. Um ser humano sem cultura seria, provavelmente, não um macaco intrinsecamente talentoso, embora incompleto, mas apenas uma monstruosidade totalmente sem mente e, em consequência, sem possibilidade de ser trabalhada. Como o repolho com quem tanto se parece, o cérebro do *Homo sapiens*, surgindo do arcabouço da cultura humana, não seria viável fora dela.[34]

Com efeito, esse tipo de relação reciprocamente criativa entre os fenômenos somáticos e extrassomáticos parece ter sido de crucial importância durante todo o avanço dos primatas. É muito duvidoso que qualquer primata infra-hominídeo (vivo ou extinto) tenha possuído qualquer cultura verdadeira — no sentido estrito de "um sistema ordenado de significado e símbolos... nos termos dos quais os indivíduos definem seu mundo, expressam seus sentimentos e fazem seus julgamentos".* Todavia, já está perfeitamente estabelecido que os macacos são realmente criaturas tão sociais que são capazes de alcançar a maturidade social no isolamento ou de adquirir uma série de importantes capacidades de atuação através do aprendizado imitativo e de desempenhar tradições sociais coletivas, infraespecificamente variáveis, as quais são transmitidas como herança não biológica de geração em geração.[35] Conforme observa DeVore, resumindo o material disponível, "os primatas têm literalmente, um 'cérebro social'".[36] Assim, muito antes de ser influenciada por forças culturais, a evolução do que chegou a constituir, finalmente, o sistema nervoso humano foi positivamente modelada pelas forças sociais.[37]

Todavia, por outro lado, uma negação da simples independência dos processos sociocultural e biológico no pré-*Homo sapiens* não implica a rejeição da doutrina de unidade psíquica, uma vez que a diferenciação filética dentro da linha do hominídeo cessou, efetivamente, com a difusão do *Homo sapiens* no terminal Pleistoceno em praticamente todo o mundo e a extinção de qualquer outra espécie de *Homo* porventura existente nesse período. Assim, a despeito de terem ocorrido algumas mudanças evolutivas menores desde

---

[34]Quanto às "crianças-lobos" e outras fantasias animais, cf. K. Lorenz, "Comment" *in Discussions on Child Development*, org. por J. Tanner e B. Inhelder (Nova York, s/d), 1: 95-96.

*Definição do próprio Geertz, que aparece em "Ritual and Social Change: A Javanese Example", artigo incluído na edição americana deste livro (N. do R. T.)

[35]Sobre isolamento, cf. H. Harlow, "Basic Social Capacity of Primates", *in The Evolution of Man's Capacity for Culture*, org. por J. Spuhler (Detroit, 1959), pp. 40-52; sobre o aprendizado imitativo, H. W. Nissen, "Problems of Mental Evolution in the Primates", *in The Non-Human Primates and Human Evolution*, org. por J. Gavan (Detroit, 1955), pp. 99-109.

[36]B. I. DeVore, "Primate Behavior and Social Evolution" (s/d, inédito).

[37]Alguns mamíferos subprimatas também seguem um modo de vida definidamente social, de forma que esse processo provavelmente antecede os primatas como um todo. O comportamento social de alguns pássaros e insetos é de menor relevância imediata apenas porque essas espécies são tangenciais na linha do desenvolvimento humano.

a ascensão do homem moderno, todos os povos vivos fazem parte de uma única espécie politípica e, como tal, variam anatômica e psicologicamente dentro de limites muito estreitos.[38] A combinação de mecanismos enfraquecidos de isolamento reprodutivo, um período extenso de imaturidade sexual individual e a acumulação da cultura a um ponto tal que sua importância como fator adaptativo praticamente dominou seu papel como fator seletivo produziu uma desaceleração tão extrema na taxa de evolução do hominídeo que parece ter sido frustrado o desenvolvimento de qualquer variação significativa na capacidade mental inata entre os subgrupos humanos. Com o triunfo inequívoco do *Homo sapiens* e o cessar das glaciações, o elo entre a mudança orgânica e a cultural enfraqueceu-se muito, se é que não foi cortado. Desde essa ocasião, a evolução orgânica na linha humana diminuiu consideravelmente seu ritmo, embora o crescimento da cultura tenha prosseguido com rapidez sempre crescente. Portanto, é desnecessário postular tanto um padrão de evolução humana descontínuo, "diferente em espécie", como um papel não seletivo para a cultura durante todas as fases do desenvolvimento do hominídeo, a fim de preservar a generalização empiricamente estabelecida de que "no que concerne a sua (nata) capacidade de aprender, manter, transmitir e transformar a cultura, os diferentes grupos de *Homo sapiens* devem ser vistos como igualmente competentes".[39] A unidade psíquica pode não ser mais uma tautologia, mas continua sendo um fato.

III

Um dos desenvolvimentos mais encorajadores — embora estranhamente retardado — nas ciências comportamentais é a tentativa atual da psicologia fisiológica de despertar do seu longo encantamento com as maravilhas do arco reflexo. O quadro convencional de um impulso sensorial encontrando seu caminho através de um emaranhado de sinapses até a culminação de um nervo motor está passando por uma revisão, um quarto de século após seu mais ilustre proponente ter mostrado que não era adequado explicar os aspectos integrativos do comportamento de uma andorinha ou de um cão pastor, e muito menos do homem.[40] A solução de Sherrington foi uma mente espectral que organizasse as coisas (como a de Hull era um painel automático não menos misterioso).[41] Hoje em dia, porém, a ênfase incide sobre um construto mais verificável: o conceito de um padrão de atividade nervosa rítmica, espontânea, de ação central, sobre o qual as configurações de estímulo periférico são superpostas e a partir da qual emergem os comandos autoritários do órgão motor. Avançando sob a bandeira de "um organismo ativo" e apoiada pela anatomização de circuito fechado de Cayal e de Nó,[42] essa nova persuasão enfatiza a forma pela qual os processos contínuos, tanto do

---

[38]M. F. A. Montagu, "A Consideration of the Concept of Race", *in Cold Spring Harbor Symposia on Quantitative Biology*, 15 (1950): pp. 315-334.

[39]M. Mead, "Cultural Determinants of Behavior", *in Culture and Behavior*, org. por A. Roe e G. Simpson (New Haven, 1958).

[40]C. Sherrington, *Man*.

[41]C. L. Hull, *Principles*.

[42]L. de Nó, "Cerebral Cortex Architecture", *in The Physiology of the Nervous System*, org. por J. F. Fulton (Nova York, 1943); J. S. Bruner, "Neural Mechanisms in Perception", *in The Brain and Human Behavior*, org. por H. Solomon *et al.* (Baltimore, 1958), pp. 118-143; R. W. Gerard, "Becoming: The Residue of Change", *in The Evolution of Man*, org. por S. Tax (Chicago, 1960), pp. 255-268; K. S. Lashley, "The Problem of Serial Order in Behavior", *in Cerebral Mechanisms and Behavior*, org. por L. Jeffress (Nova York, 1951), pp. 112-136.

52 Capítulo Três

cérebro como dos agregados neuronais subordinados, selecionam preceitos, fixam experiências e ordenam as respostas, de maneira a produzir um padrão de comportamento delicadamente modulado:

O funcionamento do sistema nervoso central é um assunto hierárquico no qual as funções dos níveis mais altos não lidam diretamente com as unidades estruturais finais, tais como os neurônios ou as unidades motoras, operando através da ativação de padrões inferiores que têm sua própria unidade estrutural relativamente autônoma. O mesmo é verdade, também, para a entrada (*input*) sensorial, que não se projeta até o último caminho final dos neurônios motores, mas opera afetando, distorcendo e modificando, de alguma forma, os padrões preexistentes, pré-formados, de coordenação central, e estes, por sua vez, transmitem suas distorções aos padrões inferiores motores e assim por diante. O rendimento (*output*) final é, então, o resultado dessa descida hierárquica de distorções e modificações de padrões de excitação intrinsecamente executados que, todavia, de forma alguma são réplicas daquilo que entra (*input*). A estrutura do *input* não produz a estrutura do *output*, apenas modifica as atividades nervosas intrínsecas que possuem a sua própria organização estrutural.[43]

O posterior desenvolvimento dessa teoria de um sistema nervoso central autonomamente excitado, hierarquicamente organizado, promete não apenas fazer com que deixe de ser um mistério fisiológico a ativa competência do cão pastor de Sherrington ao recolher as ovelhas espalhadas na colina, como poderá comprovar o seu valor fornecendo um suporte neurológico verossímil para o complexo de habilidades e propensões que constitui a mente humana. A capacidade de seguir uma prova lógica, ou a tendência de ficar afobado quando convidado a falar, exige mais do que um arco reflexo, condicionado ou não, para apoiá-la biologicamente. Conforme mencionou Hebb, a própria noção de níveis evolutivos "superiores" e "inferiores" da mentalidade parece deixar implícita uma gradação comparativa de grau na autonomia do sistema nervoso central:

Espero não chocar os biólogos dizendo que um dos aspectos do desenvolvimento filogenético é a crescente evidência daquilo que é chamado em alguns círculos de vontade própria. Em meus dias de estudante, era conhecida também como "*Harward Law*", e afirma que qualquer animal experimental bem treinado, sob um estímulo controlado, fará aquilo que bem lhe apetecer. Uma formulação mais acadêmica é a de que o animal superior está menos sujeito a estímulos. A ação cerebral é muito menos controlada pelo *input* aferente, portanto o comportamento é muito menos predizível a partir da situação em que o animal é colocado. Reconhece-se um papel mais importante na atividade ideacional, com a capacidade do animal de "manter" durante algum tempo uma variedade de estímulos antes de agir e no fenômeno do comportamento proposto. Há maior atividade autônoma no cérebro superior e maior seletividade quanto a *qual* atividade aferente será integrada na "corrente de pensamento", a atividade dominante, atuante no controle do comportamento. Dizemos, tradicionalmente, que o sujeito está "interessado" nesta parte do ambiente e não naquela outra; nestes termos, o animal superior possui uma gama mais ampla de interesses, e o interesse do momento desempenha uma parte mais importante no comportamento, o que significa maior imprevisibilidade quanto ao estímulo a que responde e a forma dessa resposta.[44]

Essas amplas tendências evolutivas — a crescente capacidade de enfocar a atenção, a resposta retardada, o interesse variado, o propósito sustentado e, de uma forma geral, o lidar positivamente com as perplexidades do estímulo presente — culminam no homem tornando-o o mais ativo dos organismos ativos, assim como o

---

[43]P. Weiss, "Comment on Dr. Lashley's Paper", *in Cerebral Mechanisms in Behavior*, org. por L. Jeffress (Nova York, 1951), pp. 140-142.

[44]D. O. Hebb, "The Problem of Consciousness and Introspection", *in Brain Mechanics and Consciousness*, org. por E. Adrian *et al.* (Oxford, 1954), pp. 402-417. As referências foram omitidas.

mais imprevisível. A extrema complexidade, a flexibilidade e a compreensão daquilo que Kluckhohn e Murray denominaram corretamente processos predominantes do cérebro humano — os processos que tornam essas capacidades fisicamente possíveis — são apenas o resultado de um desenvolvimento filogenético definível, cuja origem remonta pelo menos aos celenterados.[45] Embora lhes falte uma concentração nervosa central — um cérebro — e, assim, as várias partes do animal operem com uma independência relativa, cada uma delas possuindo seu próprio conjunto de elementos sensoriais, neurais e motores, essas humildes medusas, anêmonas-do-mar e similares demonstram um grau surpreendente de modulação intrínseca da atividade nervosa: um estímulo forte recebido durante o dia pode ser seguido de locomoção durante a noite seguinte. Certos corais submetidos experimentalmente ao estímulo excessivo tornam-se luminescentes durante vários minutos após a experiência, com uma agitação espontânea que sugere um "frenesi". Através de uma forma de "memória" ainda obscura, um estímulo regular pode levar a uma coordenação de atividade em diferentes músculos e a uma recorrência padronizada de atividade durante algum tempo.[46] Nos invertebrados superiores (crustáceos, etc.) aparecem múltiplos caminhos, potenciais sinápticos graduados e respostas engatilhadas, o que permite um controle preciso de marca-passo das funções internas, como no coração da lagosta, enquanto com a chegada dos vertebrados inferiores tanto os elementos sensoriais periféricos como os do órgão motor e a condução neural entre eles — ou seja, o celebrado arco reflexo — são basicamente aperfeiçoados.[47] Finalmente, o grosso das inovações fundamentais no desenho dos circuitos nervosos — isto é, elipses fechadas, a superposição de elipses de nível superior sobre os inferiores, etc. — foi consumado com a chegada dos mamíferos, ocasião em que foram alcançadas, também, pelo menos as diferenciações básicas do cérebro anterior.[48] Em termos funcionais, todo o processo parece ser de expansão relativamente constante e diversificação da atividade nervosa endógena, e a consequente centralização crescente do que eram anteriormente processos parciais mais isolados, de atuação independente.

A espécie de evolução neural que ocorreu durante a diferenciação filética dos mamíferos — ou seja, em particular, durante o avanço dos primatas e dos hominídeos — é evidentemente bem menos clara e mais controvertida. De um lado, Gerard argumenta que as mudanças foram quase que inteiramente quantitativas, um crescimento apenas no número de neurônios, conforme se reflete na rápida expansão do tamanho do cérebro:

> Os novos ganhos em capacidade, o que é visto de forma marcante na linha dos primatas e que culmina no homem, são devidos ao simples aumento de número, e não à melhoria das unidades ou padrões. O aumento do tamanho do cérebro tem paralelo na atuação mais rica, mesmo para regiões e funções particulares (por exemplo, área motora da língua e fala), mas é coisa comum — torna-se menos claro como isso funciona. O simples aumento de número, sem uma especificação secundária (que também ocorre), pode parecer incapaz de gerar novas capacidades e apenas intensificar as antigas, mas este não é o caso... No cérebro, um aumento da população anatômica de neurônios eleva o limite da reserva fisiológica de neurônios e isso permite uma variedade maior de seleção e uma riqueza maior de análises e combinações que se expressam num comportamento cambiante e introspectivo.[49]

---

[45]C. Kluckhohn e H. Murray, orgs., *Personality in Nature, Society and Culture* (Nova York, 1948); T. H. Bullock, "Evolution of Neurophysiological Mechanisms", *in Behavior and Evolution*, org. por A. Roe e G. Simpson (New Haven, 1958), pp. 165-177.
[46]Bullock, "Evolution".
[47]*Ibid.*: Gerard, "Becoming".
[48]Bullock, "Evolution"; K. H. Pribram, "Comparative Neurology and the Evolution of Behavior", *in Behavior and Evolution*, org. por A. Roe e G. Simpson (New Haven, 1958), pp. 140-164.
[49]Gerard, "Becoming"; cf. também R. W. Gerard, "Brains and Behavior", *in The Evolution of Man's Capacity for Culture*, org. por J. Spuhler (Detroit, 1959), pp. 14-20.

54 CAPÍTULO TRÊS

Bullock, porém, concordando que os sistemas nervosos dos animais superiores e do homem não mostram diferenças importantes em termos dos mecanismos ou da arquitetura neurofisiológica conhecida, questiona acidamente esse ponto de vista, argumentando que há uma necessidade premente de pesquisa de parâmetros ainda não descobertos do funcionamento nervoso, "níveis emergentes de relações fisiológicas entre os neurônios em massa", para dar conta das sutilezas do comportamento nos organismos avançados:

> Embora não possamos apontar elementos fundamentalmente novos nos mecanismos neuronais dos centros superiores, é difícil presumir que suas realizações muito maiores possam ser atribuídas apenas ao grande incremento de número e inter-relações entre eles, a não ser que isso também acarretasse novas propriedades e mecanismos. Muitos presumem aparentemente, como uma aproximação inicial, que o principal fator do aumento da complexidade comportamental na evolução seja o número de neurônios — invocando até mesmo uma espécie de massa crítica que permite novos níveis de comportamento... [Mas] parece claro que o número de neurônios tem uma correlação tão pobre com a complexidade comportamental que pouco explica, a não ser que acrescentemos como parte realmente essencial que certas espécies de neurônios, que ainda não foram definidas, ou — o que é a mesma coisa — certos tipos de novas propriedades de consequências ou de arquitetura neuronal são o substrato importante do progresso... Não creio que nossa atual fisiologia dos neurônios, extrapolada, possa dar conta do comportamento. O principal fator no avanço evolutivo não é apenas o número de células e conexões... Nossa esperança reside na descoberta de novos parâmetros dos sistemas neuronais.[50]

Para alguém de fora, talvez o aspecto mais marcante dessa controvérsia seja o grau em que ambas as partes se mostram inquietas e vagamente insatisfeitas com as versões absolutas do seu próprio argumento, o grau em que ele não parece inteiramente plausível até mesmo para os próprios participantes. De um lado, há a admissão de que a natureza precisa da relação entre o tamanho do cérebro e a complexidade comportamental não é bastante clara e há algumas reservas, a *sotto voce*, a respeito de "especificações secundárias". De outro lado, há uma franca perplexidade no que concerne à ausência aparente de novos mecanismos nos sistemas nervosos avançados, e um murmúrio auspicioso sobre "propriedades emergentes". Na verdade, há uma espécie de acordo em considerar como uma sobrecarga da credulidade o atribuir o aumento secular da capacidade mental dos mamíferos apenas e simplesmente a um aumento bruto da população neuroniana. A diferença é que, num dos casos, as dúvidas são aquietadas pela ênfase colocada no fato de se conseguir um paralelismo entre o aumento do tamanho do cérebro e atuações mais ricas, enquanto no outro as dúvidas são acentuadas pela ênfase no fato de parecer faltar alguma coisa para tornar esse paralelismo satisfatoriamente explicável.

Esse assunto poderá ser finalmente esclarecido, conforme sugere Gerard, pelos progressos no trabalho com circuitos de computadores, onde a atuação melhora com a simples multiplicação de unidades idênticas. Ou, como sugere Bullock, por novos refinamentos na análise das diferenças químicas entre as células nervosas.[51] Todavia, parece que o principal caminho para a solução está no abandono de toda a conceptualização nativista do funcionamento nervoso nos mamíferos superiores, que parece estar implícita em ambas essas abordagens. A emergência sincrônica nos primatas de um cérebro anterior expandido, formas desenvolvidas de organização social é, pelo menos depois que os Australopitecíneos puseram suas mãos nas ferramentas, padrões de cultura institucionalizados, indica não ser aconselhável a forma padronizada de tratar em série os parâmetros biológico, social e cultural — sendo o primeiro tomado como anterior ao segundo, e o segundo como anterior ao terceiro. Pelo contrário, esses assim chamados níveis devem ser vistos como inter-relacionados

---

[50]Bullock, "Evolution".
[51]R. W. Gerard, "Brains and Behavior"; Bullock, "Evolution".

reciprocamente, e considerados em conjunto. Se assim procedermos, as espécies de propriedades novas que procuramos dentro do sistema nervoso central, para servir de base física ao marcante desenvolvimento de campos autônomos de excitação neural periódica nos primatas em geral e no homem em particular, serão radicalmente diferentes das espécies de propriedades que procuraríamos se olhássemos esses campos como "lógica e geneticamente anteriores" à sociedade e à cultura, exigindo, portanto, uma determinação total em termos apenas de parâmetros fisiológicos intrínsecos. Talvez estejamos exigindo demais dos neurônios ou, se não demais, pelo menos as coisas erradas.

Com efeito, no que concerne ao homem, uma das características mais marcantes do seu sistema nervoso central é a deficiência relativa com que é capaz de especificar o comportamento, só atuando dentro dos limites de parâmetros autógenos. De um modo geral, quanto mais inferior o animal, mais ele tende a responder a um estímulo "ameaçador" com uma série intrinsecamente ligada de atividades executadas que, tomadas em conjunto, compreendem como uma resposta "voar" ou "lutar", uma resposta comparativamente estereotipada — o que *não* quer dizer não aprendida.[52] A resposta intrínseca do homem a tal estímulo parece consistir, porém, numa excitação de "medo" ou "raiva", variavelmente intensa, acompanhada de algumas sequências comportamentais bem definidas, pouco ou talvez não automaticamente preestabelecidas.[53] Como um animal assustado, um homem atemorizado pode correr, esconder-se, esbravejar, dissimular, apaziguar ou, desesperado, atacar. No caso do homem, porém, a padronização precisa de tais atos notórios é orientada predominantemente por gabaritos culturais, em vez de genéticos. Na sempre diagnosticada área do sexo, onde o controle do comportamento segue filogeneticamente das gônodas para a pituitária e para a prepotência do sistema nervoso central, é evidente uma tendência evolutiva similar, afastada das sequências de atividade fixada em direção a uma incitação generalizada e a "crescente flexibilidade e modificabilidade dos padrões sexuais". Essa tendência parece representar uma extensão lógica da justamente famosa variação cultural nas práticas sexuais do homem.[54] Assim, num aparente paradoxo, uma autonomia crescente, uma complexidade

---

[52]K. Lorenz, *King Solomon's Ring* (Londres, 1952).

[53]D. O. Hebb e W. R. Thompson, "The Social Significance of Animal Studies", *in Handbook of Psychology* (Reading, Mass., 1954), pp. 532-561. O uso não crítico do termo "instinto", de forma a confundir três contrastes separados (mas que não deixam de ser relacionados) — o que existe entre os padrões de comportamento que dependem de aprendizado e os que não dependem; o que existe entre os padrões de comportamento que são inatos (isto é, resultado de processos físicos geneticamente programados) e aqueles que não o são (isto é, resultado de processos físicos extrageneticamente programados); e o que existe entre os padrões de comportamento inflexível (estereotipados) e aqueles que são flexíveis (variáveis) — levou à suposição incorreta de que falar de um padrão de comportamento como inato é dizer que ele é inflexível na sua expressão. (Cf. K. H. Pribram, "Comparative Neurology and Evolution"; e F. A. Beach, "The Descent of Instinct", *Psychol. Rev.*, 62[1955]; 401-410.) Aqui, o termo "intrínseco", em oposição a "extrínseco", é utilizado para caracterizar um comportamento que, em termos comparativos, parece repousar largamente, ou pelo menos preponderantemente, em disposições inatas, independentemente das questões de aprendizado ou de flexibilidade como tais.

[54]F. A. Beach, "Evolutionary Aspects of Psycho-Endocrinology", *in Culture and Behavior*, org. por A. Roe e G. Simpson (New Haven, 1958), pp. 81-102; C. S. Ford e F. A. Beach, *Patterns of Sexual Behavior* (Nova York, 1951). Mais uma vez, essa tendência geral parece estar bem estabelecida nos primatas sub-humanos: "Alguns chimpanzés (machos) têm de aprender a copular. Observou-se que machos sexualmente maduros, mas inexperientes, colocados junto a fêmeas receptivas revelam sinais de marcante excitação sexual, porém as tentativas de realizar a cópula geralmente fracassam. O macho ingênuo parece incapaz de executar sua parte no ato de acasalamento e já se sugeriu que é essencial alguma prática e um aprendizado para que o coito seja biologicamente efetivo nessa espécie. Os roedores machos adultos, criados em isolamento, copulam normalmente desde a primeira vez em que lhes é oferecida uma fêmea." [F. A. Beach, "Evolutionary Changes in the Physiological Control of Mating Behavior in Mammals", *Psychol. Rev.* 54 (1947): 293-215.] Para algumas descrições do medo generalizado e da raiva nos chimpanzés, cf. Hebb e Thompson, "Social Significance".

56 Capítulo Três

hierárquica e a predominância da progressiva atividade do sistema nervoso central parecem seguir de mãos dadas com uma determinação menos completamente detalhada de tal atividade feita pela estrutura do sistema nervoso central nela e dela, isto é, intrinsecamente. Tudo isso sugere que alguns dos desenvolvimentos mais importantes da evolução neural que ocorreram durante o período de sobreposição entre a mudança biológica e sociocultural podem revelar-se como consistindo no aparecimento de propriedades que melhoram a capacidade de atuação do sistema nervoso central, mas reduzem sua autossuficiência funcional.

A partir desse ponto de vista, parece inteiramente errônea a opinião aceita de que o funcionamento mental é, basicamente, um processo intracerebral, que só pode ser auxiliado e amplificado secundariamente por vários mecanismos artificiais que esse mesmo processo permitiu ao homem inventar. Pelo contrário, sendo impossível uma definição inteiramente especificada, suficiente em termos adaptativos, da predominância dos processos neurais em termos de parâmetros intrínsecos, o cérebro humano é inteiramente dependente dos recursos culturais para o seu próprio funcionamento. Assim, tais recursos não são apenas adjuntos, mas constituintes da atividade mental. Com efeito, o pensamento como um ato aberto, público, que envolve a manipulação propositada de materiais objetivos, é provavelmente fundamental para os seres humanos; o pensamento como um ato privado, oculto, sem recorrer a tais materiais, parece ser uma capacidade derivada, embora não inútil. Observar como os escolares aprendem a calcular revela que somar números na cabeça é uma realização mental muito mais sofisticada do que somá-los com papel e lápis, juntando pauzinhos ou contando os dedos das mãos e dos pés. Ler em voz alta é uma realização mais elementar do que ler para si mesmo, sendo que essa última habilidade só surgiu, de fato, na Idade Média.[55] E o mesmo também ocorre com a fala: exceto em nossos momentos menos ingênuos, somos todos como a velha senhora de Forester — não sabemos o que pensamos enquanto não vemos o que dizemos.

A respeito desse último ponto, argumenta-se, às vezes, que "a evidência comparativa, assim como a literatura sobre afasia, demonstra claramente que o pensamento é anterior à fala, não condicionado à ela".[56] Talvez isso seja verdade, mas não invalida a posição geral aqui assumida — a saber, que a cultura humana é um ingrediente e não um suplemento do pensamento humano — por diversas razões. Primeiramente, o fato de animais subumanos aprenderem a raciocinar com grande eficiência, às vezes, sem aprenderem a falar não prova que os homens possam fazê-lo mais que o fato de um rato poder copular sem a mediação do aprendizado imitativo ou a prova prática de que um chimpanzé pode fazê-lo. Em segundo lugar, os afásicos são pessoas que aprenderam a falar e a interiorizar a fala e então perderam (ou perderam parcialmente, como é mais comum) a capacidade inicial, e não pessoas que nunca aprenderam a falar. Terceiro, e mais importante: falar, no sentido específico de vocalizar sons, está longe de ser a única instrumentalidade pública disponível para indivíduos projetados num meio cultural preexistente. Fenômenos como o de Hellen Keller aprendendo a pensar através de uma combinação da manipulação de objetos culturais tais como canecas e torneiras e a padronização propositada (feita por Miss Sullivan) de sensações tácteis na sua mão, ou uma criança que ainda não fala desenvolver o conceito de número ordinal ordenando duas linhas paralelas de blocos combinados demonstram que o essencial é a existência de um sistema simbólico visível, de qualquer espécie.[57] Para o

---

[55]Ryle, *The Concept of Mind*, p. 27.

[56]Hebb, "Problem of Consciousness and Introspection".

[57]Para números ordinais, cf. K. S. Lashley, "Persistent Problems in the Evolution of Mind", *Quart. Rev.* 24 (1949): 28-42. Talvez seja também aconselhável apontar explicitamente que a opinião de que os humanos aprendem normalmente a falar de modo inteligente, primeiro em voz alta e com os outros antes de aprenderem a "falar" para si mesmos, em silêncio, não envolve nem uma teoria motora de pensamento nem um argumento de que toda mentalização oculta ocorre em termos de palavras imaginadas.

homem, em particular, conceber o pensamento como um processo essencialmente privado é ignorar quase completamente o que as pessoas fazem, na verdade, quando raciocinam:

O pensamento imaginário nada mais é que construir uma imagem do ambiente, sendo que o modelo corre mais rápido que o ambiente, e predizer que o ambiente se comportará de acordo com o modelo... O primeiro passo para a solução de um problema consiste na construção de um modelo ou uma imagem dos "aspectos relevantes" do [ambiente]. Esses modelos podem ser construídos a partir de muitas coisas, inclusive partes do tecido orgânico do corpo e, pelo homem, de papel e lápis ou outros artefatos. Uma vez construído, o modelo pode ser manipulado sob várias condições e coerções hipotéticas. O organismo pode, então, "observar" o resultado dessas manipulações e projetá-las no ambiente, tornando possível a previsão. De acordo com essa opinião, um engenheiro aeronáutico está pensando num túnel aerodinâmico quando manipula o modelo de um novo avião. Quando um motorista corre o dedo sobre uma linha no mapa, ele está pensando, servindo o dedo como modelo dos aspectos relevantes do automóvel e o mapa como modelo da estrada. Modelos externos dessa espécie são frequentemente utilizados ao se pensar sobre [ambientes] complexos. As imagens usadas no pensamento oculto dependem da disponibilidade dos acontecimentos físico-químicos do organismo que devem ser utilizados para criar os modelos.[58]

Outra implicação dessa perspectiva de pensamento reflexivo, que consiste não em acontecimentos dentro da cabeça, mas da combinação dos estados e processos de modelos simbólicos em oposição a estados e processos do mundo mais amplo, é ser a falta de estímulo que inicia a atividade mental, e a "descoberta" dos estímulos o que a completa.[59] O motorista que corre seu dedo sobre um mapa rodoviário faz isso por lhe faltarem informações sobre como chegar até onde quer ir, e deixará de fazê-lo quando tiver adquirido tal informação. O engenheiro executa seus experimentos no túnel aerodinâmico a fim de descobrir como seu modelo de avião se comportará sob várias condições aerodinâmicas artificialmente produzidas, e deixará de fazê-lo se e quando descobrir o que deseja. Um homem que procura uma moeda no seu bolso está precisando dela e deixará de procurá-la quando estiver em sua mão — ou quando descobrir que não possui moeda alguma, ou achar que a busca não compensa porque "o esforço é maior do que o resultado".[60] Deixando de lado os problemas da motivação (que envolvem um outro sentido do "por que") o raciocínio orientador se inicia na perplexidade e termina ou com o abandono da indagação ou com a solução da questão. "A função do pensamento reflexivo é... transformar a situação na qual existe uma obscuridade experimentada... de alguma espécie, numa situação perfeitamente clara, coerente, organizada, harmoniosa."[61]

Em suma, o intelecto humano, no sentido específico do raciocínio orientador, depende da manipulação de certos tipos de recursos culturais, de maneira tal a produzir (descobrir, selecionar) os estímulos ambientais necessários ao organismo — qualquer que seja o propósito; trata-se de uma busca de informação. Essa busca é ainda mais premente devido ao elevado grau de generalidade das informações intrinsecamente disponíveis no organismo através das fontes genéticas. Quanto mais inferior o animal, menos ele precisa descobrir detalhes, no seu hábitat, antes de seu comportamento atuar; os pássaros não precisam construir túneis aerodinâmicos para testar princípios aerodinâmicos antes de aprender a voar — eles já os "conhecem". A "singularidade" do homem já foi expressa, muitas vezes, em termos de quanto e quantas coisas diferentes ele é capaz de aprender. De forma geral, isso é muito verdadeiro, embora macacos, pombos e até mesmo polvos possam às vezes surpreender-nos com as coisas quase "humanas" que eles possuem a capacidade de aprender. Mas é de

---

[58]E. Galanter e M. Gerstenhaber, "On Thought: The Extrinsic Theory", *Psychol. Rev.* 63 (1956): 218-227.
[59]J. A. Deutsch, "A New Type of Behavior Theory", *British Journal of Psychology*, 44 (1953): 304-317.
[60]*Ibid.*
[61]J. Dewey, *Intelligence and the Modern World*, org. por J. Rainer (Nova York, 1939), p. 851.

58 Capítulo Três

uma importância teórica fundamental enfatizar o quanto e quantas coisas o homem *ainda* tem que aprender. Já se demonstrou, muitas vezes, que o homem, sendo, como é, "fetalizado", "domesticado" e geralmente irresoluto, seria um animal fisicamente inviável se independente da cultura.[62] Menos observado é o fato de que ele seria também mentalmente inviável.[63]

Tudo isso se aplica também tanto ao lado afetivo do pensamento humano quanto ao lado intelectual. Numa série de livros e *papers*, Hebb desenvolveu a fascinante teoria de que o sistema nervoso humano (e o dos animais inferiores, numa extensão correspondentemente menor) exige uma corrente contínua de estímulos ambientais existentes, num grau ótimo, como precondição para uma atuação competente.[64] De um lado, o cérebro do homem não é "como uma máquina de calcular funcionando através de um motor elétrico, que pode permanecer parada, sem entradas (*inputs*), por períodos indefinidos; para funcionar efetivamente ele precisa ser aquecido e mantido em funcionamento através de *inputs* constantemente variados, pelo menos durante o período em que está desperto".[65] De outro lado, dada a tremenda suscetibilidade emocional intrínseca do homem, tal *input* não pode ser demasiado intenso, demasiado perturbador, se não ocorre um colapso emocional e o colapso completo do processo de pensamento. Tanto o tédio como a histeria são inimigos da razão.[66]

Assim, como o homem é "o animal mais emocioal além de ser o mais racional", é necessário um controle cultural muito cuidadoso dos estímulos de medo, raiva, sugestões, etc. — através de tabus, da homogeneização do comportamento, da rápida "racionalização" de estímulos estranhos em termos de conceitos familiares, etc. — para impedir uma instabilidade afetiva continuada, uma oscilação constante entre os extremos da paixão.[67] Todavia, como o homem não pode atuar eficientemente na ausência de um grau bastante elevado de ativação emocional razoavelmente persistente, são igualmente essenciais mecanismos culturais que assegurem a pronta disponibilidade de tipos constantemente variados de experiências sensoriais que possam sustentar tais atividades. As regulamentações institucionalizadas contra a exposição de cadáveres fora de contextos bem definidos (funerais, etc.) protegem um animal peculiarmente vulnerável contra o medo da morte e da destruição corporal; assistir ou participar de corridas automobilísticas (nem todas realizadas em autódromos) estimula deliciosamente esses mesmos medos. Lutas de campeonato acendem sentimentos hostis, porém uma afabilidade interpessoal firmemente institucionalizada os modera. Os impulsos eróticos são estimulados por uma série de artifícios tortuosos para os quais não há limites, evidentemente; mas eles são impedidos de proliferar através de uma insistência na execução privada das atividades explicitamente sexuais.

Ao contrário dos que sugerem esses exemplos um tanto simplistas, porém, a realização de uma vida emocional funcional, bem ordenada, claramente articulada, no homem não é um caso simples de controle

---

[62]Como exemplo, W. LaBarre, *The Human Animal* (Chicago, 1954).

[63]Cf. J. Dewey, "The Need for a Social Psychology", *Psychol. Rev.*, 24 (1917): 266-277; A. I. Hallowell, "Culture, Personality and Society".

[64]D. O. Hebb, "Emotion in Man and Animal: An Analysis of the Intuitive Process of Recognition", *Psychol. Rev.*, 53 (1946): 88-106; D. O. Hebb, *The Organization of Behavior* (Nova York, 1949); D. O. Hebb, "Problem of Consciousness and Introspection"; D. O. Hebb e W. R. Thompson, "Social Significance of Animal Studies".

[65]D. O. Hebb, "Problem of Consciousness and Introspection".

[66]P. Solomon *et al.*, "Sensory Deprivation: A Review", *American Journal of Psychiatry*, 114 (1957): 357-363; L. F. Chapman, "Highest Integrative Functions of Man During Stress", *in The Brain and Human Behavior*, org. por H. Solomon (Baltimore, 1958), pp. 491-534.

[67]D. O. Hebb e W. R. Thompson, "Social Significance of Animal Studies".

instrumental engenhoso, uma espécie de inteligente manejo hidráulico do afeto. Trata-se de dar uma forma específica, explícita, determinada ao fluxo contínuo geral, significativa às mudanças contínuas de sensações às quais estamos sujeitos inerentemente, a fim de que possamos não apenas sentir, mas saber o que estamos sentindo e agir de acordo:

> [É] a atividade mental... [que] determina principalmente a maneira como uma pessoa encara seu mundo circundante. A sensação pura — ora dor, ora prazer — não teria unidade alguma e mudaria a receptividade do corpo a futuras dores e prazeres apenas de modo rudimentar. O que é importante na vida humana é a sensação, lembrada ou antecipada, temida ou procurada, até mesmo imaginada e evitada. É a percepção moldada pela imaginação que nos fornece o mundo exterior que conhecemos. É a continuidade do pensamento que sistematiza nossas reações emocionais em atitudes de tons distintos de sentimento e estabelece um certo escopo para as paixões individuais. Em outras palavras: em virtude de nosso pensamento e de nossa imaginação, dispomos não apenas de sentimentos, mas de uma *vida de sentimentos*.[68]

Nesse contexto, nossa tarefa mental muda de uma coleta de informações sobre o padrão de acontecimentos no mundo exterior *per se* para uma determinação do significado afetivo, da importância emocional desse padrão de acontecimentos. Não estamos preocupados em resolver problemas, mas em esclarecer sentimentos. Entretanto, a existência de recursos culturais, de um sistema adequado de símbolos públicos, é tão essencial para essa espécie de processo como o é para o raciocínio orientador. Assim sendo, o desenvolvimento, a manutenção e a dissolução de "humores", "atitudes", "sentimentos", e assim por diante — que são "percepções" no sentido de estado ou condição, não sensações ou motivos — constituem tanto uma atividade basicamente privada dos seres humanos quanto o "pensamento" orientador. A utilização de um mapa rodoviário permite-nos ir com precisão de São Francisco a Nova York; a leitura das novelas de Kafka possibilita-nos formar uma ideia distinta e bem definida da burocracia moderna. Adquirimos a capacidade de desenhar aviões que voam em túneis aerodinâmicos; desenvolvemos a capacidade de sentir uma reverência verdadeira na igreja. Uma criança conta pelos dedos antes de contar "na sua cabeça"; ela sente o amor na sua pele antes de senti-lo "no seu coração". Não apenas as ideias, mas as próprias emoções são, no homem, artefatos culturais.[69]

Dada a falta de especificidade do afeto intrínseco no homem, atingir um fluxo ótimo de estimulação do seu sistema nervoso é uma operação muito mais complicada do que dirigir prudentemente entre os extremos de "demasiado" e "muito pouco". Na verdade, isso envolve uma regulamentação qualitativa muito delicada do que penetra pelo aparelho sensorial, e aqui, novamente, é o caso mais de uma procura ativa dos estímulos exigidos do que uma expectativa deles. Neurologicamente, essa regulamentação é obtida através de impulsos eferentes do sistema nervoso central que modificam a atividade receptora.[70] Psicologicamente, o mesmo processo pode ser sentenciado como controle atitudinal da percepção.[71] O que ocorre, porém, é que no homem nem as áreas predominantes, nem os conjuntos mentais podem ser formados com precisão suficiente na ausência de orientação por parte de modelos simbólicos. Para tomar nossas decisões, precisamos saber

---

[68]S. Langer, *Feeling and Form* (Nova York, 1953), p. 372. Grifos no original.

[69]As espécies de símbolos culturais que servem aos lados intelectual e afetivo da mentalidade humana tendem a diferir — de um lado, uma linguagem discursiva, rotinas experimentais, matemática e assim por diante; de outro, mitos, rituais e arte. Mas esse contraste não deve ser traçado de modo muito acentuado: a matemática tem seus usos afetivos, a poesia é intelectual e a diferença, em qualquer caso, é apenas funcional, não substancial.

[70]R. Granit, *Receptors and Sensory Perception* (New Haven, 1955).

[71]J. S. Bruner e L. Postman, "Emotional Selectivity in Perception and Reaction", *J. Personality*, 16 (1947): 69-77.

60 Capítulo Três

como nos sentimos a respeito das coisas; para saber como nos sentimos a respeito das coisas precisamos de imagens públicas de sentimentos que apenas o ritual, o mito e a arte podem fornecer.

IV

O termo "mente" refere-se a certo conjunto de disposições de um organismo. A capacidade de contar é uma característica mental; também o é a jovialidade crônica, assim como a cobiça — embora ainda não tenha sido possível discutir o problema da motivação quanto a ela. O problema da evolução da mente, portanto, não é um falso tema gerado por uma metafísica mal conceituada, nem o caso de descobrir em que ponto da história da vida uma *anima* invisível foi sobreposta ao material orgânico. Trata-se de reconstituir o desenvolvimento de certas espécies de habilidades, capacidades, tendências e propensões nos organismos e delinear os fatores ou tipos de fatores dos quais depende a existência de tais características.

As pesquisas recentes da antropologia indicam como incorreta a perspectiva em vigor de que as disposições mentais do homem são geneticamente anteriores à cultura e que suas capacidades reais representam a amplificação ou extensão dessas disposições preexistentes através de meios culturais.[72] O fato aparente de que os estágios finais da evolução biológica do homem ocorreram após os estágios iniciais do crescimento da cultura implica que a natureza humana "básica", "pura" ou "não condicionada", no sentido da constituição inata do homem, é tão funcionalmente incompleta a ponto de não poder ser trabalhada. As ferramentas, a caça, a organização familiar e, mais tarde, a arte, a religião e a "ciência" moldaram o homem somaticamente. Elas são, portanto, necessárias não apenas à sua sobrevivência, mas à sua própria realização existencial.

A aplicação dessa revisão da perspectiva da evolução humana conduz à hipótese de que os recursos culturais são ingredientes, e não acessórios, do pensamento humano. À medida que se vai, filogeneticamente, dos animais inferiores para os superiores, o comportamento é caracterizado pela crescente imprevisibilidade ativa no que se refere aos estímulos correntes, uma tendência aparentemente apoiada fisiologicamente por uma crescente complexidade e predominância dos padrões centrais de conduta da atividade nervosa. Esse crescimento das áreas centrais autônomas pode ser levado em consideração, pelo menos em sua maior parte e até o nível dos mamíferos inferiores, em termos do desenvolvimento de novos mecanismos neurais. Nos mamíferos superiores, porém, tais novos mecanismos ainda não foram encontrados. Embora se possa conceber que o simples aumento no número de neurônios pode, por si mesmo, responder plenamente pelo florescimento da capacidade mental do homem, o fato de o cérebro humano maior e a cultura humana emergirem sincronicamente, e não serialmente, indica que os desenvolvimentos mais recentes na evolução da estrutura nervosa consistem no aparecimento de mecanismos que tanto permitem a manutenção de áreas dominantes

---

[72]A decisão de até que ponto estender, na escala filogenética, a utilização de termos tão variavelmente empregados como "mente" e "cultura" — isto é, quão amplamente podemos defini-los — é, em geral, um caso de costume, política ou gosto. Aqui, talvez com alguma inconsistência, mas em conformidade com o que parece ser o uso comum, foram feitas escolhas opostas para mente e cultura: a mente foi definida em termos amplos para incluir as capacidades aprendidas do macaco de se comunicar e do rato de resolver experiências de labirintos. A cultura foi definida mais estreitamente, incluindo apenas padrões simbólicos posteriores à confecção de ferramentas. Para um argumento de que a cultura deveria ser definida como "um padrão aprendido do significado de sinais e senhas" e ampliada para todo o mundo de organismos vivos, cf. T. Parsons, "An Approach to Psychological Theory in Terms of the Theory of Action", *in Psychology: A Study of a Science*, org. por S. Koch (Nova York, 1959), 3: 612-711.

mais complexas como tornam cada vez mais impossível fazer a determinação completa dessas áreas em termos de parâmetros intrínsecos (inatos). O sistema nervoso humano depende, inevitavelmente, da acessibilidade a estruturas simbólicas públicas para construir seus próprios padrões de atividade autônoma, contínua.

Isso, por sua vez, significa que o pensamento humano é, basicamente, um ato aberto conduzido em termos de materiais objetivos da cultura comum, e só secundariamente um assunto privado. No sentido tanto do raciocínio orientado como da formulação dos sentimentos, assim como da integração de ambos os motivos, os processos mentais do homem ocorrem, na verdade, no banco escolar ou no campo de futebol, no estúdio ou no assento do caminhão, na estação de trem, no tabuleiro de xadrez ou na poltrona do juiz. Não obstante as alegações em contrário do isolacionista em favor da substancialidade do sistema fechado da cultura, da organização social, do comportamento individual ou da fisiologia nervosa, o progresso na análise científica da mente humana exige um ataque conjunto de praticamente todas as ciências comportamentais, nas quais as descobertas de cada uma forçarão a constante reavaliação teórica de todas as outras.

PARTE III

CAPÍTULO 4

A RELIGIÃO COMO SISTEMA CULTURAL

Qualquer tentativa de falar num idioma particular não tem maior fundamento que a tentativa de ter uma religião que não seja uma religião em particular... Assim, cada religião viva e saudável tem uma idiossincrasia marcante. Seu poder consiste em sua mensagem especial e surpreendente e na direção que essa revelação dá à vida. As perspectivas que ela abre e os mistérios que propõe criam um novo mundo em que viver; e um novo mundo em que viver — quer esperemos ou não usufruí-lo totalmente — é justamente o que desejamos ao adotarmos uma religião.

Santayana, *Reason in Religion*

I

No trabalho antropológico sobre religião levado a efeito a partir da II Guerra Mundial, duas características destacam-se como curiosas quando se compara esse trabalho com o desenvolvido antes e após a I Guerra. Uma delas é o fato de não ter sido feito nenhum progresso teórico de maior importância; ele continua a viver do capital conceptual de seus antepassados, acrescentando muito pouco a ele, a não ser certo enriquecimento empírico. A segunda característica é que esse trabalho continua a extrair os conceitos que utiliza de uma tradição intelectual estreitamente definida. Existem Durkheim, Weber, Freud ou Malinowski, e qualquer trabalho segue a abordagem de uma ou duas dessas figuras transcendentais, com apenas as poucas correções marginais exigidas pela tendência natural ao excesso das mentes seminais ou em virtude da expansão do montante da documentação descritiva religiosa. Praticamente ninguém pensa em procurar ideias analíticas em outro lugar — na filosofia, na história, no direito, na literatura ou em ciências mais "exatas" — como esses homens fizeram. E o que me ocorre, ainda, é que essas duas características não deixam de ter relação uma com a outra.

Se o estudo antropológico da religião está, de fato, num estado de estagnação geral, eu duvido que ele se possa pôr em movimento novamente apresentando apenas pequenas variações sobre temas teóricos clássicos. E, no entanto, uma meticulosidade maior em relação a proposições já bem estabelecidas, como a de que o culto dos ancestrais apoia a autoridade dos mais velhos, de que os ritos de iniciação são meios de estabelecer a identidade sexual e a posição de adulto, de que os grupos rituais refletem oposições políticas ou de que os mitos fornecem os quadros das instituições sociais e as racionalizações dos privilégios sociais, poderá finalmente convencer um grande número de pessoas, tanto dentro como fora da profissão, de que os antropólogos, como os teólogos, dedicaram-se firmemente a comprovar o indubitável. Na arte, essa reduplicação solene das realizações dos mestres aceitos é chamada academicismo — creio que este é o nome adequado também para o nosso mal. Conforme diz Leo Steinberg, somente se abandonarmos esse doce senso de realização que provém de exibir habilidades comuns e nos ativermos a problemas suficientemente obscuros que possibilitem outras descobertas teremos a esperança de chegar a um trabalho que não apenas reencarne os grandes homens do primeiro quartel deste século, mas que esteja à altura deles.[1]

Para conseguir isso não precisamos abandonar as tradições estabelecidas da antropologia social nesse campo, mas apenas ampliá-las. Pelo menos quatro dentre as contribuições dos homens que, como menciono, dominam nosso pensamento a ponto de paroquializá-lo — a discussão de Durkheim sobre a natureza do sagrado, a metodologia *Verstehenden* de Weber, o paralelo de Freud entre rituais pessoais e coletivos, e a exploração feita por Malinowski sobre a diferença entre religião e senso comum — parecem-me pontos de partida inevitáveis para qualquer teoria antropológica da religião que seja útil. Mas elas são apenas pontos de partida. Para ir além delas é preciso colocá-las num contexto muito mais amplo do pensamento contemporâneo do que elas abrangem, com elas e a partir delas. Todavia, os perigos de um tal procedimento são óbvios: um ecletismo arbitrário, uma traficância teórica superficial e a simples confusão intelectual. Eu, pelo menos, não vejo qualquer outro caminho para o que Janowitz chamou, referindo-se à antropologia em geral, de a mão morta da competência.[2]

Trabalhando para uma tal expansão do âmbito conceptual no qual nossos estudos ocorrem, pode enveredar-se, sem dúvida, por uma grande variedade de direções, e o problema inicial mais importante é evitar tomar todas essas direções ao mesmo tempo, como o polícia montado de Stephen Leacock. De minha parte, restringirei meus esforços ao desenvolvimento daquilo a que me refiro, seguindo Parsons e Shils, como a dimensão cultural da análise religiosa.[3] O termo "cultura" assumiu agora uma certa aura de má reputação nos círculos dos antropólogos sociais, dada a multiplicidade dos seus referentes e a estudada nebulosidade com que tem sido invocado, às vezes em demasia. (Não compreendo muito bem por que a cultura deva sofrer mais por essas razões do que "a estrutura social" ou "a personalidade".) De qualquer forma, o conceito de cultura ao qual eu me atenho não possui referentes múltiplos nem ambiguidade alguma fora do comum, segundo me parece: ele denota um padrão de significados transmitido historicamente, incorporado em símbolos, um sistema de concepções herdadas expressas em formas simbólicas por meio das quais os homens comunicam, perpetuam e desenvolvem seu conhecimento e suas atividades em relação à vida. É fora de dúvida que termos tais como "significado", "símbolo" e "concepção" exigem uma explicação. Mas é justamente aí que deve ocorrer o alargamento, o aprofundamento e a expansão. Se Langer está certo em dizer que "o conceito do significado, em todas as suas variedades, é o conceito filosófico dominante da nossa época", que "os animais, os símbolos, as denotações, as significações, as comunicações... são nossos recursos de capital [intelectual]", então talvez já seja tempo de a antropologia social, em particular a parte que se preocupa com o estudo da religião, tomar conhecimento disso.[4]

II

Como vamos lidar com o significado, comecemos com um paradigma: ou seja, que os símbolos sagrados funcionam para sintetizar o *ethos* de um povo — o tom, o caráter e a qualidade da sua vida, seu estilo e

---

[1] L. Steinberg, "The Eye is Part of the Mind", *Partisan Review*, 70 (1953): 194-212.

[2] M. Janowitz, "Anthropology and the Social Sciences", *Current Anthropology*, 4 (1963): 139, 146-154.

[3] T. Parsons e E. Shils, *Toward a General Theory of Action* (Cambridge, Mass., 1951).

[4] S. Langer, *Philosophical Sketches* (Baltimore, 1962).

disposições morais e estéticos — e sua visão de mundo — o quadro que fazem do que são as coisas na sua simples atualidade, suas ideias mais abrangentes sobre ordem. Na crença e na prática religiosa, o *ethos* de um grupo torna-se intelectualmente razoável porque demonstra representar um tipo de vida idealmente adaptado ao estado de coisas atual que a visão de mundo descreve, enquanto essa visão de mundo torna-se emocionalmente convincente por ser apresentada como uma imagem de um estado de coisas verdadeiro, especialmente bem arrumado para acomodar tal tipo de vida. Essa confrontação e essa confirmação mútuas têm dois efeitos fundamentais. De um lado, objetivam preferências morais e estéticas, retratando-as como condições de vida impostas, implícitas num mundo com uma estrutura particular, como simples senso comum dada a forma inalterável da realidade. De outro lado, apoiam essas crenças recebidas sobre o corpo do mundo invocando sentimentos morais e estéticos sentidos profundamente como provas experimentais da sua verdade. Os símbolos religiosos formulam uma congruência básica entre um estilo de vida particular e uma metafísica específica (implícita, no mais das vezes) e, ao fazê-lo, sustentam cada uma delas com a autoridade emprestada do outro.

Deixando de lado o fraseado, uma coisa é certa: a noção de que a religião ajusta as ações humanas a uma ordem cósmica imaginada e projeta imagens da ordem cósmica no plano da experiência humana não é uma novidade. Todavia, ela também não é investigada e, em termos empíricos, sabemos muito pouco sobre como é realizado esse milagre particular. Sabemos apenas que ele é realizado anualmente, semanalmente, diariamente e, para algumas pessoas, até a cada hora, e dispomos de uma enorme literatura etnográfica para demonstrá-lo. Todavia, o arcabouço teórico que nos permitiria fornecer um relato analítico do assunto, um relato da espécie que fornecemos para a segmentação da linhagem, para a sucessão política, as mudanças no trabalho ou a socialização da criança, este não existe.

Vamos, portanto, reduzir nosso paradigma a uma definição. Embora seja notório que as definições em si nada estabelecem, se forem cuidadosamente construídas elas podem, por elas mesmas, fornecer uma orientação ou reorientação útil do pensamento, de forma que desenrolá-las pode ser um caminho efetivo para desenvolver e controlar uma linha nova de pesquisa. Elas têm a virtude muito útil de serem explícitas: elas se comprometem de uma forma que a prosa discursiva não assume, pois sempre está disposta a substituir o argumento por uma retórica, especialmente neste campo. Portanto, sem mais cerimônias, uma *religião* é:

(1) *um sistema de símbolos que atua para* (2) *estabelecer poderosas, penetrantes e duradouras disposições e motivações nos homens através da* (3) *formulação de conceitos de uma ordem de existência geral e* (4) *vestindo essas concepções com tal aura de fatualidade que* (5) *as disposições e motivações parecem singularmente realistas.*

um sistema de símbolos que atua para...

Enfatizamos de tal forma o termo "símbolo" que precisamos decidir primeiro o que ele deve significar. Não se trata de algo fácil pois, como a "cultura", o "símbolo" vem sendo usado numa ampla gama de coisas, muitas vezes várias coisas ao mesmo tempo.

Para alguns, ele é usado para qualquer coisa que signifique uma outra coisa para alguém — as nuvens escuras são as precursoras simbólicas de uma chuva que vai cair. Para outros é usado apenas em termos de sinais explicitamente convencionais de um ou outro tipo — uma bandeira vermelha é um símbolo de perigo, uma bandeira branca, de rendição. Para outros, ainda, limita-se a algo que expressa de forma oblíqua e figurativa aquilo que não pode ser afirmado de modo direto e lateral; assim, há símbolos em poesia, mas não em ciência, e é errado falar em lógica simbólica. Para outros, entretanto, ele é usado para qualquer objeto, ato, acontecimento, qualidade ou relação que serve como vínculo a uma concepção — a concepção

68 Capítulo Quatro

é o "significado" do símbolo — e é essa abordagem que seguirei aqui.[5] O número 6, escrito, imaginado, disposto numa fileira de pedras ou indicado num programa de computador, é um símbolo. A cruz também é um símbolo, falado, visualizado, modelado com as mãos quando a pessoa se benze, dedilhado quando pendurado numa corrente, e também é um símbolo a tela "Guernica" ou o pedaço de pedra pintada chamada "churinga", a palavra "realidade" ou até mesmo o morfema "*ing*". Todos eles são símbolos, ou pelo menos elementos simbólicos, pois são formulações tangíveis de noções, abstrações da experiência fixada em formas perceptíveis, incorporações concretas de ideias, atitudes, julgamentos, saudades ou crenças. Iniciar o estudo da atividade cultural — uma atividade na qual o simbolismo forma o conteúdo positivo — não é abandonar a análise social em troca de uma caverna de sombras platônicas, entrar num mundo mentalista de psicologia introspectiva ou, o que é pior, de filosofia especulativa, e lá vaguear eternamente numa neblina de "Cognições", "Afeições", "Volições" e outras entidades nebulosas. Os atos culturais, a construção, apreensão e utilização de formas simbólicas, são acontecimentos sociais como quaisquer outros; são tão públicos como o casamento e tão observáveis como a agricultura.

Todavia, não são exatamente a mesma coisa. Mais precisamente, a dimensão simbólica dos acontecimentos sociais é, como a psicológica, ela mesma abstraível a partir desses acontecimentos como totalidades empíricas. Parafraseando uma observação de Kenneth Burke, ainda há uma diferença entre construir uma casa e fazer uma planta para a construção de uma casa; ler um poema a respeito de ter filhos no casamento não é o mesmo que ter esses filhos.[6] Mesmo que a construção da casa prossiga sob a guia da planta ou — o que é menos provável — que se tenha filhos motivada pela leitura do poema, é preciso dizer algo para não confundir nosso tráfico com os símbolos com nosso tráfico com objetos ou seres humanos, pois estes últimos não são símbolos eles mesmos, embora muitas vezes funcionem como tal.[7] Por mais profundamente mesclados que estejam o cultural, o social e o psicológico na vida cotidiana das casas, fazendas, poemas e casamentos, é útil separá-los na análise, ao fazê-lo, isolar os traços genéricos de cada um contra o pano de fundo normalizado dos outros dois.

No que concerne aos padrões culturais, isto é, os sistemas ou complexos de símbolos, o traço genérico de primordial importância para nós, aqui, é que eles representam fontes extrínsecas de informações. Com "extrínseco" eu quero dizer que — ao contrário dos genes, por exemplo — eles estão fora dos limites do organismo do indivíduo e, como tal, nesse mundo intersubjetivo de compreensões comuns no qual nascem todos os indivíduos, no qual eles seguem carreiras separadas e que persiste após sua morte. Com "fontes de informação" eu quero dizer apenas que — com os genes — eles fornecem um diagrama ou gabarito em termos do qual se pode dar forma definida a processos externos a eles mesmos. Assim como a ordem das bases num fio de ADN forma um programa codificado, um conjunto de instruções ou uma receita para a síntese de proteínas estruturalmente complexas que modelam o funcionamento orgânico, da mesma maneira os padrões culturais fornecem tais programas para a instituição dos processos social e psicológico que modelam o comportamento público. Embora o tipo de informação e o modo da sua transmissão sejam inteiramente diferentes nos dois casos, esta comparação do gene com o símbolo representa mais do que uma simples analogia da espécie familiar de "hereditariedade social". Trata-se, na verdade, de uma relação

---

[5] S. Langer, *Philosophy in a New Key*, 4.ª ed. (Cambridge, Mass., 1960).

[6] K. Burke, *The Philosophy of Literary Form* (Baton Rouge, Louisiana State University Press, 1941), p. 9.

[7] O engano oposto, comum principalmente entre os neokantianos, como Cassirer, de tomar os símbolos como idênticos a ou "constitutivos" dos seus referentes é igualmente pernicioso. [Cf. E. Cassirer, *The Philosophy of Symbolic Forms* (New Haven: 1953-1957), 3 vols.] "Pode-se apontar para a Lua com um dedo", disse, supostamente, um mestre Zen, "mas tomar esse dedo como sendo a Lua é ser realmente um tolo."

substancial; precisamente porque os processos geneticamente programados são tão generalizados nos homens, quando comparados aos animais inferiores, é que os processos culturalmente programados são tão importantes. Como o comportamento humano é tão frouxamente determinado por fontes de informações intrínsecas, as fontes extrínsecas passam a ser vitais. Para construir um dique, o castor precisa apenas de um local apropriado e de materiais adequados — seu modo de agir é modelado por sua fisiologia. O homem, porém, cujos genes silenciam sobre o assunto das construções, precisa também de uma concepção do que seja construir um dique, uma concepção que ele só pode adquirir de uma fonte simbólica — um diagrama, um livro-texto, uma lição por parte de alguém que já sabe como os diques são construídos, ou então através da manipulação de elementos gráficos ou linguísticos, de forma a atingir ele mesmo uma concepção do que sejam diques e de como construí-los.

Este ponto aparece, algumas vezes, sob a forma do argumento de que os padrões culturais são "modelos", de que eles são conjuntos de símbolos cujas relações uns com os outros "modelam" as relações entre as entidades, os processos ou o que quer que seja nos sistemas físico, orgânico, social ou psicológico "fazendo paralelos", "imitando" ou "estimulando-os".[8] Entretanto, o termo "modelo" tem dois sentidos — um sentido "de" e um sentido "para" — e, embora estes sejam dois aspectos de um mesmo conceito básico, vale a pena diferenciá-los para propósitos analíticos. No primeiro caso, o que se enfatiza é a manipulação das estruturas simbólicas de forma a colocá-las, mais ou menos próximas, num paralelo com o sistema não simbólico preestabelecido, como ocorre quando apreendemos como funciona um dique desenvolvendo uma teoria de hidráulica ou construindo um mapa de fluxo. A teoria ou o mapa modela as relações físicas de tal maneira — isto é, expressando a sua estrutura numa forma sinóptica — que poderão ser apreendidas; trata-se de um modelo *da* "realidade". No segundo caso, o que se enfatiza é a manipulação dos sistemas não simbólicos, em termos das relações expressas no simbólico, como quando construímos um dique de acordo com as especificações contidas em uma teoria hidráulica ou as conclusões tiradas de um mapa de fluxo. Aqui, a teoria é um modelo sob cuja orientação são organizadas as relações físicas — é um modelo *para* a "realidade". A situação não é muito diferente nos sistemas psicológico e social e nos modelos culturais aos quais não nos referiríamos, entretanto, como "teorias", mas como "doutrinas", "melodias" ou "ritos". Diferente dos genes e outras fontes de informação não simbólicas, os quais são apenas modelos *para*, não modelos *de*, os padrões culturais têm um aspecto duplo, intrínseco — eles dão significado, isto é, uma forma conceptual objetiva, à realidade social e psicológica, modelando-se em conformidade a ela e ao mesmo tempo modelando-a a eles mesmos.

Com efeito, é esse aspecto duplo que isola os símbolos verdadeiros das outras espécies de formas significativas. Os modelos *para* são encontrados em toda a ordem da natureza, como sugere o exemplo do gene, pois a simples lógica demonstra que tais programas são exigidos onde quer que exista uma comunicação de padrão. Entre os animais, o aprendizado gravado é talvez o exemplo mais marcante, pois o que esse aprendizado envolve é a apresentação automática de uma sequência comportamental apropriada de um animal-modelo na presença de um animal-aprendiz e que serve, com o mesmo automatismo, para provocar e estabilizar um certo conjunto de respostas geneticamente construídas no animal-aprendiz.[9] A dança comunicativa de duas abelhas, uma das quais já encontrou o néctar enquanto a outra o procura, também constitui um outro exemplo, embora um tanto diferente por ser mais complexamente codificado.[10] Craik sugeriu até que o primeiro filete

---

[8]K. Craik, *The Nature of Explanation* (Cambridge, 1952).
[9]K. Lorenz, *King Solomon's Ring* (Londres, 1952).
[10]K. von Frisch, "Dialect in the Language of the Bees", *Scientific American*, agosto de 1962.

de água a encontrar seu caminho de uma fonte na montanha para o mar, abrindo um pequeno canal para o maior volume de água que irá segui-lo, desempenha uma espécie de modelo *para* a função.[11] Entretanto, os modelos *de* processos — linguístico, gráfico, mecânico, natural, etc., que funcionam não para fornecer fontes de informações em termos das quais outros processos podem ser padronizados, mas para representar esses processos padronizados como tal, para expressar sua estrutura num meio alternativo — são muito mais raros, e talvez se encontrem apenas no homem, entre os animais vivos. A percepção da congruência estrutural entre um conjunto de processos, atividades, relações, entidades e assim por diante, e um outro conjunto para o qual ele atua como um programa, de forma que o programa possa ser tomado como uma representação ou uma concepção — um símbolo — do programado, é a essência do pensamento humano. A intertransponibilidade dos modelos *para* e dos modelos *de* que a formulação simbólica torna possível é a característica mais distinta de nossa mentalidade.

...estabelecer poderosas, penetrantes e duradouras disposições e motivações nos homens através da...

Essa intertransponibilidade é perfeitamente clara no que concerne aos símbolos religiosos e aos sistemas simbólicos. A persistência, a coragem, a independência, a perseverança e a vontade apaixonada que o índio das planícies pratica na busca de visões constituem as mesmas virtudes aparatosas com as quais procura viver — enquanto procura alcançar um sentido de revelação, ele estabiliza um sentido de direção.[12] A consciência de uma obrigação negligenciada, de uma culpa secreta e, quando feita a confissão, a expiação pública a que é submetido pelos Manus são os mesmos sentimentos que inspiram a espécie de ética do dever através da qual se mantém a sua sociedade consciente da propriedade — a concessão da absolvição envolve o forjar da consciência.[13] A mesma autodisciplina que recompensa um místico javanês que olha fixamente o fio incandescente de uma lâmpada com o que ele julga ser uma intimação divina treina-o no rigoroso controle da expressão emocional necessário a um homem que segue um estilo de vida quietista.[14] Quer se veja a concepção de um espírito guardião pessoal, de uma tutelagem familiar ou de um Deus imanente como formulações sinópticas da realidade ou como gabaritos para a produção de uma realidade com um tal caráter, parece muito arbitrária a escolha do aspecto que se quer colocar em foco, no momento — o modelo *de* ou o modelo *para*. Os símbolos concretos envolvidos — qualquer figura mitológica que se materializa na selva, o crânio do falecido chefe da casa severamente pendurado nos caibros ou uma "voz do silêncio" imaterial, entoando silenciosamente uma poesia clássica enigmática — apontam em qualquer das direções. Ambos expressam o clima do mundo e o modelam.

Eles o modelam induzindo o crente a um certo conjunto distinto de disposições (tendências, capacidades, propensões, habilidade, hábitos, compromissos, inclinações) que emprestam um caráter crônico ao fluxo de sua atividade e à qualidade da sua experiência. Uma disposição descreve não uma atividade ou uma ocorrência, mas uma probabilidade de a atividade ser exercida ou de a ocorrência se realizar em certas circunstâncias: "Quando se diz que a vaca é um ruminante e que o homem é um fumante não se está dizendo que a vaca está ruminando agora ou que o homem está fumando um cigarro agora. Ser um ruminante é ter a tendência a ruminar de vez em quando e ser um fumante é ter o hábito de fumar cigarros."[15] De forma semelhante, ser devoto não é estar praticando algum ato de devoção, mas ser capaz de praticá-lo. O mesmo ocorre com

---

[11]Craik, *Nature of Explanation.*

[12]R. H. Lowie, *Primitive Religion* (Nova York, 1924).

[13]R. F. Fortune, *Manus Religion* (Filadélfia, 1935).

[14]C. Geertz, *The Religion of Java* (Glencoe, Ill., 1960).

[15]G. Ryle, *The Concept of Mind* (Londres e Nova York, 1949).

a bravura do índio das planícies, a compunção dos Manus, ou o quietismo do javanês, os quais, em seus devidos contextos, formam a substância da devoção. A vantagem desse tipo de perspectiva daquilo que é chamado comumente de "traços mentais" ou, se não se professa o cartesianismo, de "forças psicológicas" (e ambos os termos são perfeitamente válidos) é que eles são retirados de qualquer reino obscuro e inacessível de sensações privadas e levados para o mesmo mundo bem iluminado das coisas observáveis, no qual estão a fragilidade do vidro, a inflamabilidade do papel e, para voltar à metáfora, a umidade da Inglaterra.

No que concerne às atividades religiosas (e aprender um mito de cor é uma atividade religiosa, da mesma forma que arrancar um dedo na articulação), elas induzem duas espécies de disposições um tanto diferentes: ânimo e motivação.

A motivação é uma tendência persistente, uma inclinação crônica para executar certos tipos de atos e experimentar certas espécies de sentimento em determinadas situações, e essas "espécies" são habitualmente classes muito heterogêneas e mal definidas em todos os três casos.

> Sabendo que um homem é vaidoso [ou seja, é motivado pela vaidade] esperamos que ele se comporte de determinada maneira, isto é, que fale muito de si mesmo, que só procure companhias importantes, que rejeite a crítica, que procure aparecer e que se afaste das conversas elogiosas a outrem. Esperamos que ele ponha tons de rosa em seus sonhos acordados de sucesso, que evite lembrar seus fracassos e que planeje seu próprio progresso. Ser vaidoso é tender a agir dessa e de muitas outras maneiras determinadas. Sem dúvida esperamos também que o homem vaidoso sinta certos temores e angústias em determinadas situações; esperamos que ele se sinta afundar quando uma pessoa importante esquece o seu nome, e que ele se sinta eufórico e vivaz ao saber das desgraças de seus rivais. Entretanto, os sentimentos de ressentimento ou euforia não são mais indicativos da vaidade do que os atos públicos de vangloriar-se ou o ato privado de sonhar acordado.[16]

O mesmo se aplica a quaisquer motivações. Como motivo, a "coragem aparatosa" consiste tanto nas propensões duradouras de resistir a um jejum na selva como a fazer incursões solitárias a um campo inimigo ou entusiasmar-se com o pensamento de contar os golpes. A "circunspecção moral" consiste em tendências tão incutidas que levam a cumprir promessas exorbitantes, a confessar pecados secretos ante a desaprovação de um público severo e sentir-se culpado quando são feitas acusações vagas e generalizadas nas sessões espíritas. E uma "tranquilidade desapaixonada" consiste em inclinações de tal forma persistentes que levam a se manter a mesma pose no prazer ou na desgraça, sentir desgosto na presença até mesmo da mais moderada exibição emocional e se contentar com uma impassível contemplação de objetos descaracterizados. Os motivos não são, portanto, nem atos (isto é, comportamentos intencionais), nem sentimentos, mas inclinações para executar determinados tipos de atos ou ter determinados tipos de sentimentos. Assim, quando dizemos que um homem é religioso, ou seja, motivado pela religião, isso é pelo menos parte — embora apenas uma parte — do que desejamos dizer.

Outra parte do que queremos dizer é que ele, quando estimulado de maneira adequada, tem uma suscetibilidade a certas disposições, disposições que às vezes englobamos sob rubricas tais como "reverente", "solene" ou "devoto". Todavia, tais rubricas gerais na verdade encobrem a enorme variedade empírica das disposições envolvidas e tendem a assimilá-las aos tons muito graves da maior parte de nossa própria vida religiosa. As inclinações que os símbolos sagrados induzem, em épocas e lugares diferentes, vão desde a exultação até a melancolia, da autoconfiança à autopiedade, de uma jocosidade incorrigível a uma suave apatia — para não falar do poder erógeno de tantos mitos e rituais mundiais. Não se pode falar de apenas

---

[16]*Ibid.*, p. 86. Citado com a permissão de Barnes & Noble Books e Hutchinson Publishing Group Ltd.

72 Capítulo Quatro

uma espécie de motivação chamada religiosidade, da mesma forma que não existe apenas uma espécie de inclinação que se possa chamar devoção.

A diferença principal entre disposições e motivações é que, enquanto essas últimas são, por assim dizer, qualidades vetoriais, as primeiras são apenas escalares. Os motivos têm um molde direcional, um certo caminho amplo, gravitam em torno de certas consumações, geralmente temporárias. As disposições, porém, apenas variam em intensidade: elas não levam a coisa alguma. Elas surgem de certas circunstâncias, mas não respondem a quaisquer fins. Como neblina, elas apenas surgem e desaparecem; como aromas, elas se espalham e se evaporam. Quando presentes, elas são totalidades; se alguém está triste, tudo e todos parecem melancólicos; se alguém está alegre, tudo e todos parecem esplêndidos. Assim, embora um homem possa ser vaidoso, corajoso, voluntarioso e independente ao mesmo tempo, ele não pode ser simultaneamente brincalhão e apático, ou exultante e melancólico.[17] Além disso, enquanto os motivos duram um período de tempo mais ou menos extenso, as disposições apenas ocorrem com frequência maior ou menor, indo e vindo por motivos muitas vezes impenetráveis. No que nos concerne, entretanto, a diferença mais importante entre disposições e motivações talvez resida no fato de que as motivações são "tornadas significativas" no que se refere aos fins para os quais são concebidas e conduzidas, enquanto as disposições são "tornadas significativas" no que diz respeito às condições a partir das quais se concebe que elas surjam. Interpretamos os motivos em termos de sua consumação, mas interpretamos as disposições em termos de suas fontes. Dizemos que uma pessoa é diligente porque visa ao sucesso; dizemos que uma pessoa está preocupada porque tem consciência da ameaça de um holocausto nuclear. O caso ainda é o mesmo quando as interpretações são conclusivas. A caridade torna-se caridade cristã quando englobada numa concepção dos propósitos de Deus; o otimismo é cristão quando se baseia numa concepção particular da natureza de Deus. A perseverança do Navajo encontra sua racionalidade numa crença de que ela é compulsiva, uma vez que a "realidade" atua mecanicamente; seus temores crônicos encontram sua racionalidade na convicção de que, não importa de que forma a "realidade" atue, ela é ao mesmo tempo enormemente poderosa e terrivelmente perigosa.[18]

...formulação de conceitos de uma ordem de existência geral e...

Não deve causar surpresa alguma o fato de que os símbolos ou sistemas de símbolos que induzem e definem as disposições que estabelecemos como religiosas e aqueles que colocam essas disposições num arcabouço cósmico são, na verdade, os mesmos símbolos. Do contrário, o que poderia significar dizermos que uma disposição particular de temor é religiosa e não secular, a não ser que ela surge de uma concepção totalmente impregnada de vitalidade, como a do *mana*, e não de uma visita ao Grand Canyon? Ou que um caso particular de ascetismo é exemplo de motivação religiosa, a não ser que ele se propõe a realizar um fim incondicional como o nirvana, e não um fim condicionado como a redução do peso? Se os símbolos sagrados não induzissem disposições nos seres humanos e ao mesmo tempo não formulassem ideias gerais de ordem, por mais oblíquas, inarticuladas ou não sistemáticas que fossem, então não existiria a diferenciação empírica da atividade religiosa ou da experiência religiosa. Pode-se até dizer de um homem que ele é "religioso" em relação ao golfe, mas não simplesmente porque ele se interesse aqui apaixonadamente por ele e joga aos domingos: ele precisa vê-lo como símbolo de algumas verdades transcendentais. E quando o adolescente olha com emoção dentro dos olhos da sua namorada adolescente, num *cartoon* de William Steig, e mur-

---

[17]*Ibid.*, p. 99.

[18]C. Kluckhohn, "The Philosophy of the Navaho Indians", *in Ideological Difference and World Order*, org. por F. S. C. Northrop (New Haven, 1949), pp. 356-384.

mura "Existe algo em você, Ethel, que me dá uma espécie de sentimento religioso", ele está simplesmente confuso, como a maioria dos adolescentes. O que qualquer religião particular afirma a respeito da natureza fundamental da realidade pode ser obscuro, superficial ou, o que acontece muitas vezes, perverso; mas ela precisa afirmar alguma coisa, se não quiser consistir apenas em uma coletânea de práticas estabelecidas e sentimentos convencionais aos quais habitualmente nos referimos como moralismo. Se alguém quisesse tentar, hoje, uma definição mínima da religião, talvez não utilizasse a de Tylor, a famosa "crença nos seres espirituais", para a qual Goody, cansado de sutilezas teóricas, nos incita a voltar, mas recorreria àquela que Salvador de Madariaga intitulou "o dogma relativamente modesto de que Deus não está louco".[19]

Geralmente, é claro, a religião afirma muito mais do que isso: conforme observou James, acreditamos em tudo que podemos e acreditaríamos em tudo, se pudéssemos.[20] Parece que aquilo que somos menos capazes de tolerar é uma ameaça a nossos poderes de concepção, uma sugestão de que nossa capacidade de criar, apreender e utilizar símbolos pode falhar, pois se isso acontecesse estaríamos mais perdidos do que os castores, como já mencionei. Essa extrema generalidade, disseminação e variabilidade da capacidade de resposta inata do homem (inata, isto é, programada geneticamente) significa que ele seria funcionalmente incompleto sem a ajuda de padrões culturais, não simplesmente um macaco talentoso que, como uma criança pouco privilegiada, fosse privado, infelizmente, de concretizar toda a sua potencialidade, mas uma espécie de monstro informe, sem um sentido de direção ou um poder de autocontrole, um caos de impulsos espasmódicos e emoções vagas. O homem tem uma dependência tão grande em relação aos símbolos e sistemas simbólicos a ponto de serem eles decisivos para sua viabilidade como criatura e, em função disso, sua sensibilidade à indicação até mesmo mais remota de que eles são capazes de enfrentar um ou outro aspecto da experiência provoca nele a mais grave ansiedade:

> [O homem] pode adaptar-se, de alguma forma, a qualquer coisa que sua imaginação possa enfrentar, mas ele não pode confrontar-se com o Caos. Uma vez que a concepção é sua função característica e seu predicado mais importante, seu maior medo é encontrar algo que não possa construir — o "sobrenatural", como é chamado vulgarmente. Não é preciso que seja algo novo; encontramos coisas novas e "compreendemo-las" de pronto, embora não completamente, através da analogia mais próxima, se nossas mentes funcionam livremente. Entretanto, sob uma pressão mental, até as coisas mais familiares podem desorganizar-se subitamente e causar-nos horror. Assim, nossos bens mais valiosos são sempre os símbolos de *orientação* geral na natureza, na terra, na sociedade e naquilo que estamos fazendo: os símbolos de nossas *Weltanschauung* e *Lebensanschauung*. Em consequência, o ritual cotidiano de comer, lavar, fazer fogo, etc. é incorporado pelas sociedades primitivas tanto às atividades comuns como ao cerimonial puro; a necessidade de reafirmar o moral tribal e de reconhecer suas condições cósmicas é sentida constantemente. Na Europa cristã, a Igreja fazia os homens se ajoelharem diariamente (em algumas ordens, até mesmo a cada hora), para reencenar ou ao menos contemplar a afirmação dos seus conceitos definitivos.[21]

Há pelo menos três pontos nos quais o caos — um túmulo de acontecimentos ao qual faltam não apenas interpretações, mas *interpretabilidade* — ameaça o homem: nos limites de sua capacidade analítica, nos limites de seu poder de suportar e nos limites de sua introspecção moral. A perplexidade, o sofrimento e um sentido de paradoxo ético obstinado, quando se tornam suficientemente intensos ou suportados durante muito tempo, são todos eles desafios radicais à proposição de que a vida é compreensível e de que podemos

---

[19]J. Goody, "Religion and Ritual: The Definition Problem", *British Journal of Psychology*, 12 (1961): 143-164.
[20]W. James, *The Principles of Psychology*, 2 vols. (Nova York, 1904).
[21]Langer, *Philosophy in a New Key*, p. 287. Grifos no original.

orientar-nos efetivamente dentro dela, através do pensamento — desafios que qualquer religião que pretenda substituir tem de enfrentar, por mais "primitiva" que seja.

Desses três temas, o primeiro foi o menos investigado pelos antropólogos sociais modernos (com uma notável exceção, a discussão clássica de Evans-Pritchard sobre a razão pela qual os celeiros caem sobre alguns Azande e não outros).[22] Considerar as crenças religiosas de alguns povos como tentativas de trazer acontecimentos anômalos ou experiências — morte, sonhos, fugas mentais, erupções vulcânicas ou infidelidade marital — para o círculo das coisas pelo menos potencialmente explicáveis parece recender a um tylorismo ou algo pior. Todavia, parece ser um fato que pelo menos alguns homens — provavelmente a grande maioria — são incapazes de deixar sem esclarecimento os problemas de análise não esclarecidos, ou simplesmente olhar com assombro ou apatia para aspectos estranhos da paisagem do mundo, sem tentar desenvolver algumas noções, por mais fantásticas, inconsistentes ou simplistas que sejam, sobre a maneira como tais aspectos podem coadunar-se com seus experimentos mais comuns. Qualquer fracasso crônico do aparato explanatório, do complexo de padrões culturais recebidos (senso comum, ciência, especulação filosófica, mito) que se tem como mapeamento do mundo empírico para explicar as coisas que exigem uma explicação, tende a conduzir a uma inquietação profunda — uma tendência bastante mais difundida e uma inquietação muito mais profunda do que supúnhamos, desde que foi abalada, no bom sentido, a perspectiva de pseudociência da crença religiosa. Afinal de contas, até mesmo esse prelado superior do ateísmo heróico, Lorde Russell, observou certa vez que, embora o problema da existência de Deus nunca o tenha perturbado, a ambiguidade de certos axiomas matemáticos ameaçava desequilibrar sua mente. E a profunda insatisfação de Einstein com o *quantum* mecânico baseava-se na incapacidade dele de acreditar que, como dizia, Deus joga dados com o universo — uma noção bem religiosa.

Essa busca de lucidez e a torrente de ansiedade metafísica que se derrama quando os fenômenos empíricos ameaçam permanecer intransigentemente opacos também se encontra em níveis intelectuais mais humildes. Eu mesmo me senti muito mais atingido em meu trabalho do que poderia esperar pela forma verdadeiramente tyloriana como se comportavam meus informantes, muito mais inclinados animisticamente. Sempre pareciam utilizar suas crenças para "explicar" os fenômenos ou, mais corretamente, para convencer a eles mesmos de que os fenômenos eram explicáveis dentro do esquema das coisas aceitas, uma vez que possuíam apenas uma ligação mínima com as hipóteses do particular da possessão ou do desequilíbrio emocional, da quebra do tabu ou do enfeitiçamento que eles apresentavam, e estavam sempre prontos a abandoná-las em favor de outras, do mesmo tipo, que lhes parecessem mais plausíveis. O que eles *não* estavam dispostos a fazer era simplesmente abandonar qualquer hipótese, deixar os acontecimentos simplesmente acontecerem.

Além disso, eles adotavam essa nervosa posição cognitiva com referência a fenômenos que não tinham relação prática alguma com suas próprias vidas ou a de quem quer que fosse, na verdade. Quando um cogumelo "guarda-chuva" de forma peculiar, muito grande, aparecia na casa de um carpinteiro e crescia no espaço de alguns dias (ou de algumas horas, segundo alguns), as pessoas vinham vê-lo de longe e cada um tinha uma explicação para o caso — uma explicação animista ou animatista ou nenhuma das duas. E, no entanto, seria difícil constatar algum valor social nesse cogumelo, na concepção de Radcliffe-Brown, ou considerá-lo ligado, de alguma forma, com algo que tivesse representação, como a cigarra de Andaman.[23] Os cogumelos representam para os javaneses o mesmo que para nós, e no curso normal das coisas eles têm neles o mesmo

---

[22]E. Evans-Pritchard, *Witchcraft, Oracles and Magic Among the Azande* (Oxford, 1937). [Publicado no Brasil por Zahar Editores sob o título *Bruxaria, Oráculos e Magia entre os Azande*.]

[23]A. R. Radcliffe-Brown, *Structure and Function in Primitive Society* (Glencoe, Ill., 1952).

interesse que nós. Mas esse cogumelo em especial era "diferente", "estranho", "misterioso" — *aneh*; e é preciso dar conta de tudo que é diferente, estranho, misterioso — ou pelo menos ter a convicção de que é possível *dar conta* do fenômeno. Não se põe simplesmente de lado um cogumelo que cresce cinco vezes mais rapidamente que qualquer cogumelo tem o direito de crescer. Num sentido mais amplo, o "estranho" cogumelo tinha implicações, e implicações críticas, para aqueles que ouviram a seu respeito. Esse fato ameaçava sua capacidade mais ampla de entender o mundo, levantava a questão embaraçosa de saber se funcionavam realmente as crenças que possuíam sobre a natureza, se eram válidos os seus padrões de verdade.

Com isso não pretendemos argumentar que são apenas, ou principalmente, os acontecimentos extraordinários súbitos que engendram no homem o inquietante sentido de que seus recursos cognitivos podem ser ineficazes ou de que sua intuição somente aparece numa forma aguda. O que ocorre mais comumente é a dificuldade persistente, constante, reexperimentada, de aprender certos aspectos da natureza, de si mesmo e da sociedade, de trazer certos fenômenos esquivos para a esfera dos fatos culturalmente formuláveis que tornam o homem cronicamente inquieto, dirigindo para eles um fluxo mais uniforme de símbolos de diagnóstico. O que existe além da fronteira relativamente demarcada do conhecimento acreditado e que se avulta como pano de fundo na rotina cotidiana da vida prática é justamente o que coloca a experiência humana ordinária num contexto permanente de preocupação metafísica e levanta a suspeita difusa, oculta, de que se pode estar perdido num mundo absurdo:

> Um outro assunto que é matéria para esta pesquisa intelectual característica [entre os Iatmul] é a natureza das marolas e ondas na superfície das águas. Dizem, secretamente, que os homens, os porcos, as árvores, a grama — todos os objetos do mundo — são apenas padrões de ondas. Parece haver alguma concordância a esse respeito, na verdade, embora isso entre em conflito com a teoria da reencarnação, de acordo com a qual o fantasma do morto é soprado pelo Vento Leste como uma neblina, rio acima, para dentro do ventre da mulher do filho do morto. Qualquer que seja o caso, permanece a dúvida sobre o que provoca as marolas e as ondas. O clã que reclama o Vento Leste como totem é bastante claro a respeito: o Vento provoca as ondas com a sua ventarola. Outros clãs personificam as ondas e dizem que são uma pessoa (Kontum-mali) independente do vento. Outros clãs, por sua vez, dispõem de outras teorias. Numa certa ocasião levei alguns nativos Iatmul até a costa e reparei que um deles estava sentado sozinho, olhando o mar com grande atenção. Era um dia sem vento, mas uma maré baixa quebrava na praia. Entre os ancestrais totêmicos do seu clã ele incluía um gongo fendido personificado que flutuara pelo rio até o mar e que se acreditava causar as ondas. Ele olhava fixamente as ondas que subiam e se quebravam na praia, não obstante não haver vento, o que vinha demonstrar a verdade do mito do seu clã.[24]

O segundo desafio da experiência, em face do qual a totalidade do significado de um padrão particular da vida ameaça dissolver-se num caos de nomes que nada significam e coisas amorfas — o problema do sofrimento — tem sido mais investigado, ou pelo menos descrito mais pormenorizadamente, principalmente devido à grande atenção dispensada nos trabalhos sobre religião tribal ao que constitui, talvez, os dois *loci*

---

[24]G. Bateson, *Naven*, 2.ª ed. (Stanford, 1958). Dessa descrição de Bateson fica claro que as formas crônica e aguda dessa espécie de preocupação cognitiva estão intimamente inter-relacionadas e que as respostas às suas ocasiões mais incomuns estão padronizadas nas respostas estabelecidas ao lidar com as mais comuns; entretanto, conforme prossegue ele: "Em outra ocasião convidei um de meus informantes para assistir à revelação de fotografias. Primeiro dessensibilizei os negativos, depois comecei a revelá-los numa travessa, a uma luz moderada, de forma que meu informante pudesse ver o aparecimento gradual das imagens. Ele ficou muito interessado e, alguns dias mais tarde, fez-me prometer jamais revelar esse processo aos membros dos outros clãs. Kontum-mali era um de seus ancestrais e ele viu no processo da revelação fotográfica a própria incorporação das marolas em imagens e uma demonstração do sagrado do clã."

76 Capítulo Quatro

principais: a doença e o luto. Não obstante o fascinado interesse pela aura emocional que cerca essas situações extremas, e com muito poucas exceções (talvez a recente discussão de Lienhardt sobre a divinização dos Dinka), foi pequeno o progresso feito em relação à espécie de teoria de confiança rústica estabelecida por Malinowski: ou seja, que a religião ajuda as pessoas a suportarem "situações de pressão emocional" "abrindo fugas a tais situações e tais impasses que nenhum outro caminho empírico abriria, exceto através do ritual e da crença no domínio do sobrenatural".[25] A inadequação dessa "teologia do otimismo", como a chamou secamente Nadel, é radical, sem dúvida.[26] Durante sua carreira, a religião provavelmente perturbou os homens tanto quanto os estimulou; forçou-os a uma confrontação cara a cara com o fato de terem nascido para a luta, da mesma maneira que lhes permitiu evitar tal confrontação projetando-os numa espécie de mundo infantil de contos de fadas onde — ainda segundo Malinowski — "a esperança não pode falhar nem o desejo enganar".[27] Com a exceção, talvez, da Ciência Cristã, quase não há tradições religiosas — se é que há alguma — "grandes" ou "pequenas", em que não seja constantemente afirmada a proposição de que a vida machuca e, em algumas, essa proposição é virtualmente glorificada:

> Ela era uma velha [Ba-lla] de uma família com uma longa genealogia. Leza, "o Assediado", estendera sua mão contra a família. Ele chacinara seu pai e sua mãe enquanto ela era ainda uma criança e, no decurso dos anos, tudo em torno dela perecia. Ela dizia para si mesma: "Desta vez conservarei aqueles que se sentam nos meus joelhos", mas não, mesmo eles, os filhos dos seus filhos, foram-lhe arrancados... Dentro de seu coração, então, ela tomou uma resolução desesperada de encontrar Deus e perguntar-lhe o significado disso tudo... Começou então a viajar, indo de um país a outro, sempre com o mesmo pensamento: "Irei até o fim do mundo e aí então encontrarei um caminho para Deus e então lhe perguntarei: 'O que fiz a Ti para que me persigas desta maneira?'" Ela nunca descobriu onde era o fim do mundo, mas não abandonou a busca, embora desapontada, e enquanto atravessava diferentes países perguntavam-lhe: "A que veio você, minha velha?" e a resposta era: "Estou procurando Leza". "Procurando Leza?" "Para quê?" "Meus irmãos, que pergunta! Haverá neste país alguém que sofra o que eu tenho sofrido?" E eles perguntavam outra vez: "Como você tem sofrido?" "É assim, eu estou sozinha. Como você vê, sou uma velha solitária, é isto o que sou!" E eles respondiam:"Sim, nós vemos. É isto que você é! Privada dos amigos, de um marido? De que maneira você é diferente dos outros? O Assediado senta-se nas costas de cada um de nós e não podemos derrubá-lo." Ela nunca alcançou seu objetivo, e morreu com o coração partido.[28]

Como problema religioso, o problema do sofrimento é, paradoxalmente, não como evitar o sofrimento, mas como sofrer, como fazer da dor física, da perda pessoal, da derrota frente ao mundo ou da impotente contemplação da agonia alheia algo tolerável, suportável — sofrível, se assim podemos dizer. Foi nesse sentido que a mulher Ba-lla falhou — talvez necessariamente, talvez não — e não sabendo, literalmente, como sentir-se a respeito do que acontecera a ela, como sofrer, pereceu na confusão e no desespero. Enquanto os aspectos mais intelectivos do que Weber chamou o Problema do Significado constituem assunto de afirmação da explicabilidade final da experiência, os aspectos mais efetivos são assunto de afirmação da sua tolerância final. Como a religião ancora o poder de nossos recursos simbólicos para a formulação de ideias analíticas, de um lado, na concepção autoritária da forma total da realidade, da mesma forma ela ancora, no outro lado,

---

[25]G. Lienhardt, *Divinity and Experience* (Oxford, 1961), pp. 151 ss. B. Malinowski, *Magic, Science and Religion* (Boston, 1948), p. 67.

[26]S. F. Nadel, "Malinowski on Magic and Religion" *in Man and Culture*, org. por R. Firth (Londres, 1957), pp. 189-208.

[27]Malinowski, *Magic, Science and Religion* (Boston, 1948), p. 67.

[28]C. W. Smith e A. M. Dale, *The Ila-Speaking Peoples of Northern Rhodesia* (Londres, 1920), pp. 197 ss; citado *in* P. Radin, *Primitive Man as a Philosopher* (Nova York, 1957), pp. 100-101.

o poder dos nossos recursos, também simbólicos, de expressar emoções — disposições, sentimentos, paixões, afeições, sensações — numa concepção similar do seu teor difuso, seu tom e temperamento inerente. Para aqueles capazes de adotá-los, e enquanto forem capazes de adotá-los, os símbolos religiosos oferecem uma garantia cósmica não apenas para sua capacidade de compreender o mundo, mas também para que, compreendendo-o, deem precisão a seu sentimento, uma definição às suas emoções que lhes permita suportá-lo, soturna ou alegremente, implacável ou cavalheirescamente.

Consideremos sob esse aspecto os ritos de cura dos Navajos, muito conhecidos, comumente indicados como "cânticos".[29] Os Navajos têm cerca de sessenta cânticos diferentes para propósitos diferentes, mas praticamente todos eles são dedicados à remoção de alguma espécie de doença física ou mental.[30] Um cântico é uma espécie de psicodrama religioso, no qual há três atores principais: o "cantor" ou curandeiro, o paciente e, como uma espécie de coro antifonal, a família e os amigos do paciente. A estrutura de todos os cânticos — o enredo do drama — é bastante similar. Existem três atos principais: uma purificação do paciente e da audiência; uma declaração, através de cantos repetitivos e manipulações rituais, do desejo de restaurar o bem-estar ("a harmonia") do paciente; uma identificação do paciente com o Povo Sagrado e sua consequente "cura". Os ritos de purificação envolvem o suadouro forçado, o vômito induzido e assim por diante, para expelir fisicamente a doença do paciente. Os cantos, que são inúmeros, consistem principalmente em frases simples optativas ("que o paciente fique bom", "já estou me sentindo muito melhor", etc.). Finalmente, a identificação do paciente com o Povo Sagrado e, assim, com a ordem cósmica geral é conseguida através da mediação de uma pintura na areia, retratando o Povo Sagrado em um de seus ambientes apropriados. O cantor coloca o paciente sobre a pintura, toca os pés, as mãos, os joelhos, os ombros, o peito, as costas e a cabeça das figuras divinas, e depois as partes correspondentes do paciente, fazendo assim o que é, em essência, uma identificação corporal do humano e do divino. Esse é o clímax do cântico: todo o processo de cura pode ser comparado, diz Reichard, a uma osmose espiritual na qual a doença do homem e o poder da divindade penetram a membrana cerimonial em ambas as direções, sendo a primeira neutralizada pela segunda. A doença sai através do suor, do vômito e de outros ritos de purificação; a saúde penetra quando o paciente Navajo toca, por intermédio do cantor, a pintura sagrada da areia. Está claro que o simbolismo do cântico focaliza o problema do sofrimento humano, e tenta enfrentá-lo colocando-o num contexto significativo, fornecendo um modo de ação através do qual ele possa ser expresso, possa ser entendido expressamente e, sendo entendido, possa ser suportado. O efeito alentador do cântico (como a doença mais comum é a tuberculose, na maioria dos casos ele é apenas alentador) reside, na verdade, em sua capacidade de dar à pessoa atingida um vocabulário nos termos do qual ele apreende a natureza de sua desgraça e relata-a ao mundo mais amplo. Como num calvário, na recitação da emergência de Buda no palácio de seu pai ou na atuação de *Oedipus Tyrannos* em outras tradições religiosas, um cântico preocupa-se principalmente com a apresentação de uma imagem específica e concreta de um sofrimento verdadeiramente humano, e portanto suportável, suficientemente forte para resistir ao desafio de uma inexpressividade emocional erguida pela existência de uma dor brutal, intensa e irremovível.

O problema do sofrimento recai facilmente no problema do mal, pois se o sofrimento é normalmente muito cruel, embora nem sempre, ele é também considerado moralmente imerecido, pelo menos para o sofredor. Todavia, não se trata exatamente da mesma coisa — fato esse que, creio, Weber não reconheceu plenamente em sua generalização dos dilemas da teodiceia cristã do Oriente, uma vez que estava demasia-

---

[29]C. Kluckhohn e D. Leighton, *The Navaho* (Cambridge, Mass., 1946); G. Reichard, *Navaho Religion*, 2 vols. (Nova York, 1950).
[30]Reichard, *Navaho Religion*.

damente influenciado pelas predisposições de uma tradição monoteísta na qual, como os vários aspectos da experiência humana têm que ser concebidos como provenientes de uma única fonte, voluntária, a dor do homem reflete diretamente a bondade de Deus. Enquanto o problema do sofrimento diz respeito às ameaças à nossa capacidade de colocar nossos "esquadrões indisciplinados de emoção" em uma espécie de ordem marcial, o problema do mal concerne às ameaças à nossa capacidade de fazer julgamentos morais corretos. O que o problema do mal envolve não é a adequação de nossos recursos simbólicos para governar nossa vida afetiva, mas a adequação desses recursos para fornecerem um conjunto manobrável de critérios éticos, guias normativos para governarem nossa ação. O vexame, aqui, é o hiato entre as coisas como são e como deveriam ser, se nossas concepções do que é errado e do que é certo fizessem sentido, o hiato entre o que julgamos que vários indivíduos merecem e o que vemos eles receberem — um fenômeno muito bem resumido nesta profunda quadrinha:

A chuva cai sobre o justo
E também sobre o sujeito injusto;
Mas principalmente sobre o justo,
Porque o injusto tem o guarda-chuva do justo.

Se isso parece uma expressão demasiado irreverente sobre um tema que, embora sob forma ligeiramente diferente, consta do Livro de Jó e do *Baghavad Gita*, o seguinte poema clássico javanês, conhecido, cantado e repetidamente citado em Java por quase todas as pessoas acima dos seis anos, coloca de forma mais relevante o ponto em questão — a discrepância entre as prescrições morais e as recompensas materiais, a aparente inconsistência do "é" e do "deve":

Vivemos o bastante para ver uma época sem ordem
Na qual todas as mentes estão confusas.
Não se pode suportar a ideia de juntar-se à loucura,
Mas aquele que não o faz
Também não participará dos despojos,
E acabará morrendo de fome.
Sim, meu Deus: o errado está errado.
Felizes são aqueles que esquecem.
Mais felizes ainda são os que lembram e que têm uma profunda introspecção.

Não é necessário ser teologicamente autoconsciente para ser sofisticado em termos religiosos. A preocupação com o paradoxo ético intratável, o sentido inquietante de que a introspecção moral é inadequada para a experiência moral, está tão viva no nível da religião assim chamada primitiva como o está nas chamadas civilizadas. O conjunto de noções sobre "a divisão no mundo" que Lienhardt descreve em relação aos Dinka é um dado útil no caso.[31] Como tantos outros povos, os Dinka acreditam que o céu, onde se localiza a "Divindade", e a terra, onde habita o homem, eram contíguos numa era remota, o céu ligeiramente acima da terra à qual estava ligado por uma corda, de forma que os homens podiam mover-se à vontade entre os dois reinos. Não existia a morte e o primeiro homem e a primeira mulher tinham direito apenas a um único grão de milhete por dia, que também era tudo de que precisavam naquele tempo. Um dia a mulher — naturalmente — muito ambiciosa, decidiu plantar mais do que o permitido grão de milhete e, na avidez da sua

---

[31]*Ibid.*, pp. 28-55.

pressa e diligência, feriu a Divindade acidentalmente com o cabo do seu ancinho. Ofendida, a Divindade cortou a corda, retirou-se para o distante céu de hoje em dia, e deixou ao homem a tarefa de trabalhar por seu alimento, de sofrer a doença e a morte e de experimentar a separação da fonte do seu ser, seu Criador. O significado dessa estória, estranhamente familiar aos Dinka, como é na verdade o Gênese para os judeus e cristãos, não é homilético, mas descritivo:

> Os [Dinka] que comentavam a respeito dessas estórias por vezes revelavam claramente suas simpatias para com o Homem em sua desgraça, chamando a atenção para a insignificância do erro que levou a Divindade a retirar os benefícios de sua proximidade. A imagem da Divindade sendo atingida por um ancinho... muitas vezes evoca certa diversão, como se a estória fosse tratada indulgentemente como demasiado infantil para explicar as consequências atribuídas ao acontecimento. Mas fica claro que o sentido da estória da separação da Divindade dos homens não é sugerir um melhor julgamento moral sobre o comportamento humano. Ela serve para apresentar a situação total conhecida hoje pelos Dinka. Os homens são hoje — como se tornaram o primeiro homem e a primeira mulher — ativos, autoafirmadores, indagadores, aquisitivos. Todavia, também estão sujeitos ao sofrimento e à morte, são ineficientes, ignorantes e pobres. A vida é insegura; os cálculos humanos às vezes são errados, e muitas vezes os homens têm que de aprender pela experiência que as consequências de seus atos são muito diferentes do que eles previam ou consideravam razoável. O afastamento da Divindade do Homem, como resultado de uma ofensa comparativamente insignificante, pelos padrões humanos, apresenta o contraste entre os julgamentos humanos equitativos e a ação do Poder mantido em última instância para controlar o que acontece na vida dos Dinka... Para os Dinka, a ordem moral é constituída, em última análise, de acordo com princípios que muitas vezes escapam aos homens, que a experiência e a tradição revelam em parte, e que a ação humana não pode mudar... O mito do afastamento da Divindade reflete, então, os fatos da existência tal como são conhecidos. Os Dinka vivem num universo que está além do seu controle e onde os acontecimentos podem contrariar as expectativas humanas mais razoáveis.[32]

Assim, o problema do mal, ou talvez devamos dizer o problema *sobre* o mal, é em essência a mesma espécie de problema de ou sobre perplexidade e de problema de ou sobre sofrimento. A estranha opacidade de certos acontecimentos empíricos, a tola falta de sentido de uma dor intensa ou inexorável e a enigmática inexplicabilidade da flagrante iniquidade, tudo isso levanta a suspeita inconfortável de que talvez o mundo, e portanto a vida do homem no mundo, não tenha de fato uma ordem genuína qualquer — nenhuma regularidade empírica, nenhuma forma emocional, nenhuma coerência moral. A resposta religiosa a essa suspeita é sempre a mesma: a formulação, por meio de símbolos, de uma imagem de tal ordem genuína do mundo, que dará conta e até celebrará as ambiguidades percebidas, os enigmas e paradoxos da experiência humana. O esforço não é para negar o inegável — que existem acontecimentos inexplicados, que a vida machuca ou que a chuva cai sobre o justo — mas para negar que existam acontecimentos inexplicáveis, que a vida é insuportável e que a justiça é uma miragem. Os princípios que constituem a ordem moral podem muitas vezes esquivar-se aos homens, conforme menciona Lienhardt, da mesma forma que as explanações inteiramente satisfatórias de acontecimentos anômalos ou as formas efetivas da expressão do sentimento. O que é importante, pelo menos para um homem religioso, é que se dê conta dessa evasiva, que ela não seja o resultado do fato de não existirem tais princípios, explanações ou formas, de que a vida é absurda e que não seja baldada a tentativa de dar um sentido à experiência moral, intelectual ou emocional. Os Dinka podem admitir — e de fato insistem nisso — as ambiguidades morais e as contradições da vida que vivem porque essas ambiguidades e contradições não são vistas como finais, mas como o resultado "racional", "natural",

---

[32]*Ibid.*

80 Capítulo Quatro

"lógico" (pode-se escolher o próprio adjetivo aqui, pois nenhum deles é totalmente adequado) da estrutura moral da realidade que o mito de afastamento da "Divindade" retrata ou, como diz Lienhardt, "reflete".

O Problema do Significado em cada um dos seus aspectos de transição (como esses aspectos se fundem gradativamente, de fato, em cada caso particular, que espécie de influência recíproca existe entre os sentidos do analítico, do emocional e da impotência moral, parece-me um dos problemas mais importantes, até hoje só abordado por Weber, para a pesquisa comparativa em todo esse campo) é matéria para afirmar, ou pelo menos reconhecer, a inescapabilidade da ignorância, da dor e da injustiça no plano humano enquanto nega, simultaneamente, que essas irracionalidades sejam características do mundo como um todo. E é justamente em termos de um simbolismo religioso, um simbolismo que relaciona a esfera de existência do homem a uma esfera mais ampla dentro da qual se concebe que ele repouse, que tanto a afirmação como a negação são feitas.[33]

... vestindo essas concepções com uma tal aura de fatualidade que...

Surge aqui uma questão mais profunda: como se chega a acreditar nessa negação? De que maneira um homem religioso muda de uma percepção inquieta de desordem experimentada para uma convicção mais ou menos estabelecida de ordem fundamental? O que significa exatamente a "crença" num contexto religioso? De todos os problemas que cercam as tentativas de conduzir uma análise antropológica da religião, este é o que parece mais inquietante e é, portanto, o mais evitado habitualmente, sendo relegado à psicologia, essa disciplina vil e marginalizada à qual os antropólogos sociais estão sempre atribuindo fenômenos com os quais são incapazes de lidar no arcabouço de um durkheimianismo desnaturado. Mas o problema não desaparece com isso, ele não é "apenas psicológico" (nada social o é) e nenhuma teoria antropológica da religião que deixe de abordá-lo é digna desse nome. Vimos tentando levar à cena o Hamlet sem o Príncipe já há muito tempo.

Parece-me que a melhor forma de abordar esse tema é reconhecer francamente que a crença religiosa não envolve uma indução baconiana da experiência cotidiana — do contrário, seríamos todos agnósticos — mas, ao contrário, uma aceitação prévia da autoridade que transforma essa experiência. A existência da perplexidade, da dor e do paradoxo moral — do Problema do Significado — é uma das coisas que impulsionam os homens para a crença em deuses, demônios, espíritos, princípios totêmicos ou a eficácia espiritual do canibalismo (os outros são um envolvente senso de beleza ou uma alucinante percepção de poder), mas essa não é a base onde repousam tais crenças, e sim seu campo de aplicação mais importante:

Apontamos o estado do mundo como ilustrativo da doutrina, mas nunca como uma prova dela. Belsen ilustra um mundo de pecado original, mas o pecado original não é uma hipótese que responde por acontecimentos como Belsen. Justificamos uma crença religiosa particular mostrando seu lugar na concepção religiosa total; justificamos uma crença religiosa como um todo fazendo referência à autoridade. Aceitamos a autoridade porque descobrimo-la em algum

---

[33]Isso *não* quer dizer que todos, em cada sociedade, ajam assim como o imortal Don Marquis observou certa vez, você não precisa ter uma alma, a não ser que realmente o queira. A generalização muitas vezes ouvida de que a religião é um universal humano incorpora uma confusão entre a proposição provavelmente verdadeira (embora improvável, diante da evidência atual) de que não há uma sociedade humana na qual faltam os padrões culturais que podemos chamar de religiosos (sob a definição atual ou outra semelhante) e a proposição certamente não verdadeira de que todos os homens, em todas as sociedades, são religiosos, em qualquer sentido significativo do termo. Entretanto, se o estudo antropológico do compromisso religioso não está desenvolvido, é totalmente inexistente um estudo antropológico do não compromisso religioso. A antropologia da religião atingirá a maioridade quando algum Malinowski mais sutil escrever um livro chamado "Crença e Descrença (ou mesmo "Fé e Hipocrisia") numa Sociedade Selvagem".

ponto do mundo no qual nós cultuamos, no qual nós aceitamos o domínio de algo que não somos nós. Não cultuamos a autoridade, mas aceitamos a autoridade como definindo o culto. Assim, alguém pode descobrir a possibilidade de cultuar na vida das Igrejas Reformistas e aceitar a Bíblia como fonte de autoridade; ou na Igreja Romana e aceitar a autoridade papal.[34]

Sem dúvida, essa é uma afirmativa cristã sobre o assunto, entretanto ela não deve ser desprezada por isso. Nas religiões tribais, a autoridade reside no poder persuasivo das imagens tradicionais; nas religiões místicas, ela reside na força apodíctica da experiência supersensível, e nas religiões carismáticas ela reside na atração hipnótica de uma personalidade extraordinária. Mas a prioridade na aceitação de um critério autoritário em assuntos religiosos sobre a revelação que se concebe fluir dessa aceitação não é menos completa do que nas religiões bíblicas ou hieráticas. O axioma básico subjacente naquilo que poderíamos talvez chamar de "perspectiva religiosa" é o mesmo em todo lugar: aquele que tiver de saber precisa primeiro acreditar.

Falar de "perspectiva religiosa" é, por implicação, falar de uma perspectiva entre outras. Uma perspectiva é um modo de ver, no sentido mais amplo de "ver" como significando "discernir", "apreender", "compreender", "entender". É uma forma particular de olhar a vida, uma maneira particular de construir o mundo, como quando falamos de uma perspectiva histórica, uma perspectiva científica, uma perspectiva estética, uma perspectiva do senso comum ou até mesmo uma perspectiva bizarra corporificada em sonhos e alucinações.[35] A questão passa a ser então, primeiro, o que é considerado, de uma forma geral, uma "perspectiva religiosa" em contraste com outras perspectivas e, segundo, como os homens chegaram a adotá-la.

Se colocamos a perspectiva religiosa contra o pano de fundo de três das outras perspectivas principais nos termos das quais os homens constroem o mundo — a do senso comum, a científica e a estética — seu caráter especial emerge com bastante agudeza. Conforme indicou Schutz, o que distingue o senso comum como um modo de "ver" é a simples aceitação do mundo, dos seus objetos e dos seus processos exatamente como se apresentam, como parecem ser — o que é chamado, às vezes, de realismo ingênuo — e o motivo pragmático, o desejo de atuar sobre esse mundo de forma a dirigi-lo para seus propósitos práticos, dominá-lo ou, na medida em que isto se torna impossível, ajustar-se a ele.[36] O mundo da vida cotidiana, sem dúvida em si mesmo um produto cultural, uma vez que é enquadrado em termos das concepções simbólicas do "fato obstinado" passado de geração a geração, é a cena estabelecida e o objeto dado de nossas ações. Tal como o Monte Everest, ele apenas está lá e o que resta fazer, se é que alguém sente a necessidade de fazer alguma coisa, é tentar subir nele. Na perspectiva científica, é precisamente esse "dado" que desaparece.[37]

---

[34]A. MacIntyre, "The Logical Status of Religious Belief", *in Metaphysical Beliefs*, org. por A. MacIntyre (Londres, 1957), pp. 167-211.

[35]O termo "atitude", como em "atitude estética" ou "atitude natural", é mais um termo, talvez até mais comum, para o que eu chamo aqui de "perspectiva" [Quanto ao primeiro, cf. C. Bell, *Art*, Londres, 1941; para o segundo, embora a frase seja original-mente de Husserl, cf. A. Schutz, *The Problem of Social Reality*, vol. I de *Collected Papers* (Haia, 1962).] Eu o evitei em virtude de suas fortes conotações subjetivistas, sua tendência de colocar a ênfase num suposto estado interno do ator em vez de numa certa espécie de relação — uma relação supostamente mediada — entre um ator e uma situação. Todavia, não quero dizer com isso que uma análise fenomenológica da experiência religiosa, se apresentada em termos intersubjetivos, não transcendentais, genuinamente científicos [por exemplo, W. Percy, "Symbol Consciousness and Intersubjectivity", *Journal of Philosophy*, 15 (1958): 631-641] não seja essencial para a compreensão total da crença religiosa, mas apenas que não é esse o foco da minha preocupação aqui. "Ponto de vista", "quadro de referência", "estado da mente", "orientação", "posição", "situação mental", e assim por diante, são outros termos também empregados às vezes, dependendo de o analista desejar enfatizar o aspecto social, psicológico ou cultural do assunto.

[36]Schutz, *The Problem of Social Reality*.

[37]*Ibid*.

82 Capítulo Quatro

A dúvida deliberada e a pesquisa sistemática, a suspensão do motivo pragmático em favor da observação desinteressada, a tentativa de analisar o mundo em termos de conceitos formais cuja relação com as concepções informais do senso comum se tornam cada vez mais problemáticas — estes são os marcos da tentativa de apreender o mundo cientificamente. Quanto à perspectiva estética a qual, sob a rubrica de "atitude estética" tem sido talvez a mais atentamente examinada, ela envolve uma espécie diferente de suspensão do realismo ingênuo e do interesse prático no fato de que, em vez de questionar as credenciais da experiência cotidiana, simplesmente se ignora essa experiência em favor de uma insistência ávida nas aparências, um açambarcamento das superfícies, uma absorção nas coisas "por si mesmas", por assim dizer: "A função da ilusão artística não é o 'faz de conta'... mas exatamente o oposto, o afastamento da crença — a contemplação das qualidades sensoriais sem os seus significados habituais de 'aqui está a cadeira', 'aquele é o meu telefone'... etc. É o conhecimento de que o que está diante de nós não tem um significado prático no mundo que nos permita dedicar atenção à sua aparência como tal."[38] Como a perspectiva do senso comum e a científica (ou a histórica, a filosófica e a artística), essa perspectiva, esse "modo de ver" não é produto de alguma química cartesiana misteriosa, mas é induzida, mediada e, na verdade, criada por meio de curiosos *quase* objetos — poemas, dramas, esculturas, sinfonias — os quais, dissociando-se do mundo sólido do senso comum, adquirem o tipo especial de eloquência que só as meras aparências podem alcançar.

A perspectiva religiosa difere da perspectiva do senso comum, como já dissemos, porque se move além das realidades da vida cotidiana em direção a outras mais amplas, que as corrigem e completam, e sua preocupação definidora não é a ação sobre essas realidades mais amplas, mas sua aceitação, a fé nelas. Ela difere da perspectiva científica pelo fato de questionar as realidades da vida cotidiana não a partir de um ceticismo institucionalizado que dissolve o "dado" do mundo numa espiral de hipóteses probabilísticas, mas em termos do que é necessário para torná-las verdades mais amplas, não hipotéticas. Em vez de desligamento, sua palavra de ordem é compromisso, em vez de análise, o encontro. Ela difere da arte, ainda, porque em vez de afastar-se de toda a questão da fatualidade, manufaturando deliberadamente um ar de parecença e de ilusão, ela aprofunda a preocupação com o fato e procura criar uma aura de atualidade real. A perspectiva religiosa repousa justamente nesse sentido do "verdadeiramente real" e as atividades simbólicas da religião como sistema cultural se devotam a produzi-lo, intensificá-lo e, tanto quanto possível, torná-lo inviolável pelas revelações discordantes da experiência secular. Mais uma vez, a essência da ação religiosa constitui, de um ponto de vista analítico, imbuir um certo complexo específico de símbolos — da metafísica que formulam e do estilo de vida que recomendam — de uma autoridade persuasiva.

E isso nos faz chegar, finalmente, ao ritual. É no ritual — isto é, no comportamento consagrado — que se origina, de alguma forma, essa convicção de que as concepções religiosas são verídicas e de que as diretivas religiosas são corretas. É em alguma espécie de forma cerimonial — ainda que essa forma nada mais seja que a recitação de um mito, a consulta a um oráculo ou a decoração de um túmulo — que as disposições e motivações induzidas pelos símbolos sagrados nos homens e as concepções gerais da ordem da existência que eles formulam para os homens se encontram e se reforçam umas às outras. Num ritual, o mundo vivido e o mundo imaginado fundem-se sob a mediação de um único conjunto de formas simbólicas, tornando-se um mundo único e produzindo aquela transformação idiossincrática no sentido de realidade ao qual Santayana se referiu na epígrafe por mim transcrita. Qualquer que seja o papel que a intervenção divina possa ou não exercer na criação da fé — e não compete ao cientista manifestar-se sobre tais assuntos, de uma forma ou

---

[38]S. Langer, *Feeling and Form* (Nova York, 1953), p. 49.

de outra — ele está, pelo menos basicamente, fora do contexto dos atos concretos de observância religiosa que a convicção religiosa faz emergir no plano humano.

Entretanto, apesar de qualquer ritual religioso, não importa quão aparentemente automático ou convencional (se é verdadeiramente automático ou meramente convencional, não é religioso), envolver essa fusão simbólica do *ethos* com a visão do mundo, são principalmente os rituais mais elaborados e geralmente mais públicos que modelam a consciência espiritual de um povo, aqueles nos quais são reunidos, de um lado, uma gama mais ampla de disposições e motivações e, de outro, de concepções metafísicas. Utilizando um termo muito útil introduzido por Singer, podemos chamar essas cerimônias totais de "realizações culturais" e observar que elas representam não apenas o ponto no qual os aspectos disposicionais e conceptuais da vida religiosa convergem para o crente, mas também o ponto no qual pode ser melhor examinada pelo observador a interação entre eles:

> Sempre que os Brâmanes Madrasi (e também os não Brâmanes, na verdade) desejavam exibir-me algum aspecto do hinduísmo, sempre se referiam, ou me convidavam a assistir, a um rito particular ou cerimônia no ciclo da vida, num festival de templo ou na esfera geral das realizações religiosas e culturais. Refletindo sobre isso no curso das minhas entrevistas e observações, descobri que as generalizações mais abstratas sobre o hinduísmo (tanto as minhas como as que ouvi) podiam ser verificadas, direta ou indiretamente, a partir dessas realizações observáveis.[39]

É claro que nem todas as realizações culturais são realizações religiosas e a linha entre as que o são e as realizações artísticas, ou até mesmo políticas, não é muito fácil de demarcar na prática, pois, como as formas sociais, as formas simbólicas podem servir a múltiplos propósitos. O fato é que, parafraseando ligeiramente, os indianos — "e talvez todos os povos" — parecem imaginar a sua religião "encapsulada nessas realizações distintas que eles [podem] exibir aos visitantes e a si mesmos".[40] O modo de exibição, porém, é radicalmente diferente para as duas espécies de testemunhas, fato que parece ser constantemente negligenciado por aqueles que argumentam que "a religião é uma forma de arte humana".[41] Enquanto para os "visitantes", pela natureza do caso, as realizações religiosas só podem ser apresentações de uma perspectiva religiosa particular, podendo ser apreciadas esteticamente ou dissecadas cientificamente, para os participantes elas são, além disso, interpretações, materializações, realizações da religião — não apenas modelos daquilo que acreditam, mas também modelos *para* a crença nela. É nesses dramas plásticos que os homens atingem sua fé, na medida em que a retratam.

Como exemplo apropriado, vamos abordar uma representação cultural de Bali, espetacularmente teatral — aquela na qual uma terrível feiticeira chamada Rangda inicia um combate ritual com um monstro afetuoso chamado Barong.[42] Apresentado habitualmente, embora não inevitavelmente, por ocasião das celebrações de morte no templo, o drama consiste numa dança de máscaras na qual a feiticeira — representada como uma velha viúva alquebrada, uma prostituta e uma devoradora de criancinhas — chega para espalhar a peste e a

---

[39]M. Singer, "The Cultural Pattern of Indian Civilization", *Far Eastern Quarterly*, 15 (1955): pp. 23-26.

[40]M. Singer, "The Great Tradition in a Metropolitan Center: Madras", *in Traditional India*, org. por M. Singer (Filadélfia, 1958), pp. 140-182.

[41]R. Firth, *Elementos de Organização Social* (Zahar Editores, Rio).

[42]O complexo Rangda-Barong foi exaustivamente descrito e analisado por uma série de etnógrafos extremamente capazes, e não vou tentar apresentá-lo aqui, a não ser de forma esquemática. [Cf., por ex., J. Belo, *Bali: Rangda and Barong* (Nova York, 1949); J. Belo, *Trance in Bali* (Nova York, 1960): B. DeZoete e W. Spies, *Dance and Drama in Bali* (Londres, 1938); G. Bateson e M. Mead, *Balinese Character* (Nova York, 1942); M. Covarrubias, *The Island of Bali* (Nova York, 1937).] Grande parte da minha interpretação do complexo resulta de observações pessoais feitas em Bali durante os anos 1957-58.

84 Capítulo Quatro

morte sobre a terra e é combatida pelo monstro — representado por uma espécie de cruzamento entre um urso desajeitado, um cachorrinho tolo e um empertigado dragão chinês. O personagem Rangda, representado por um único homem, é uma figura hedionda: seus olhos protuberantes saltam das órbitas como bolas disformes, seus dentes parecem enormes presas que se curvam sobre as faces e descem em direção ao queixo, seu cabelo amarelado desce em melenas emaranhadas, seus seios são murchos e pendem como tetas cobertas de pelos e entre eles, pendurados como outras tantas salsichas, pendem feixes de vísceras. Sua língua, longa e vermelha, é uma torrente de fogo e, enquanto dança, ela espalma as mãos excessivamente brancas, com unhas que se assemelham a longas garras, e emite gritos enervantes como uma gargalhada metálica. O personagem Barong, representado por dois homens, um na frente, outro atrás, como metades de um cavalo de *vaudeville*, é algo diferente. Seu casaco peludo, de cão pastor, é coberto de enfeites de ouro e mica que brilham à meia-luz. Ele se adorna com flores, faixas, plumas, espelhos e uma barba engraçada feita de cabelo humano. Como também é um demônio, seus olhos também saltam e ele arreganha os dentes com aparente ferocidade quando enfrenta Rangda ou outras afrontas à sua dignidade; o feixe de sininhos pendurados na sua cauda absurdamente arqueada contribui, de alguma forma, para retirar parte do terror que inspira. Se Rangda é uma imagem satânica, Barong é um farsante e o embate entre os dois (sempre inconclusivo) é o embate entre o maligno e o lúdico.

Esse estranho contraponto de malícia implacável e comédia vulgar permeia toda a exibição. Rangda, agarrando seu manto branco mágico, movimenta-se em torno, cambaleando lentamente, ora ficando imóvel como que pensativa ou hesitante, ora cambaleando para a frente, subitamente. Quando ela entra em cena (o que se vê primeiro são aquelas mãos com as terríveis unhas em garra, quando ela emerge por uma abertura no topo de uma pequena escada de pedra), o momento é de uma tensão aterradora e parece, pelo menos ao "visitante", que todos vão sair correndo, em pânico. Ela própria parece louca de medo e de ódio quando grita imprecações a Barong por entre o ressoar estridente do *gamelan*. De fato, ela às vezes parece tornar-se possessa. Eu mesmo já vi muitas Rangdas se atirarem de cabeça sobre o *gamelan* ou correrem freneticamente em total confusão, sendo apenas contidas e reorientadas pela força conjunta de meia dúzia de espectadores. Muitas histórias já foram contadas a respeito de Rangdas possessas que mantiveram sob o terror aldeias inteiras, durante horas, e de pessoas que interpretaram o personagem e ficaram permanentemente desequilibradas. Barong, entretanto, embora imbuído do mesmo poder sagrado do tipo *maha* (*sakti*, para os balineses) que Rangda e a despeito de seus encenadores também caírem em transe, parece ter grande dificuldade em manter-se sério. Ele se diverte com sua comitiva de demônios (que aumentam a brincadeira com as suas próprias travessuras), joga-se sobre os pratos metálicos enquanto estão sendo tocados ou bate no tambor com suas pernas, move-se numa direção com sua frente e em outra com a traseira ou faz contorções com o seu corpo segmentado, espanta as moscas do seu corpo ou cheira os perfumes do ar e geralmente se empina em paroxismos de vaidade narcisista. O contraste não é absoluto, pois Rangda às vezes é momentaneamente cômica, como quando pretende polir seus espelhos no casaco de Barong e Barong se torna muito mais sério quando Rangda aparece, arreganhando suas mandíbulas para ela e finalmente atacando-a diretamente. O humorístico e o horrível nem sempre estão rigidamente separados, como naquela estranha cena num ato do ciclo no qual diversas feiticeiras menores (discípulas de Rangda) exibem o cadáver de uma criança prematura, para grande divertimento da audiência; ou outra, não menos estranha, na qual a visão de uma mulher grávida, alternando histericamente entre as lágrimas e o riso enquanto é atacada por um grupo de coveiros, parece excepcionalmente divertida, por alguma razão. Os temas gêmeos do horror e da hilaridade encontram sua expressão mais pura nos dois protagonistas e sua luta infindável, indefinida, pela dominação, mas esses temas são tecidos de forma deliberadamente intrincada através da textura completa do drama. Tudo gira em torno deles — ou das relações entre eles.

Não é necessário fazer uma descrição pormenorizada de representação Rangda-Barong aqui. Elas variam largamente em detalhe, consistindo em várias partes, nem todas perfeitamente integradas e, além disso, são tão complexas em sua estrutura que é muito difícil resumi-las. O principal aspecto a enfatizar, para nossos propósitos, é que para os balineses o drama não é meramente um espetáculo a ser assistido, mas um ritual encenado. Não há aqui uma distância estética separando os autores da audiência e colocando os acontecimentos retratados num mundo impenetrável de ilusão. Quando termina o encontro final Rangda-Barong, a maioria, se não todos os membros do grupo que patrocina o espetáculo, é envolvida por ele, não apenas na imaginação, mas fisicamente. Em um dos exemplos citado por Belo, contei mais de setenta e cinco pessoas — homens, mulheres e crianças — tomando parte nas atividades em um ou outro ponto da representação, e a participação de trinta ou quarenta pessoas não é nada incomum. Como representação, o drama se assemelha mais a uma missa importante, e não a uma apresentação de *Morte na Catedral*: é muito mais uma aproximação, uma participação, do que apenas assistir.

Em parte, essa penetração no corpo do ritual ocorre através da mediação de vários personagens secundários que dele fazem parte — bruxas secundárias, demônios, vários tipos de figuras legendárias e mitológicas — representados por aldeões selecionados. Na maioria das vezes, porém, isso ocorre através da mediação de uma capacidade extraordinariamente desenvolvida de dissociação psicológica por parte de um segmento muito grande da população. Uma luta Rangda-Barong é sempre marcada, inevitavelmente, pelo fato de três ou quatro espectadores, às vezes até algumas dúzias, tornarem-se possuídos por um ou outro dos demônios, caindo em transes violentos "como fogos de artifício estourando um após o outro",[43] apoderando-se de punhais (*krisses*), correndo para juntar-se à refrega. O transe em massa, espalhando-se como um pânico, projeta os indivíduos balineses para fora de seu mundo ordinário, no qual vivem habitualmente, para o mundo incomum em que vivem Rangda-Barong. Ficar em transe é, para o balinês, cruzar a soleira de uma outra existência — a palavra para transe é *nadi*, que se origina de *dadi*, muitas vezes traduzida como "tornar-se", mas que pode ser entendida mais simplesmente como "ser". Mesmo aqueles que, por uma razão qualquer, não fazem essa travessia espiritual, também são envolvidos pelos acontecimentos, pois são eles que têm de cuidar para que as atividades frenéticas dos possessos não passem dos limites, utilizando a força física quando são homens comuns ou espargindo água benta e cantando fórmulas mágicas se são sacerdotes. Quando no seu clímax, o rito Rangda-Barong paira, ou pelo menos parece pairar, no limite da possessão de massa, com a luta desesperada do grupo cada vez menor daqueles que não estão em transe (e a luta parece sempre acabar bem) para controlar o grupo cada vez maior dos possuídos.

Em sua forma comum — se é que se pode dizer que ela tem uma forma comum — a representação começa com o aparecimento de Barong, saracoteando e se alisando, como uma profilaxia geral para o que se segue. Podem então ocorrer várias cenas míticas relatando a história — nem sempre precisamente a mesma — sobre a qual se baseia o espetáculo, até que finalmente Barong, e depois Rangda, aparecem. Começa a batalha entre eles. Barong empurra Rangda de volta para o portão do templo da morte. Mas ele não tem o poder de expulsá-la completamente, sendo, por sua vez, empurrado em direção à aldeia. No final, quando parece que Rangda finalmente vencerá, alguns homens em transe se levantam, empunhando punhais, e correm para ajudar Barong. Quando se aproximam de Rangda (que está de costas, meditando), ela avança para eles, sacudindo seu manto branco *sakti*, e deixa-os caídos em estado comatoso. Rangda se retira apressadamente (ou é carregada) para o templo, onde ela própria desmaia, escondida da multidão enfurecida, a qual, disse meu informante, seria capaz de matá-la se a visse assim desamparada. O Barong dança entre os

---

[43]Belo, *Trance in Bali*.

dançarinos de punhais e os desperta estalando as mandíbulas ou neles esfregando sua barba. À medida que voltam à "consciência", mas ainda em transe, ficam enraivecidos com o desaparecimento de Rangda e, na impossibilidade de atacá-la, sentem-se frustrados e voltam os punhais para o próprio peito (sem perigo para eles, já que estão em transe). Nessa ocasião, é comum ocorrer um verdadeiro pandemônio com diversos elementos da multidão de ambos os sexos, em torno do pátio, caindo em transe e tentando apunhalar-se, lutando uns com os outros, devorando frangos vivos ou excrementos, rolando convulsivamente pela lama e assim por diante, enquanto os que não estão possessos tentam tirar-lhes os punhais e mantê-los numa ordem mínima. Chega um momento em que os possessos, um a um, começam a cair num estado de coma, do qual são despertados pela água benta dos sacerdotes e a grande batalha está terminada — mais uma vez o ataque foi repelido: Rangda não foi derrotada, mas também não venceu.

Um bom lugar para pesquisar o significado desse ritual é na coleção de mitos, histórias e crenças explícitas que ele supostamente encena. Todavia, eles são diferentes e variáveis, e não apenas eles — para alguns Rangda é uma encarnação de Durga, o consorte maligno de Siva; para outros, é a Rainha Mahendradatta, uma figura legendária da corte estabelecida no século XI em Java; para outros ainda, ela é a líder espiritual das feiticeiras, como o sacerdote brâmane é o líder espiritual dos homens. As noções de quem (ou "o que") é Barong também são diversas e ainda mais vagas — mas elas parecem desempenhar apenas um papel secundário na percepção balinesa do drama. É no encontro direto com as duas figuras, no contexto da encenação real, que o aldeão passa a conhecê-las como realidades genuínas, no que concerne a ele. Nessa ocasião, elas não são representações de alguma coisa, mas presenças e, quando os aldeões caem em transe, eles se tornam — *nadi* — também parte do reino em que essas presenças existem. Perguntar a um homem quem *foi* Rangda, como eu fiz uma vez, se ele pensa que ela é real é fazer papel de idiota.

Portanto, a aceitação da autoridade que enfatiza a perspectiva religiosa corporificada decorre da encenação do próprio ritual. Induzindo um conjunto de disposições e motivações — um *ethos* — e definindo uma imagem da ordem cósmica — uma visão de mundo — por meio de um único conjunto de símbolos, a representação faz do modelo *para* e do modelo *de* aspectos da crença religiosa meras transposições de um e de outro. Rangda evoca o medo (bem como o ódio, a repugnância, a crueldade, o horror e a lascívia, embora eu não tenha podido tratar aqui dos aspectos sexuais da realização). Mas ela retrata também que:

> A fascinação que a figura da Feiticeira tem para a imaginação balinesa só pode ser explicada quando se reconhece que a Feiticeira não é apenas uma figura que inspira medo — é o próprio Medo. Suas mãos, de unhas em garra, não agarram e diaceram suas vítimas, embora as crianças que brincam de ser feiticeiras também imitem tais gestos. Mas a própria Feiticeira espalma suas mãos, com os dedos recurvados para trás, no gesto que os balineses chamam *kapar*, termo que aplicam à súbita reação e surpresa do homem que cai de uma árvore... Quando vemos a Feiticeira como tal, temerosa e ao mesmo tempo temível, só então é possível explicar sua atração, e o *pathos* que a envolve quando dança, cabeluda, intimidativa, apressada e solitária, fazendo soar sua gargalhada lúgubre e estridente.[44]

Por seu turno, Barong não apenas induz o riso, mas encarna a versão balinesa do espírito cômico — uma combinação definida de brincadeira, exibicionismo e extravagante amor à elegância que, juntamente com o medo, é talvez o motivo dominante na vida deles. O empate inevitável da luta constante entre Rangda e Barong é, portanto — para os balineses — tanto a formulação de uma concepção religiosa geral como a experiência autoritária que justifica e até compele à sua aceitação.

---

[44]G. Bateson e M. Mead, *Balinese Character*, p. 36.

...as disposições e motivações parecem singularmente realistas

Ninguém, nem mesmo um santo, vive todo o tempo no mundo que os símbolos religiosos formulam, e a maioria dos homens só vive nele alguns momentos. O mundo cotidiano de objetos de senso comum e de atos práticos, como diz Schutz, é que constitui a realidade capital da experiência humana — capital no sentido de ser este o mundo no qual estamos solidamente enraizados, cuja inerente realidade pouco podemos questionar (por mais que possamos questionar certas porções dela) e de cujas pressões e exigências raramente podemos escapar.[45] Um homem, até mesmo grandes grupos de homens, pode ser esteticamente insensível, não preocupado religiosamente e não equipado para perseguir a análise científica formal, mas não pode ter uma falta total de senso comum, e assim mesmo sobreviver. As disposições que os rituais religiosos induzem têm, assim, seu impacto mais importante — do ponto de vista humano — fora dos limites do próprio ritual, na medida em que refletem de volta, colorindo, a concepção individual do mundo estabelecido como fato nu. O tom peculiar que marca a procura de visão dos índios das planícies, a confissão dos Manus, ou o exercício místico javanês permeiam áreas da vida desses povos muito além do imediatamente religioso, imprimindo-lhes um estilo distintivo, no sentido tanto de uma disposição dominante como de um movimento característico. O entrelaçamento do maligno e do cômico, que o combate Rangda-Barong retrata, anima uma grande área do comportamento balinês cotidiano, grande parte do qual tem, como o próprio ritual, um ar de medo cândido estreitamente contido por uma brincadeira obsessiva. A religião é sociologicamente interessante não porque, como o positivismo vulgar o colocaria, ela descreve a ordem social (e se o faz é de forma não só muito oblíqua, mas também muito incompleta), mas porque ela — a religião — a modela, tal como o fazem o ambiente, o poder político, a riqueza, a obrigação jurídica, a afeição pessoal e um sentido de beleza.

O movimento de ida e volta entre a perspectiva religiosa e a perspectiva do senso comum é uma das ocorrências empíricas mais óbvias da cena social, embora seja também uma das mais negligenciadas pelos antropólogos sociais; virtualmente todos a presenciaram acontecer inúmeras vezes. A crença religiosa tem sido apresentada, habitualmente, como uma característica homogênea de um indivíduo, como seu local de residência, seu papel ocupacional, sua posição de parentesco, e assim por diante. Mas a crença religiosa no meio do ritual, quando ela engolfa a pessoa em sua totalidade, transportando-a, no que lhe concerne, para outro modo de existência, e a crença religiosa como um pálido e relembrado reflexo dessa experiência na vida cotidiana não são precisamente a mesma coisa, e a falha na compreensão disso levou a alguma confusão, principalmente em relação ao problema da chamada mentalidade primitiva. Como exemplo, grande parte das dificuldades entre Lévy-Bruhl e Malinowski sobre a natureza do "pensamento nativo" surge da falta de reconhecimento total dessa distinção. Enquanto o filósofo francês se preocupava com a visão da realidade que os selvagens adotavam quando assumiam uma perspectiva especificamente religiosa, o etnógrafo polonês-inglês preocupava-se com a que eles adotavam quando assumiam uma perspectiva estritamente de senso comum.[46] Talvez ambos sentissem, vagamente, que não estavam falando exatamente sobre a mesma coisa, mas onde eles se perderam realmente foi ao falharem em dar conta da forma como interagiam essas duas formas de "pensamento" — ou, como eu diria, esses dois modos de formulações simbólicas. Assim, enquanto os selvagens de Lévy-Bruhl tendiam a viver, não obstante seus detratores pós-ludios, num mundo composto inteiramente de embates místicos, os de Malinowski tendiam a viver, a despeito da ênfase por ele atribuída à importância funcional da religião, num mundo composto inteiramente de ações práticas. Eles

---

[45]Schutz, *The Problem of Social Reality*, pp. 226 ss.
[46]Malinowski, *Magic, Science and Religion*; L. Lévy-Bruhl, *How Natives Think* (Nova York, 1926).

se tornaram reducionistas (um idealista é um reducionista, quanto o é um materialista) a despeito deles mesmos, porque fracassaram em ver o homem se movimentando, mais ou menos facilmente, e muito frequentemente, entre formas radicalmente contrastantes de ver o mundo, formas que não são contínuas umas com as outras, mas separadas por fossos culturais que devem ser transpostos em saltos kierkegaardianos em ambas as direções:

Há tantas espécies inumeráveis de diferentes experiências cruciais como há províncias finitas de significados diferentes sobre as quais eu posso aplicar o acento da realidade. Alguns exemplos são: o choque de adormecer como um salto para o mundo dos sonhos; a transformação interna que suportamos se a cortina do teatro sobe como a transição para o mundo do desempenho teatral; a mudança radical em nossa atitude se, ante uma pintura, permitimos ao nosso campo visual limitar-se ao que está dentro da moldura como a passagem para o mundo pictórico: ou o nosso embaraçado relaxamento na gargalhada se, ao ouvirmos uma piada, estamos prontos a aceitar, num curto espaço de tempo, o mundo fictício do gracejo como uma realidade em relação à qual o mundo da nossa vida cotidiana assume o caráter de uma tolice; a criança voltando-se para o seu brinquedo como a transição para o mundo do faz de conta, e assim por diante. Também as experiências religiosas em todas as suas variedades — por exemplo, a experiência de Kierkegaard do "instante" como o salto para a esfera religiosa — são exemplos de tal experiência crucial, assim como a decisão do cientista de substituir toda a participação apaixonada nos assuntos "deste mundo" por uma atitude desinteressada.[47]

O reconhecimento e a exploração da diferença qualitativa — uma diferença empírica e não transcendental — entre a religião pura e a religião aplicada, entre um encontro com o suposto "verdadeiramente real" e a visão da experiência ordinária à luz da qual esse encontro parece revelar-se, levar-nos-á, portanto, um passo adiante na compreensão daquilo que um Bororo quer dizer quando fala "Eu sou um periquito", ou um cristão quando diz "Eu sou um pecador", mais do que uma teoria do misticismo primitivo, na qual o mundo como lugar-comum desaparece numa nuvem de ideias curiosas, ou de um pragmatismo primitivo no qual a religião desintegra-se numa coleção de ficções úteis. O exemplo do periquito, que eu tirei de Percy, é muito bom.[48] Conforme alega Percy, se não se pode dizer que um Bororo pensa ser literalmente um periquito (pois ele não tenta acasalar-se com outros periquitos), também não se pode dizer que sua declaração seja falsa ou sem sentido (pois está claro que ele não está oferecendo — ou pelo menos oferecendo apenas — um tipo de argumento de membro de classe que pode ser confirmado ou recusado, como pode ser confirmado ou recusado quando diz, por exemplo, eu sou um Bororo) ou, ainda, que a declaração é falsa cientificamente, mas uma verdade mítica (pois isso conduziria imediatamente à noção da ficção pragmática que é internamente autocontraditória, de vez que nega o galardão da verdade ao "mito" no próprio ato de utilizá-lo). De forma mais coerente, talvez fosse necessário ver a frase como tendo um sentido diferente no contexto da "província finita de sentido" que forma a perspectiva religiosa e naquele que forma a perspectiva do senso comum. Na perspectiva religiosa, nosso Bororo é "verdadeiramente" um "periquito" e, dado o contexto ritual adequado, poderia até "acasalar-se" com outros "periquitos" — com periquitos metafísicos como ele mesmo, não os comuns, que voam fisicamente nas árvores comuns. Na perspectiva do senso comum, presumo eu, ele é um periquito no sentido de pertencer a um clã cujos membros veem o periquito como seu totem, uma confraria da qual fluem certas consequências morais e práticas, dada a natureza fundamental da realidade conforme a revela a perspectiva religiosa. Um homem que diz ser um periquito, se o diz numa conversão normal, está dizendo que, como o demonstram o mito e o ritual, ele está totalmente imbuído do espírito do

---

[47]Schutz, *The Problem of Social Reality*, p. 231.
[48]W. Percy, "The Symbolic Structure of Interpersonal Process", *Psychiatry*, 24 (1961): pp. 39-52.

periquito e que esse fato religioso tem algumas implicações sociais cruciais — nós, periquitos, temos de nos manter juntos, não nos podemos casar uns com os outros, não podemos comer os periquitos do mundo e assim por diante, pois agir de outra forma é agir contra a índole de todo o universo. É justamente o fato de colocar atos íntimos, banais, em contextos finais que torna a religião socialmente tão poderosa, ou pelo menos com grande frequência. Ela altera, muitas vezes radicalmente, todo o panorama apresentado ao senso comum, altera-o de tal maneira que as disposições e motivações induzidas pela prática religiosa parecem, elas mesmas, extremamente práticas, as únicas a serem adotadas com sensatez, dada a forma como são as coisas "realmente".

Tendo "pulado" ritualmente (a imagem talvez seja demasiado atlética para os fatos verdadeiros — talvez "escorregado" seja melhor) para o arcabouço de significados que as concepções religiosas definem e, quando termina o ritual, voltado novamente para o mundo do senso comum, um homem se modifica — a menos que, como acontece algumas vezes, a experiência deixe de ter influência. À medida que o homem muda, muda também o mundo do senso comum, pois ele é visto agora como uma forma parcial de uma realidade mais ampla que o corrige e o completa.

Todavia, essa correção e essa complementação não têm o mesmo conteúdo em todo lugar, como afirmam alguns estudiosos de "religião comparada". A natureza do *bias* que a religião dá à vida comum varia com a religião em foco, com as disposições particulares induzidas no crente pelas concepções específicas da ordem cósmica que ele passa a aceitar. No nível das "grandes" religiões, reconhecem-se habitualmente características orgânicas, nas quais se insiste às vezes até o fanatismo. Todavia, mesmo nos níveis tribal ou do povo comum — onde a individualidade das tradições religiosas é tantas vezes dissolvida em tipos dissecados como "animismo", "animatismo", "totemismo", "xamanismo", "culto de ancestrais" e todas as outras insípidas categorias através das quais os etnógrafos da religião desvitalizam sua documentação — fica perfeitamente claro o caráter idiossincrático de como vários grupos de homens se comportam em função daquilo que acreditam ter experimentado. Um tranquilo javanês não estaria mais à vontade num culposo Manus do que um ativista Crow numa Java desapaixonada. E com todas as bruxas e palhaços rituais no mundo, Rangda e Barong não constituem figurações generalizadas, mas perfeitamente singulares do medo e da diversão. As crenças dos homens são tão diversas quanto eles próprios o são — uma proposição que mantém a mesma força quando invertida.

É justamente essa particularidade do impacto dos sistemas religiosos sobre os sistemas sociais (e sobre os sistemas de personalidade) que torna impossível uma avaliação geral do valor da religião em termos tanto morais como funcionais. Os tipos de disposições e motivações que caracterizam um homem que acaba de voltar de um sacrifício humano asteca são bem diferentes do que acaba de tirar sua máscara Kachina. Até dentro de uma mesma sociedade, o que um "aprende" sobre o padrão essencial da vida a partir de um rito de feitiçaria e de uma refeição comensal terá efeitos bem diversos sobre o funcionamento social e psicológico. Um dos maiores problemas metodológicos ao escrever cientificamente sobre religião é deixar de lado, ao mesmo tempo, o tom do ateu da aldeia e o do pregador da mesma aldeia, bem como seus equivalentes mais sofisticados, de forma que as implicações social e psicológica de crenças religiosas particulares possam emergir a uma luz clara e neutra. Quando isso é feito, todas as questões sobre uma religião é "boa" ou "má", "funcional" ou "disfuncional", "reforçadora do ego" ou "produtora de ansiedade" desaparecem como as quimeras que são, e se fica com valorizações, avaliações e diagnoses particulares em casos particulares. Permanecem, sem dúvida, as questões pouco importantes — se é verdadeira esta ou aquela afirmativa religiosa, se é genuína esta ou aquela experiência religiosa, ou se são possíveis afirmações religiosas verdadeiras ou experiências religiosas genuínas. Todavia, tais questões não podem sequer ser formuladas, quanto mais respondidas, dentro das limitações autoimpostas pela perspectiva científica.

III

Pra um antropólogo, a importância da religião está na capacidade de servir, tanto para um indivíduo como para um grupo, de um lado como fonte de concepções gerais, embora diferentes, do mundo, de si próprio e das relações entre elas — seu modelo *da* atitude — e de outro, das disposições "mentais" enraizadas, mas nem por isso menos distintas — seu modelo *para* a atitude. A partir dessas funções culturais fluem, por sua vez, as suas funções social e psicológica.

Os conceitos religiosos espalham-se para além de seus contextos especificamente metafísicos, no sentido de fornecer um arcabouço de ideias gerais em termos das quais pode ser dada uma forma significativa a uma parte da experiência — intelectual, emocional, moral. O cristão vê o movimento nazista contra o pano de fundo da Queda, a qual, embora não explique no sentido causal, coloca-o num sentido moral, cognitivo e até afetivo. Um Zande vê a queda de um celeiro sobre um amigo ou parente contra o pano de fundo de uma emoção concreta e muito especial de bruxaria e evita, assim, tanto os dilemas filosóficos quanto a pressão psicológica do indeterminismo. Um javanês encontra no conceito do *rasa* ("sentido-paladar-sentimento-significado"), emprestado e reelaborado, um meio através do qual "ver" os fenômenos coreográficos, gustativos, emocionais e políticos a uma nova luz. Uma sinopse da ordem cósmica, um conjunto de crenças religiosas, também representam um polimento no mundo mundano das relações sociais e dos acontecimentos psicológicos. Eles permitem que sejam apreendidos.

Mais que um polimento, porém, tais crenças são também um gabarito. Elas não são meras intérpretes dos processos social e psicológico em termos cósmicos — e neste caso seriam filosóficos, não religiosos — mas também os modelam. Na doutrina do pecado original também está embutida uma atitude recomendada em relação à vida, uma disposição periódica e um conjunto persistente de motivações. O Zande aprende com as concepções de feitiçaria não apenas a compreender os "acidentes" aparentes como não sendo acidente algum, mas a reagir a esses acidentes espúrios com ódio pelo agente que causou e a tomar as resoluções adequadas contra ele. O *rasa*, além de ser um conceito de verdade, beleza e bem, é também um modo de experimentação preferido, uma espécie de desligamento sem afetação, uma variedade de brando alheamento, uma calma inatacável. As disposições e motivações que uma orientação religiosa produz lançam uma luz derivativa, lunar, sobre os aspectos sólidos da vida secular de um povo.

Reconstituir o papel social e psicológico da religião não é, pois, tanto o caso de encontrar correlações entre os atos rituais específicos e os laços sociais seculares específicos — embora essas correlações existam, sem dúvida, e valha a pena prosseguir nas investigações, principalmente se há algo a dizer a respeito delas. Ademais, trata-se de compreender de que maneira as noções dos homens, embora implícitas, do "verdadeiramente real" e as disposições que essas noções induzem neles, dão um colorido a seu sentido do racional, do prático, do humano e do moral. Até onde isso alcança (em muitas sociedades os efeitos da religião parecem muito circunscritos, enquanto em outras eles são inteiramente difundidos), quão profundamente eles atingem (pois alguns homens e grupos de homens parecem utilizar a religião com muita superficialidade no tocante ao mundo secular enquanto outros parecem aplicar sua fé em cada ocasião, não importa quão trivial), quais os resultados efetivos (pois é muito variável o hiato entre o que a religião recomenda e o que as pessoas fazem realmente, culturalmente) — todos esses são temas cruciais na sociologia e na psicologia comparada da religião. Até mesmo o grau em que os sistemas religiosos se desenvolvem parece variar de modo extremo, e não apenas numa base evolutiva. Numa determinda sociedade, o nível de elaboração das formulações simbólicas da realidade final podem alcançar graus extraordinários de complexidade e de articulação sistemática. Em outras sociedades, não menos desenvolvidas socialmente, tais formulações podem permanecer primitivas no sentido verdadeiro, pouco mais do que amontoados de crenças passadas fragmentárias e imagens isoladas, de reflexos sagrados e pictografias espirituais. É preciso apenas pensar nos australianos e nos bosquímanos, nos Toradja e nos Alorese, nos Hopi e nos Apaches, nos hindus e nos romanos, ou até mesmo nos italianos e nos poloneses, para ver que o grau de articulação religiosa não é uma constante mesmo em sociedades de complexidade semelhante.

O estudo antropológico da religião é, portanto, uma operação em dois estágios: no primeiro, uma análise do sistema de significados incorporado nos símbolos que formam a religião propriamente dita e, no segundo, o relacionamento desses sistemas aos processos socioestruturais e psicológicos. A pouca satisfação que venho obtendo com grande parte do trabalho antropológico social contemporâneo sobre religião provém não do fato de ele se preocupar com o segundo estágio, mas do fato de negligenciar o primeiro e, ao fazê-lo, considerar como certo aquilo que precisa ser elucidado. Discutir o papel do culto dos ancestrais na regulamentação da sucessão política, dos festins de sacrifício que definem as obrigações do parentesco, da adoração dos espíritos na programação das práticas agrícolas, da divinização para reforço do controle social ou dos ritos de iniciação para apressar a maturação da personalidade não constituem tentativas pouco importantes, e não recomendo que elas sejam abandonadas em favor da espécie de cabalismo árido no qual pode cair tão facilmente a análise simbólica de crenças exóticas. Mas fazer essa tentativa tendo apenas uma ideia muito geral, de senso comum, sobre o que representam o culto dos ancestrais, o sacrifício de animais, a adoração do espírito, a divinização ou os ritos de iniciação como padrões religiosos não me parece muito promissor. Somente quando tivermos uma análise teórica da ação simbólica comparável, em sofisticação, à qual temos hoje para a ação social e para a ação psicológica, estaremos em condições de enfrentar decisivamente aqueles aspectos da vida social e psicológica nos quais a religião (ou a arte, a ciência, a ideologia) desempenha um papel determinante.

Capítulo 5

"Ethos", Visão de Mundo e a Análise de Símbolos Sagrados

I

A religião nunca é apenas metafísica. Em todos os povos as formas, os veículos e os objetos de culto são rodeados por uma aura de profunda seriedade moral. Em todo lugar, o sagrado contém em si mesmo um sentido de obrigação intrínseca: ele não apenas encoraja a devoção como a exige; não apenas induz a aceitação intelectual como reforça o compromisso emocional. Formulado como *mana*, como *Brahma* ou como a Santíssima Trindade, aquilo que é colocado à parte, como além do mundano, é considerado, inevitavelmente, como tendo implicações de grande alcance para a orientação da conduta humana. Não sendo meramente metafísica, a religião também nunca é meramente ética. Concebe-se que a fonte de sua vitalidade moral repousa na fidelidade com que ela expressa a natureza fundamental da realidade. Sente-se que o "deve" poderosamente coercivo cresce a partir de um "é" fatual abrangente e, dessa forma, a religião fundamenta as exigências mais específicas da ação humana nos contextos mais gerais da existência humana.

Na discussão antropológica recente, os aspectos morais (e estéticos) de uma dada cultura, os elementos valorativos, foram resumidos sob o termo "*ethos*", enquanto os aspectos cognitivos, existenciais foram designados pelo termo "visão de mundo". O *ethos* de um povo é o tom, o caráter e a qualidade de sua vida, seu estilo moral e estético, e sua disposição é a atitude subjacente em relação a ele mesmo e ao seu mundo que a vida reflete. A visão de mundo que esse povo tem é o quadro que elabora das coisas como elas são na simples realidade, seu conceito da natureza, de si mesmo, da sociedade. Esse quadro contém suas ideias mais abrangentes sobre a ordem. A crença religiosa e o ritual confrontam e confirmam-se mutuamente; o *ethos* torna-se intelectualmente razoável porque é levado a representar um tipo de vida implícito no estado de coisas real que a visão de mundo descreve, e a visão de mundo torna-se emocionalmente aceitável por se apresentar como imagem de um verdadeiro estado de coisas do qual esse tipo de vida é expressão autêntica. Essa demonstração de uma relação significativa entre os valores que o povo conserva e a ordem geral da existência dentro da qual ele se encontra é um elemento essencial em todas as religiões, como quer que esses valores ou essa ordem sejam concebidas. O que quer que a religião possa ser além disso, ela é, em parte, uma tentativa (de uma espécie implícita e diretamente sentida, em vez de explícita e conscientemente pensada) de conservar a provisão de significados gerais em termos dos quais cada indivíduo interpreta sua experiência e organiza sua conduta.

Entretanto, os significados só podem ser "armazenados" através de símbolos: uma cruz, um crescente ou uma serpente de plumas. Tais símbolos religiosos, dramatizados em rituais e relatados em mitos, parecem resumir, de alguma maneira, pelo menos para aqueles que vibram com eles, tudo que se conhece sobre a forma como é o mundo, a qualidade de vida emocional que ele suporta, e a maneira como deve comportar-se quem está nele. Dessa forma, os símbolos sagrados relacionam uma ontologia e uma cosmologia com uma estética e uma moralidade: seu poder peculiar provém de sua suposta capacidade de identificar o fato com o valor no seu nível mais fundamental, de dar um sentido normativo abrangente àquilo que, de outra forma, seria apenas real. O número desses símbolos sintetizadores é limitado em qualquer cultura e, embora em teoria se possa pensar que um povo poderia construir todo um sistema autônomo de valores, independente de qualquer referente metafísico, uma ética sem ontologia, na verdade ainda não encontramos tal povo. A tendência a sintetizar a visão de mundo e o *ethos* em algum nível, embora não necessária logicamente, é pelo menos empiricamente coerciva; se não é justificada filosoficamente, ela é ao menos pragmaticamente universal.

Como exemplo dessa fusão do existencial e do normativo quero transcrever a citação de um informante Oglala (Sioux) de James Walker que encontrei no clássico de Paul Radin, *Primitive Man as a Philosopher*, aliás negligenciado:

Os Oglala acreditam que o círculo é sagrado porque o grande espírito fez com que tudo na natureza fosse redondo, exceto as pedras. A pedra é a ferramenta da destruição. O sol e o céu, a terra e a lua são redondos como um escudo, embora o céu seja fundo como uma tigela. Tudo que respira é redondo, como o caule de uma planta. Uma vez que o grande espírito fez tudo redondo, a humanidade devia olhar o círculo como sagrado, pois ele é o símbolo de todas as coisas na natureza, exceto a pedra. É também o símbolo do círculo que forma o limite do mundo e, portanto, dos quatro ventos que viajavam por lá. Consequentemente, ele é também o símbolo do ano. O dia, a noite e a lua percorrem o céu num círculo, portanto o círculo é um símbolo dessas divisões do tempo e, portanto, o símbolo de todo o tempo.

É por essas razões que os Oglala fazem seus *tipis** circulares, fazem seu círculo de campo circular e se sentam em círculo em todas as cerimônias. O círculo é também o símbolo do *tipi* e do abrigo. Se alguém faz um círculo como ornamento e ele não é dividido de forma alguma, deve-se compreendê-lo como o símbolo do mundo e do tempo.[1]

Eis aí uma sutil formulação da relação entre o bem e o mal e de sua fundamentação na própria natureza da realidade. O círculo e a forma excêntrica, o sol e a pedra, o abrigo e a guerra são segregados em pares de classes disjuntas, cuja significação é estética, moral e ontológica. A articulação racional dessa afirmativa é atípica: para a maioria dos Oglala, o círculo é um símbolo luminoso não examinado cujo significado é sentido intuitivamente, não interpretado conscientemente, seja ele encontrado na natureza, pintado numa pele de búfalo ou encenado numa dança ao sol. Todavia, o poder desse símbolo, analisado ou não, repousa claramente em sua abrangência, em sua produtividade ao ordenar a experiência. A ideia de um círculo sagrado, uma forma natural com um sentido moral, quando aplicada ao mundo no qual vivem os Oglala, sempre apresenta novos significados; ela liga continuamente elementos diversos de sua experiência, elementos esses que de outra forma pareceriam inteiramente disparatados e, sendo inteiramente disparatados, seriam incompreensíveis.

A circularidade comum de um corpo humano, de um caule vegetal, da lua e do escudo, de um *tipi* e de um círculo de campo proporciona-lhes um significado vagamente concebido, mas intensamente sentido. E esse elemento comum significativo, uma vez abstraído, pode então ser utilizado para propósitos rituais — como quando, numa cerimônia de paz, o cachimbo, o símbolo da solidariedade social, se movimenta deliberadamente num círculo perfeito, de um fumante para outro, e a pureza da forma evoca a beneficência dos espíritos — ou para construir mitologicamente os paradoxos e anomalias peculiares da experiência moral, como quando alguém vê numa pedra redonda o poder modelador do bem sobre o mal.

---

*Habitação dos Oglala. (N. R. T.)
[1] P. Radin, *Primitive Man as a Philosopher* (Nova York, 1957), p. 227.

II

Um conjunto de símbolos sagrados, tecido numa espécie de todo ordenado, é o que forma um sistema religioso. Para aqueles comprometidos com ele, tal sistema religioso parece mediar um conhecimento genuíno, o conhecimento das condições essenciais nos termos das quais a vida tem que ser necessariamente vivida. Particularmente onde esses símbolos não são criticados, histórica ou filosoficamente, como acontece na maioria das culturas do mundo, os indivíduos que ignoram as normas moral-estéticas que os símbolos formulam, que seguem um estilo de vida discordante, são vistos não tanto como maus, mas como estúpidos, insensíveis, ignorantes ou, em casos de infrações extremas, como loucos. Em Java, onde desenvolvi trabalho de campo, as crianças pequenas, os simplórios, os labregos, os loucos e os flagrantemente imorais eram considerados "ainda não javaneses" e, não sendo ainda javaneses, não eram ainda humanos. O comportamento antiético é indicado como "não costumeiro", os crimes mais sérios (incesto, feitiçaria, assassinato) são atribuídos, comumente, a falhas da razão, os crimes menores são comentados alegando-se que o culpado "não conhece a ordem" e, numa única palavra, dá significado à "religião" e à "ciência". A moralidade tem assim a aparência de um realismo simples, de uma sabedoria prática; a religião apoia uma conduta satisfatória retratando um mundo no qual essa conduta é apenas o senso comum.

É apenas senso comum porque, entre o *ethos* e a visão de mundo, entre o estilo de vida aprovado e a estrutura da realidade adotada, concebe-se que exista uma congruência simples e fundamental, de forma que uma completa e empresta significado à outra. Em Java, por exemplo, essa concepção resume-se num conceito constantemente invocado, o do *tjotjog*. *Tjotjog* significa encaixar-se, como uma chave numa fechadura, como um medicamento eficiente numa doença, como uma solução num problema aritmético, como um homem com a mulher que ele desposa (se ele não se encaixa, eles se divorciam). Se sua opinião concorda com a minha, nós *tjotjog*; se o significado do meu nome se enquadra ao meu caráter (e me traz sorte), diz-se que ele é *tjotjog*. Um alimento saboroso, teorias corretas, boas maneiras, um ambiente confortável, resultados gratificantes, todos são *tjotjog*. Num sentido mais amplo e abstrato, dois itens *tjotjog* quando sua coincidência forma um padrão coerente que dá a cada um significado e um valor que eles não têm em si mesmo. Subentende-se aqui uma perspectiva contrapontal do universo, na qual aquilo que é importante é a relação natural que os elementos isolados têm uns com os outros, como eles devem ordenar-se para fazer soar um acorde e evitar uma dissonância. E, como na harmonia, as relações finalmente corretas são fixas, determinadas e conhecidas, e assim a religião, como a harmonia, é, em última instância, uma espécie de ciência prática, que produz valor a partir de um fato, da mesma maneira que a música é feita a partir do som. Em sua especialidade, o *tjotjog* é uma ideia peculiarmente javanesa, mas a noção de que a vida assume um significado verdadeiro quando as ações humanas são afinadas de acordo com as condições cósmicas é muito difundida.

A espécie de contraponto entre o estilo de vida e a realidade fundamental que os símbolos sagrados formulam varia de cultura para cultura. Para os Navajos, uma ética que valoriza a deliberação calma, a persistência incansável e a cautela dignificada complementa uma imagem da natureza como tremendamente poderosa, mecanicamente regular e altamente perigosa. Para os franceses, um legalismo lógico é uma resposta à noção de que a realidade é estruturada racionalmente, de que primeiro os princípios são claros, precisos e inalteráveis e, portanto, só precisam ser discernidos, memorizados e aplicados dedutivamente a casos concretos. Para os hindus, um determinismo moral transcendental, no qual o *status* social e espiritual de cada um numa encarnação futura é resultado automático da natureza da ação de cada um no presente, completa-se por uma ética do dever ritualista ligado à casta. Cada um dos lados, o normativo ou o metafísico, é arbitrário em si mesmo, mas, assumidos juntos, eles formam uma *Gestalt*, como um tipo peculiar de inevitabilidade. Uma ética francesa num mundo Navajo ou uma ética hindu num mundo francês pareceria apenas quixotesca, pois perderia a aparência de naturalidade e simples fatualidade que possui em seu próprio contexto. É justamente essa aparência do fatual, de descrever, afinal de contas, a forma genuinamente racional de viver que, dados os fatos da vida, é a fonte básica de tal autoridade ética. O que todos os símbolos sagrados afirmam é que o melhor para o homem é viver de modo realista — onde eles diferem é na visão da realidade que constroem.

No entanto, os símbolos sagrados não dramatizam apenas os valores positivos, mas também os negativos. Eles apontam não apenas a existência do bem, mas também do mal, e o conflito que existe entre eles. O assim chamado problema do mal é o caso de formular, em termos de visão do mundo, a verdadeira natureza das forças destrutivas que existem dentro de cada um e fora dele, uma forma de interpretar o assassinato, o fracasso das colheitas, a doença, os terremotos, a pobreza e a opressão de maneira tal que torne possível um tipo de convivência com tudo isso. Uma dessas maneiras, bastante incomum como solução do problema, é declarar o mal fundamentalmente irreal — como nas religiões indianas e algumas versões do cristianismo. Mais comumente, a realidade do mal é aceita e caracterizada positivamente e, dada a natureza do caso, inculca-se como racional e satisfatória uma atitude em relação a ele — de resignação, de oposição ativa, de fuga hedonística, de auto-recriminação e arrependimento ou de humilde pedido de clemência. Entre os Azande africanos, onde todas as desgraças naturais (morte, doença, fracasso das colheitas) são vistas como causadas pelo ódio de um homem por outro, atuando mecanicamente através da bruxaria, a atitude em relação ao mal é direta e prática: há que se lidar com ele por meio de adivinhações já estabelecidas, para descobrir o bruxo, e de métodos comprovados de pressão social para forçá-lo a abandonar seu ataque; falhando isso, uma mágica de vingança efetiva, para matá-lo. Entre os Manus melanésicos, a concepção de que a doença, a morte ou o fracasso financeiro são o resultado de um pecado secreto (adultério, roubo, mentira) que ofendeu a sensibilidade moral do espírito doméstico está ligada a uma ênfase na confissão e no arrependimento públicos como o caminho racional para enfrentar o mal. Para os javaneses, o mal resulta da paixão desregrada e se resiste a ela com o desprendimento e o autocontrole. Assim, tanto o que um povo preza como o que ele teme e odeia são retratados em sua visão de mundo, simbolizados em sua religião e expressos, por sua vez, na qualidade total da sua vida. Seu *ethos* é distinto não apenas em termos da espécie de nobreza que ele celebra, mas também em termos da espécie de baixeza que ele condena; seus vícios são tão estilizados como as suas virtudes.

A força de uma religião ao apoiar os valores sociais repousa, pois, na capacidade dos seus símbolos de formularem o mundo no qual esses valores, bem como as forças que se opõem à sua compreensão, são ingredientes fundamentais. Ela representa o poder da imaginação humana de construir uma imagem da realidade na qual, para citar Max Weber, "os acontecimentos não estão apenas lá e acontecem, mas têm um significado e acontecem por causa desse significado". A necessidade de tal fundamento metafísico para os valores parece variar bastante em intensidade de cultura para a cultura e de indivíduo para indivíduo, mas a tendência de desejar alguma espécie de base fatual para o compromisso de cada um parece praticamente universal — o mero convencionalismo satisfaz a muito poucas pessoas, em qualquer cultura. Por mais que o seu papel possa diferir em várias épocas, para diferentes indivíduos e em diferentes culturas, a religião, fundindo o *ethos* e a visão de mundo, dá ao conjunto de valores sociais aquilo que eles talvez mais precisam para serem coercivos; uma aparência de objetividade. Nos rituais sagrados e nos mitos, os valores são retratados não como preferências subjetivas, mas como condições de vida impostas, implícitas num mundo com uma estrutura particular.

III

A espécie de símbolos (ou complexos de símbolos) que os povos veem como sagrados varia muito amplamente. Ritos de iniciação complicados, como entre os australianos; contos filosóficos complexos, como entre os Maori; dramáticas exibições xamanísticas como entre os esquimós; ritos cruéis de sacrifício humano, como entre os astecas; cerimoniais obsessivos de cura, como entre os Navajos; grandes festejos comunais, como entre vários grupos polinésios — todos esses padrões e muitos outros parecem resumir, para um ou outro povo, e de forma muito poderosa, tudo que ele conhece sobre o viver. E habitualmente nem existe apenas tal complexo: os famosos trobriandeses de Malinowski parecem igualmente preocupados com os rituais da jardinagem e das trocas. Numa civilização complexa como a dos javaneses — na qual permanecem ainda muito fortes as influências hindus, islâmicas e pagãs — poder-se-ia escolher um entre vários complexos de símbolos como revelador de um ou outro aspecto da integração do *ethos* e da visão de mundo. Entretanto, a percepção talvez mais clara e direta da relação entre os valores javaneses e a metafísica javanesa pode ser obtida através da análise sumária de uma de suas formas de arte mais profundamente enraizadas e altamente desenvolvidas e que é, ao mesmo tempo, um rito religioso: o espetáculo de marionetes em sombras, o *wajang*.

O espetáculo é chamado de sombras porque os bonecos, recortados em couro, pintados em dourados, vermelhos, azuis e pretos, são feitos de modo a projetarem grandes sombras numa tela branca. O *dalang*, como é chamado aquele que manobra os bonecos, fica sentado numa esteira em frente à tela, com uma orquestra em percussão *gamelan* por trás dele e com uma lamparina de óleo pendurada por cima da sua cabeça. À sua frente, em posição horizontal, está o tronco de uma bananeira no qual estão afixados os bonecos, presos a um cabo de tartaruga. Um espetáculo desses dura toda uma noite. À medida que prossegue a peça, o *dalang* retira e substitui os caracteres afixados no tronco da árvore, conforme a necesidade, segurando-os em cada uma das mãos sobre a cabeça, interpondo-os entre a luz e a tela. No lado da tela em que está o *dalang* — onde tradicionalmente só os homens têm a permissão de sentar-se — veem-se os próprios bonecos, com suas sombras elevando-se, dominantes, na tela, por trás deles; no lado oposto da tela — onde sentam-se as mulheres e crianças — só se veem as sombras dos bonecos.

As estórias dramatizadas são, em sua maioria, episódios retirados do épico indiano Mahabarata, um tanto adaptados e situados em ambiente javanês. (As estórias do Ramayana também são dramatizadas às vezes, porém são menos populares.) Nesse ciclo há três grupos de caracteres principais. Primeiramente, há deuses e deusas comandados por Siva e sua mulher Durga. Como nos épicos gregos, os deuses nem sempre estão uniformemente ao lado do direito, são marcados por fragilidades e paixões humanas, e parecem peculiarmente interessados nas coisas deste mundo. Em segundo lugar, há os reis nobres, os quais são, em teoria, os ancestrais dos atuais javaneses. Os dois grupos mais importantes desses nobres são os Pendawas e os Korawas. Os Pendawas são os famosos cinco irmãos heróis — Yudistira, Bima, Arjuna e os gêmeos idênticos Nakula e Sadewa — habitualmente acompanhados por Krisna, uma encarnação de Visnu, como conselheiro geral e protetor. Os Korawas, que são às centenas, são primos dos Pendawas. Eles usurparam destes o reino de Ngastina e é a luta ocorrida na disputa desse reino que fornece o tema principal do *wajang*, uma luta que culmina na grande guerra Bratajuda dos parentes, conforme relatada no Bhagavad Gita, e na qual os Korawas são derrotados pelos Pendawas. Em terceiro lugar, há ainda os adendos javaneses ao elenco hindu original, os grandes palhaços secundários — Semar, Petruk e Gareng, companheiros constantes dos Pendawas, seus servidores e protetores ao mesmo tempo. Semar, o pai dos outros dois, é na verdade um deus disfarçado sob

98 CAPÍTULO CINCO

forma humana, um irmão de Siva, rei dos deuses. Espírito guardião de todos os javaneses, desde que estes surgiram até o final dos tempos, esse tolo grosseiro e desajeitado é talvez a figura mais importante em toda a mitologia *wajang*.

Os tipos de ação característicos do *wajang* também são três: há os episódios "falados", nos quais dois grupos de nobres rivais se defrontam e discutem (o *dalang* imita todas as vozes) todos os assuntos entre eles; há os episódios de lutas nos quais, falhando a diplomacia, os dois grupos de nobres se digladiam (o *dalang* bate com os bonecos e faz barulho com os pés para simbolizar os sons da guerra); e há as cenas cômicas de pancadaria, nas quais os palhaços satirizam os nobres, uns aos outros e, se o *dalang* é inteligente, os próprios espectadores ou os mandatários locais. De forma geral, os três tipos de episódios são diversamente distribuídos no decurso do espetáculo. As cenas declamatórias geralmente ocorrem no princípio, as cenas cômicas no meio e a guerra no final. Das nove horas até a meia-noite, os líderes políticos dos vários reinos se defrontam e contam o arcabouço da história — um herói *wajang* deseja casar-se com a filha de um rei vizinho, um país subjugado quer a sua liberdade, ou o que quer que seja. Da meia-noite até as 3 horas da madrugada, mais ou menos, aparecem algumas dificuldades — um outro candidato à mão da filha, o país imperialista recusa a liberdade da colônia. Finalmente, essas dificuldades são resolvidas no último ato, que termina na alta madrugada, inevitavelmente com uma guerra na qual os heróis triunfam — uma ação seguida de curta celebração do casamento ou da liberdade adquirida. Os intelectuais javaneses educados no Ocidente muitas vezes comparam o *wajang* a uma sonata: sua abertura é uma exposição do tema, segue-se o seu desenvolvimento e a sua complicação e ele termina com a resolução dos problemas e uma recapitulação.

Outra comparação que muitas vezes ocorre ao observador ocidental é com as peças de Shakespeare de crônicas da época. As longas cenas formais nas cortes, com mensageiros indo e vindo, intercaladas com cenas transitórias, rápidas, sem intervalo, nos bosques ou ao longo dos caminhos, a trama dupla, os palhaços falando uma linguagem comum, popular, cheia da sabedoria popular, caricaturando a atuação dos nobres senhores que empregam uma linguagem superior, repleta de incitações à honra, à justiça e ao dever, e a guerra final, que, como a de Shrewsbury e de Agincourt, deixam o vencido derrotado, mas ainda nobre — tudo isso sugere dramas históricos de Shakespeare. Mas a visão de mundo que o *wajang* expressa, apesar das similaridades superficiais dos dois códigos feudais, dificilmente é elisabetana em sua base. Não é o mundo exterior de importâncias e poderes que fornece o ambiente principal da ação humana, mas o mundo interior dos sentimentos e dos desejos. A realidade é procurada não fora de si mesma, mas dentro; portanto, o que o *wajang* dramatiza não é uma política filosófica, mas uma psicologia metafísica.

Para os javaneses (ou pelo menos para aqueles em cujo pensamento ainda é dominante a influência do período hindu-budista de Java dos séculos II ao XV), o fluxo da experiência subjetiva, tomada em toda a sua imediação fenomenológica, apresenta um microcosmo do universo em geral; nas profundezas do fluido mundo interior do pensamento-e-emoção, eles veem refletida a própria realidade última. Essa espécie de visão de mundo introspectiva talvez seja melhor expressa por um conceito que os javaneses também tomaram emprestado à Índia, e que é igualmente reinterpretado de modo peculiar: o *rasa*. O *rasa* tem dois significados básicos: "sentimento" e "significado". Como "sentimento", ele é um dos cinco sentidos tradicionais dos javaneses — ver, ouvir, falar, cheirar e sentir — e inclui em si mesmo três aspectos do "sentimento" que a nossa ideia sobre os cinco sentidos separa: paladar na língua, tato no corpo e "sentimento" emocional dentro do "coração", como a tristeza e a felicidade. O gosto de uma banana é o seu *rasa*, um pressentimento é um *rasa*, uma dor é um *rasa* e também o é uma paixão. Como "significado", o *rasa* é aplicado às palavras numa carta, num poema ou até mesmo num discurso comum, para indicar o tipo entrelinhas das sugestões indiretas e alusivas, tão importantes na comunicação e no intercâmbio social entre os javaneses. A mesma aplicação é dada aos atos comportamentais em geral: para indicar um sentido implícito, o "sentimento" conotativo dos movimentos da dança, dos gestos educados, e assim por diante. Mas nesse segundo sentido, semântico, ele denota também "um significado em última instância" — o significado mais profundo a que se chega através do esforço místico e cujo esclarecimento resolve todas as ambiguidades da existência humana. *Rasa*, disse um dos meus informantes, é o mesmo que vida; tudo o que vive tem *rasa* e tudo o que tem *rasa* vive. Para traduzir essa frase é preciso duplicá-la: tudo o que vive sente e tudo o que sente vive; ou: tudo o que vive tem significado e tudo o que tem significado vive.

Considerando *rasa* como "sentimento" e ao mesmo tempo como "significado", aqueles dentre os javaneses mais inclinados à especulação puderam desenvolver uma análise fenomenológica altamente sofisticada da experiência subjetiva à qual tudo mais pode ser ligado. Uma vez que, fundamentalmente, o "sentimento" e o "significado" constituem apenas um, e portanto a experiência religiosa final, tomada *subjetivamente*, é também a verdade religiosa final tomada *objetivamente*, uma análise empírica da percepção interior representa ao mesmo tempo uma análise metafísica da realidade exterior. Resolvido isso — e as discriminações, categorizações e conexões verdadeiras feitas são muitas vezes a um só tempo sutis e detalhadas —, então o modo característico pelo qual passa a ser considerada a ação humana, do ponto de vista tanto moral como estético, é em termos de vida emocional do indivíduo que a experimenta. Isso é verdadeiro tanto se a ação é vista de dentro, como o próprio comportamento de alguém, como de fora, como o comportamento de outrem. Quanto mais refinado é o sentimento de alguém, tanto mais profunda é a compreensão desse alguém, mais elevado é seu caráter moral e mais belo seu aspecto externo, em suas roupas, seus movimentos, sua fala, e assim por diante. Assim, manobrar com sua economia emocional torna-se, para o indivíduo, sua primeira preocupação, pois é em termos dela que tudo o mais se racionaliza em última instância. O homem espiritualmente esclarecido guarda bem seu equilíbrio psicológico e faz um esforço constante para manter sua estabilidade plácida. Sua vida interior deve ser, num padrão empregado repetidamente, como um lago tranquilo de águas claras, cujo fundo se vê facilmente. O objetivo seguinte é, portanto, a quiescência emocional, pois a paixão é um sentimento baixo, próprio para crianças, animais, loucos, primitivos e estrangeiros. Mas esse objetivo último, que essa quiescência torna possível, é a gnose — a compreensão direta do *rasa* final.

Portanto, a religião javanesa (pelo menos essa variante dela) é mística: Deus é descoberto por meio da disciplina espiritual, nas profundezas do próprio ser, como um *rasa* puro. A ética (e a estética) javanesa é também centrada no afeto, sem contudo ser hedonista: a equanimidade emocional, um certo achatamento do afeto, uma serenidade interior estranha, é o estado psicológico ambicionado, a marca de um caráter verdadeiramente nobre. Deve tentar-se ir além das emoções da vida cotidiana, até o sentimento-significado genuíno que está em algum lugar, dentro de todos nós. Afinal de contas, a felicidade e a infelicidade são uma coisa só; você derrama lágrimas quando ri e também quando chora e, além disso, elas se subentendem uma a outra: feliz agora, infeliz mais tarde; infeliz agora, feliz mais tarde. O homem racional, prudente, "sábio", não luta pela felicidade, mas por um desprendimento tranquilo que o liberta de suas infindáveis oscilações entre gratificação e frustração. Do mesmo modo, a etiqueta javanesa, que engloba quase tudo dessa moralidade, se focaliza em torno da injunção de não perturbar o equilíbrio de outrem através de uma gesticulação súbita, de falar em voz alta, ou de executar atos de qualquer espécie surpreendentes ou esporádicos, principalmente porque fazer isso levará o outro, por sua vez, a agir precipitadamente também e, portanto, alterar o seu próprio equilíbrio. No tocante à concepção do mundo, há técnicas místicas tipo ioga (meditação, olhar fixamente para velas, repetir conjuntos de palavras ou frases) e teorias especulativas altamente envolvidas das emoções e suas relações com a doença, os objetos naturais, as instituições sociais, e assim por diante. No que concerne ao *ethos*, há uma ênfase moral quanto aos trajes, fala e gestos distintos, particulares, na sensibilidade refinada a pequenas mudanças do estado emocional, tanto de si mesmo como dos outros, e numa predicabilidade de comportamento estável e altamente regularizada. "Se você começou a ir para o Norte, vá para o Norte", diz um provérbio javanês, "não mude para o Leste, Oeste ou Sul." Tanto a religião como a ética, tanto o misticismo como a polidez, apontam, portanto, para o mesmo fim: uma tranquilidade desprendida que é uma prova contra qualquer perturbação, tanto interna quanto externa.

No entanto, diferentemente da Índia, essa tranquilidade não é alcançada retirando-se do mundo e da sociedade, mas deve ser buscada dentro deles. É um misticismo deste mundo, até mesmo prático, conforme expresso na seguinte citação, uma citação de dois pequenos negociantes javaneses, membros de uma sociedade mística:

> Ele disse que a sociedade estava preocupada em ensinar-lhe a não prestar muita atenção às coisas mundanas, a não olhar muito as coisas da vida cotidiana. Ele disse que isso era muito difícil de conseguir. Sua mulher, disse ele, ainda não era capaz de consegui-lo e ela concordou com ele, isto é, ela ainda gosta de andar de carro enquanto ele não liga mais: tanto faz usá-lo ou não. Mas isso requer muito estudo e meditação. Por exemplo, você tem de chegar ao ponto em que, se alguém entrar para comprar uma roupa, você não se incomoda se ele compra ou não... e você não deixa suas emoções se envolverem verdadeiramente nos problemas do comércio, mas pensa apenas em Deus. A sociedade deseja elevar as pessoas para Deus e evitar quaisquer ligações fortes com a vida cotidiana.

> ...Por que ele medita? Diz ele que é apenas para pacificar seu coração, para acalmar-se por dentro, para que você não se aborreça facilmente. Por exemplo, se você está vendendo um pano e está aborrecido, você pode vender um metro de pano por quarenta rupias quando ele lhe custa sessenta. Se uma pessoa chega aqui e minha mente não está calma, então eu não lhe posso vender nada... Eu lhe disse, bem, por que você convoca uma reunião, por que não pode meditar em casa? E ele respondeu, bem, em primeiro lugar você não deve alcançar a paz retirando-se da sociedade; você deve permanecer na sociedade e misturar-se com as pessoas, apenas com paz no coração.

Essa fusão entre uma visão de mundo místico-fenomenológica e um *ethos* centrado na etiqueta está expresso no *wajang*, de diversas formas. Primeiro, aparece mais diretamente em termos de uma iconografia explícita. Os cinco Pendawas são interpretados comumente como sendo os cinco sentidos que o indivíduo deve unir em uma única força psicológica indivisível a fim de alcançar a gnose. A meditação exige uma "cooperação" entre os sentidos, tão próxima como a que existe entre os irmãos heróis, que atuam como um só em tudo que fazem. Ou então as sombras dos bonecos são identificadas com o comportamento exterior do homem e os próprios bonecos com o seu ser interior, de forma que nele, como nos bonecos, o padrão visível da conduta é o resultado direto de uma realidade psicológica subjacente. O próprio desenho dos bonecos tem uma significação simbólica explícita: no *sarong* vermelho, branco e preto de Bima, o vermelho habitualmente indica a coragem, o branco a pureza e o preto a força de vontade. As várias canções tocadas pela orquestra *gamelan* acompanhante simbolizam, cada uma, uma certa emoção; o mesmo ocorre com os poemas que o *dalang* declama em várias cenas da peça, e assim por diante. Em segundo lugar, a fusão muitas vezes aparece como uma parábola, como na estória da busca por Bima de uma "água límpida". Depois de matar vários monstros, vagando em busca dessa água que lhe disseram poderia torná-lo invulnerável, ele encontra um deus do tamanho de seu dedo mínimo, o qual é uma réplica exata dele mesmo. Entrando pela boca dessa imagem de espelho miniaturizada ele vê dentro do corpo do deus o mundo inteiro, completo em todos os detalhes, e quando sai o deus lhe diz que não existe a tal "água límpida", que a fonte de sua força está dentro dele mesmo, após o que ele abandona tudo e vai meditar. Em terceiro lugar, o conteúdo moral da peça é às vezes interpretado por analogia: o controle absoluto do *dalang* sobre os bonecos é considerado um paralelo ao de Deus sobre os homens. A alternância de falas educadas e guerras violentas é considerada um pa-ralelo das modernas relações internacionais, onde, enquanto os diplomatas continuam a falar, existe a paz, mas quando cessa a conversa, irrompem as guerras.

Mas nem os ícones, as parábolas e as analogias morais constituem os meios principais através dos quais a síntese javanesa é expressa no *wajang*, pois a peça, como um todo, é percebida comumente como a dramatização da experiência subjetiva individual em termos simultaneamente morais e fatuais:

Ele [um professor de escola primária] disse que o propósito principal do *wajang* era traçar um retrato do pensamento e do sentimento interior, dar forma externa ao sentimento interno. Mais especificamente, disse ele que o *wajang* retrata o eterno conflito do indivíduo entre o que ele quer fazer e aquilo que ele sente que deve fazer. Suponhamos que você deseje roubar alguma coisa. Bem, algo dentro de você lhe diz para não fazê-lo, impede-o, controla-o. Aquilo que deseja roubar chama-se vontade, aquilo que o impede se chama ego. Essas tendências ameaçam arruinar o indivíduo a cada dia, destruir seu pensamento e perturbar seu comportamento. Essas tendências são chamadas *goda*, o que significa algo que persegue ou atiça alguém ou alguma coisa. Por exemplo, você vai a um café onde as pessoas estão comendo. Elas convidam-no a comer com elas e começa no seu interior uma luta – devo comer com elas... não, eu já comi e ficarei afrontado... mas a comida parece tão boa... etc. ... etc.

Bem, no *wajang* as várias perturbações, desejos, etc. — os *godas* — são representados pelas centenas de Korawas e a capacidade de controlar-se é representada pelos primos deles, os cinco Pendawas e por Krisna. As estórias, ostensivamente, são a respeito de lutas pela terra; o motivo é que assim as estórias parecem mais reais para os espectadores e os elementos abstratos do *rasa* podem ser representados através de elementos externos concretos que atrairão a audiência e parecerão reais a ela, comunicando, ao mesmo tempo, sua mensagem interior. Por exemplo, o *wajang* está cheio de guerras, e essas guerras que surgem e ressurgem representam, na verdade, a guerra interior que prossegue continuamente na vida subjetiva de cada pessoa, entre sua base e seus impulsos refinados.

Mais uma vez, essa formulação é muito mais autoconsciente do que a maioria; o homem médio "aprecia" o *wajang* sem interpretar explicitamente seu significado. Todavia, da mesma maneira como o círculo organiza a experiência dos Oglala, quer o indivíduo Sioux possa explicar seu significado ou não, ou tenha até algum interesse em fazê-lo, da mesma forma os símbolos sagrados do *wajang* — a música, os caracteres, a própria ação — dão forma à experiência javanesa comum.

Por exemplo, cada um dos três Pendawas mais velhos representa, habitualmente, uma espécie diferente de dilema emocional-moral, centrado em torno de uma ou outra das virtudes javanesas principais. Yudistira, o mais velho, é demasiado compassivo. Ele é incapaz de governar efetivamente seu país porque, quando alguém lhe pede sua terra, sua riqueza, sua comida, ele simplesmente dá tudo, por pura piedade, deixando-se ficar sem poder, na pobreza ou faminto. Seus inimigos tiram vantagem constantemente da sua compaixão para enganá-lo e fugir à punição. Bima, por sua vez, tem um só propósito, é perseverante. Tomando uma decisão, ele segue direto para a sua conclusão: não olha para os lados, não volta atrás ou vagueia pelo caminho — ele "segue para o Norte". Como resultado, ele muitas vezes se precipita e encontra dificuldades que poderiam ser evitadas. Arjuna, o terceiro irmão, é perfeitamente justo. Sua bondade provém do fato de opor-se ao mal, de abrigar pessoas contra a injustiça, de ser inteiramente corajoso ao lutar pelo direito. Mas falta-lhe o senso da misericórdia, da simpatia por aqueles que cometem erros. Ele aplica um rígido código moral à atividade humana e muitas vezes é frio, cruel ou brutal em nome da justiça. A resolução desses três dilemas da virtude é a mesma: introspecção mística. Com uma genuína compreensão da realidade da situação humana, uma percepção verdadeira do *rasa* final, vem a capacidade de combinar a compaixão de Yudistira, a força de vontade de Bima e o senso de justiça de Arjuna numa perspectiva verdadeiramente moral, uma perspectiva que traz um desprendimento emocional e uma paz interior em meio a um mundo de alterações e que, no entanto, permite e exige uma luta pela ordem e pela justiça dentro desse mundo. E é justamente tal unificação que a peça demonstra claramente, com inabalável solidariedade entre os Pendawas, socorrendo-se constantemente das deficiências de suas virtudes.

Finalmente, que dizer de Semar, no qual tantas oposições parecem focalizar-se — a figura que é ao mesmo tempo um deus e um palhaço, o espírito guardião do homem e seu servo, o mais espiritualmente refinado no interior e o de aparência mais rústica? Mais uma vez, pode-se pensar nas peças que retratam crônicas e, neste caso, de Falstaff. Como Falstaff, Semar é um pai simbólico dos heróis da peça. Como Falstaff, ele é gordo, engraçado e conhecedor da vida e, ainda como Falstaff, ele parece oferecer, com seu amoralismo vigoroso, uma crítica geral dos próprios valores que o drama apresenta. Ambas as figuras provavelmente lembram que, a despeito das orgulhosas afirmativas em contrário dos fanáticos religiosos e dos absolutistas morais, não é possível uma visão de mundo humana perfeitamente satisfatória e compreensiva, e por trás de toda a pretensão ao absoluto e ao conhecimento final permanece o sentido da irracionalidade da vida humana, pelo fato de ela ser limitada. Semar lembra aos nobres e refinados Pendawas sua própria origem humilde, animal. Ele resiste a qualquer tentativa de transformar os seres humanos em deuses e acabar com o mundo da continência natural através de uma fuga para o mundo divino da ordem absoluta, da quietação final da eterna luta psicológico-metafísica.

Em uma das estórias *wajang*, Siva vem à terra encarnado num professor místico, numa tentativa de juntar os Pendawas e Korawas, de conseguir uma paz negociada entre eles. Ele parece estar tendo sucesso, contrariado apenas por Semar. Arjuna é instruído por Siva para matar Semar a fim de que os Pendawas e os Korawas possam juntar-se e acabar sua eterna luta. Arjuna não quer matar Semar, a quem ele ama, mas deseja uma solução justa para as diferenças entre os dois grupos de primos, e portanto vai até Semar para matá-lo. Semar diz: então é assim que você me trata depois de eu o ter seguido para todos os lugares, servido lealmente e amado? Essa é a cena mais emocionante da peça, e Arjuna fica profundamente envergonhado; fiel à sua ideia de justiça, porém, ele persiste em seu dever. Diz Semar: muito bem, eu vou me queimar. Ele constrói uma fogueira e se coloca no meio dela. Entretanto, em vez de morrer, ele assume a sua forma de deus e derrota Siva em combate. E a guerra entre os Korawas e os Pendawas recomeça novamente.

Talvez nem todos os povos tenham um senso tão bem desenvolvido em relação à nota necessária de irracionalidade em qualquer visão de mundo e, portanto, para a insolubilidade essencial do problema do mal. No entanto, quer seja na forma de um prestidigitador, de um palhaço, de uma crença em feitiçaria, ou de um conceito de pecado original, a presença de tal lembrete simbólico da fraqueza das pretensões humanas à infalibilidade religiosa ou moral talvez seja o sinal mais seguro da maturidade espiritual.

IV

A perspectiva do homem como animal simbolizante, conceptualizante, pesquisador de significados, que se tornou cada vez mais popular tanto nas ciências sociais como na filosofia em diversos anos passados, abre uma abordagem totalmente nova não apenas para a análise da religião como tal, mas para a compreensão das relações entre religião e valores. O impulso de retirar um sentido da experiência, de dar-lhe forma e ordem, é evidentemente tão real e tão premente como as necessidades biológicas mais familiares. Sendo assim, parece desnecessário continuar a interpretar as atividades simbólicas — religião, arte, ideologia — como nada mais que expressões um pouco disfarçadas de algo diferente do que são: tentativas de fornecer orientação a um organismo que não pode viver num mundo que ele é incapaz de compreender. Para adaptar uma frase de Kenneth Burke, se os símbolos são estratégias para englobar situações, então precisamos dar mais atenção a como as pessoas definem as situações e como fazem para chegar a termos com elas. Tal pressão não implica a remoção das crenças e valores dos seus contextos psicobiológicos e sociais para o reino do "significado puro", mas sim dar maior ênfase à análise de tais crenças e valores em termos de conceitos destinados explicitamente a lidar com o material simbólico.

Os conceitos aqui usados — *ethos* e visão de mundo são vagos e imprecisos; são uma espécie de prototeoria, vanguardeiros, espero, de um arcabouço analítico mais adequado. Mesmo com eles, porém, os antropólogos estão começando a desenvolver uma abordagem ao estudo dos valores que pode esclarecer, em vez de obscurecer, os processos essenciais envolvidos na regulamentação normativa do comportamento. Um resultado quase certo de tal abordagem empiricamente orientada, teoricamente sofisticada, e enfatizadora dos símbolos, ao estudo dos valores é o declínio das análises que tentam descrever as atividades morais, estéticas e outras atividades normativas em termos de teorias baseadas não na observação de tais atividades, mas apenas em considerações lógicas. Como abelhas que voam apesar das teorias de aeronáutica que lhes negam esse direito, provavelmente a grande maioria da humanidade está retirando continuamente conclusões normativas a partir de premissas fatuais (e conclusões fatuais a partir de premissas normativas, pois a relação entre o *ethos* e a visão de mundo é circular), a despeito das reflexões refinadas, e impecáveis em seus próprios termos, dos filósofos profissionais sobre a "falácia naturalista". A abordagem de uma teoria de valor que olhe o comportamento de pessoas reais em sociedades reais, vivendo em termos de culturas reais procurando tanto o seu estímulo como a sua validade, irá afastar-nos dos argumentos abstratos e muito escolásticos nos quais um número limitado de posições clássicas é repetido sempre e sempre, com muito pouca novidade a recomendá-los, voltando-se para um processo de introspecção cada vez maior tanto para o que são os valores como para como eles atuam. Uma vez bem estribado esse empreendimento na análise científica dos valores, as discussões filosóficas da ética assumirão, sem dúvida, uma posição melhor. O processo não é substituir a filosofia moral por uma ética descritiva, mas fornecer à filosofia moral uma base empírica e um arcabouço conceptual que sejam um pouco mais avançados do que os que estavam à disposição de Aristóteles, Spinoza ou G.E. Moore. O papel de uma ciência tão especial como a antropologia na análise dos valores não é substituir a investigação filosófica, mas sim torná-la relevante.

PARTE IV

CAPÍTULO 6

A IDEOLOGIA COMO SISTEMA CULTURAL

Constitui, sem dúvida, uma das pequenas ironias da história intelectual moderna o fato de o termo "ideologia" se ter tornado, ele próprio, totalmente ideológico. Um conceito que significava anteriormente apenas uma coleção de propostas políticas, talvez um tanto intelectualizadas e impraticáveis, mas, de qualquer forma, idealistas — "romances sociais" como alguém, talvez Napoleão, as chamou — tornou-se agora, para citar o *Webster*, "as afirmações, teorias e objetivos integrados que constituem um programa político-social, muitas vezes com uma implicação de propaganda convencional; como o fascismo, que foi alterado na Alemanha para servir à *ideologia* nazista" — uma proposição muito mais formidável. Mesmo nas obras que, em nome da ciência, professam utilizar o sentido neutro do termo, o resultado de seu emprego tende a ser distintamente polêmico: em Sutton, Harris, Kaysen e no *The American Business Creed* de Tobin, sob muitos aspectos excelente, por exemplo, a garantia de que "ninguém deve sentir-se consternado ou ofendido pelo fato de suas opiniões serem descritas como 'ideologias' da mesma forma que o famoso personagem de Molière quando descobriu que durante toda a sua vida só estava falando em prosa" é seguida, imediatamente, por uma relação das principais características da ideologia como tendência, supersimplificação, linguagem emotiva e adaptação ao preconceito público.[1] Ninguém, pelo menos fora do bloco comunista, onde é institucionalizada uma concepção um tanto diferente do papel do pensamento na sociedade, chamar-se-ia um ideólogo ou consentiria, sem protesto, em assim ser chamado por outrem. Aplica-se agora, quase que universalmente, o familiar paradigma da paródia: "Eu tenho uma filosofia social; você tem opiniões políticas; ele tem uma ideologia."

O processo histórico através do qual o conceito de ideologia se tornou parte do próprio tema ao qual se referia foi reconstituído por Mannheim; a compreensão (ou talvez apenas a admissão) de que o pensamento sociopolítico não cresce a partir de uma reflexão incorpórea, mas "está sempre ligado à situação de vida do pensador" parecia contaminar tal pensamento com a luta vulgar por vantagens acima da qual tinha professado pairar.[2] Entretanto, o que é de maior importância agora é a questão de saber se essa absorção em um referente próprio destruiu inteiramente sua utilidade científica se, tendo se tornado ou não uma acusação, ela pode continuar a ser um conceito analítico. No caso de Mannheim, esse problema foi a alma de toda a sua obra — a construção, conforme colocou, de uma "concepção não avaliativa da ideologia". Entretanto, quanto mais se atracava com ela, mais profundamente ele se engolfava em suas ambiguidades, até que, impulsionado pela lógica de suas suposições iniciais de submeter até mesmo seu próprio ponto de vista a uma análise sociológica, ele terminou, como é sabido, num relativismo ético e epistemológico que ele próprio não achava muito cômodo. Na medida em que os trabalhos posteriores nessa área têm sido mais do que tendenciosos ou irracionalmente empíricos, isso envolveu a utilização de uma série de artifícios metodológicos

---

[1] F. X. Sutton, S. E. Harris, C. Kaysen e J. Tobin, *The American Business Creed* (Cambridge, Mass., 1956), pp. 3-6.

[2] K. Mannheim, *Ideology and Utopia*, Harvest (Nova York, s/d), pp. 59-83 [publicado no Brasil por Zahar Editores sob o título *Ideologia e Utopia*]; cf. também R. Merton, *Social Theory and Social Structure* (Nova York, 1949), pp. 217-220.

108 Capítulo Seis

mais ou menos engenhosos para fugir àquilo que se pode chamar de Paradoxo de Mannheim (porque, como o enigma de Aquiles e a tartaruga, ele atingiu os próprios fundamentos do conhecimento racional).

Da mesma forma que o Paradoxo de Zenão levantou (ou ao menos articulou) questões desordenadas sobre a validade do raciocínio matemático, assim o Paradoxo de Mannheim levantou tais questões com referência à objetividade da análise sociológica. Em que lugar, se é que existe algum, cessa a ideologia e começa a ciência — eis o Enigma da Esfinge de grande parte do pensamento sociológico moderno e a arma efetiva de seus inimigos. As alegações de imparcialidade foram adiantadas em nome da adesão disciplinada a processos impessoais de pesquisa, do isolamento institucional do homem acadêmico das preocupações imediatas do cotidiano e seu compromisso vocacional com a neutralidade, e do conhecimento deliberadamente cultivado e corrigido dos próprios preconceitos e interesses de cada um. Essas alegações foram refutadas pela negativa da impessoalidade (e a efetividade) dos processos, da solidez do isolamento e da profundidade e autenticidade do autoconhecimento. Um analista recente das preocupações ideológicas entre os intelectuais norte-americanos conclui, um tanto nervosamente: "Tenho a certeza de que muitos leitores alegarão que a minha posição é ela mesma ideológica."[3] Qualquer que seja o destino das outras predições do autor, a validade desta é certa. Embora tenha sido proclamado, repetidamente, o aparecimento de uma sociologia científica, o reconhecimento de sua existência ainda não é universal, mesmo entre os próprios cientistas sociais, e em nenhum outro lugar existe uma resistência maior às alegações de objetividade do que no estudo da ideologia.

Uma série de fontes para essa resistência têm sido mencionadas repetidamente na literatura apologética das ciências sociais. A natureza sobrecarregada de valor do assunto em pauta é talvez a mais frequentemente invocada: os homens não desejam que sejam examinadas desapaixonadamente as crenças às quais atribuem grande significação moral, não importa quão puro seja o propósito. Quando são altamente ideológicos, eles podem achar simplesmente impossível acreditar numa abordagem desinteressada de assuntos críticos de convicção social e política, vendo-a apenas como uma impostura escolástica. São também mencionadas frequentemente a inerente evasiva do pensamento ideológico, expresso como ele é em teias simbólicas intrincadas, tão vagamente definidas como emocionalmente sobrecarregadas; a admissão do fato de que o apelo ideológico especial, principalmente a partir de Marx, é disfarçado sob o rótulo de "sociologia científica" e a atitude defensiva das classes intelectuais estabelecidas, que veem na investigação científica das raízes sociais das ideias uma ameaça às suas posições. Falhando tudo isso, ainda é possível alegar, uma vez mais, que a sociologia é uma ciência jovem, fundada tão recentemente que ainda não teve tempo de alcançar os níveis de solidez institucional necessários para sustentar suas alegações de liberdade de investigação em áreas sensíveis. Todos esses argumentos têm, sem dúvida, certa validade. Todavia, o que frequentemente não é levado em consideração por uma curiosa omissão seletiva, o desagradável também pode ser acusado de ideológico — é a possibilidade de que grande parte do problema repouse na falta de sofisticação conceptual dentro da própria ciência social, de que a resistência da ideologia à análise sociológica seja tão grande por tais análises serem, de fato, fundamentalmente inadequadas: o arcabouço teórico que elas utilizam é conspicuamente incompleto.

Neste ensaio, tentarei mostrar ser este o caso, na verdade: as ciências sociais ainda não desenvolveram uma concepção genuinamente não avaliativa da ideologia, seu fracasso decorre menos da indisciplina metodológica do que de uma inépcia teórica; essa inépcia manifesta-se principalmente ao lidar com a ideologia como uma entidade em si mesma — como um sistema ordenado de símbolos culturais, em vez da discriminação de seus contextos social e psicológico (a respeito dos quais nossa maquinaria analítica é muito mais refina-

---

[3] W. White, *Beyond Conformity* (Nova York, 1961), p. 211.

da); e que a fuga ao Paradoxo de Mannheim está, portanto, no aperfeiçoamento de um aparato conceptual capaz de lidar mais habilmente com o significado. Falando claramente, precisamos de uma apreensão mais exata de nosso objeto de estudo, do contrário nos encontraremos na situação de um personagem do folclore javanês, "o Garoto Estúpido", o qual, tendo sido aconselhado por sua mãe a procurar uma mulher quieta, retornou com um cadáver.

II

É fato perfeitamente reconhecido que a concepção da ideologia hoje em voga nas ciências sociais é inteiramente valorativa (isto é, pejorativa). "[O estudo da ideologia] lida com um modo de pensamento que é afastado do seu curso certo", informa-nos Werner Stark; "o pensamento ideológico é... algo indefinível, algo que deve ser superado e banido de nossa mente". Não é o mesmo (exatamente) que mentir, pois enquanto o mentiroso atinge pelo menos o cinismo, o ideólogo permanece apenas um tolo. "Ambos se preocupam com a inverdade, mas enquanto o mentiroso tenta falsificar o pensamento dos outros, e seu pensamento continua certo, enquanto ele mesmo sabe qual é a verdade, a pessoa que aceita uma ideologia se ilude no seu próprio pensamento e, se consegue convencer outros, o faz sem querer e sem consciência."[4] Seguidor de Mannheim, Stark afirma que todas as formas de pensamento são condicionadas socialmente na própria natureza das coisas, mas que a ideologia tem como acréscimo a infeliz qualidade de ser psicologicamente "deformada" ("deformada", "contaminada", "falsificada", "distorcida", "sombreada") pela pressão das emoções pessoais, como o ódio, o desejo, a ansiedade ou o medo. A sociologia do conhecimento lida com o elemento social na perseguição e na percepção da verdade, na sua limitação inevitável a uma outra perspectiva existencial. Mas o estudo da ideologia — um empreendimento inteiramente diferente — lida com as causas do erro intelectual:

> Ideias e crenças, já tentamos explicar, podem ser relacionadas com a realidade numa dupla forma: com os *fatos* da realidade ou com os *anseios* que essa realidade, ou a reação a essa realidade, faz surgirem. Onde existe a primeira conexão, descobrimos um pensamento que em princípio é verdadeiro; onde aparece a última relação, enfrentamos ideias que só podem ser verdadeiras por acidentes e que são passíveis de estarem viciadas por preconceitos, sendo esta palavra tomada em sua acepção mais ampla. O primeiro tipo de pensamento merece ser chamado teórico, enquanto o último deve ser caracterizado como parateórico. Talvez se possa também descrever o primeiro como racional e o último como afetado emocionalmente — o primeiro como puramente cognitivo, o último como estimativo. Tomando emprestado um símile de Theodor Geiger... o pensamento determinado pelo fato social é como uma torrente pura, cristalina, transparente; as ideias ideológicas, como um rio sujo, lamacento e poluído pelas impurezas que nele se acumularam. É saudável beber no primeiro; o outro é um veneno que deve ser evitado.[5]

Isso é bem primitivo, mas a mesma limitação do referente do termo "ideologia" a uma forma de depravação intelectual radical também aparece em contextos nos quais os argumentos políticos e científicos são muito

---

[4] W. Stark, *The Sociology of Knowledge* (Londres, 1958), p. 48.

[5] *Ibid.*, pp. 90-91. Grifos no original. Uma aproximação do mesmo argumento em Mannheim, formulado como distinção entre ideologia "total" e "particular", cf. *Ideology and Utopia,* pp. 55-59.

110 Capítulo Seis

mais sofisticados e infinitamente mais penetrantes. Em seu seminal ensaio sobre "Ideologia e Civilidade", por exemplo, Edward Shils esboça um retrato da "postura ideológica" que é, se isso é possível, ainda mais sombrio que o de Stark.[6] Surgindo numa "variedade de formas, cada uma delas alegando ser a única" — o fascismo italiano, o nacional-socialismo alemão, o bolchevismo russo, o comunismo francês e italiano, a Action Française, a British Union of Fascists e "o seu novato parente norte-americano, o 'macarthismo', que morreu na infância" — essa postura "circundou e invadiu a vida pública nos países ocidentais durante o século XIX e o século XX... ameaçando alcançar a dominação universal". Ela consiste, em seu ponto mais central, no "pressuposto de que a política deve ser conduzida do ponto de vista de um conjunto de crenças coerentes, abrangentes, que deve superar qualquer outra consideração". Como a política que apoia, ela é dualista, opondo o puro "nós" ao perverso "eles" e proclamando que aquele que não está comigo está contra mim. Ela é alienante pelo fato de desconfiar, atacar e trabalhar para destruir instituições políticas estabelecidas. É doutrinária pelo fato de reclamar a posse completa e exclusiva da verdade política e abominar o diálogo. É totalista em seu objetivo de ordenar toda a vida social e cultural à imagem dos seus ideais, futurista pelo fato de trabalhar por um fim utópico da história, no qual se realizará tal ordenação. Resumindo, ela não é a espécie de prosa que qualquer bom burguês (ou qualquer bom democrata) admitiria falar.

Mesmo em níveis ainda mais abstratos e teóricos, em que a preocupação é mais puramente conceptual, não desaparece a noção de que o termo "ideologia" se aplica às perspectivas dos que são "rígidos em suas opiniões e estão sempre errados". Na análise mais recente do Paradoxo de Mannheim feita por Talcott Parsons, por exemplo, os "desvios da objetividade científica [social]" emergem como "o" critério essencial de uma ideologia: "O problema da ideologia surge quando existe uma *discrepância* entre o que se acredita e o que pode ser [estabelecido como] cientificamente correto."[7] Os "desvios" e "discrepâncias" envolvidos são de duas espécies gerais. Primeiramente, onde a ciência social, modelada, como todo pensamento, pelos valores gerais da sociedade em que está contida, é seletiva na espécie de questões que formula, nos problemas particulares que escolhe abordar e assim por diante, as ideologias estão sujeitas a uma nova seletividade "secundária", cognitivamente mais perniciosa pelo fato de enfatizar alguns aspectos da realidade social — por exemplo, aquela realidade revelada pelo conhecimento científico social em curso — e negligencia ou até mesmo suprime outros aspectos. "Assim, por exemplo, a ideologia dos negócios exagera substancialmente a contribuição dos homens de negócios ao bem-estar nacional e diminui a contribuição dos cientistas e profissionais liberais. E na ideologia em curso do 'intelectual', a importância das 'pressões à conformidade' do social é exagerada e são ignorados ou diminuídos os fatores institucionais da liberdade do indivíduo." Em segundo lugar, o pensamento ideológico, não contente com a simples superseletividade, positivamente distorce até mesmo os aspectos da realidade social que reconhece, distorção que só se torna evidente quando as afirmações envolvidas são colocadas contra o pano de fundo das descobertas autorizadas da ciência social. "O critério da distorção está no fato de que as declarações são feitas a respeito de uma sociedade, o que pode ser demonstrado positivamente como erro pelos métodos científico-sociais, enquanto a seletividade está envolvida onde as declarações são 'verdadeiras' em seu nível adequado, mas não constituem um relato equilibrado da verdade disponível." Não parece que exista, porém, aos olhos do mundo, uma larga margem de escolha entre estar positivamente errado e apresentar um relato não equilibrado da verdade disponível. Aqui, também, a ideologia surge como um rio de águas muito sujas.

---

[6] E. Shils, "Ideology and Civility: On the Politics of the Intelectual", *The Sewanee Review*, 66 (1958): 450-480.

[7] T. Parsons, "An Approach to the Sociology of Knowledge", *Transactions of the Fourth World Congress of Sociology* (Milão e Stressa, 1959), pp. 25-49. Grifos no original.

Não é preciso multiplicar os exemplos, embora isso seja fácil. O mais importante é indagar o que tal conceito egregiamente carregado está fazendo entre as ferramentas analíticas de uma ciência social que, à base de uma alegação de objetividade a sangue frio, avança suas interpretações teóricas como "não distorcidas" e, portanto, como visões normativas da realidade social. Se o poder crítico das ciências sociais se origina de seu desprendimento, por acaso esse poder não está comprometido quando a análise do pensamento político é governada por tal conceito, da mesma forma que estava comprometida de maneira semelhante a análise do pensamento religioso (como de fato esteve, em algumas ocasiões) quando apresentada em termos de estudo da "superstição"?

Essa analogia não é muito forçada. Em *The Opium of the Intellectuals,* de Raymond Aron, por exemplo, não apenas o título — um eco irônico da amarga iconoclastia de Marx — mas toda a retórica do argumento ("mitos políticos", "a idolatria da história", "homens de Igreja e fiéis", "clericalismo secular" e assim por diante) não lembra mais do que a literatura de um ateísmo militante.[8] A abordagem de Shils, invocando as patologias extremas do pensamento ideológico — nazismo, bolchevismo ou qualquer outro — como suas formas paradigmáticas, é reminiscente da tradição na qual a Inquisição, a depravação pessoal dos papas da Renascença, a selvageria das guerras da Reforma ou o primitivismo do fundamentalismo dos bíblicos são apresentados como um arquétipo de crença e comportamento religioso. A opinião de Parsons de que a ideologia é definida por suas insuficiências cognitivas *vis-à-vis* a ciência talvez não esteja tão distante como parece da opinião comtiana de que a religião é caracterizada por uma concepção figurativa, não crítica, da realidade, a qual uma Sociologia sóbria, depurada das metáforas, muito em breve tornará obsoleta. Talvez esperemos tanto pelo "fim da ideologia" quanto os positivistas esperaram pelo fim da religião. Talvez até não seja exagerado sugerir que, como o ateísmo militante do iluminismo em épocas posteriores foi uma resposta aos horrores genuínos de uma explosão de fanatismo religioso, de perseguições e conflitos (e de uma ampliação do conhecimento do mundo natural), da mesma forma a abordagem militantemente hostil da ideologia é uma resposta semelhante aos holocaustos políticos da metade do século (e de um conhecimento ampliado do mundo social). Se esta sugestão é válida, o destino da ideologia pode também ser semelhante — o isolamento da corrente principal do pensamento social.[9]

O assunto não pode ser simplesmente descartado como um tema semântico. Somos livres, naturalmente, para limitarmos o referente do termo "ideologia" a "algo sombrio" se assim desejarmos, e podemos criar uma espécie de caso histórico para fazê-lo. Todavia, assim procedendo, não se pode escrever obras sobre as ideologias dos homens de negócios norte-americanos, dos intelectuais "literários" de Nova York, dos membros da British Medical Association, dos líderes dos sindicatos industriais ou dos economistas famosos e esperar que tanto os temas dos assuntos quanto os leitores interessados possam considerá-las neutras.[10] As discussões das ideias sociopolíticas que as acusam, *ab initio*, em termos das próprias palavras que as intitulam, como deformadas ou pior isentam simplesmente as questões que pretendem levantar. Sem dúvida,

---

[8]R. Aron, *The Opium of the Intellectuals* (Nova York, 1962).

[9]Como é grande o perigo de ser mal interpretado aqui, espero que a minha crítica seja considerada técnica e não política quando digo que minha própria posição ideológica geral (como eu a chamaria francamente) é praticamente a mesma de Aron, Shils, Parsons e outros, e que estou de acordo com o apelo que eles fazem por uma política civil, temperada, não heróica. Deve-se observar que a exigência de um conceito não avaliativo da ideologia não é a exigência de não avaliação das ideologias, da mesma forma que um conceito não avaliativo da religião implica um relativismo religioso.

[10]Sutton *et al.*, *American Business Creed*; White, *Beyond Conformity*; H. Eckstein, *Pressure Group Politics*: *The Case of the British Medical Association* (Stanford, 1960); C. Wright Mills, *The New Men of Power* (Nova York, 1948); J. Schumpeter, "Science and Ideology", *American Economic Review*, 39 (1949): pp. 345-359.

é possível simplesmente alijar o termo "ideologia" do discurso científico e abandoná-lo ao seu destino polêmico — como ocorreu, de fato, com a "superstição". Entretanto, como não existe no momento outra coisa para substituí-lo e como ele já está, pelo menos parcialmente, estabelecido no léxico técnico das ciências sociais, parece mais aconselhável prosseguir com o esforço de desafiá-lo.[11]

III

Da mesma forma que os defeitos de uma ferramenta aparecem quando ela é usada, as fraquezas intrínsecas do conceito avaliativo da ideologia se revelam quando ele é utilizado. Elas são expostas particularmente nos estudos sobre fontes sociais e consequências da ideologia, pois em tais estudos esse conceito está ligado a um mecanismo altamente desenvolvido de análise do sistema social-e-de-personalidade, cujo próprio poder serve apenas para enfatizar a falta de um poder semelhante no lado cultural (isto é, no sistema simbólico). Nas investigações dos contextos social e psicológico do pensamento ideológico (ou pelo menos dos "bons"), a sutileza com a qual os contextos são manuseados aponta a inépcia com que o pensamento é manuseado, o que lança uma sombra de imprecisão sobre toda a discussão, uma sombra que mesmo a mais rigorosa austeridade metodológica não pode dispersar.

Hoje em dia há duas abordagens principais ao estudo dos determinantes sociais da ideologia: a teoria do interesse e a teoria da tensão.[12] Para a primeira, a ideologia é uma máscara e uma arma; para a segunda, um sintoma e um remédio. Na teoria do interesse, os pronunciamentos ideológicos são vistos contra o pano de fundo da luta universal por vantagens; na teoria da tensão, contra um pano de fundo do esforço crônico para corrigir o desequilíbrio sociopsicológico. Em uma delas, os homens perseguem o poder, na outra eles fogem da ansiedade. Como poderia parecer, ambas as teorias — e até mesmo uma por meio da outra — não são necessariamente contraditórias, porém a teoria da tensão (que surgiu em resposta às dificuldades empíricas encontradas pela teoria do interesse), sendo menos simplista, é mais penetrante e, sendo menos concreta, é mais abrangente.

Os fundamentos da teoria do interesse são demasiado conhecidos para precisarem de uma revisão aqui; desenvolvidos à perfeição por uma espécie de tradição marxista, eles constituem hoje em dia o equipamento intelectual padrão do homem da rua, que sabe muito bem que na argumentação política eles se reduzem simplesmente a saber de quem é o boi que é sangrado. A grande vantagem da teoria do interesse foi, e ainda é, seu enraizamento das ideias-sistemas culturais no terreno sólido da estrutura social, através da ênfase nas motivações daqueles que professam tais sistemas e na dependência dessas motivações em voltar-se para a posição social, mais especialmente para a classe social. Além disso, a teoria do interesse fundiu a especulação política ao combate político demonstrando que as ideias são armas, e que uma forma excelente de institucionalizar uma visão particular da realidade — a do grupo, classe ou partido de cada um — é apossar-se do poder político e reforçá-lo. Essas contribuições são permanentes e, se a teoria do interesse não tem hoje

---

[11]De fato, vários outros termos foram usados na literatura para o âmbito geral dos fenômenos que a "ideologia" denota, desde as "nobres mentiras" de Platão até os "mitos" de Sorel e os "derivados" de Pareto, mas nenhum deles alcançou nível tão elevado de neutralidade técnica quanto o termo "ideologia". Cf. H. D. Lasswell, "The Language of Power", *in* Lasswell, N. Leites *et al.*, *Language of Politics* (Nova York, 1949), pp. 3-19.

[12]Sutton *et al.*, *American Business Creed*, pp. 11-12, 303-310.

a hegemonia que tinha antes, não é tanto por parecer errada, mas porque seu aparato teórico mostrou-se demasiado rudimentar para enfrentar a complexidade da interação entre os fatores social, psicológico e cultural que ela mesma descobriu. Como aconteceu com a mecânica newtoniana, ela não foi substituída pelos acontecimentos subsequentes, mas absorvida por eles.

Os defeitos principais da teoria do interesse estão em sua psicologia demasiado anêmica e em sua sociologia excessivamente musculosa. Ressentindo-se de uma análise desenvolvida da motivação, ela tem sido forçada, constantemente, a oscilar entre um utilitarismo estreito e superficial, que vê os homens impelidos por um cálculo racional da sua vantagem pessoal conscientemente reconhecida, e um historicismo mais amplo, porém não menos superficial, que fala com uma vagueza estudada das ideias dos homens como de alguma forma "refletindo", "expressando", "correspondendo a", "surgindo de" ou "condicionadas por" seus compromissos sociais. Dentro de tal arcabouço, o analista se defronta com a escolha entre revelar a exiguidade de sua psicologia, sendo tão específico a ponto de ser inteiramente implausível, ou esconder o fato de que não possui teoria psicológica alguma, generalizando a ponto de ser truísta. Um argumento de que para os soldados profissionais "a política doméstica [governamental] é importante principalmente como forma de manter e ampliar o estabelecimento militar [porque] esse é o seu negócio, é para isso que são treinados" parece fazer pouca justiça até mesmo a uma mente tão pouco complicada como é considerada a mente militar. Enquanto isso, o argumento de que os homens do petróleo norte-americanos "não podem ser pura e simplesmente homens do petróleo" porque "seus interesses são tais" que "eles são também homens políticos" é tão esclarecedor quanto a teoria (também surgida do fértil cérebro de M. Jourdain) de que o motivo por que o ópio faz dormir é que ele possui poderes soporíficos.[13]

Por outro lado, a perspectiva de que a ação social é fundamentalmente uma luta interminável pelo poder leva a uma visão indevidamente maquiavélica da ideologia como forma de uma grande astúcia e, consequentemente, a negligenciar suas funções sociais mais amplas e menos dramáticas. A imagem da sociedade como campo de batalha onde o choque de interesses, mal disfarçado como choque de princípios, desvia a atenção do papel que as ideologias desempenham ao definir (ou obscurecer) as categorias sociais, ao estabilizar (ou perturbar) as expectativas sociais, ao manter (ou desmantelar) as normas sociais, ao fortalecer (ou enfraquecer) o consenso social, ao aliviar (ou exacerbar) as tensões sociais. Reduzir a ideologia a uma arma numa *guerre de plume* dá à sua análise uma calorosa sensação de militância, mas também significa reduzir o limite intelectual dentro do qual tal análise pode ser levada ao realismo contraído das táticas e da estratégia. A intensidade da teoria do interesse — para adaptar uma figura de Whitehead — é apenas uma recompensa à sua estreiteza.

Como o "interesse", qualquer que seja sua ambiguidade, é ao mesmo tempo um conceito psicológico e sociológico — referindo-se simultaneamente a uma vantagem sentida por um indivíduo ou grupo de indivíduos e à estrutura objetiva da oportunidade dentro da qual se movimenta um indivíduo ou um grupo — assim também é a "tensão", pois ela se refere tanto a um estado de tensão pessoal como a uma condição de deslocamento societário. A diferença é que com a "tensão" tanto o pano de fundo motivacional como o contexto social estrutural são retratados mais sistematicamente, bem como as relações que mantêm um com o outro. Trata-se, em verdade, de um adendo à concepção desenvolvida de sistemas de personalidade (basicamente freudiana), de um lado, e de sistemas sociais (basicamente durkeimiana)

---

[13]As citações são do mais eminente teórico atual do interesse, C. Wright Mills, *The Causes of World War Three* (Nova York, 1958), pp. 54, 65.

114 Capítulo Seis

de outro, e dos seus modos de interpenetração — o adendo parsoniano — que transforma a teoria do interesse em teoria da tensão.[14]

A ideia clara e distinta da qual parte a teoria da tensão é a má integração crônica da sociedade. Nenhum arranjo social é ou pode ser inteiramente bem-sucedido com os problemas funcionais que inevitavelmente enfrenta. Todos eles estão crivados de antinomias insolúveis: entre a liberdade e a ordem política, a estabilidade e a mudança, a eficiência e a humanidade, a precisão e a flexibilidade, e assim por diante. Há descontinuidades entre as normas nos diferentes setores da sociedade — a economia, a comunidade política, a família, etc. Há discrepâncias entre os objetivos dentro dos diferentes setores — entre a ênfase no lucro e na produtividade das firmas de negócios ou entre a ampliação do conhecimento e sua disseminação nas universidades, por exemplo. E há ainda as expectativas contraditórias dos papéis, sobre as quais existe tanta coisa na recente literatura sociológica norte-americana, sobre o capataz, a esposa que trabalha, o artista e o político. A fricção social é tão difundida quanto a fricção mecânica — e igualmente irrremovível.

Além disso, essa fricção ou tensão social aparece ao nível da personalidade individual — ela mesma um sistema inevitavelmente mal integrado de desejos conflitantes, sentimentos arcaicos e defesas improvisadas — como uma tensão psicológica. Aquilo que é visto coletivamente como inconsistência estrutural é sentido individualmente como insegurança pessoal, pois é através da experiência do ator social que as imperfeições da sociedade e as contradições do caráter se encontram e se exacerbam umas às outras. Ao mesmo tempo, porém, o fato de ambas, a sociedade e a personalidade, serem sistemas organizados, a despeito de suas imperfeições, ao invés de simples amontoados de instituições ou pilhas de motivos, significa que as tensões sociopsicológicas que elas induzem são também sistemáticas, que as ansiedades derivadas da interação social têm uma forma e uma ordem próprias. Pelo menos no mundo moderno, a maioria dos homens vive vidas padronizadas de desespero.

O pensamento ideológico, portanto, é visto como (uma espécie de) resposta a esse desespero: "A ideologia é uma reação padronizada às tensões padronizadas de um papel social."[15] Ela fornece uma "saída simbólica" para as perturbações emocionais geradas pelo desequilíbrio social. Como se pode presumir que tais perturbações, de uma forma geral, são comuns a todos ou à maioria dos ocupantes de um determinado papel ou posição social, pode-se presumir também que as reações ideológicas a essas perturbações tenderão a ser semelhantes, uma similaridade apenas reforçada pelas coisas comuns pressupostas na "estrutura básica da personalidade" entre os membros de uma cultura particular, de uma classe ou categoria ocupacional. Aqui o modelo não é militar, mas médico: uma ideologia é uma doença (Sutton *et al.* mencionam roer unhas, alcoolismo, perturbações psicossomáticas e "excentricidades" entre suas alternativas) e exige um diagnóstico. "O conceito da tensão não é, em si mesmo, uma explicação dos padrões ideológicos, mas um rótulo generalizado para as espécies de fatores a buscar na elaboração de uma explicação."[16]

Entretanto, há muito mais que um diagnóstico, seja médico ou sociológico, na identificação das tensões pertinentes: compreendem-se os sintomas não apenas etiologicamente, mas também teleologicamente — em termos das maneiras pelas quais elas atuam como mecanismos, nem sempre disponíveis, para lidar com as perturbações que as geraram. Quatro tipos de explicações são empregadas mais frequentemente: a catártica, a moral, a de solidariedade e a advocatória. Com a "explicação catártica" recorre-se à venerável teoria da

---

[14]Para o esquema geral, cf. Parsons, *The Social System* (Nova york, 1951), especialmente caps. 1 e 7. O desenvolvimento mais completo da teoria da tensão está em Sutton *et al.*, *American Business Creed,* especialmente o cap. 15.

[15]Sutton *et al., American Business Creed,* pp. 307-308.

[16]Parsons, "An Approach".

válvula de segurança ou do bode expiatório. A tensão emocional é esvaziada por sua transposição a inimigos simbólicos ("Os Judeus", "Os Grandes Negócios", "Os Vermelhos", etc.). A explicação é tão simplista como o mecanismo; entretanto, é inegável que, fornecendo objetos legítimos de hostilidade (ou até de amor), a ideologia pode diminuir, de alguma forma, a dor de ser um pequeno burocrata, um trabalhador diarista ou um pequeno lojista. A "explicação moral" significa a capacidade de uma ideologia de sustentar indivíduos (ou grupos) em face da pressão crônica, tanto negando-a totalmente como legitimando-a em termos de valores elevados. Através desses meios, tanto o pequeno negociante que repete sua confiança ilimitada na justiça inevitável do sistema americano como o artista relegado que atribui seu fracasso aos padrões decentes que mantém num mundo indecente conseguem prosseguir em seu trabalho. A ideologia coloca uma ponte sobre o fosso emocional existente entre as coisas como são e as coisas como se gostaria que fossem, assegurando assim o desempenho de papéis que, de outra forma, poderiam ser abandonados pelo desespero ou pela apatia. A "explicação da solidariedade" significa o poder da ideologia de unir um grupo ou classe social. Na medida em que ela existe, a unidade do movimento sindical, a comunidade dos negócios ou a profissão médica repousam obviamente, em grau significativo, numa orientação ideológica comum. O Sul não seria "O Sul" sem a existência de símbolos populares sobrecarregados pelas emoções de uma situação social difusa.* Finalmente, a "explicação advocatória" significa a ação das ideologias (e dos ideólogos) na articulação, embora parcial e indistinta, das tensões que as impelem, forçando-as ao reconhecimento público. "Os ideólogos demonstram os problemas à sociedade mais ampla, assumem posições quanto aos assuntos envolvidos e os colocam em julgamento no mercado ideológico."[17] Embora os advogados ideológicos (de forma não muito diferente de sua contrapartida legal) tendam tanto a obscurecer como a esclarecer a verdadeira natureza dos problemas envolvidos, eles pelo menos chamam a atenção para sua existência e, polarizando os assuntos, tornam mais difícil negligenciá-los. Sem o ataque dos marxistas, não teria ocorrido uma reforma no trabalho; sem os nacionalistas negros, não haveria ajuda deliberada.

Aliás, é justamente aqui, na investigação dos papéis social e psicológico da ideologia, tão distintos de seus determinantes, que a própria teoria das tensões começa a fraquejar e sua incisividade superior, em comparação com a teoria do interesse, começa a evaporar-se. A crescente precisão na localização das fontes de preocupação ideológica de alguma forma não consegue levar adiante a discriminação de suas consequências, cuja a análise se torna, pelo contrário, lenta e ambígua. As consequências previstas, sem dúvida genuínas em si mesmas, parecem quase adventícias, subprodutos acidentais de um processo expressivo essencialmente não racional, quase automático, apontado inicialmente para outra direção — como ocorre quando um homem dá uma topada e involuntariamente grita "ai!", dando vazão, incidentalmente, à sua raiva, demonstrando seu aborrecimento e se consolando com o som de sua própria voz; ou quando ele, envolvido numa batida de carros, solta um espontâneo "diabo" de frustração e, ao ouvir imprecações semelhantes por parte de outros, sente certa sensação perversa de camaradagem com seus companheiros de sofrimento.

Esse defeito pode ser encontrado, sem dúvida, em muitas das análises funcionais das ciências sociais: um padrão de comportamento modelado por um certo conjunto de forças, através de uma coincidência plausível, embora misteriosa, acaba por servir a fins só ligeiramente relacionados com essas forças. Um grupo de primitivos se reúne, com toda a honestidade, para rezar pela chuva e termina por fortificar sua solidariedade social; um político distrital se propõe conseguir ou ficar perto do seu eleitorado e termina por ser mediador entre grupos de imigrantes não assimilados e uma burocracia governamental impessoal; um ideólogo se pro-

---

*O autor refere-se ao Sul dos Estados Unidos. (N.R.T.)
[17]White, *Beyond Conformity,* p. 204.

põe ventilar suas queixas e acaba por contribuir, pelo poder diversificador de suas ilusões, para a viabilidade continuada do próprio sistema que provoca suas queixas.

O conceito de função latente é invocado, habitualmente, para amortecer esse estado de coisas anômalo, mas ele apenas dá nome ao fenômeno (cuja realidade não está em questão), em vez de explicá-lo. O resultado líquido é que as análises funcionais — e não apenas as da ideologia — permanecem fatalmente equívocas. O antissemitismo do pequeno burocrata pode dar-lhe, na verdade, algo a fazer em relação à sua raiva arrolhada, gerada pela constante submissão àqueles que considera seus inferiores intelectuais, e isso pode drená-la, em parte. Todavia, também pode simplesmente aumentar sua raiva, fornecendo-lhe outra razão para se sentir mais impotentemente amargo. O artista negligenciado pode suportar melhor seu fracasso popular invocando os cânones clássicos de sua arte, mas tal invocação pode dramatizar para ele, de tal forma, o hiato entre as possibilidades de seu ambiente e as exigências de sua visão a ponto de ele sentir que o jogo não vale mais a pena. Uma comunhão de percepções ideológicas pode unir os homens, mas pode provê-los, também, como o demonstra a história do sectarismo marxista, de um vocabulário por meio do qual explorar mais tendenciosamente as diferenças entre eles. O embate das ideologias pode chamar a atenção pública para um problema social, mas também pode sobrecarregá-lo com tal paixão a ponto de tornar impossível lidar com ele de forma racional. Os teóricos da tensão têm consciência de todas essas possibilidades, naturalmente. Na verdade, eles tendem a enfatizar mais os resultados e possibilidades negativas do que as positivas, e muito raramente pensam na ideologia como algo mais do que um tampão *faute de mieux* — como roer unhas. O principal é que, a despeito de toda sua sutileza em esquadrinhar os motivos da preocupação ideológica, a análise da teoria da tensão sobre as consequências de tal preocupação permanece incipiente, vacilante e evasiva. Ela é convincente do ponto de vista do diagnóstico, mas não em termos funcionais.

A razão dessa fraqueza é a ausência virtual na teoria da tensão (e também na teoria do interesse) de algo mais do que a concepção mais rudimentar dos processos de formulação simbólica. Fala-se muito sobre as emoções "encontrarem um escape simbólico" ou "se ligarem a símbolos apropriados" — mas há muito poucas ideias a respeito de como isso é feito, realmente. O elo entre as causas da ideologia e seus efeitos parece adventício porque o elemento de ligação — o processo autônomo da formulação simbólica — é deixado de lado num silêncio virtual. Tanto a teoria do interesse como a teoria da tensão vão diretamente da análise das fontes à análise das consequências, sem nunca examinarem seriamente as ideologias como sistemas de símbolos interatuantes, como padrões de significados entrelaçados. Os temas são esboçados, certamente, e são até contados entre os analistas de conteúdo. Mas estes se referem a eles apenas para elucidação, não com relação a outros temas ou a qualquer espécie de teoria semântica. A referência ou é retroativa, em relação aos efeitos que eles presumivelmente espelham, ou vai adiante, para a realidade social que eles presumivelmente distorcem. O problema de como as ideologias transformam o sentimento numa significação e o tornam socialmente disponível é circundado pelo artifício primário de colocar lado a lado os símbolos particulares e as tensões (ou interesses) particulares, de forma tal que o fato de os primeiros serem derivados do segundo parece apenas senso comum — ou pelo menos um senso comum pós-freudiano, pós-marxista. E é assim que isso é feito, se o analista é bastante hábil.[18] A conexão não é explicada, apenas inferida. A natureza da relação entre as tensões sociopsicológicas que incitam as atitudes ideológicas e as estruturas simbólicas elaboradas através das quais é dada existência pública a essas atitudes é demasiado complicada para ser compreendida em termos de uma noção vaga e não examinada de ressonância emotiva.

---

[18] O *tour de force* mais impressionane nesse gênero paratático talvez seja *A Study of Bolshevism* (Nova York, 1953), de Nathan Leites.

IV

Nesse sentido, é de singular interesse o fato de que, embora a corrente geral da teoria científica social tenha sido profundamente influenciada por quase todos os movimentos intelectuais importantes do último século e meio — marxismo, darwinismo, utilitarismo, idealismo, freudismo, behaviorismo, positivismo, operacionismo — e tenha procurado capitalizar sobre virtualmente cada campo importante de inovação metodológica — desde a ecologia, a etologia e a psicologia comparativa, até a teoria dos jogos, a cibernética e a estatística — com muito poucas exceções ela foi praticamentge intocada por uma das mais importantes tendências do pensamento recente: o esforço de construir uma ciência independente daquilo que Kenneth Burke chamou de "ação simbólica".[19] Nem as obras de filósofos tais como Peirce, Wittgenstein, Cassirer, Langer, Ryle ou Morris, nem as de críticos literários como Coleridge, Eliot, Burke, Empson, Blackmur, Brooks ou Auerbach, parecem ter exercido qualquer impacto apreciável sobre o padrão geral da análise científica social.[20] Além de uns poucos linguistas venturosos (e programáticos, em sua maior parte) — um Whorf ou um Sapir — a questão de como os símbolos simbolizam, como funcionam para medir significados, foi simplesmente contornada. Walker Percy, médico e novelista, escreveu certa vez: "O fato embaraçoso é que não existe hoje em dia — uma ciência empírica natural do comportamento simbólico *como tal*... A branda repreensão de Sapir sobre a falta de uma ciência do comportamento simbólico e a necessidade de tal ciência é mais conspicuamente verdadeira hoje em dia do que foi há trinta e cinco anos passados."[21]

A ausência de tal teoria e, em particular, a ausência de qualquer arcabouço analítico dentro do qual se possa lidar com uma linguagem figurativa é que reduziu os sociólogos a uma situação tal em que só veem as ideologias como gritos de dor elaborados. Sem uma noção precisa de como funcionam a metáfora, a analogia, a ironia, a ambiguidade, o trocadilho, o paradoxo, a hipérbole, o ritmo e todos os outros elementos do que chamamos, de forma pouco convincente, de "estilo" — e, na maioria dos casos, sem reconhecer sequer que esses artifícios têm importância na apresentação das atitudes pessoais em forma pública — faltam aos sociólogos os recursos simbólicos a partir dos quais poderiam construir uma formulação mais incisiva. Ao mesmo tempo que as artes estabeleceram o poder cognitivo da "distorção" e a filosofia solapou a adequação de uma teoria emotivista do significado, os cientistas sociais rejeitaram a primeira e seguiram a segunda. Não

---

[19]K. Burke, *The Philosophy of Literary Form. Studies in Symbolic Action* (Baton Rouge, 1941). Na discussão seguinte, eu utilizo o "símbolo" amplamente, no sentido de qualquer ato ou objeto físico, social ou cultural que serve como veículo para a concepção. Como explicação para essa perspectiva, sob a qual o número "cinco" e "a Cruz" são igualmente símbolos, cf. S. Langer, *Philosophy in a New Key*. 4.ª ed. (Cambridge, Mass., 1960), pp. 60-66.

[20]Resumos gerais muito úteis sobre a tradição da crítica literária podem ser encontrados em S. E. Hyman, *The Armed Vision* (Nova York, 1948) e em R. Welleck e A. Warren, *Theory of Literature*, 2.ª ed. (Nova York, 1958). Não parece haver disponibilidade de um resumo similar do desenvolvimento filosófico um tanto mais diverso, mas as obras seminais são C. S. Peirce, *Collected Papers*, org. por C. Hartshorne e P. Weiss, 8 vols. (Cambridge, Mass., 1931-1958); E. Cassirer, *Die Philosophie der symbolischen Foremen*, 3 vols. (Berlim, 1923-1929); C. W. Morris, *Signs, Language and Behavior* (Englewood Cliffs, N. J., 1944) e L. Wittgenstein, *Philosophical Investigations* (Oxford, 1953).

[21]W. Percy, "The Symbolic Structure of Interpersonal Process", *psychiatry*, 24 (1961): 39-52. Grifos no original. A referência a Sapir é de "The Status of Linguistics as a Science", publicado originalmente em 1929 e transcrito *in* D. Mandlebaum, org., *Selecte Writings of Edward Sapir* (Berkeley e Los Angeles, 1949), pp. 160-166.

118 Capítulo Seis

é, portanto, de surpreender que eles fujam ao problema de construir o significado das afirmações ideológicas simplesmente deixando de reconhecê-lo como um problema.[22]

Para tornar mais explícito o que quero dizer, deixem-me dar um exemplo que, sendo extremamente trivial em si mesmo, acalmará simultaneamente tanto as suspeitas de que tenho uma preocupação oculta com a substância do tema político envolvido como, o que é mais importante, comprovará o fato de que os conceitos desenvolvidos para a análise dos aspectos mais elevados da cultura — a poesia, por exemplo — também são aplicáveis aos aspectos inferiores, sem com isso deturpar as enormes distinções qualitativas existentes entre os dois. Ao discutirem as inadequações cognitivas através das quais a ideologia é definida para eles, Sutton *et al.* usam como exemplo da tendência do ideólogo a "supersimplificar" a denominação dada ao Taft-Hartley Act de "lei do trabalho escravo":

> A ideologia procura ser simples e clara mesmo onde essa simplicidade e clareza fazem pouca justiça ao assunto em questão. O quadro ideológico utiliza linhas fortes e põe em contraste o preto e o branco. O ideólogo exagera e caricatura, à maneira de um "cartunista", e, em contraste, a descrição científica dos fenômenos sociais parece ser vaga e indistinta. Na recente ideologia do trabalho, o Taft-Hartley Act foi um "ato do trabalho escravo". Nenhum exame desapaixonado lhe daria esse rótulo. Qualquer avaliação dessa lei feita com isenção teria que levar em consideração suas muitas provisões individuais. Tal avaliação resultaria num veredito ambivalente, desde que fosse sobre o conjunto dos valores, mesmo os dos próprios sindicatos. Todavia, os vereditos ambivalentes não fazem parte da ideologia: eles são muito complicados, muito vagos. A ideologia tem de caracterizar a lei como um todo, como símbolo para a ação dos trabalhadores arregimentados, dos eleitores e dos legisladores.[23]

Deixando de lado a questão meramente empírica se é ou não verdade que as formulações ideológicas de um dado conjunto de fenômenos sociais são inevitavelmente "mais simples" do que as formulações científicas dos mesmos fenômenos, surge nesse argumento uma perspectiva curiosamente depreciativa — pode-se até dizer "supersimplificada" — dos processos de pensamento dos líderes sindicais, de um lado, e dos "trabalhadores, eleitores e legisladores", de outro. É difícil crer que tanto os que cunharam e disseminaram esse *slogan* acreditavam ou esperavam que outros acreditassem que a lei na verdade reduziria (ou pretendia reduzir) o trabalhador norte-americano à categoria de escravo como que o segmento do público para o qual o *slogan* tinha um significado o compreendesse nesses termos. E no entanto é precisamente essa visão nivelada da mentalidade dos outros povos que deixa aos sociólogos apenas duas interpretações, ambas insatisfatórias, da possível eficiência de um símbolo; ou ele engana os não informados (de acordo com a teoria do interesse) ou ele excita os que não refletem (segundo a teoria da tensão). Não se leva em conta sequer o fato de que pode adquirir seu poder através da capacidade de apreender, formular e comunicar realidades sociais que se esquivam à linguagem temperada da ciência, que ela pode mediar significados mais complexos do que sugere a leitura literal. A "lei do trabalho escravo" pode ser, afinal de contas, não um *rótulo*, mas uma metáfora.

De forma mais exata, parece ser uma metáfora, ou pelo menos uma tentativa de metáfora. Embora muito poucos cientistas sociais pareçam ter lido alguma coisa a respeito, a literatura sobre metáforas — "o poder

---

[22]Uma exceção parcial a essa censura, embora prejudicada por sua obsessão com o poder como soma e substância da política, é "Style in the Language of Politics", de Lasswell, *in* Lasswell *et al.*, *Language of Politics*, pp. 20-39. Deve-se observar também que a ênfase no simbolismo verbal da discussão seguinte é apenas para salvaguardar a simplicidade, e não para negar a importância de outros artifícios não linguísticos, como os da plástica, os teatrais — a retórica dos uniformes, dos palcos iluminados e das bandas em desfile — no pensamento ideológico.

[23]Sutton *et al.*, *American Business Creed*, pp. 4-5.

através do qual a linguagem, mesmo com um pequeno vocabulário, consegue abarcar uma multidão de coisas" — é bem vasta e, hoje em dia, conta com uma concordância razoável.[24] Na metáfora tem-se, sem dúvida, uma estratificação do significado, na qual uma incongruência de sentido num nível produz um influxo de significação em outro. Conforme apontou Percy, o aspecto da metáfora que mais incomodou os filósofos (e os cientistas, ele poderia ter acrescentado) é que ela é "errada". "Ela afirma sobre uma coisa que esta é outra completamente diferente." E, pior ainda, ela tende a ser mais efetiva quando é mais "errada".[25] O poder da metáfora origina-se precisamente da influência recíproca entre os significados discordantes que ela força, simbolicamente, num arcabouço conceptual unitário e do grau em que essa coerção consegue sucesso em superar a resistência psíquica que a tensão semântica gera inevitavelmente em qualquer um que esteja em posição de percebê-lo. Quando bem-sucedida, uma metáfora transforma uma falsa identificação (por exemplo, da política sindical do Partido Republicano e a dos bolcheviques) numa analogia adequada; quando ela falha, torna-se uma extravagância.

O fato de que a imagem da "lei do trabalho escravo" foi apenas um fracasso para a maior parte das pessoas (e, portanto, nunca serviu com segurança como "um símbolo para levar à ação trabalhadores, eleitores e legisladores") parece bastante evidente e é esse fracasso, mais do que sua clara simplicidade, que parece torná-lo nada mais do que um *cartoon*. A tensão semântica entre a imagem de um Congresso conservador proibindo a loja fechada e a dos campos de prisioneiros da Sibéria foi — aparentemente — muito exagerada para ser resolvida numa concepção única, pelo menos por meio de um artifício estilístico tão rudimentar quanto o *slogan*. Exceto (talvez) por alguns entusiastas, a analogia não apareceu — a falsa identificação continuou falsa. Todavia, o fracasso não é inevitável, mesmo em nível tão elementar. Embora a exclamação de Sherman "A guerra é um inferno", um veredicto sem ambivalência, não seja uma proposição da ciência social, até mesmo Sutton e seus colegas não a veriam, provavelmente, nem como um exagero nem como uma caricatura.

Entretanto, mais importante do que qualquer avaliação da adequação das duas metáforas como tais é o fato de que, como os significados que elas tentam acender uma contra a outra estão enraizadas socialmente, o sucesso ou o fracasso da tentativa é relativo não apenas ao poder dos mecanismos estilísticos empregados, mas também às espécies de fatores sobre as quais se concentra a teoria da tensão. As tensões da Guerra Fria, os receios de um movimento sindical que só recentemente emergiu de uma luta amarga por sua existência e o ameaçado eclipse do liberalismo do New Deal após duas décadas de dominação estabelecem o cenário sociopsicológico tanto para o aparecimento da figura do "trabalho escravo" como — quando ela provou ser incapaz de levá-los a uma analogia convincente — para seu fracasso. Os militaristas do Japão de 1934 que abriram seu panfleto sobre *A Teoria Básica de Defesa Nacional e Sugestões para o Seu Fortalecimento* fazendo ressoar a metáfora familiar "A guerra é o pai da criação e a mãe da cultura" achariam a máxima de Sherman tão pouco convincente, sem dúvida, quanto ele acharia a deles.[26] Eles se estavam preparando energicamente para uma guerra imperialista numa nação antiga que procurava fincar o pé no mundo moderno; Sherman, por sua vez, prosseguia extenuadamente uma guerra civil numa nação ainda não concretizada, dividida por ódios internos. Não é a verdade, portanto, que varia com os contextos social, psicológico e cultural, mas os símbolos que construímos em nossas tentativas, nem sempre efetivas, de apreendê-la. A

---

[24]Uma revisão excelente e bem recente pode ser encontrada em P. Henle, org., *Language, Thought and Culture* (Ann Arbor, 1958), pp. 173-195. A citação é de Langer, *Philosophy*, p. 117.

[25]W. Percy, "Metaphor as Mistake", *The Sewanee Review*, 66 (1958), pp. 79-99.

[26]Citado *in* J. Crowley, "Japanese Army Factionalism in the Early 1930's", *The Journal of Asian Studies*, 21 (1958): pp. 309-326.

120 Capítulo Seis

guerra *é* um inferno e *não* a mãe da cultura, conforme os japoneses acabaram por descobrir — embora eles expressem o fato, sem dúvida, numa linguagem mais grandiosa.

A sociologia do conhecimento deveria ser chamada sociologia do significado, pois o que é determinado socialmente não é a natureza da concepção, mas os veículos da concepção. Henle observou, por exemplo, que numa comunidade que toma café preto galantear uma moça dizendo "você é o creme do meu café" daria uma impressão inteiramente errônea. Se a qualidade de onívoro fosse vista como uma característica mais significativa dos ursos do que a sua brutalidade desajeitada, chamar um homem de "velho urso" poderia significar não que ele era rude, mas que tinha gostos aceitáveis.[27] Retirando um exemplo de Burke, uma vez que no Japão as pessoas sorriem ao mencionar a morte de um amigo íntimo, o equivalente semântico (comportamental, ao mesmo tempo que verbal) no inglês norte-americano não é "ele sorriu", mas "sua face caiu",* pois dessa maneira estamos "traduzindo os usos sociais aceitos do Japão em usos sociais correspondentemente aceitos do Ocidente".[28] Mais próximo do reino ideológico, Sapir demonstrou que a presidência de uma comissão tem a força figurativa que nós lhe damos apenas porque asseguramos que "as funções administrativas de alguma forma rotulam uma pessoa como superior àquelas que estão sendo dirigidas"; "se as pessoas chegassem a sentir que as funções administrativas nada mais são que automatismos simbólicos, a presidência de uma comissão seria reconhecida como pouco mais do que um símbolo petrificado e o valor particular que hoje lhe é inerente tenderia a desaparecer".[29] O caso não é diferente com a "lei do trabalho escravo". Se os campos de trabalho forçado, por qualquer razão, passarem a exercer um papel menos proeminente na imagem norte-americana da União Soviética não será a veracidade do símbolo que se terá dissolvido, mas sua própria significação, sua capacidade de ser *tanto* verdadeira como falsa. É preciso, simplesmente, elaborar o argumento — de que o Taft-Hartley Act é uma ameaça mortal ao trabalho organizado — de outra forma.

Resumindo, entre uma figura ideológica como o "ato do trabalho escravo" e as realidades sociais da vida norte-americana no seio da qual ele aparece, existe uma sutileza de influências recíprocas, que conceitos como "distorção", "seletividade" ou "supersimplificação" são simplesmente incompetentes para formular.[30] A estrutura semântica da imagem não é apenas muito mais complexa do que parece na superfície, mas uma análise dessa estrutura força a reconstituição de uma multiplicidade de conexões referenciais entre ela e a realidade social, de forma que o quadro final é o de uma configuração de significados dissimilares a partir

---

[27]Henle, *Language, Thought and Culture*. pp. 4-5.

*No original, *his face fell*. (N. T.)

[28]K. Burke, *Counterstatement* (Chicago, 1975), p. 149.

[29]Sapir, "Status of Linguistics", p. 568.

[30]Sem dúvida a metáfora não é o único recurso estilístico empregado pela ideologia. A metonímia ("Tudo o que tenho a oferecer é sangue, suor e lágrimas"), a hipérbole ("O *Reich* dos mil anos"), a meiose ("Eu voltarei"), a sinédoque ("Wall Street"), o oxímoro ("Cortina de Ferro"), a personificação ("A mão que segurava a adaga mergulhou-a nas costas do vizinho") e todas as outras figuras que os retóricos clássicos colecionaram tão arduamente e classificaram tão cuidadosamente são utilizadas muitas e muitas vezes, da mesma forma que artifícios sintáticos como a antítese, a inversão e a repetição. O mesmo ocorre com os artifícios prosódicos, como a rima, o ritmo e as aliterações, e com os artifícios literários, como a ironia, o louvor e o sarcasmo. Nem toda expressão ideológica é figurativa. O grosso dela consiste em afirmativas bastante literais, para não dizer chãs, as quais, deixando de lado certa tendência a uma implausibilidade *prima facie*, são difíceis de distinguir dos pronunciamentos verdadeiramente científicos: "A história de todas as sociedades existentes até hoje é a história das lutas de classes"; "Toda a moralidade da Europa baseia-se nos valores que são úteis para o rebanho", e assim por diante. Como sistema cultural, uma ideologia que se desenvolveu além do estágio dos simples *slogans* consiste numa estrutura intrincada de significados inter-relacionados em termos dos mecanismos semânticos que os formulam — e dos quais a organização a dois níveis de uma metáfora isolada é apenas uma pálida representação.

de cujo entrelaçamento se originam tanto o poder expressivo como a força retórica do símbolo final. Esse entrelaçamento é em si mesmo um processo social, uma ocorrência não "na cabeça", mas naquele mundo político onde "as pessoas falam umas com as outras, dão nome às coisas, fazem afirmativas e, num certo grau, compreendem umas às outras".[31] O estudo da ação simbólica é não menos uma disciplina sociológica do que o estudo dos pequenos grupos, das burocracias ou da mudança no papel da mulher norte-americana — só é muito menos desenvolvido.

V

Formular a questão que a maioria dos estudiosos da ideologia deixa de formular — o que queremos dizer, precisamente, quando afirmamos que as tensões sociopsicológicas são "expressas" em formas simbólicas? — leva-nos, diretamente, a águas muito profundas, na verdade a uma teoria um tanto não tradicional e aparentemente paradoxal da natureza do pensamento humano como atividade pública e não particular, pelo menos não fundamentalmente.[32] Os detalhes de tal teoria não podem ser discriminados aqui e nem se pode colocar em ordem qualquer quantidade significativa de evidências para apoiá-la. Todavia, é preciso esboçar os seus contornos gerais se queremos encontrar nosso caminho e sair do mundo ilusório dos símbolos e do processo semântico para o mundo (aparentemente) mais sólido dos sentimentos e das instituições, se queremos reconstituir com alguma circunstancialidade os modos de interpenetração da cultura, da personalidade e do sistema social.

A teoria definidora dessa espécie de abordagem do pensamento *en plein air* — a que, seguindo Galanter e Gerstenhaber, podemos chamar de "teoria extrínseca" — é que o pensamento consiste na construção e manipulação dos sistemas simbólicos que são empregados como modelos de outros sistemas — físico, orgânico, social, psicológico e assim por diante — numa forma tal que a estrutura desses outros sistemas é, por assim dizer, "compreendida" — e, na melhor das hipóteses, como se pode esperar que eles se comportem.[33] Pensar, conceituar, formular, compreender, entender, ou o que quer que seja consiste não em acontecimentos fantasmagóricos na cabeça, mas em combinar os estados e processos dos modelos simbólicos com os estados e processos do mundo mais amplo:

> O pensamento imaginário nada mais é do que construir uma imagem do ambiente, fazendo o modelo correr mais depressa do que o ambiente e predizendo que o ambiente se comportará segundo o modelo... O primeiro passo para a solução de um problema consiste na construção de um modelo ou imagem dos "aspectos relevantes" do [ambiente]. Esses modelos podem ser construídos a partir de muitas coisas, inclusive partes do tecido orgânico do corpo, e pelo homem, por papel e lápis ou artefatos verdadeiros. Uma vez construído o modelo, ele pode ser manipulado sob várias condições e repressões hipotéticas. O organismo é então capaz de "observar" o resultado dessas manipulações e projetá-las no ambiente, de forma a tornar possível a predição. De acordo com essa perspectiva, um engenheiro aeronáutico está pensando, quando manipula o modelo de um novo avião, num túnel aerodinâmico. O motorista está pensando, quando corre o dedo sobre uma linha no mapa, servindo o dedo como modelo dos aspectos relevantes do

---

[31]Percy, "Symbolic Structure".

[32]G. Ryle, *The Concept of Mind* (Nova York, 1949).

[33]E. Galanter e M. Gerstenhaber, "On Thought: The Extrinsic Theory", *Psychol. Rev.*, 63 (1956): pp. 218-227.

122 Capítulo Seis

automóvel e o mapa como modelo da estrada. Os modelos externos desse tipo são usados muitas vezes ao se pensar sobre [ambientes] complexos. As imagens usadas no pensamento secreto dependem da disponibilidade dos acontecimentos físico-químicos do organismo que precisam ser utilizados para formar os modelos.[34]

Essa perspectiva, sem dúvida, não nega a consciência: ela a define. Conforme argumentou Percy, cada percepção consciente é um ato de reconhecimento, uma combinação na qual um objeto (ou um acontecimento, um ato, uma emoção) é identificado por sua colocação contra o pano de fundo de um símbolo apropriado:

Não é suficiente dizer que alguém tem consciência *de* alguma coisa; esse alguém tem de ter também a consciência de que alguma coisa é alguma coisa. Há uma diferença entre a apreensão de uma *Gestalt* (um frango percebeu o efeito Jastrow tão bem quanto um humano) e sua apreensão através de seu veículo simbólico. Olhando em torno de um aposento, tenho a consciência de praticar, quase sem esforço, uma série de atos combinatórios: ver um objeto e saber o que ele é. Se meus olhos recaem sobre algo não familiar, tenho imediatamente a consciência de que uma parte da combinação está faltando, e me pergunto o que é [o objeto] — uma questão excepcionalmente misteriosa.[35]

O que está faltando e o que está se pedindo constituem um modelo simbólico aplicável sob o qual subordinar o "algo não familiar" e, assim, torná-lo familiar:

Se eu vejo um objeto a alguma distância e não o reconheço, eu posso vê-lo, vê-lo de verdade, como uma sucessão de coisas diferentes, cada uma delas rejeitada como insatisfatória à medida que me aproximo, até que uma delas é identificada positivamente. Posso ver uma mancha de sol num campo como um coelho — um ver que pode ir muito além da adivinhação de que pode ser um coelho; não, a *Gestalt* perceptiva é constituída de tal forma, tão incrustada pela essência do coelhismo: eu poderia jurar que era um coelho! Chegando perto, as manchas de sol se modificam a ponto de desmanchar a forma do coelho. O coelho desaparece e eu elaboro um outro molde: é um saco de papel, ou outra coisa qualquer. O fato mais significativo é que até mesmo o último, o reconhecimento "correto", é uma apreensão tão mediana quanto as apreensões erradas: é também um molde, uma combinação, uma aproximação. Precisamos notar ainda que, embora sendo correta, embora corroborada por todos os indícios, essa apreensão pode funcionar de forma efetiva tanto para obscurecer como para revelar. Quando identifico um pássaro estranho como um pardal, eu procuro dispor do pássaro sob sua formulação apropriada; é apenas um pardal![36]

A despeito do tom um tanto intelectualizado desses vários exemplos, a teoria extrínseca do pensamento é também extensiva ao lado afetivo da mentalidade humana.[37] Da mesma forma que um mapa rodoviário transforma simples localizações físicas em "lugares" ligados por estradas numeradas e separadas por distâncias medidas, permitindo-nos, assim, encontrar o caminho de onde estamos para onde pretendemos ir, da mesma forma um poema como por exemplo "Felix Randal", de Hopkins, com o poder evocativo de sua linguagem imposta fornece um modelo simbólico do impacto emocional de uma morte prematura e, se ficamos tão impressionados com sua penetração como com o mapa rodoviário, isso transforma as sensações físicas em sentimentos e atitudes, e permite-nos reagir a essa tragédia não "cegamente", mas "inteligentemente". Os principais rituais da religião — uma missa, uma peregrinação, uma dança de aborígines — são modelos simbólicos (aqui mais sob a forma de atividades do que de palavras) de um sentido particular do divino, uma

---

[34]*Ibid*. Citei anteriormente essa passagem incisiva (Capítulo 3) para tentar estabelecer a teoria extrínseca do pensamento no contexto das recentes descobertas antropológicas evolutivas, neurológicas e culturais.

[35]W. Percy, "Symbol, Consciousness and Intersubjetivity", *Journal of Philosophy,* 55 (1958): pp. 631-641. Grifos no original. Transcrito com permissão.

[36]*Ibid*. Transcrito com permissão.

[37]S. Langer, *Feeling and Form* (Nova York, 1953).

espécie de disposição devota que a reencenação contínua tende a produzir em seus participantes. Como a maioria dos atos habitualmente chamados "cognição" fica certamente mais ao nível da identificação do coelho do que do funcionamento de um túnel aerodinâmico, da mesma forma a maior parte daquilo que é chamado "expressão" (a dicotomia é sempre exagerada e quase que universalmente mal interpretada) é mediada por modelos retirados mais da cultura popular do que da arte superior e do ritual religioso formal. Todavia, o fato é que o desenvolvimento, a manutenção e a dissolução de "disposições", "atitudes", "sentimentos" e assim por diante não constituem mais "um processo fantasmagórico que ocorre em torrentes de consciência que estamos proibidos de visitar" do que é a discriminação de objetos, acontecimentos, estruturas, processos, etc. em nosso ambiente. Aqui, também, "estamos descrevendo as formas pelas quais... as pessoas executam partes de seu comportamento predominantemente público".[38]

Quaisquer que sejam suas outras diferenças, tanto os símbolos ou sistemas de símbolos chamados cognitivos como os chamados expressivos têm pelo menos uma coisa em comum: eles são fontes extrínsecas de informações em termos das quais a vida humana pode ser padronizada — mecanismos extrapessoais para a percepção, compreensão, julgamento e manipulação do mundo. Os padrões culturais — religioso, filosófico, estético, científico, ideológico — são "programas": eles fornecem um gabarito ou diagrama para a organização dos processos sociais e psicológicos, de forma semelhante aos sistemas genéticos que fornecem tal gabarito para a organização dos processos orgânicos:

> Essas considerações definem os termos pelos quais abordamos o problema do "reducionismo" na psicologia e na ciência social. Os níveis que tentamos discriminar [organismo, personalidade, sistema social, cultura] ... são níveis de organização e controle. Os níveis inferiores "condicionam" e, portanto, num certo sentido, "determinam" as estruturas nas quais eles entram, no mesmo sentido em que a estabilidade de um edifício depende das propriedades dos materiais empregados em sua construção. Todavia, as propriedades físicas dos materiais não determinam o *planejamento* do edifício; este é um fator de outra ordem, de *organização*. A organização controla as *relações* dos materiais uns com os outros, as *formas* pelas quais são utilizadas na construção e em virtude das quais eles constituem um sistema ordenado de um tipo particular — olhando "de cima para baixo" na série sempre podemos investigar e descobrir conjuntos de "condições" das quais depende o funcionamento de uma ordem mais elevada de organização. Há, portanto, um conjunto imensamente complicado de condições fisiológicas das quais depende o funcionamento psicológico, etc. Devidamente compreendidas e avaliadas, essas condições são sempre determinantes autênticos do processo dos sistemas organizados nos níveis superiores seguintes.
>
> Mas também podemos olhar "de baixo para cima" na série. Nessa direção, vemos "estruturas", padrões de organização, padrões de significado, "programas", etc. que constituem o foco da organização do sistema ao nível no qual concentramos nossa atenção.[39]

---

[38]As transcrições são de *Concept of Mind,* de Ryle, p. 51.

[39]T. Parsons, "An Approach to Psychological Theory in Terms of the Theory of Action", *in Psychology: A Study of a Science*, org. por S. Koch (Nova York, 1959), vol. 3. Grifos no original. Compare: "A fim de dar conta dessa seletividade, é necessário presumir que a estrutura da enzima está relacionada, de alguma forma, com a estrutura do gene. Por uma extensão lógica dessa ideia, chegamos à conclusão de que o gene é uma representação — um diagrama, por assim dizer — da molécula da enzima, e que a função do gene é servir de fonte de informações a respeito da estrutura da enzima. Parece evidente que a síntese de uma enzima — uma gigantesca molécula de proteína que consiste em centenas de unidades de aminoácidos dispostos, extremidade com extremidade, numa ordem específica e única — exige um modelo ou conjunto de instruções de alguma espécie. Essas instruções devem ser características da espécie: elas devem ser automaticamente transmitidas de geração para geração e precisam ser constantes, e contudo capazes de uma mudança evolutiva. A única entidade conhecida que pode executar tal função é o gene. Há muitas razões para se acreditar que ele transmita informações atuando como modelo ou gabarito." N. H. Horowitz, "The Gene", *Scientific American*, fevereiro de 1956, p. 85.

O motivo por que tais gabaritos simbólicos são necessários é que inerentemente, como já se observou muitas vezes, o comportamento humano é extremamente plástico. Não sendo controlado estritamente, mas apenas de modo amplo, por programas ou modelos genéticos — fontes intrínsecas de informações — tal comportamento, se tiver de produzir algum resultado, tem de ser controlado, numa extensão significativa, por fontes extrínsecas. Os pássaros aprendem a voar sem túneis aerodinâmicos, e quaisquer reações à morte que alguns animais inferiores possuem são, em grande parte, inatas, executadas fisiologicamente.[40] A extrema generalidade, disseminação e variabilidade da capacidade inata de resposta do homem significa que o padrão particular que seu comportamento assume é guiado, predominantemente, por gabaritos culturais em vez de genéticos, estabelecendo estes últimos o contexto geral psicofísico dentro do qual as sequências precisas de atividade são organizadas pelos primeiros. O homem, animal que faz ferramentas, que ri ou que mente, é também um animal incompleto — ou, mais corretamente, um animal que se completa. Agente da sua própria realização, ele cria a capacidade específica que o define a partir de sua capacidade geral para a construção de modelos simbólicos. Ou — para retornar finalmente ao nosso tema — é através da construção de ideologias, de imagens esquemáticas da ordem social, que o homem faz de si mesmo, para o bem ou para o mal, um animal político.

Além disso, como as várias espécies de sistema — símbolos culturais são fontes extrínsecas de informações, gabaritos para a organização dos processos social e psicológico, eles passam a desempenhar um papel crucial nas situações nas quais está faltando o tipo particular de informação que eles contêm, onde os guias institucionalizados de comportamento, pensamento ou sentimento são fracos ou estão ausentes. É justamente nos lugares emocional ou topograficamente não familiares que se precisa de poemas e mapas rodoviários.

O mesmo acontece com a ideologia. Nas comunidades políticas firmemente implantadas, como a inestimável reunião de Edmund Burke, de "opiniões e regras de vida antigas", o papel da ideologia é marginal em qualquer sentido explícito. Em tais sistemas políticos verdadeiramente tradicionais, os participantes atuam (para usar outra expressão burkiana) como homens de sentimentos não ensinados; eles são guiados, tanto emocional como intelectualmente, em seus julgamentos e atividades por preconceitos não examinados, que não os deixam "hesitar no momento da decisão, céticos, perplexos e irresolutos". Entretanto, como ocorreu na França revolucionária que Burke estava julgando e, na verdade, na sacudida Inglaterra de onde Burke, como o maior ideólogo de sua nação, estava julgando a França, quando essas opiniões e regras de vida consagradas são colocadas em questão, floresce a procura de formulações ideológicas sistemáticas, tanto para reforçar as já consagradas como para substituí-las. A função da ideologia é tornar possível uma política autônoma, fornecendo os conceitos autoritários que lhe dão significado, as imagens suasórias por meio das quais ela pode ser sensatamente apreendida.[41] Na verdade, é precisamente no ponto em que um sistema político começa a livrar-se do governo imediato das tradições recebidas, da orientação direta e detalhada dos cânones religiosos ou filosóficos, de um lado, e dos preceitos irrefletidos do moralismo convencional, de

---

[40]Este ponto talvez esteja sendo colocado muito agressivamente à luz das análises recentes sobre aprendizagem animal, mas a tese essencial — de que existe uma tendência geral para um controle mais difuso, menos determinado do comportamento por parâmetros intrínsecos (inatos) à medida que se caminha dos animais inferiores para os superiores — parece bem estabelecida, Veja acima, Capítulo 3.

[41]Sem dúvida, há ideologias morais, econômicas e até mesmo estéticas, além das especificamente políticas, entretanto, como muito poucas ideologias de alguma proeminência social se ressentem da falta de implicações políticas, talvez seja permitido ver o problema aqui a partir desse foco um tanto estreito. De qualquer forma, os argumentos desenvolvidos para as ideologias políticas aplicam-se com igual força às não políticas. Para análise de uma ideologia moral elaborada em termos muito semelhantemente desenvolvidos para as ideologias políticas aplicam-se com igual força às não Leaders", *The Journal of Social Issues*, 17 (1961): pp. 13-25.

outro, que as ideologias formais tendem primeiro a emergir e assumir a direção.[42] A diferenciação de uma comunidade política autônoma implica também a diferenciação de um modelo cultural separado e distinto de ação política, pois os modelos mais antigos, não especializados, são demasiado abrangentes ou demasiado concretos para fornecer o tipo de orientação que tal sistema político exige. Ou eles estorvam o comportamento político, embaraçando-o com uma significação transcendental, ou sufocam a imaginação política, atando-a ao realismo vazio do julgamento habitual. É justamente quando nem as orientações culturais mais gerais da sociedade, nem as orientações mais terra a terra, "pragmáticas", são mais suficientes para fornecer uma imagem adequada do processo político que as ideologias começam a tornar-se cruciais como fontes de significados e atitudes sociopolíticas.

Num certo sentido, essa afirmativa se constitui numa outra forma de dizer que a ideologia é uma resposta à tensão. Entretanto, estamos incluindo agora tanto a tensão *cultural* como a social e a psicológica. É a perda de orientação que dá origem mais diretamente à atividade ideológica, uma incapacidade, por falta de modelos utilizáveis, de compreender o universo dos direitos civis e das responsabilidades no qual as pessoas se encontram localizadas. O desenvolvimento de uma comunidade política diferenciada (ou de uma maior diferenciação interna dentro de tal comunidade) pode trazer consigo, e comumente traz, um grave deslocamento social e uma tensão psicológica. Ao mesmo tempo, traz uma confusão conceptual, na medida em que as imagens estabelecidas de ordem política se esmaecem na irrelevância ou são levadas ao descrédito. O motivo por que a Revolução Francesa foi, pelo menos no seu tempo, a maior incubadora de ideologias extremistas da história humana, tanto "progressistas" como "reacionárias", não foi pelo fato de serem mais profundos e mais difundidos tanto a insegurança pessoal como o desequilíbrio do que em muitos outros períodos anteriores — embora fossem suficientemente profundos e difundidos — mas porque o princípio organizador central da vida política, o direito divino dos reis, foi destruído.[43] É justamente a confluência de tensão sociopsicológica e a ausência de recursos culturais através dos quais essa tensão possa fazer sentido, uma exacerbando a outra, que prepara o cenário para o aparecimento de ideologias sistemáticas (política, moral ou econômica).

Por sua vez, é a tentativa das ideologias de dar sentido a situações sociais de outra forma incompreensíveis, de construí-las de tal forma a tornar possíveis a atuação proposta dentro delas, que dá conta tanto da natureza altamente figurativa das ideologias como da intensidade com que são mantidas, uma vez aceitas. Da mesma maneira como a metáfora amplia a linguagem alargando seu alcance semântico, permitindo-lhe expressar significados que não pode, ou ainda não pode, expressar literalmente, o golpe dos significados literais na ideologia — a ironia, a hipérbole, a muito apelada antítese — fornece novos quadros simbólicos contra os quais se pode combinar a miríade de "coisas não familiares'" que são produzidas por uma transformação na vida política, como uma viagem a um país estranho. O que quer que as ideologias sejam além disso — projeções de medos não reconhecidos, disfarces de motivos ulteriores, expressões fictícias

---

[42]Certamente, não há contradição no fato de tais ideologias desejarem impor, como a de Burke ou de De Maistre, um revigoramento dos costumes, ou reimpor a hegemonia religiosa. Só se constroem argumentos para a tradição quando suas credenciais foram questionadas. Na medida em que tais apelos são bem-sucedidos, eles trazem de volta não um tradicionalismo ingênuo, mas uma retradicionalização ideológica — algo totalmente diferente. Cf. Mannheim, "Conservative Thought", em seus *Essays on Sociology and Social Psychology* (Nova York, 1953), especialmente pp. 94-98.

[43]É importante lembrar, também, que o princípio foi destruído muito antes do rei; na verdade, ele foi um sacrifício ritual para o princípio sucessório: "Quando Saint-Just exclama 'Determinar o princípio em virtude do qual Luís XVI talvez morra é determinar o princípio pelo qual vive a sociedade que o julga', ele demonstra que são os filósofos que vão matar o Rei; o Rei deve morrer em nome do contrato social." A. Camus, *The Rebel* (Nova York, 1958), p. 114.

126 Capítulo Seis

da solidariedade de grupo — elas são, bem distintamente, mapas de uma realidade social problemática e matrizes para a criação da consciência coletiva. Se o mapa é correto ou a consciência é digna de crédito em cada caso particular, é outra questão, à qual não se pode dar uma mesma resposta, como não existe uma resposta idêntica para o nazismo e o sionismo, para os nacionalismos de McCarthy e de Churchill, para os defensores da segregação e seus oponentes.

VI

Apesar de o fermento ideológico estar, sem dúvida, largamente difundido na sociedade moderna, seu *locus* mais proeminente talvez esteja nos novos (e renovados) Estados da Ásia, África e algumas partes da América Latina, pois é nesses Estados, comunistas ou não, que estão sendo dados os passos iniciais de afastamento em relação a uma política tradicional de religiosidade e proverbialidade. A proclamação de independência, a derrubada das classes dominantes estabelecidas, a popularização da legitimação, a racionalização da administração pública, o surgimento de elites modernas, a difusão da alfabetização e das comunicações de massa e a propulsão, a contragosto, de governos inexperientes no meio de uma ordem internacional precária, que até os seus participantes mais antigos não compreendem muito bem, tudo isso é responsável por um sentido difuso de desorientação, uma desorientação em face da qual as imagens recebidas de autoridade, responsabilidade e propósito cívico parecem radicalmente inadequados. A procura de um novo arcabouço simbólico em termos dos quais se possa formular, pensar e reagir a problemas políticos, seja sob a forma de nacionalismo, marxismo, liberalismo, populismo, racismo, cesarismo, eclesiaticismo ou alguma variedade de tradicionalismo reconstruído (ou, o que é mais comum, uma combinação confusa de vários desses ingredientes) é, portanto, muito intensa.

Intensa — mais indeterminada. Em sua maior parte, os novos Estados ainda estão tateando em busca de conceitos políticos utilizáveis, não os aprendendo ainda. O resultado em praticamente todos os casos, pelo menos nos casos não comunistas, é incerto não apenas no sentido de que o resultado de qualquer processo histórico é incerto, mas no sentido de que é extremamente difícil até mesmo uma avaliação ampla e geral de uma direção total. Intelectualmente, tudo está em movimento, e as palavras desse extravagante poeta da política, Lamartine, escritas na França do século XIX, aplicam-se aos novos Estados talvez com muito mais propriedade do que se aplicaram à moribunda monarquia de julho:

> Estes tempos são tempos de caos; as opiniões são uma disputa; os partidos são uma confusão; ainda não foi criada uma linguagem para as novas ideias; nada é mais difícil do que dar uma boa definição de si mesmo em religião, em filosofia, em política. Sente-se, conhece-se, vive-se e, se necessário, morre-se por uma causa, mas não se pode denominá-la. É um problema desta época classificar as coisas e os homens... O mundo embaralhou o seu catálogo.[44]

Essa observação não é mais verdadeira em nenhum lugar do mundo agora [1964] do que na Indonésia, onde todo o processo político está atolado num lodaçal de símbolos ideológicos, cada um deles tentando, e até agora falhando, desembaraçar o catálogo da República, dar nome à sua causa, dar um sentido e um

---

[44]Alphone de Lamartine, "Declaration of Principles", *in Introduction to Contemporary Civilization in the West, A Source Book* (Nova York, 1946), 2: pp. 328-333.

propósito à sua comunidade política. É um país de falsos inícios e revisões frenéticas, de uma busca desesperada por uma ordem política cuja imagem, como uma miragem, some mais rapidamente quanto mais ansiosamente ela é abordada. O *slogan* da salvação, no meio de toda essa frustração, é "A Revolução Está Inacabada"! E na verdade ela está. Mas somente porque ninguém sabe, nem mesmo aqueles que gritam mais alto, exatamente como fazer para acabá-la.[45]

Os conceitos de governo mais altamente desenvolvidos na Indonésia tradicional eram aqueles sobre os quais foram construídos os Estados clássicos hinduizados dos séculos IV a XV, conceitos esses que persistiram sob formas revistas e enfraquecidas mesmo após esses Estados terem sido primeiro islamizados e, depois, amplamente substituídos ou dominados pelo regime colonial holandês. Desses conceitos, o mais importante era o que pode ser chamado de teoria do centro exemplar, a noção de que a cidade capital (mais exatamente, o palácio do rei) era ao mesmo tempo um microcosmo da ordem sobrenatural — "uma imagem do... universo em escala menor" — e a corporificação material da ordem política.[46] A capital não era apenas o núcleo, o motor ou o pivô do Estado — *era* o Estado.

No período hindu, o castelo do rei compreendia virtualmente toda a cidade. Uma "cidade celestial" quadrada, construída de acordo com as ideias da metafísica índica, ela era mais do que um *locus* de poder: era o paradigma sinóptico da forma ontológica de existência. No centro estava o rei divino (a encarnação de uma deidade indiana), simbolizando o seu trono o Monte Meru, sede dos deuses; as construções, as estradas, as paredes da cidade e, cerimonialmente, até mesmo suas mulheres e sua comitiva pessoal eram dispostas em forma quadrangular em torno dele, segundo as direções dos quatro ventos sagrados. Não apenas o próprio rei, mas também seu ritual, suas insígnias reais, sua corte e seu castelo estavam imbuídos de uma significação carismática. O castelo e a vida no castelo eram a essência do reinado, e aquele que (muitas vezes após meditar no silêncio do deserto para atingir a situação espiritual adequada) capturasse o castelo capturaria todo o império, apreenderia o carisma do cargo e substituiria o rei não mais sagrado.[47]

Assim, as comunidades políticas não eram tanto unidades territoriais solidárias como frouxos conglomerados de aldeias orientadas para um centro urbano comum, e cada um desses centros competia com o outro pela ascendência sobre os demais. O grau de hegemonia regional ou, em certos momentos, inter-regional que porventura prevalescesse dependia não da organização administrativa sistemática do extenso território sob o governo de um único rei, mas da capacidade variável dos reis de mobilizar e aplicar forças atacantes com as quais derrotar capitais rivais, capacidade esta que se acreditava residir em terreno essencialmente religioso — isto é, místico. Na medida em que o padrão era apenas territorial, ele consistia numa série de círculos concêntricos de poder religioso-militar se espalhando em torno das várias cidades-Estados capitais, como ondas de rádio se espalhando em torno de um transmissor. Quanto mais próxima da cidade estava a aldeia, maior era o impacto, econômico e cultural, da corte sobre essa aldeia. De forma inversa, quanto maior o desenvolvimento da corte — sacerdotes, artesãos, nobres e rei — maior era sua autenticidade como epítome da ordem cósmica, sua força militar e o alcance efetivo dos seus círculos mais amplos de poder. A excelência espiritual e a eminência política se fundiam. O poder mágico e a influência executiva fluíam

---

[45]A discussão seguinte, muito esquemática e necessariamente *ex cathedra*, baseia-se principalmente em minha própria pesquisa e representa apenas minha própria opinião, mas eu me vali também, e muito, do trabalho de Herbert Feith para o material fatual. Cf. especialmente *The Decline of Constitutional Democracy in Indonesia* (Nova York, 1962) e "Dynamics of Guided Democracy", *in Indonesia,* org. por R. McVey (New Haven, 1963), pp. 309-409. Quanto à análise cultural geral dentro da qual as minhas interpretações foram estabelecidas, cf. C. Geertz, *The Religion of Java* (Nova York, 1960).

[46]R. Heine-Geldern, "Conceptions of State and Kinship in Southeast Asia", *Far Eastern Quartely*, 2 (1942): 15-30.

[47]*Ibid.*

128 CAPÍTULO SEIS

do rei numa corrente única, para cima e para baixo, através das posições descendentes da sua comitiva e de quaisquer outras cortes menores a ele subordinadas, derramando-se finalmente na massa camponesa, em termos espirituais e políticos. Constituía-se, assim, um conceito fac-símile de organização política, no qual o reflexo da ordem sobrenatural, espelhado na vida da capital, refletia-se, por sua vez, mais adiante e mais fracamente, no campo como um todo, produzindo uma hierarquia de cópias cada vez menos fiéis de um reino eterno, transcendental. Em tal sistema, a organização administrativa, militar e cerimonial da corte ordena o mundo em torno dele como um ícone, fornecendo-lhe um modelo tangível.[48]

Quando o Islã chegou, a tradição política hindu se enfraqueceu um pouco, especialmente nos reinos baseados no comércio costeiro que rodeavam o mar de Java. Não obstante, a cultura palaciana persistia, embora carregada e entrelaçada de símbolos e ideias islâmicos e colocada no meio de uma massa urbana etnicamente mais diferenciada, que via com menos respeito a ordem clássica. O crescimento constante — especialmente em Java — do controle administrativo holandês em meados do século XIX e princípios do século XX restringiu ainda mais a tradição. Todavia, como os níveis inferiores da burocracia continuaram a ser preenchidos quase que inteiramente por indonésios das antigas classes superiores, a tradição continuou a ser, mesmo nessa época, a matriz da ordem política supra-aldeia. A regência ou a direção distrital permaneceram não apenas como o eixo da comunidade política, mas também como a sua corporificação, uma comunidade política a respeito da qual os aldeões, em sua maioria, não eram atores mas audiência.

Foi com essa tradição que a nova elite da Indonésia republicana teve de se haver após a revolução. Isso não significa, porém, que a teoria do centro exemplar tenha persistido imutável, deslizando como algum arquétipo platônico através da história indonésia, pois (com a sociedade como um todo) ela evoluiu e se desenvolveu, tornando-se finalmente talvez mais convencional e menos religiosa em seu temperamento. Tampouco significa que as ideias estrangeiras, do parlamentarismo europeu, do marxismo, do moralismo islâmico e assim por diante, não tenham desempenhado um papel importante no pensamento político indonésio, pois o moderno nacionalismo indonésio está longe de ser apenas um vinho antigo em garrafa nova. O que ocorre simplesmente é que, com todas essas mudanças e influências, ainda não foi completada a transição conceptual da imagem clássica de uma comunidade política como centro concentrado da pompa e do poder, fornecendo alternadamente um alvo para o respeito popular e um ponto de apoio para as campanhas militares contra os centros competidores, para o de uma comunidade política como comunidade nacional sistematicamente organizada. Com efeito, essa transição foi simplesmente interrompida e até invertida, numa certa medida.

O fracasso cultural é aparente se se levar em conta a crescente e presumivelmente inextinguível barafunda ideológica que engolfou a política indonésia desde a revolução. A tentativa mais importante de construir, por meio de uma extensão figurativa da tradição clássica, uma reelaboração essencialmente metafórica dela, um novo arcabouço simbólico com o qual dar forma e significado à comunidade política republicana emergente, foi o famoso conceito Pantjasila do Presidente Sukarno, lançado pela primeira vez num discurso público

---

[48]A expansão da terra Yawa [Java] pode ser comparada com uma única cidade do reino do Príncipe.
São [contadas] aos milhares as moradias das pessoas a serem comparadas com as mansões dos servidores reais que rodeiam o corpo principal do conjunto real. Todo o tipo de ilhas estranhas: comparadas a elas estão as áreas de terras cultivadas, felizes e tranquilas.
Sobre o aspecto dos parques, então, estão florestas e montanhas, todas elas pisadas por Ele, sem qualquer ansiedade.
Canto 17, estrofe 3 do "Nagara-Kertagama", um épico real do século XIV. Traduzido *in* The Piegeaud, *Java in the 14th Century* (Haia, 1960), pp. 3-21. O termo *nagara* ainda significa, em Java, indiferentemente, "palácio", "cidade-capital", "Estado", "interior", ou "governo" — às vezes até "civilização".

ao final da ocupação japonesa.[49] Apoiando-se na tradição índica dos cinco conjuntos fixados de preceitos numerados — as três joias, as quatro disposições sublimes, o caminho das oito direções, as vinte condições do governo bem-sucedido, e assim por diante — ele consistia nos cinco *(pantja)* princípios *(sila)* que se propunham formar os fundamentos ideológicos "sagrados" de uma Indonésia independente. Como todas as boas constituições, a Pantjasila era curta, ambígua e impecavelmente superior, sendo os cinco pontos o "nacionalismo," o "humanitarismo", a "democracia", o "bem-estar social" e o "monoteísmo" (pluralista). Finalmente, esses conceitos modernos, lançados com tanta displicência num arcabouço medieval, identificavam-se explicitamente com um conceito camponês nativo, *gotong rojong* (literalmente, "o suporte coletivo das cargas"; figurativamente, "a veneração de todos pelos interesses de todos"), reunindo, assim, a "grande tradição" do Estado exemplar, as doutrinas do nacionalismo contemporâneo e as "pequenas tradições" das aldeias numa única imagem luminosa.[50]

São muitas e complexas as razões por que falhou esse artifício tão engenhoso, e apenas algumas delas — como a força dos conceitos islâmicos de ordem política em certos setores da população, difíceis de conciliar com o secularismo de Sukarno — são culturais. O Pantjasila, atuando sobre o conceito microcosmo-macrocosmo e sobre o sincretismo tradicional do pensamento indonésio, pretendia conter em si os interesses políticos dos muçulmanos e dos cristãos, da pequena nobreza e do campesinato, dos nacionalistas e comunistas, dos interesses comerciais e agrários, dos javaneses e dos grupos das "Ilhas de Fora" da Indonésia — para reelaborar o antigo padrão fac-símile numa estrutura constitucional moderna na qual essas várias tendências encontrariam um *modus vivendi* em cada nível de administração e luta partidária, cada uma delas enfatizando um ou outro aspecto da doutrina. A tentativa não foi tão ineficaz ou intelectualmente fútil como se retratou há algum tempo. O culto do Pantjasila (pois foi isso que se tornou literalmente, completo com ritos e comentários) forneceu realmente, durante algum tempo, um contexto ideológico flexível dentro do qual as instituições parlamentares e os sentimentos democráticos foram sendo forjados corretamente, embora gradualmente, tanto em nível local como nacional. Mas a combinação de uma situação econômica em deterioração, uma relação desesperadamente patológica com a antiga metrópole, o rápido crescimento de um partido totalitário subversivo (em princípio), um renascimento do fundamentalismo islâmico, a incapacidade (ou má vontade) dos líderes mais desenvolvidos intelectual e tecnicamente em conseguir o apoio das massas, e a ignorância econômica, incapacidade administrativa e os fracassos pessoais dos que eram capazes (e o desejavam) de conseguir tal apoio logo concorreram para levar o embate das facções a um paroxismo tal que todo o padrão se dissolveu. Por ocasião da Convenção Constitucional de 1957, o Pantjasila havia mudado de uma linguagem de consenso para um vocabulário de desmando, uma vez que cada facção o utilizava mais para expressar sua oposição irreconciliável com outras facções do que para enfatizar a concordância com elas, dentro das regras do jogo, e a Convenção, o pluralismo ideológico e a democracia constitucional desmoronaram de uma só vez.[51]

O que os substituiu se parece muito com o padrão do antigo centro exemplar, com a diferença apenas de ter, agora, uma base autoconscientemente doutrinária em vez de uma base instintiva de religião e convenção, moldada mais no idioma do igualitarismo e do progresso social do que na linguagem da hierarquia e da grandeza patrícia. De um lado ocorreram, sob a direção da famosa teoria do Presidente Sukarno da "demo-

---

[49]Para uma descrição do discurso Pantjasila, cf. G. Kahin, *Nationalism and Revolution in Indonesia* (Ithaca, 1952), pp. 122-127.

[50]As citações são do discurso Pantjasila, cf. citado *in ibid.*, p. 126.

[51]Os anais da Convenção, infelizmente ainda não traduzidos, constituem um dos registros mais completos e instrutivos disponíveis sobre o combate ideológico nos novos Estados. Cf. *Tentang Negara Republik Indonesia Dalan Konstituante*, 3 vols. (n.p. [Jacarta?], s.d. [1958?]).

130 Capítulo Seis

cracia dirigida" e seu apelo pela reintrodução da constituição revolucionária (isto é, autoritária) de 1945, ao mesmo tempo uma homogeneização (na qual as correntes de pensamento discordante — principalmente as do modernismo muçulmano e do socialismo democrático — foram suprimidas como ilegítimas) e uma busca acelerada de um exuberante tráfico de símbolos, como se, tendo fracassado o esforço por fazer funcionar uma forma de governo não familiar, fosse lançada uma tentativa desesperada de injetar vida nova numa forma familiar. De outro lado, o crescimento do papel político do exército, não tanto como um corpo executivo ou administrativo, mas como um agente de apoio reforçado, com poder de veto sobre toda a série de instituições politicamente relevantes, desde a presidência e o serviço civil até os partidos e a imprensa, forneceu a outra metade — ameaçadora — do quadro tradicional.

Da mesma forma que o Pantjasila antes dela, a abordagem revisada (ou revificada) foi introduzida por Sukarno num discurso importante — "A Redescoberta de Nossa Revolução" — feito no Dia da Independência (17 de agosto) em 1959, num discurso que ele posteriormente decretou como, juntamente com as notas expositórias sobre ele preparadas por um corpo de assistentes pessoais conhecido como Supremo Conselho Consultivo, o "Manifesto Político da República":

> Adquire existência, assim, um catecismo sobre a base, os objetivos deveres da revolução indonésia; as forças sociais da revolução indonésia, sua natureza, seu futuro e seus inimigos; seu programa geral, cobrindo as áreas política, econômica, social, mental, cultural e de segurança. No princípio de 1960, a mensagem central do célebre discurso foi afirmada como consistindo em cinco ideias — a constituição de 1945, um socialismo à indonésia, uma democracia orientada, uma economia dirigida e uma personalidade indonésia — e as primeiras letras dessas cinco frases foram reunidas formando a sigla USDEK. O "Manifesto Político" tornou-se "Manipol" e o novo credo ficou conhecido como "Manipol-USDEK".[52]

Como havia acontecido com o Pantjasila, o Manipol-USDEK como imagem da ordem política encontrou rápida resposta junto a uma população para a qual a opinião se havia tornado uma barafunda, os partidos uma confusão e a época um caos:

> Muitos foram atraídos pela ideia de que a Indonésia precisava, acima de tudo, de homens com uma mente apropriada, com o espírito apropriado, com a verdadeira dedicação patriótica. "Retornar à nossa própria personalidade nacional" era um *slogan* atrativo para muitos que desejavam abandonar os desafios da modernidade e também para aqueles que desejavam acreditar na liderança política em curso, mas que estavam cientes de seu fracasso em modernizar tão rapidamente como países tais como a Índia e a Malásia. Para os membros de algumas comunidades indonésias, principalmente para muitos javaneses [de mentalidade índica], havia um significado real nos vários esquemas complexos que o Presidente apresentara na elaboração do Manipol-USDEK, explicando o significado e as tarefas peculiares do atual estágio da história. [Mas] talvez o apelo mais importante do Manipol-USDEK residisse no simples fato de que prometia dar aos homens um *pegangan* — algo em que podiam se agarrar. Eles eram atraídos não tanto pelo conteúdo desse *pegangan* como pelo fato de o Presidente lhes ter oferecido um numa ocasião em que se sentia profundamente a falta de um sentido de propósito. Estando em fluxo e em conflito os valores e os padrões cognitivos, os homens procuravam com afinco formulações dogmáticas e esquemáticas do bem político.[53]

---

[52]Feith, "Dynamics of Guided Democracy", p. 367. Uma descrição vívida, embora um tanto acerba, do "Manipol-USDEKismo" em ação pode ser encontrada em W. Hanna, *Bung Karno's Indonesia* (Nova York, 1961).

[53]Feith, "Dynamics of Guided Democracy", pp. 367-368. *Pegang* significa, literalmente. "apreender"; portanto *pegangan* quer dizer "algo que se pode apreender".

Enquanto o presidente e sua comitiva se preocupavam quase que inteiramente com a "criação e recriação da mística", o exército preocupava-se principalmente em combater os inúmeros protestos, conjurações, motins e rebeliões que ocorrem quando a mística fracassa em seu propósito de atingir o efeito desejado e quando surgem rivais competindo pela liderança.[54] Embora o exército se envolvesse com alguns aspectos do serviço civil, com a direção das empresas holandesas confiscadas e até mesmo com o gabinete (não parlamentar), ele não foi capaz de assumir as tarefas administrativa, de planejamento e de organização do governo nos seus detalhes ou com qualquer bom resultado, talvez por falta de treinamento, unidade interna ou senso de direção. O resultado disso é que tais tarefas não são executadas ou o são de forma muito insatisfatória, e a comunidade política supralocal, o Estado nacional, se encolhe mais e mais nos limites do seu domínio tradicional, a cidade capital — Jacarta — mais algumas cidades e localidades tributárias semi-independentes submetidas a um mínimo de lealdade sob a ameaça de intervenção central pela força.

É muito duvidoso que essa tentativa de reviver a política da corte exemplar resista durante muito tempo. Ela já vem sendo severamente pressionada por sua incapacidade de enfrentar os problemas técnicos e administrativos gerados pelo governo de um Estado moderno. Longe de deter o declínio da Indonésia para aquilo que Sukarno chamou de "abismo de aniquilação", a mudança do parlamentarismo funcional hesitante, agitado e desastrado do período Pantjasila para a aliança Manipol-USDEK entre um presidente carismático e um exército de cão de guarda provavelmente o acelerou. Todavia, é impossível predizer o que sucederá a esse arcabouço ideológico quando, como parece certo, ele também se dissolver, ou de onde surgirá uma concepção de ordem política mais adequada para as necessidades e ambições contemporâneas da Indonésia.

Não que os problemas da Indonésia sejam puramente, ou até basicamente, ideológicos e que eles venham a se desfazer — como muitos indonésios já creem — ante uma mudança política de fundo. A desordem é mais geral e o fracasso em criar um arcabouço conceptual em termos dos quais moldar uma comunidade política moderna é, em grande parte, um reflexo das tremendas tensões sociais e psicológicas sob as quais se encontram o país e sua população. As coisas não apenas *parecem* confusas — elas *estão* confusas e será preciso mais do que uma teoria para deslindá-las. Exigirá habilidade administrativa, conhecimento técnico, coragem e resolução pessoal, uma infinita paciência e tolerância, um enorme autossacrifício, uma consciência pública virtualmente incorruptível e uma grande dose de simples (e improvável) boa sorte no sentido mais material da palavra. Nenhuma formulação ideológica, por mais elegante que seja, pode substituir qualquer desses elementos e, na verdade, na ausência deles, ela degenera, como ocorreu na Indonésia, numa cortina de fumaça para o fracasso, uma diversificação para impedir o desespero, uma máscara para esconder a realidade em vez de revelá-la. Com um tremendo problema populacional, uma extraordinária diversidade étnica, geográfica e regional, uma economia moribunda, uma séria falta de pessoal treinado, uma pobreza da espécie mais amarga, e um descontentamento social difuso, implacável, os problemas sociais da Indonésia parecem virtualmente insolúveis, mesmo sem o pandemônio ideológico. É muito real o abismo que o Sr. Sukarno alega ter entrevisto.

No entanto, parece impossível, ao mesmo tempo, que a Indonésia (ou, imagino eu, qualquer nação nova) possa encontrar seu caminho através dessa floresta de problemas sem uma orientação ideológica.[55] A

---

[54]*Ibid.*

[55]Para uma análise do papel da ideologia numa nação africana emergente, conduzida ao longo de linhas semelhantes à nossa, cf. L. A. Fallers, "Ideology and Culture in Uganda Nationalism", *American Anthropologist*, 63 (1961): pp. 677-686. Para um soberbo estudo de caso de uma nação "adolescente", na qual o processo completo de reconstrução ideológica parece ter sido conduzido com bastante sucesso, cf. B. Lewis, *The Emergence of Modern Turkey* (Londres, 1961), principalmente Capítulo 10.

132 CAPÍTULO SEIS

motivação para alcançar (e, o que é mais importante, para *usar*) a habilidade técnica e o conhecimento, a capacidade emocional de aguentar a necessária paciência e resolução, e a força moral para suportar o autos-sacrifício e a incorruptibilidade devem provir de algum lugar, de alguma visão do propósito público ligada a uma imagem convincente da realidade social. É bem verdade que todas essas qualidades podem não estar presentes, que possam prosseguir as tendências atuais para um irracionalismo revivalista e uma fantasia irrefreável, que a fase ideológica seguinte possa afastar-se ainda mais do que a fase atual dos ideais pelos quais a revolução foi deflagrada, que a Indonésia possa continuar a ser, como Bagehot denominou a França, o palco de experimentos políticos dos quais outros poderão beneficiar-se muito mais do que ela mesma, ou que o resultado final seja um totalitarismo corrupto e terrivelmente fanático. Todavia, quaisquer que sejam os rumos que tomem os acontecimentos, as forças determinantes não serão inteiramente sociológicas ou psicológicas, mas parcialmente culturais — isto é, conceptuais. Forjar um arcabouço teórico adequado para a análise de tais processos tridimensionais é a tarefa do estudo científico da ideologia — uma tarefa que foi apenas iniciada.

VII

As obras críticas e imaginativas são respostas a questões apresentadas pela situação nas quais elas surgem. Não são apenas respostas, mas respostas *estratégicas, estilizadas*. Existe uma diferença no estilo ou na estratégia, se alguém responde "sim" num tom que significa "Graças a Deus" ou num tom que implica um "Coitado de mim!". Assim, eu proporia uma distinção inicial entre "estratégias" e "situações", através da qual nós pensássemos so-bre... qualquer obra crítica ou imaginativa... como a adoção de várias estratégias para englobar situações. Essas estratégias avaliam as situações, nomeiam sua estrutura e seus ingredientes principais e nomeiam-nos de forma tal a conter uma atitude em relação a eles.

Eles perspectiva não nos liga, de forma alguma, a um voto de subjetivismo pessoal ou histórico. As situações são reais, as estratégias para lidar com elas têm conteúdo público e, na medida em que as situações se transpõem de indivíduo para indivíduo ou de um período histórico para outro, as estratégias possuem relevância universal.

Kenneth Burke, *The Philosophy of Literary Form*

Como tanto a ciência quanto a ideologia são "obras" críticas e imaginativas (isto é, estruturas simbólicas), parece mais fácil alcançar uma formulação objetiva tanto das diferenças marcantes entre elas como da natureza da sua relação de uma para com a outra partindo de um tal conceito de estratégias estilísticas do que de uma preocupação nervosa com a posição comparativa epistemológica ou axiológica das duas formas de pensamento. Da mesma forma que os estudos científicos da religião devem começar com ques-tões desnecessárias sobre a legitimidade das alegações substantivas do tema do seu assunto, os estudos científicos da ideologia também devem começar com tais questões. A melhor maneira de lidar com o Paradoxo de Mannheim, ou qualquer paradoxo verdadeiro, é circundá-lo através da reformulação de uma abordagem teórica, de forma a evitar tomar, mais uma vez, o caminho já bem trilhado do argumento que levou a ele em primeiro lugar.

As diferenças entre ciência e ideologia como sistemas culturais devem ser procuradas nas espécies de estratégia simbólica que englobam situações que elas representam, respectivamente. A ciência nomeia a estrutura das situações de tal forma que revela, no conteúdo de sua atitude, seu desinteresse. Seu estilo é contido, parcimonioso, resolutamente analítico; evitando os artifícios semânticos que formulam de forma mais efetiva o sentimento moral, ela procura maximizar a clareza intelectual. A ideologia, porém, nomeia a estrutura das situações de maneira tal que revela em sua atitude um compromisso com elas. Seu estilo é ornamental, vívido, deliberadamente sugestivo; objetificando o sentimento moral através dos mesmos artifícios que a ciência evita, ela procura motivar a ação. Ambas se preocupam com a definição de uma situação problemática e constituem respostas a uma falta sentida de informações necessárias. Mas a informação necessária é bem diferente, mesmo nos casos em que a situação é a mesma. Um ideólogo é apenas um pobre cientista social, da mesma forma que um cientista social é um pobre ideólogo. Os dois estão — ou deveriam estar — em linhas muito diferentes de trabalho, linhas tão diferentes que pouco se ganha e muito se obscurece tentando medir as atividades de um contra os objetivos do outro.[56]

Enquanto a ciência é a dimensão de diagnóstico, de crítica da cultura, a ideologia é a dimensão justificadora, apologética — refere-se "à parcela da cultura que se preocupa ativamente com o estabelecimento e a defesa dos padrões de crença e valor".[57] Torna-se claro, portanto, que há uma tendência natural para que as duas se confrontem, principalmente quando são dirigidas para a interpretação do mesmo âmbito de situações. Entretanto, são muito duvidosas as suposições de que esse confronto seja inevitável e de que as descobertas da ciência (social) debilitarão, necessariamente, a validade das crenças e valores que a ideologia escolheu defender e propagar. Uma atitude ao mesmo tempo crítica e apologética em relação a uma mesma situação não é uma contradição intrínseca em termos (embora muitas vezes possa tornar-se uma contradição empírica), mas um indício de um certo nível de sofisticação intelectual. Há quem relembre a estória, provavelmente *ben trovato*, de que, quando Churchill concluiu sua famosa proclamação sobre a Inglaterra isolada — "Lutaremos nas praias, lutaremos nos campos de pouso, lutaremos nos campos e nas ruas, lutaremos nas colinas..." — ele voltou-se para um assistente e murmurou, "e atingi-los-emos na cabeça com garrafas de soda, pois não temos armas."

A qualidade da retórica social na ideologia não constitui prova, portanto, de que seja falsa a visão da realidade sociopsicológica sobre a qual ela está baseada e de que ela retira seu poder de persuasão de alguma discrepância entre o que é e acredita e o que pode, agora ou no futuro, ser estabelecido como cientificamente correto. O fato de poder perder contato com a realidade numa orgia de fantasia autista é bem evidente — de fato, em situações nas quais não é criticada nem por uma ciência livre nem por ideologias competitivas bem enraizadas na estrutura social geral, existe forte tendência nesse sentido. Todavia, por mais interessantes que sejam as patologias no esclarecimento do funcionamento normal (e por mais comuns que possam ser, empiricamente), elas são enganadoras como protótipos desse funcionamento. Embora, felizmente, não se tenha chegado ao extremo de um teste, é bem provável que os britânicos lutassem realmente nas praias, nos campos de pouso, nas ruas e colinas — e também com garrafas de soda, se fosse o caso — pois Churchill formulara acertadamente a disposição de seus compatriotas e, ao formulá-la, mobilizara-a também, tornando-a possessão pública, fato social, em vez de um conjunto de emoções privadas desconexas, incom-

---

[56] Este aspecto, porém, não é o mesmo que dizer que as duas espécies de atividades não podem ser levadas a efeito juntas, na prática, da mesma forma que não se pode dizer que um homem pode pintar o quadro de um pássaro que seja ao mesmo tempo ornitologicamente concreto e tenha efeitos estéticos. Marx é, certamente, o caso mais relevante, mas, para uma excelente sincronização mais recente da análise científica e do argumento ideológico, ver E. Shils, *The Torment of Secrecy* (Nova York, 1956). Aliás, a maioria dessas tentativas de misturar os gêneros é sempre menos feliz.

[57] Fallers, "Ideology and Culture". Os padrões de crença e valor defendidos podem ser, sem dúvida, tanto os de um grupo socialmente subordinado como o de um grupo socialmente dominante e a "justificativa", portanto, seria para a reforma ou a revolução.

preendidas. Até mesmo expressões ideológicas moralmente abomináveis podem atingir de forma acentuada a disposição de um povo ou de um grupo. Hitler não estava desvirtuando a consciência germânica quando concentrou a demoníaca autoaversão de seus compatriotas na figura tropológica do judeu magicamente corruptor; ele estava apenas objetificando-a — transformando uma neurose pessoal existente numa poderosa força social.

Embora a ciência e a ideologia sejam empreendimentos diferentes, elas não deixam de ter relações entre si. As ideologias fazem exigências empíricas sobre as condições e a direção da sociedade, o que é assunto da ciência avaliar (e, quando falta o conhecimento científico, do senso comum). A função social da ciência *vis-à-vis* as ideologias é, primeiramente, compreendê-las — o que são, como funcionam, o que dá origem a elas — e, em segundo lugar, criticá-las, forçá-las a chegar a termos com a realidade (mas não necessariamente render-se a ela). A existência de uma tradição vital de análise científica dos temas sociais é uma das garantias mais efetivas contra o extremismo ideológico, pois ela fornece uma fonte incomparavelmente fidedigna de conhecimento positivo com o qual a imaginação política pode trabalhar e que ela pode prezar. Mas esse não é o único trunfo. Como já foi mencionado, a existência de ideologias competitivas propagadas por outros grupos poderosos na sociedade tem uma importância pelo menos igual; o mesmo acontece com um sistema político liberal no qual os sonhos de poder total são fantasias óbvias, ou com condições sociais estáveis nas quais as expectativas convencionais não são frustradas continuamente e não são radicalmente incompetentes as ideias convencionais. Todavia, comprometida com uma intransigência plácida a uma visão toda sua, ela é talvez a mais inabalável.

CAPÍTULO 7

A POLÍTICA DO SIGNIFICADO

I

Uma das coisas que quase todo mundo conhece mas não sabe muito bem como demonstrar é que a política de um país reflete o modelo de sua cultura. Num dos níveis, a proposição é indubitável — onde mais poderia existir a política francesa, senão na França? Entretanto, afirmar isso é levantar dúvidas. Desde 1945 a Indonésia tem sido sucessivamente uma revolução, uma democracia parlamentar, uma guerra civil, uma autocracia presidencial, um assassinato em massa e uma dominação militarista. Nisso tudo, onde está o modelo?

Na corrente de acontecimentos que formam a vida política e a teia de crenças que a cultura abarca é difícil encontrar um meio-termo. De um lado, tudo parece um amontoado de esquemas e surpresas: de outro, uma vasta geometria de julgamentos estabelecidos. É extremamente obscuro o que une esse caos de incidentes a esse cosmos de sentimentos, e como formulá-lo torna-se ainda mais obscuro. Acima de tudo, o que a tentativa de ligar a política à cultura precisa é de uma perspectiva menos ansiosa da primeira e uma perspectiva menos estética da última.

Nos diversos ensaios que formam a *Culture and Politics in Indonesia*, foi assumida a espécie de reconstrução teórica necessária para produzir tal mudança de perspectiva por parte de Benedict Anderson e Taufik Abdulah, principalmente do lado cultural, e de Daniel Lev e G. William Liddle, principalmente do lado político, e da parte de Sartono Kartodirdjo mais ou menos igualmente de ambos os lados.[1] Quer o assunto seja a lei ou a organização partidária, a ideia javanesa de poder ou a ideia minangkabau da mudança, do conflito étnico ou do radicalismo rural, o esforço é o mesmo: tornar a vida política indonésia inteligível olhando-a, mesmo em sua forma mais errática, como informada por um conjunto de concepções — ideais, hipóteses, obsessões, julgamento — derivadas de preocupações que a transcendem de longe, e dar realidade a essas concepções encarando-as como tendo existência não em algum mundo diáfano de formas mentais, mas na imediação concreta da luta facciosa. A cultura, aqui, não são cultos e costumes, mas as estruturas de significado através das quais os homens dão forma à sua experiência, e a política não são golpes e constituições, mas uma das principais arenas na qual tais estruturas se desenrolam publicamente. Com essa reformulação das duas — cultura e política — passa a ser um empreendimento mais praticável determinar a conexão entre elas, embora a tarefa não seja modesta.

A razão pela qual o empreendimento é imodesto ou, de qualquer modo, particularmente temerário, é não existir praticamente qualquer aparato teórico para conduzi-lo: todo esse campo — como o chamaremos?

---

[1]Cf. C. Holt, org., *Culture and Politics in Indonesia* (Ithaca, 1972), no qual o presente ensaio surgiu primeiro como um "posfácio", pp. 319-336.

análise temática? — está unido a uma ética de imprecisão. A maioria das tentativas de descobrir concepções culturais gerais dispostas em contextos sociais particulares contenta-se em ser meramente evocativa, em colocar uma série de observações concretas em justaposição imediata e retirar (ou ler) o elemento difundido através da sugestão retórica. O argumento explícito é raro porque são poucos os termos, tanto por desígnio como por negligência, nos quais moldá-lo e o que resta é apenas uma coleção de anedotas unidas por insinuações e um sentimento de que, embora se toque em muita coisa, muito pouco é apreendido.[2]

O estudioso que deseja evitar essa espécie de impressionismo aperfeiçoado terá, portanto, que construir seu patíbulo teórico, enquanto leva a termo sua análise. Essa é a razão por que os autores do livro (de Holt) apresentam abordagens tão diversas — pois Liddle parte dos conflitos de grupo e Anderson da arte e da literatura; pois a perplexidade de Lev é a politização das instituições legais, a de Sartono a durabilidade do milenarismo popular, a de Abdullah a fusão do conservadorismo social e do dinamismo ideológico. A unidade aqui não é nem de tópico nem de argumento, mas de estilo analítico — do objetivo e dos temas metodológicos que significam a perseguição de tal objetivo.

Esses temas são múltiplos, envolvem questões de definição, verificação, causalidade, representatividade, objetividade, medição, comunicação. Entretanto, em sua base, todos eles se resumem numa única questão: como enquadrar uma análise do significado — as estruturas conceptuais que os indivíduos utilizam para construir a experiência — que seja, a um só tempo, suficientemente circunstancial para ter convicção e suficientemente abstrata para se constituir numa teoria. Essas são necessidades que se equivalem: escolher uma a expensas da outra resultará num descritivismo inócuo ou numa generalidade vazia. Entretanto, pelo menos superficialmente, elas parecem puxar em direções opostas, pois, quanto mais alguém invoca os detalhes, mais fica ligado às peculiaridades do caso imediato, e quanto mais esse alguém omite os detalhes, mais perde contato com o terreno sobre o qual repousam seus argumentos. Descobrir de que maneira fugir a esse paradoxo — ou tê-lo sob controle, mais exatamente, já que ninguém consegue fugir totalmente a ele — é no que consiste, afinal de contas, a análise temática, pelo menos do ponto de vista metodológico.

E é justamente a esse respeito que o livro [de Holt] foi escrito, além, naturalmente, dos achados particulares relativos a assuntos particulares. Cada estudo luta para retirar amplas generalizações a partir de exemplos especiais, para penetrar nos detalhes de forma suficientemente profunda para descobrir algo mais que o simples detalhe. As estratégias adotadas para consumar isso são, uma vez mais, muito variadas, mas o esforço desenvolvido para fazer com que os corpos paroquiais do material falem mais do que eles mesmos é uniforme. O cenário é a Indonésia, mas o objetivo, ainda muito distante para sustentar uma ambição, é a compreensão de como cada povo alcança a política que imagina.

II

A Indonésia é um local excelente para atender a esse desafio. Como herdeira de tradições polinésias, índicas, islâmicas, chinesas e europeias, ela dispõe de mais símbolos hieráticos por metro quadrado do que qualquer outra extensão de terra no mundo. Além disso, ela teve em Sukarno (e é um erro considerá-lo atípico em

---

[2]O praticante mais famoso, e talvez menos comprometido, dessa abordagem paratática de relacionar a política à cultura é Nathan Leites. Cf. especialmente seu *A Study of Bolshevism* (Glencoe, Ill., 1953) e *The Rules of the Game in Paris* (Chicago, 1969).

algo mais do que no seu gênio) um homem ao mesmo tempo terrivelmente ansioso e extremamente bem equipado para reunir esses símbolos numa *Staats-religion* pandoutrinária para a recém-formada república. "Socialismo, comunismo, encarnações de Visnu Murti" era o apelo às armas jornalístico em 1921: "Abolição do capitalismo sustentado pelo imperialismo que é seu escravo! Deus dê ao Islã força para ser bem-sucedido."[3] "Sou um seguidor de Karl Marx... mas sou também um homem religioso", anunciou Sukarno algumas décadas depois. "Fiz de mim mesmo o ponto de reunião de todas as tendências e ideologias. Misturei, misturei, misturei-as todas até que finalmente elas se tornaram o Sukarno atual."[4]

E no entanto, por outro lado, a própria densidade e variedade do referencial simbólico fez da cultura indonésia um torvelinho de metáforas e imagens no qual já desapareceu mais de um observador desavisado.[5] Com tanto significado espalhado abertamente ao redor, é praticamente impossível enquadrar um argumento que relacione os acontecimentos políticos a uma ou outra consequência dele a que falte total plausibilidade. Num certo sentido, é muito fácil enxergar reflexos culturais nas atividades políticas da Indonésia, porém isso só torna muito mais difícil fazer o isolamento das conexões precisas. Como nesse jardim de metáforas praticamente qualquer hipótese que distinga uma forma de pensamento numa determinada ação tem certa lógica, desenvolver hipóteses que também contenham a verdade é mais uma questão de resistir a tentações do que de aproveitar oportunidades.

A principal tentação a resistir é pular para conclusões e a principal defesa contra isso é reconstituir, explicitamente, os elos sociológicos entre temas culturais e desenvolvimentos políticos em vez de mover-se dedutivamente de um para o outro. As ideias — religiosa, moral, prática, estética — como Max Weber, entre outros, nunca se cansou de insistir, devem ser apresentadas por grupos sociais poderosos para poderem ter efeitos sociais poderosos: alguém deve reverenciá-las, celebrá-las, impô-las. Elas têm de ser institucionalizadas para poderem ter não apenas uma existência intelectual na sociedade, mas também, por assim dizer, uma existência material. As guerras ideológicas que devastaram a Indonésia nos últimos vinte e cinco anos não devem ser vistas, como tantas vezes acontece, como embates de mentalidades opostas — "misticismo" javanês *versus* "pragmatismo" sumatrano, "sincretismo" índico *versus* "dogmatismo" islâmico — mas como a substância de uma luta para criar uma estrutura institucional para o país que um número suficiente de seus cidadãos ache conveniente o bastante para permitir-lhe funcionar.

Centenas de milhares de mortos políticos atestam o fato de que muito poucos cidadãos concordaram com o exposto, e ainda é discutível o número dos que concordam agora. Transformar uma mixórdia cultural numa comunidade política atuante é mais do que inventar uma religião civil promíscua para entorpecer a sua variedade. Exige o estabelecimento de instituições políticas no interior das quais os grupos oponentes podem contender seguramente ou a eliminação de todos os outros grupos, menos um, do cenário político. Nenhuma dessas soluções ocorreu na Indonésia até agora, a não ser marginalmente; o país foi incapaz tanto de um totalitarismo como de um constitucionalismo. Ao contrário, praticamente todas as instituições da sociedade — exército, burocracia, justiça, universidade, imprensa, partidos, religião, aldeias — foram avassaladas por grandes tremores de paixão ideológica que não parecem ter qualquer finalidade ou direção. Se a Indonésia dá qualquer impressão total é a de um Estado *manqué*, um país que, incapaz de encontrar uma forma política adequada ao temperamento do seu povo, vacila apreensivamente de um expediente institucional para outro.

---

[3] Citado (do *Utusan Hindia*) in B. Dahm, *Sukarno and the Struggle for Indonesian Independence* (Ithaca, 1969), p. 39.

[4] Citado *in* L. Fischer, *The Story of Indonesia* (Nova York, 1959), p. 154. Uma declaração semelhante num discurso público de Sukarno, cf. Dahm, *Sukarno and the Struggle,* p. 200.

[5] Como exemplo, ver H. Luethy, "Indonesia Confronted", *Encounter*, 25 (1965): 80-89; 26 (1966): 75-83, além de meu comentário "Are the Javanese Mad?" e a "Resposta" de Luethy, *ibid.*, agosto 1966, pp. 86-90.

138 Capítulo Sete

Grande parte do problema deve-se, certamente, ao fato de o país ser um arquipélago, e não apenas em sua geografia. Além de exibir um temperamento difuso, ele é partido por contrastes e contradições internas. Há as diferenças regionais (a combatividade retórica do minangkabau e a evasiva reflexiva do javanês, por exemplo), há as divergências "étnicas" de fé e costumes, mesmo entre os grupos mais intimamente relacionados, como no "caldeirão efervescente" de Sumatra Oriental. Há os conflitos de classes refletidos nos movimentos nativistas materiais e vocacionais, e que reflete ainda na luta por um sistema legal atuante. Há minorias raciais (chineses e papuas), minorias religiosas (cristãos e hindus), minorias locais (os batak de Jacarta, os madurese de Surabaja). O *slogan* nacionalista "Um povo, Um país, Um idioma" é apenas uma esperança, não uma descrição.

A esperança que o *slogan* representa não é, porém, necessariamente insensata. A maioria das grandes nações da Europa surgiu a partir de uma heterogeneidade cultural pouco menos marcante; se os toscanos e sicilianos podem viver juntos no mesmo Estado e conceber-se como compatriotas naturais, o mesmo podem fazer javaneses e minangkabus. Muito mais do que a simples diversidade interna, é a recusa, em todos os níveis da sociedade, de chegar a termos com ela que vem impedindo a Indonésia de encontrar uma forma política efetiva. A diversidade tem sido negada como uma calúnia colonial, deplorada como remanescente feudal, recoberta com sincretismos *ersatz*, com uma história tendenciosa, com fantasias utópicas, enquanto o tempo todo surgem as lutas amargas de grupos que veem um no outro rivais não apenas no poder político e econômico, mas no direito de definir a verdade, a justiça, a beleza e a moralidade, a própria natureza da realidade, e que se enraivecem virtualmente sem qualquer orientação por parte das instituições políticas formais. Agindo como se fosse culturalmente homogênea, como o Japão ou o Egito, ao invés de heterogênea como a Índia ou a Nigéria, a Indonésia (ou mais exatamente, suponho, a elite indonésia) conseguiu criar uma anárquica política do significado fora das estruturas estabelecidas do governo civil.

Essa política do significado é anárquica no sentido literal de desgovernada, não no sentido popular de desordenada. Como revela cada um dos ensaios no volume [de Holt], à sua maneira, e que eu chamei em outro lugar de "luta pelo real", a tentativa de impor ao mundo uma concepção particular de como as coisas são em sua essência e, portanto, como os homens devem agir, não é um mero caos de zelo e preconceito, apesar de toda a sua incapacidade em conseguir, até agora, uma expressão institucional atuante. Ela tem uma forma, uma trajetória e uma força próprias.

Os processos políticos de todos os países são mais amplos e profundos do que as instituições formais destinadas a regulamentá-los. Algumas das decisões mais críticas que concernem à direção da vida pública não são tomadas nos parlamentos e *presidiums*, mas nos reinos não formalizados do que Durkheim chamou "a consciência coletiva". Na Indonésia, porém, o padrão de vida oficial e o arcabouço do sentimento popular no qual essa consciência se assenta afastaram-se tanto um do outro que as atividades do governo, embora centralmente importantes, parecem quase inúteis, meras rotinas mais e mais convulsionadas por súbitas irrupções no curso político velado (tem-se até vontade de dizer reprimido) ao longo do qual o país se move, de fato.

Os acontecimentos mais acessíveis da vida pública, os fatos políticos em seu sentido estrito, atuam de maneira tal que tanto obscurecem como revelam esse curso. Na medida em que o refletem, e certamente o fazem, eles o fazem de forma oblíqua e indireta, como os sonhos refletem os desejos ou as ideologias os interesses. Discerni-los é mais como interpretar uma constelação de sintomas do que reconstituir uma corrente de causas. É por isso que os estudos no livro [de Holt] fazem mais o diagnóstico e a avaliação do que a medição e a predição. A fragmentação no sistema partidário revela uma intensificação da autoconsciência étnica; o enfraquecimento da lei formal, um compromisso renovado com os métodos conciliatórios de ajustar disputas. Por trás das perplexidades morais dos modernizadores provinciais repousam complexidades nos relatos tradicionais da história tribal; por trás da explosividade do protesto rural, o feitiço com as imagens cataclísmicas da mudança; por trás da teatralidade da democracia dirigida, concepções arcaicas das fontes de autoridade. Tomados em seu conjunto, esses exercícios de exegese política começam a expor o tênue relevo do que realmente representa a Revolução Indonésia: um esforço para construir um Estado moderno em contato com a consciência dos cidadãos, um Estado com o qual possam chegar a um entendimento, nos dois sentidos da palavra. Uma das coisas sobre a qual Sukarno estava certo, embora tivesse em mente algo bem diferente, era que ela — essa Revolução — ainda não terminara.

III

O problema clássico da legitimidade — de que forma alguns homens alcançam o direito de governar outros — é particularmente agudo num país no qual uma longa dominação colonial criou um sistema político nacional em seu objetivo, mas não em seu caráter. Para que um Estado possa fazer algo mais do que administrar privilégios e defender-se contra sua própria população, seus atos precisam ter continuidade com os elementos cujo Estado ele se propõe ser — seus cidadãos — esses atos precisam ser, num sentido mais intenso, ampliado, os *seus* atos. Não se trata aqui de uma simples questão de consenso. Um homem não tem de concordar com os atos de seu governo para se ver incorporado a ele, da mesma forma que não precisa aprovar seus próprios atos para reconhecer o que o Estado "faz" como resultado natural de um "nós" familiar e inteligível. No melhor dos casos, é necessária certa dose de astúcia psicológica por parte do governo e da cidadania. Entretanto, quando um país foi governado por estrangeiros durante cerca de duzentos anos, esse estratagema torna-se um tanto difícil, mesmo se os estrangeiros já foram expulsos.

As tarefas políticas que pareciam tão formidáveis quando se almejava a independência — terminar a dominação dos poderes externos, criar quadros de liderança, estimular o crescimento econômico e sustentar um sentido de unidade nacional — revelaram-se formidáveis e mais ainda depois que foi alcançada a independência. A elas, porém, juntou-se ainda outra tarefa, menos claramente entrevista então e menos conscientemente reconhecida agora, a de dispersar a aura de alienação das instituições do governo moderno. Grande parte do tráfico de símbolos que ocorreu sob o regime de Sukarno, e que foi moderado, mas não terminado sob seu sucessor, foi uma tentativa um tanto deliberada de fechar o fosso cultural entre o Estado e a sociedade que, embora não inteiramente criado pela dominação colonial, foi grandemente ampliado por ela. O grande crescendo de *slogans*, movimentos, monumentos e demonstrações que alcançaram um clímax de intensidade quase histérica no princípio dos anos 1960 destinava-se, pelo menos em parte, a fazer que a nação-Estado parecesse nativa. Como ela não era nativa, a descrença e a desordem subiram conjuntamente numa espiral e Sukarno foi destruído, ao mesmo tempo que seu regime, no colapso subsequente.

Mesmo sem o fator complicante da dominação colonial, porém, o Estado moderno pareceria estranho à tradição local num país como a Indonésia, quando mais não seja pelo fato de tal concepção de Estado como instrumento especializado para a coordenação de todos os aspectos da vida pública não ter uma contrapartida verdadeira em tal tradição. Os dominantes tradicionais, e não apenas na Indonésia, quando o conseguiam e tinham disposição para tal, podiam ser despóticos, arbitrários, egoístas, irresponsáveis, exploradores ou apenas cruéis (embora, sob a influência da visão histórica de Cecil B. DeMille, o grau em que eles eram cruéis tenha sido muito exagerado), mas eles nunca se imaginaram, nem seus súditos os imaginavam, como executivos de um Estado onipotente. Na maioria das vezes, eles governavam para proclamar seu *status*, proteger (ou, quando possível, ampliar) seus privilégios e exercer seu estilo de vida. Quando regulamentavam sobre assuntos além do

140 Capítulo Sete

seu alcance imediato — o que raras vezes acontecia — eles o faziam apenas de forma derivativa, como reflexos de preocupações mais estratificadoras do que propriamente políticas. A noção de que o Estado é uma máquina cuja função é organizar o interesse geral penetra em tal contexto como uma ideia totalmente estranha.

No que concerne à reação popular, os resultados de tal estranheza foram os habituais: um certo grau de curiosidade, um grau mais elevado de medo, uma expectativa ansiosa e grande dose de perplexidade. Foi justamente perante tal confusão de sentimentos que o controle simbólico de Sukarno falhou como resposta. Mas os vários assuntos discutidos no livro [de Holt] são diferentes, menos maquinados e portanto menos efêmeros. Neles se pode ver, em detalhes concretos, o que significa para um povo habituado a senhores, mas não a gerentes, ser confrontado abruptamente com a perspectiva de um governo central ativista, abrangente — o que de Jouvenel chamou "o Estado casa de força".[6]

Tal confrontação significa que os conceitos recebidos de justiça, poder, protesto, autenticidade, identidade (e certamente muitos outros que esses ensaios não abordam explicitamente) são todos expostos a riscos pelas exigências, ou as aparentes exigências, de uma existência nacional efetiva no mundo contemporâneo. Esse deslocamento conceptual — colocar em questão os quadros mais familiares da percepção moral e intelectual e a grande alteração da sensibilidade colocada em movimento — forma o próprio tema dos estudos culturais da política do novo Estado. "O que este país precisa", disse Sukarno uma vez, num rompante característico de sincretismo linguístico, "é de *ke-up-to-date-an*". Ele não fez isso, apenas esboçou um movimento nesse sentido, mas foi um movimento suficientemente visível para convencer a todos, menos o mais provinciano dos indonésios, de que não apenas a forma, mas a própria natureza do governo havia mudado e, portanto, os indonésios precisavam fazer alguns ajustes mentais.[7]

IV

Essa espécie de mudança social da mente é muito mais fácil de sentir do que de documentar, não apenas porque suas manifestações são variadas e indiretas, mas também porque são hesitantes, marcadas por incertezas e contradições. Para cada crença, prática, ideal ou instituição condenada como atrasada, sempre surge uma, às vezes a mesma e pelas mesmas pessoas, que é considerada como a própria essência da contemporaneidade; para cada um atacado como estrangeiro, um, às vezes o mesmo, é ovacionado como a sagrada expressão da própria alma nacional.

Em tais assuntos, não há uma simples progressão do "tradicional" para o "moderno", mas um movimento sinuoso, espasmódico, não metódico que se volta tantas vezes para retomar as emoções do passado como para repudiá-las. Alguns dos camponeses de Sartono leem seu futuro nos mitos medievais, outros nas visões marxistas, e outros ainda em ambos. Os advogados de Lev vacilam entre o desprendimento formal da balança da Justiça e o abrigo paternal da figueira-de-bengala. O publicista cuja carreira Abdullah traça como exemplo da reação de sua sociedade ao desafio do modernismo redige editoriais simultaneamente para a restauração do "genuíno minangkabau *adat* [costume]". Em Java, Anderson descobre teorias de po-

---

[6]B. de Jouvenel, *On Power* (Boston, 1962).
[7]A citação é de cartas de Sukarno atacando o islã tradicional, escritas na prisão do exílio em Flores, *Surat-surat Dari Endeh*, décima primeira carta, 18 de agosto de 1936, *in* K. Goenadi e H. M. Nasution, orgs., *Dibawah Bendera Revolusi* 1 (Jacarta, 1959): pp. 215-216.

der "mágico-arcaicas" e "racional-desenvolvidas" coexistindo lado a lado; em Sumatra, Liddle descobre o localismo e o nacionalismo avançado *pari passu*.

Esse fato inegável e habitualmente negado — de que, qualquer que seja a curva do progresso, ele não segue uma fórmula graciosa — desarma qualquer análise da modernização que parta do pressuposto de que ela consiste na substituição do nativo e do obsoleto pelo importado e atualizado. Não é apenas na Indonésia, mas em todo o Terceiro Mundo — e em todo o mundo — que os homens são atraídos por um duplo objetivo: permanecerem eles mesmos e manterem o ritmo século XX, ou talvez superá-lo. Uma tensa conjunção de conservadorismo cultural e radicalismo político está na raiz do nacionalismo dos novos Estados, e em nenhum outro lugar isso se exibe mais conspicuamente do que na Indonésia. Aquilo que Abdullah diz dos minangkabau — que acomodar-se ao mundo contemporâneo exige "uma revisão contínua do significado da modernização", envolvendo "novas atitudes para com própria tradição e [uma interminável] procura de uma base conveniente de modernização" — é dito, de uma forma ou de outra, em cada um dos ensaios. O que eles revelam não é um avanço linear da escuridão para a claridade, mas uma constante redefinição de onde "nós" (camponeses, advogados, cristãos, javaneses, indonésios...) estávamos, onde estamos agora, e para onde vamos — imagens da história grupal, do caráter, evolução e destino que têm apenas que emergir para serem objeto de luta.

Na Indonésia, esse curvar-se para trás e para a frente ao mesmo tempo tornou-se aparente desde o início do movimento nacionalista, e só cresceu de forma mais marcante desde então.[8] A Sarekat Islam, a primeira organização de algum peso (seus membros aumentaram de aproximadamente quatro mil, em 1912, para aproximadamente quatrocentos mil em 1914), apelou imediatamente para a mística visionária, para os puristas islâmicos, os radicais marxistas, os reformistas das classes comerciais, os aristocratas paternalistas e os camponeses messiânicos. Quando essa comoção disfarçada em partido fez-se em pedaços, como aconteceu nos anos 1920, ela não se separou nas alas "reacionária" e "progressista" da mitologia revolucionária, mas em toda uma série de facções, movimentos, ideologias, clubes, conspirações — o que os indonésios chamam *aliran* (correntes) — procurando ligar uma ou outra forma de modernismo a um ou outro fiapo de tradição.

O pessoal "esclarecido" — médicos, advogados, professores, filhos de funcionários civis — tentou casar o Leste "espiritual" com o Ocidente "dinâmico" através da fusão de um esteticismo culto com um programa evolutivo, *noblesse oblige*, de soerguimento das massas. Os professores rurais da religião do Alcorão procuravam transformar os sentimentos anticristãos em sentimentos anticoloniais, e a eles mesmos em elos entre o ativismo urbano e a devoção aldeã. Muçulmanos modernistas tentaram imediatamente purificar a fé popular de seus acréscimos heterodoxos e elaborar um programa islâmico adequado de reforma social e econômica. Revolucionários de esquerda procuraram identificar o coletivismo rural com o descontentamento camponês político e a luta de classes. Os mestiços eurasianos tentaram reconciliar suas identidades holandesa e indonésia e apresentar um fundamento lógico para a independência multirracial. Os intelectuais educados no Ocidente tentavam ligar-se novamente à realidade indonésia assumindo atitudes nativas, antifeudais (e até certo ponto, antijavanesas) no interesse do socialismo democrático. Para onde quer que se olhe, nesses dias febris do despertar nacionalista (1912-1950, aproximadamente), sempre há alguém procurando com-

---

[8] A respeito da história do nacionalismo indonésio, sobre a qual minhas observações são aqui apenas comentários passageiros, cf. j. M. Pluvier, *Overzicht van de Ontwikkeling der Nationalistische Beweging in Indonesie in de Jaren 1930 tot 1942* (Haia, 1953); A. K. Pringgodigdo, *Sedjurah Pergerakan Rakjat Indonesia* (Jacarta, 1950); D. M. G. Koch, *Om de Vrijheid* (Jacarta, 1950); Dahm, *Sukarno and the Struggle*; G. McT. Kahin, *Nationalism and Revolution in Indonesia* (Ithaca, 1952); H. Benda, *The Crescent and the Rising Sun: Indonesian Islam under the Japanese Occuption, 1942-1945* (Haia, 1958); W. F. Wertheim, *Indonesian Society in Transition* (Haia, 1956).

142 Capítulo Sete

binar ideias avançadas e sentimentos familiares, tentando mostrar alguma faceta do progresso como menos inquietante e algum padrão de costumes como menos dispensável.

A heterogeneidade da cultura indonésia e do pensamento político moderno procuravam entrosar-se entre si para produzir uma situação ideológica na qual um consenso altamente generalizado em um nível — o de que o país deve ascender coletivamente aos píncaros da modernidade embora continuando a aderir, também coletivamente, aos elementos básicos de sua herança — era contrariado em outro por uma crescente dissensão sobre a direção a ser tomada nessa ascensão, e quais seriam esses elementos básicos. Após a Independência, a fragmentação da elite e dos setores ativos da população ao longo dessas linhas completou-se à medida que a sociedade se reagrupava em *familles d'esprit* competitivas, algumas muito grandes, algumas pequenas, outras médias, as quais se preocupavam não apenas em governar a Indonésia, mas sobretudo em defini-la.

Desenvolveu-se, assim, uma incongruência paralisante entre o arcabouço ideológico dentro do qual se construíram e funcionavam as instituições formais do futuro Estado "casa de força" e aquele dentro do qual a formação política total da, também futura, nação tomou forma; entre o "misturado, misturado, misturado" integralismo da democracia dirigida, do Pantjasila, do Nasakon e similares e a compartimentalização de "caldeirão efervescente" do sentimento popular.[9] O contraste não era apenas simplesmente de centro e periferia — integralismo em Jacarta, compartimentalismo nas províncias — mas surgiu, em formas não muito diferentes, em todos os níveis do sistema político. Desde os pequenos bares das aldeias, onde os camponeses de Sartono apresentavam seus pequenos planos, até os gabinetes de Merdeka Square, onde os "ministeriais" de Anderson apresentavam os grandes planos, a vida política seguia caminho numa espécie curiosa de nível duplo no qual a rivalidade, não apenas pelo poder, mas pelo poder acima do poder — o direito de especificar os termos nos quais a direção do Estado, ou até mesmo a mera existência oficial, é concedida — prosseguia, embalada nas frases generosas da luta comum, da identidade histórica, da irmandade nacional.

Isto é, a vida política seguiu esse caminho até 1.º de outubro de 1965. O fracassado golpe de Estado e seus sangrentos resultados — talvez um quarto de milhão de mortos em três ou quatro meses — trouxe para primeiro plano a desordem cultural que cinquenta anos de mudança política criaram, avançaram, dramatizaram e com a qual se alimentaram.[10] A enxurrada de cliclês nacionalistas logo tornou a obscurecer o cenário,

---

[9]A ideologia estatal da República até meados dos anos 1960, cf. H. Feith, "Dinamics of Guided Democracy", *in* R. T. McVey, org., *Indonesia* (New Haven, 1963), pp. 309-409; quanto às divisões populares, R. R. Jay, *Religion and Politics in Rural Central Java*, Southeast Asia Studies, Cultural Reports Series n.º 12 (New Haven, 1963); G. W. Skinner, org., *Local, Ethnic and National Loyalties in Village Indonesia*, Southeast Asia Studies, Cultural Report Series n.º 8 (New Haven, 1959); e R. W. Liddle, *Ethnicity, Party and National Integration* (New Haven, 1970). A atmosfera política bem esquizoide assim criada pode ser sentida nos debates da convenção constitucional de 1957-1958; cf. *Tentang Dasar Negara Republik Indonesia Dalam Konstituante*, 3 vols. Jacarta (?), 1958 (?).

[10] A estimativa de mortos é de John Hugues, *The End of Sudarno* (Londres, 1968), p. 189. As estimativas vão de 50.000 a um milhão; ninguém sabe realmente quantos foram e o morticínio foi numa escala tão grande que parece obtuso debater o seu número. O relato de Hugues sobre o golpe, os massacres e a ascendência de Suharto, embora não muito analítico, é provavelmente tão digno de confiança e imparcial como outro qualquer. Para outras discussões, de diversos pontos de vista, cf. R. Shaplen, *Time Out of Hand* (Nova York, 1969); D. S. Lev, "Indonesia 1965: The Year of the Coup", *Asian Survey* 6, n.º 2 (1966): pp. 103-110; W. F. Wertheim, "Indonesia Before and After the Untung Coup", *Pacific Affairs*, 39 (1966): pp. 115-127; B. Gunawan, *Kudeta: Staatsgreep in Djakarta* (Meppel, 1968); J. M. van der Kroef, "Interpretations of the 1965 Indonesian Coup: A Review of the Literature", *Pacific Affairs,* 43 n.º 4 (1970-1971): pp. 557-577; E. Utrecht, *Indonesie's Nieuwe Orde: Ontbinding en Herkolonisatie* (Amsterdã, 1970); H. P. Jones, *Indonesia: The Possible Dream* (Nova York, 1971); L. Rey, "Dossier on the Indonesian Drama", *New Left Review* (1966): pp. 26-40; A. C. Brackman, *The Communist Collapse in Indonesia* (Nova York, 1969). Em minha opinião, a literatura sobre o golpe, de direita, esquerda e centro, foi desfigurada por uma preocupação obsessiva com os papéis de Sukarno e do Partido Comunista Indonésio nos acontecimentos imediatos da conspiração (temas não sem importância, embora mais importantes para compreender o movimento do que para compreender o país), à custa do seu significado no desenvolvimento de uma consciência política indonésia.

pois não se pode olhar o abismo impunemente, da mesma forma que não se pode fitar o Sol. Entretanto, deve haver muito poucos indonésios que não saibam agora que, embora encoberto, o abismo está lá, e eles se arrastam ao longo de suas margens, uma mudança de consciência que pode acabar sendo o passo mais importante que já deram na direção de uma mentalidade moderna.

V

O que quer que os cientistas sociais possam desejar, existem alguns fenômenos sociais cujo impacto é imediato e profundo, até mesmo decisivo, mas cuja significação não pode ser avaliada efetivamente até bem depois de sua ocorrência, e um deles é, sem dúvida, a erupção de uma grande violência doméstica. O Terceiro Mundo já presenciou uma série dessas eurpções durante os vinte e cinco anos em que praticamente iniciou sua existência — a partilha da Índia, o motim do Congo, Biafra, Jordânia. Nenhuma delas, porém, foi mais esmagadora do que a que ocorreu na Indonésia, nem mais difícil de avaliar. Desde os terríveis últimos meses de 1965, todos os estudiosos da Indonésia, especialmente os que tentavam penetrar no caráter do país, têm estado na situação pouco confortável de saber que um tremendo trauma interno abalou seu tema de estudo, mas sem saber, a não ser vagamente, quais foram os seus efeitos. A sensação de que aconteceu algo para o qual ninguém estava preparado, e sobre o qual ninguém sabe ainda o que dizer, persegue os ensaios [no volume de Holt], dando aos leitores a impressão do *agon* de uma peça na qual a crise foi deixada de fora. Mas nada há a fazer nesse sentido: a crise ainda perdura.[11]

Alguns efeitos externos são, sem dúvida, bastante claros. O Partido Comunista Indonésio, o terceiro maior do mundo, conforme suas próprias alegações, foi basicamente destruído, pelo menos no momento. Existe uma dominação militar. Sukarno foi inicialmente imobilizado e em seguida, com aquela graça controlada, implacável, que os javaneses chamam *halus*, deposto, morrendo logo após. Acabou a "confrontação" com a Federação Malaia. A situação econômica melhorou consideravelmente, a segurança interna, à custa de prisões políticas em massa, alcançou virtualmente todo o país pela primeira vez após a Independência. O desespero ostentado daquilo que é hoje chamada a "Antiga Ordem" foi substituído pelo desespero mudo da "Nova Ordem". Mas a questão "O que mudou?", no que se refere à cultura, ainda é inquietante. Uma catástrofe tão grande, e que aconteceu principalmente nas aldeias, entre os aldeões, dificilmente terá deixado de afetar o país, entretanto é impossível calcular até que ponto e quão permanentemente o terá afetado. Na Indonésia, as emoções vêm à superfície de forma extremamente gradual, embora poderosa: "O crocodilo afunda com ligeireza", dizem eles, "mas sobe à superfície lentamente." Tanto o que se escreve sobre a política indonésia como essa mesma política estão agora impregnados de uma desconfiança que se origina na espera de que o crocodilo volte à superfície.

---

[11]O fato de ninguém ter previsto os massacres é às vezes apresentado como exemplo da futilidade da ciência social. Muitos estudos enfatizaram as enormes tensões e o potencial de violência da sociedade indonésia. Aliás, quem quer que anunciasse antecipadamente o fato de que cerca de um quarto de milhão de pessoas seriam massacradas em três meses de carnificina nos campos de arroz teria sido olhado, muito justamente, como uma pessoa de mente muito distorcida. O que isso deixa entrever em termos de oposição entre razão e não razão é um assunto muito complicado, porém o que não é dito é que a razão é impotente porque não é clarividente.

144 CAPÍTULO SETE

Na história dos golpes políticos comparáveis, porém (e quando se olha para a história do mundo moderno eles são encontrados com muita facilidade), alguns resultados parecem mais comuns do que outros. O mais comum talvez seja uma falha na coragem, uma restrição no sentido das possibilidades que surgem. Sangrias internas maciças, como as guerras civis norte-americana e espanhola, muitas vezes submetem a vida política a uma espécie de pânico abafado que associamos, de forma muito geral, com um trauma psíquico: uma obsessão com indícios, a maior parte ilusórios, de que "vai acontecer novamente", um aperfeiçoamento de precauções elaboradas, a maioria delas simbólicas, para evitar que aconteça, e a convicção irremovível, quase sempre visceral, de que acontecerá de qualquer forma — tudo isso repousando, talvez, no desejo meio reconhecido de que aconteça de uma vez para que acabe também de uma vez. Tanto para uma sociedade como para um indivíduo, uma catástrofe interna, especialmente quando ocorre no processo de uma tentativa séria de mudança, pode ser ao mesmo tempo um aditivo sutil e uma força profundamente enrijecedora.

Isso acontece particularmente (e aqui continua a analogia com a vida individual, analogia essa que, como os desastres públicos se refletem através das vidas privadas, não é exatamente uma analogia) quando a verdade do que aconteceu é obscurecida por estórias convenientes e deixam-se as paixões florescer na obscuridade. Aceitos pelo que foram, apesar de terríveis, os acontecimentos de 1965 poderiam libertar o país de muitas das ilusões que permitiram que eles acontecessem e, em particular, a ilusão de que a população da Indonésia está empenhada, como um todo, numa marcha direta para a modernidade, ou mesmo que tal marcha seja possível, ainda que guiada pelo Alcorão, pela Dialética, pela Voz na Quietude ou pela Razão Prática. Desmentida através de qualquer outra síntese ideológica tramada, a lembrança meio suprimida dos acontecimentos perpetuará e alargará infinitamente o fosso entre os processos de governo e a luta pelo real. A um preço demasiado alto, que não precisaria ter sido pago, os indonésios pareceriam a um espectador ter agora demonstrado a si mesmos, com uma força convincente, a profundidade do seu dissenso, da sua ambivalência, de sua desorientação. Se essa demonstração foi de fato convincente para os que estão dentro, para os quais tais revelações sobre si mesmos devem ser aterradoras, é outra questão. Trata-se, na verdade, da questão primordial da política indonésia nessa conjuntura da história. Apesar de sua qualidade ficar no "antes da tempestade", os estudos do volume [de Holt] não contribuem com uma resposta, mas pelo menos com certa impressão a respeito de quais são as probabilidades.

Por maior que possa ter sido (ou não) a força dilacerante dos massacres, a matriz conceptual dentro da qual o país se vinha movimentando não pode ter mudado radicalmente, se não por outro motivo, porque ela está profundamente enraizada nas realidades das estruturas social e econômica indonésia, enquanto os massacres não estão. Java ainda é terrivelmente superpovoada, a exportação de produtos primários ainda é a principal fonte de comércio exterior, ainda há tantas ilhas, idiomas, religiões e grupos étnicos como sempre houve (e até mais, agora que a Nova Guiné Ocidental foi anexada) e as cidades continuam cheias de intelectuais sem lugar, de negociantes sem capital, e as aldeias, de camponeses sem terra.[12]

Os advogados de Lev, os reformistas de Abdullah, os políticos de Liddle, os camponeses de Sartono e os funcionários de Anderson, bem como os soldados que hoje os policiam, enfrentam a mesma gama de problemas, com o mesmo âmbito de alternativas e o mesmo arsenal de preconceitos que tinham antes do holocausto.

---

[12]Deve-se observar, talvez, que os parâmetros externos também não mudaram muito — China, Japão, Estados Unidos e União Soviética continuam mais ou menos os mesmos e onde estavam, e o mesmo acontece com os termos comerciais. Se os chamados fatores externos parecem ter sido negligenciados em favor dos chamados fatores internos [no volume de Holt] não é porque sejam considerados sem importância, mas porque, para terem efeitos locais, eles precisam ter, primeiro, expressão local. Qualquer tentativa para reconstituí-los até suas fontes além de tais expressões logo ficaria fora do controle em estudos dessa natureza.

O estado de suas mentes pode ser diferente — e é difícil crer que não seja após tantos horrores — porém a sociedade em que estão encerrados e as estruturas de significado que a informam continuam praticamente as mesmas. As interpretações culturais da política são poderosas na medida em que podem sobreviver, num sentido intelectual, aos acontecimentos da política. Sua capacidade de conseguir isso depende do grau em que se encontram bem fundamentadas sociologicamente, não de sua coerência interna, de sua plausibilidade retórica ou de seu apelo estético. Quando estão convenientemente seguras, o que quer que aconteça apenas as reforça; quando não estão, o que quer que aconteça as explode.

Assim sendo, o que está escrito [no volume de Holt] ainda pode ser testado, embora não seja uma previsão. O valor desses ensaios — cujos autores podem ou não concordar com minha interpretação de suas descobertas — será determinado, a longo prazo, menos por combinarem com os fatos do qual derivam, embora seja isso o que os recomenda à nossa atenção, em primeiro lugar, do que pela possibilidade de iluminarem o curso futuro da política indonésia. Como as consequências da última década aparecem sempre na seguinte, poderemos ver se o que foi dito aqui sobre a cultura indonésia é penetrante ou errado, se nos permite construir o que acontece em termos dela ou nos deixa à míngua de uma compreensão que pensávamos ter. Enquanto isso, só podemos esperar pelo crocodilo, como todos os outros; como uma barreira à espécie de presunção moral que nem os norte-americanos nem os indonésios estão agora em posição de afetar, lembremo-nos do que disse Jakob Burckhardt, em 1860, sobre o negócio dúbio de julgar os povos. Burckhardt talvez mereça ser chamado de fundador da análise temática:

> Talvez seja possível indicar muitos contrastes e gradações de diferenças entre as diferentes nações, mas não é dado à percepção humana alcançar o equilíbrio do todo. A verdade última, no que diz respeito ao caráter, à consciência e à culpa de um povo, permanece um segredo para sempre. Seus defeitos têm outro lado, onde reaparecem como peculiaridade e até mesmo como virtudes. Devemos deixar que ajam como queiram aqueles que encontram prazer em censurar acremente nações inteiras. Os povos da Europa podem maltratar, mas felizmente não se julgam uns aos outros. Uma grande nação, entretecida por sua civilização, suas realizações, sua prosperidade com toda a vida do mundo moderno, pode dar-se ao luxo de ignorar tanto os seus defensores como seus acusadores. Ela continua a viver com ou sem a aprovação dos teóricos.[13]

---

[13]J. Burckhardt, *The Civilization of the Renaissance in Italy* (Nova York, 1954); orig. (1860), p. 318.

PARTE V

CAPÍTULO 8

PESSOA, TEMPO E CONDUTA EM BALI

A Natureza Social do Pensamento

O pensamento humano é rematadamente social: social em sua origem, em suas funções, social em suas formas, social em suas aplicações. Fundamentalmente, é uma atividade pública — seu hábitat natural é o pátio da casa, o local do mercado e a praça da cidade. As implicações desse fato para a análise antropológica da cultura — minha preocupação fundamental aqui — são enormes, sutis e insuficientemente apreciadas.

Quero esboçar algumas dessas implicações através do que pode parecer, à primeira vista, uma indagação excessivamente especial, até mesmo esotérica: um exame do aparato cultural nos termos do qual o povo de Bali define, percebe e reage às pessoas individuais — isto é: o que pensa sobre elas. Todavia, uma investigação como essa só é especial e esotérica no sentido descritivo. Os fatos, como fatos, são de pouco interesse imediato além dos limites da etnografia, e tentarei resumi-los na forma mais breve possível. Vistos, porém, contra o pano de fundo de um objetivo teórico geral — determinar o que se segue para a análise da cultura a partir da proposição de que o pensamento humano é essencialmente uma atividade social — os dados balineses assumem peculiar importância.

As ideias balinesas nessa área são não apenas anormalmente bem desenvolvidas, mas também, a partir de uma perspectiva ocidental, suficientemente estranhas para projetar alguma luz sobre as relações gerais entre diferentes ordens de conceptualização cultural e que se ocultam de nós quando olhamos apenas para nosso próprio arcabouço, demasiado familiar para a identificação, classificação e manejo dos indivíduos humanos e quase humanos. Eles apontam particularmente para algumas conexões não óbvias entre a maneira como um povo percebe a si mesmo e aos outros, o modo pelo qual eles sentem o tempo e o tom efetivo de sua vida coletiva — conexões que têm sentido para se compreender não apenas a sociedade balinesa, mas também a sociedade humana em geral.

O Estudo da Cultura

Grande parte da recente teorização científica social voltou-se para uma tentativa de distinguir e especificar dois conceitos analíticos principais: cultura e estrutura social.[1] O ímpeto desse esforço originou-se do desejo de levar em conta fatores ideacionais nos processos sociais, sem sucumbir às formas hegelianas ou marxistas

---

[1]Para discussões mais sistemáticas e extensas, cf. T. Parsons e E. Shils, orgs., *Toward a General Theory of Action* (Cambridge, Mass., 1959); e T. Parsons, *The Social System* (Glencoe, Ill., 1951). Em Antropologia, algumas das abordagens mais notáveis, nem todas de acordo, incluem: S. F. Nadel, *Theory of Social Structure* (Glencoe, Ill., 1957); E. Leach, *Political Systems of Highland Burma* (Cambridge, Mass., 1954); E. E. Evans-Pritchard, *Social Anthropology* (Glencoe, Ill., 1951); R. Redfield, *The Primitive World and Its Transformations* (Ithaca, 1953); C. Lévi-Strauss, "Social Structure", em sua *Structural Anthropology* (Nova York, 1963); pp. 277-323; R. Firth, *Elements of Social Organization* (Nova York, 1951); e M. Singer, "Culture", *in International Encyclopedia of the Social Sciences*, vol. 3 (Nova York, 1968), p. 527.

de reducionismo. Para evitar ter que ver as ideias, conceitos, valores e formas expressivas como sombras lançadas pela organização da sociedade sobre as densas superfícies da história ou como a alma da história cujo progresso não é mais que a elaboração de sua dialética interna, foi necessário ver esses fatores como forças independentes, mas não autossuficientes — atuantes, mas causando impacto apenas em contextos sociais específicos aos quais se adaptam, pelos quais são estimulados, mas sobre os quais eles têm uma influência determinante, em grau maior ou menor. Em seu livrinho sobre *The Historian's Graft*, escreveu Marc Bloch: "Vocês esperam realmente conhecer os grandes mercadores da Europa renascentista, os vendedores de tecidos e especiarias, os monopolizadores do cobre, do mercúrio e do alume, os banqueiros dos reis e imperadores apenas através do conhecimento de sua mercadoria? É preciso ter em mente o fato de que eles foram retratados por Holbein, que eles liam Erasmo e Lutero. Para compreender a atitude do vassalo medieval para com o seu senhor, você tem de se informar também sobre a atitude que ele assumia perante Deus." É preciso compreender tanto a organização da atividade social, suas formas institucionais e os sistemas de ideias que as animam, como a natureza das relações existentes entre elas. É justamente nesse sentido que se dirige a tentativa de esclarecer os conceitos de estrutura social e de cultura.

Há pouca dúvida, no entanto, de que dentro desse desenvolvimento de duas faces foi o lado cultural que provou ser o mais refratário e que permaneceu o mais atrasado. Pela própria natureza do caso, é mais difícil lidar cientificamente com as ideias do que com as relações econômicas, políticas e sociais entre os indivíduos e grupos que essas ideias informam. Isso torna-se ainda mais verdadeiro quando as ideias envolvidas não são doutrinas explícitas, como a de um Lutero ou de um Erasmo, ou as imagens articuladas de um Holbein, mas são noções apenas meio formuladas, assumidas como certas, indiferentemente sistematizadas, que guiam as atividades normais de homens comuns na vida cotidiana. Se o estudo científico da cultura se arrasta, e na maioria das vezes se atola num mero descritivismo, é porque o tema de seu assunto é esquivo, enganoso, em sua maior parte. O problema inicial de qualquer ciência — definir o seu objeto de estudo de forma tal a torná-lo possível de uma análise — torna-se aqui extremamente difícil de resolver.

É neste ponto que a concepção do pensar como sendo basicamente um ato social, que ocorre no mesmo público em que ocorrem outros atos sociais, pode desempenhar um papel muito construtivo. A perspectiva de que o pensamento não consiste em processos misteriosos localizados naquilo que Gilbert Ryle chamou de gruta secreta na cabeça, mas de um tráfico de símbolos significantes — objetos em experiência (rituais e ferramentas; ídolos esculpidos e buracos de água; gestos, marcações, imagens e sons) sobre os quais os homens imprimiram significado — faz do estudo da cultura uma ciência positiva como qualquer outra.[2] Os significados que os símbolos, os veículos materiais do pensamento, incorporam são muitas vezes evasivos, vagos, flutuantes e distorcidos, porém eles são, em princípio, tão capazes de serem descobertos através de uma investigação empírica sistemática — principalmente se as pessoas que os percebem cooperam um pouco — como o peso atômico do hidrogênio ou a função das glândulas suprarrenais. É por intermédio dos padrões culturais, amontoados ordenados de símbolos significativos, que o homem encontra sentido nos acontecimentos através dos quais ele vive. O estudo da cultura, a totalidade acumulada de tais padrões, é, portanto, o estudo da maquinaria que os indivíduos ou grupos de indivíduos empregam para orientar a si mesmos num mundo que de outra forma seria obscuro.

---

[2]G. Ryle, *The Concept of Mind* (Nova York, 1949). Já trabalhei com alguns dos temas filosóficos, os quais não mencionei aqui, levantados pela "teoria extrínseca do pensamento" no Capítulo 3, e portanto preciso apenas reenfatizar que essa teoria não envolve um compromisso com o behaviorismo, tanto em sua forma metodológica como em sua forma epistemológica. E não se trata, também, de qualquer disputa em relação ao fato positivo de que são os indivíduos e não as coletividades que pensam.

Em qualquer sociedade particular, o número de padrões culturais geralmente aceitos e frequentemente usados é extremamente grande, o que torna o trabalho analítico de selecionar apenas os padrões mais importantes e reconstituir quaisquer relações que possam ter uns com os outros uma tarefa vertiginosa. O que alivia um pouco essa tarefa é o fato de que certos tipos de padrões e certas espécies de relações entre os padrões reaparecem de uma sociedade para outra pela razão muito simples de que as exigências orientacionais que eles servem são genericamente humanas. Os problemas, sendo existenciais, são universais; suas soluções, sendo humanas, são diversas. Todavia, é através da compreensão circunstancial dessas soluções únicas — e, em minha opinião, apenas dessa forma — que a natureza dos problemas subjacentes, para os quais eles constituem uma resposta comparável, pode ser verdadeiramente compreendida. Aqui, como em muitos ramos do conhecimento, o caminho para as grandes abstrações da ciência se desenrola através de um emaranhado de fatos singulares.

Uma dessas necessidades orientacionais difundidas é certamente a caracterização dos seres humanos individuais. Todos os povos desenvolveram estruturas simbólicas nos termos das quais as pessoas são percebidas exatamente como tais, como simples membros sem adorno da raça humana, mas como representantes de certas categorias distintas de pessoas, tipos específicos de indivíduos. Em cada caso em separado, surge, inevitavelmente, uma pluralidade de tais estruturas. Algumas são centradas no ego, como por exemplo as terminologias do parentesco; isto é, elas definem o *status* de um indivíduo em termos da sua relação com um ator social específico. Outras se concentram em um ou outro subsistema ou aspecto da sociedade, e são invariáveis no que diz respeito às perspectivas dos atores individuais: categorias nobres, *status* de grupos de idade, categorias ocupacionais. Alguns — nomes pessoais e apelidos — são informais e particularizantes; outros — títulos burocráticos e designações de casta — são formais e padronizados. O mundo cotidiano no qual se movem os membros de qualquer comunidade, seu campo de ação social considerado garantido, é habitado não por homens quaisquer, sem rosto, sem qualidades, mas por homens personalizados, classes concretas de pessoas determinadas, positivamente caracterizadas e adequadamente rotuladas. Os sistemas de símbolos que definem essas classes não são dados pela natureza das coisas — eles são construídos historicamente, mantidos socialmente e aplicados individualmente.

Entretanto, mesmo reduzir a tarefa da análise cultural à preocupação apenas com os padrões que têm algo a ver com a caracterização das pessoas individuais a torna apenas ligeiramente menos formidável. Isso ocorre por não existir ainda um arcabouço teórico aperfeiçoado dentro do qual levá-la a efeito. Aquilo que se chama análise estrutural em sociologia e em antropolgia social pode investigar as implicações funcionais de um sistema particular de pessoas-categorias para uma determinada sociedade e, às vezes, até prever como um tal sistema pode mudar sob o impacto de certos processos sociais. Entretanto, isso só pode ocorrer se o sistema — as categorias, seus significados e suas relações lógicas — pode ser assumido como já conhecido. A teoria da personalidade em psicologia social pode descobrir a dinâmica motivacional subjacente na formação e no uso de tais sistemas, e pode até avaliar seu efeito sobre a estrutura de caráter dos indivíduos que as empregam realmente. Mas isso também só ocorre se, num certo sentido, elas já são dadas, se já foi determinado, de alguma maneira, como os indivíduos em questão veem a si mesmos e aos outros. O que é necessário é alguma forma sistemática, em vez de apenas literária ou impressionista, de descobrir o que *é* dado, como é percebida realmente a estrutura conceptual encarnada nas formas simbólicas através das quais as pessoas são percebidas. O que queremos, e não temos ainda, é um método desenvolvido para descrever e analisar a estrutura significativa da experiência (aqui, a experiência das pessoas) conforme ela é apreendida por membros representativos de uma sociedade particular, num ponto do tempo particular — em suma, uma fenomenologia científica da cultura.

Predecessores, Contemporâneos, Consócios e Sucessores

Algumas tentativas esparsas e muito abstratas ocorreram, porém, na análise cultural assim concebida, de cujos resultados é possível tirar algumas indicações úteis para a nossa pesquisa mais estreitamente localizada. As mais interessantes dentre essas incursões foram as levadas a efeito pelo falecido filósofo-sociólogo Alfred Schutz, cujo trabalho representa uma tentativa um tanto heroica e não sem sucesso de fundir as influências originadas de Scheler, Weber e Husserl, de um lado, com as originárias de James, Mead e Dewey, de outro.[3] Schutz empenhou-se numa multidão de tópicos — nenhum deles, praticamente, em termos de qualquer consideração extensa ou sistemática de processos sociais específicos — sempre procurando descobrir a estrutura de significado daquilo que ele via como "a realidade principal" na experiência humana: o mundo da vida cotidiana enfrentado pelo homem, no qual ele atua e vive. Um de seus exercícios na fenomenologia social especulativa — a desagregação da noção amortecedora de "companheiros" em "predecessores", "contemporâneos", "consócios" e "sucessores" — fornece um ponto de partida especialmente valioso para nossos próprios objetivos. Ver o amontoado de padrões culturais que os balineses usam para caracterizar os indivíduos em termos dessa divisão salienta, na forma mais sugestiva, as relações entre as concepções de identidade pessoal, as concepções de ordem temporal e as concepções do estilo comportamental que, como veremos, estão implícitas neles.

As distinções em si mesmas não são abstrusas, mas o fato de as classes que elas definem se sobreporem e se interpenetrarem torna difícil formulá-las com a agudeza decisiva que as categorias analíticas exigem. "Consócios" são indivíduos que se encontram realmente, pessoas que se encontram umas com as outras em qualquer lugar no curso da vida cotidiana. Eles compartilham, assim, embora breve ou superficialmente, de uma comunidade não apenas no tempo, mas também no espaço. Eles estão "envolvidos na biografia um do outro", pelo menos em caráter mínimo; eles "envelhecem juntos", pelo menos momentaneamente, interagindo direta e pessoalmente como egos, sujeitos, individualidades. Os amantes, pelo menos enquanto dura o amor, são consócios, da mesma forma que os esposos, até que se separem, ou os amigos, até que deixem de sê-lo. O mesmo ocorre com membros de orquestras, participantes de um jogo, estranhos em conversa num trem, regateadores num mercado ou habitantes de uma mesma aldeia: qualquer conjunto de pessoas que tenha um relacionamento mais ou menos contínuo e com algum propósito durável, ao invés de apenas esporádico ou incidental, e que constituem o cerne da categoria. Os outros apenas lançam sombras sobre sua participação no segundo tipo de companheiros: "os contemporâneos".

Os contemporâneos são pessoas que partilham uma comunidade no tempo, mas não no espaço: eles vivem (mais ou menos) no mesmo período da história e muitas vezes mantêm relações sociais muito tênues entre si, porém não se encontram — pelo menos no curso normal das coisas. Eles se ligam não através de uma interação social direta, mas através de um conjunto generalizado de pressupostos formulados simbolicamente (isto é, culturalmente) sobre os modos típicos de comportamento um do outro. Além disso, o nível de generalização envolvido é assunto de grau, de forma que a graduação do envolvimento pessoal nas relações consociadas de amantes para conhecidos casuais — relações essas também dirigidas culturalmente, sem dúvida — continua aqui até que os laços sociais deslizem para um perfeito anonimato, uma padronização e uma intermutabilidade:

---

[3]Para uma introdução à obra de Schutz nessa área, cf. o seu *The Problem of Social Reality*, Collected Papers, I, org. por M. Natanson (Haia, 1962).

Ao pensar no meu amigo ausente A, formo um tipo ideal de sua personalidade e de seu comportamento baseado em minha experiência passada de A como meu consócio. Ao colocar uma carta no correio, eu espero que pessoas desconhecidas, chamadas carteiros, ajam de forma típica, não muito inteligível para mim, daí resultando que minha carta chegará a seu destinatário num espaço de tempo tipicamente razoável. Sem nunca ter encontrado um francês ou um alemão, posso compreender "Por que a França teme o rearmamento da Alemanha". Cumprindo as regras da gramática inglesa, eu sigo [em meus escritos] um padrão de comportamento socialmente aprovado pelos companheiros contemporâneos de língua inglesa, aos quais tenho que me ajustar para me fazer compreender. E finalmente qualquer artefato ou utensílio refere-se ao companheiro que o produziu, para ser utilizado por outros companheiros anônimos, para atingir objetivos típicos através de meios típicos. Estes são apenas alguns exemplos, mas eles estão arrumados de acordo com o grau do crescente anonimato envolvido e do construto necessário para apreender o Outro e o seu comportamento.[4]

Finalmente, "predecessores" e "sucessores" são indivíduos que não partilham nem mesmo de uma comunidade no tempo e portanto, por definição, não podem interagir. Assim, eles formam uma espécie de classe única em relação a ambos, tanto os consócios como os contemporâneos, que podem interagir e o fazem. Todavia, do ponto de vista de qualquer ator particular, eles não têm exatamente o mesmo significado. Os predecessores, já tendo vivido, podem ser conhecidos ou, de forma mais correta, pode-se saber bastante sobre eles, e os atos que executaram podem ter influência sobre as vidas daqueles de quem são predecessores (isto é, seus sucessores), embora o reverso, pela natureza do caso, não seja possível. Os sucessores, por sua vez, não podem ser conhecidos, nem se pode saber nada sobre eles, pois eles são os ocupantes ainda não nascidos de um futuro ainda não chegado. Embora suas vidas possam ser influenciadas pelos atos executados por aqueles de quem são sucessores (isto é, os seus predecessores), novamente o reverso não é possível.[5]

Todavia, para propósitos empíricos, é mais útil formular essas distinções de forma menos estrita e enfatizar que, como no caso dos consócios e contemporâneos, elas são relativas e não ficam muito claras na experiência cotidiana. Com algumas exceções, nossos antigos consócios e contemporâneos não caem subitamente no passado, mas se apagam mais ou menos gradualmente, tornando-se nossos predecessores à medida que envelhecem e morrem, e nesse período de aprendizado da ancestralidade podemos ter algum efeito sobre eles, da mesma forma que as crianças muitas vezes modelam as fases de encerramento da vida de seus pais. Nossos consócios e contemporâneos mais jovens tornam-se gradualmente nossos sucessores, de forma que aqueles dentre nós que vivem mais tempo podem ter o dúbio privilégio de conhecer quem nos vai substituir e até ter, ocasionalmente, alguma influência passageira sobre a direção de seu crescimento. "Consócios", "contemporâneos", "predecessores" e "sucessores" devem ser vistos não como compartimentos isolados de um pombal, nos quais os indivíduos se distribuem uns aos outros para propósitos de classificação, mas como indicativos de certas relações gerais e não muito distintas, terra a terra, que os indivíduos concebem para estabelecer entre eles mesmos e os outros.

---

[4]*Ibid.*, pp. 17-18. A disposição dos parágrafos foi alterada, sendo acrescentados os colchetes.

[5]Nos lugares onde existe o "culto dos ancestrais", de um lado, ou as "crenças nos espíritos", de outro, os sucessores podem ser vistos como (ritualmente) capazes de interagir com seus predecessores, ou os precedessores interagirem (misticamente) com seus sucessores. Entretanto, em tais casos, as "pessoas" envolvidas não são fenomenologicamente predecessores ou sucessores, enquanto se concebe a interação como existindo, mas contemporâneos ou até mesmo consócios. Deve-se perceber claramente, tanto aqui como na discussão posterior, que as distinções são formuladas do ponto de vista do ator, e não de um observador de fora, uma terceira pessoa. Para o lugar do constructo orientado pelo ator (às vezes chamado erroneamente de "subjetivo") nas ciências sociais, cf. T. Parsons, *The Structure of Social Action* (Glencoe, Ill., 1937) principalmente os capítulos sobre os textos metodológicos de Max Weber.

154 CAPÍTULO OITO

Mais uma vez, contudo, essas relações não são percebidas exatamente como tais; elas só são apreendidas através da mediação de formulações culturais sobre elas. Sendo formuladas culturalmente, seu caráter preciso difere de uma sociedade para outra, como difere o inventário dos padrões culturais existentes; ele difere também de situação para situação dentro de uma única sociedade, como padrões diferentes entre a pluralidade dos padrões existentes que são considerados suficientemente satisfatórios para serem aplicados. Diferem ainda de ator para ator dentro de situações semelhantes, na medida em que os hábitos idiossincráticos, as preferências e as interpretações exercem influência. Não existem realmente experiências sociais límpidas de qualquer importância na vida humana, pelo menos além da infância. Tudo é manchado com um significado imposto e os companheiros, como os grupos sociais, as obrigações morais, as instituições políticas ou as condições ecológicas, só são apreendidos através de uma tela de símbolos significantes que constituem os veículos de sua objetificação, uma tela que está, portanto, muito longe de ser neutra no que se refere à sua natureza "real". Os consócios, os contemporâneos, os precedessores e os sucessores tanto nascem como são feitos.[6]

As Ordens Balinesas da Definição-Pessoa

Em Bali[7] há seis tipos de rótulos que uma pessoa pode aplicar a uma outra a fim de identificá-la como um indivíduo único e que desejo levar em consideração contra esse pano de fundo conceptual geral: (1) nomes pessoais; (2) nomes na ordem de nascimentos; (3) termos de parentesco; (4) tecnônimos; (5) títulos de *status* (chamados comumente "nomes de casta" na literatura sobre Bali); e (6) títulos públicos, com os quais quero indicar os títulos semiocupacionais utilizados pelos chefes, governantes, sacerdotes e deuses. Esses vários rótulos não são empregados simultaneamente, na maioria dos casos, mas usados alternativamente, dependendo da situação e, às vezes, do indivíduo. Essas não são todas as espécies de rótulos que são usadas, mas são as únicas geralmente reconhecidas e aplicadas regularmente. Como cada tipo consiste não numa mera coleção de etiquetas úteis, mas num sistema terminológico distinto e limitado, passo a me referir a eles como as "ordens simbólicas da definição-pessoa" e a considerá-los primeiro em série e só mais tarde como um amontoado mais ou menos coerente...

NOMES PESSOAIS

A ordem simbólica definida pelos nomes pessoais é a mais simples de descrever porque é a menos complexa em termos formais e a menos importante em termos sociais. Todos os balineses têm nomes pessoais, mas

---

[6]É justamente nesse aspecto que a formulação consócio-contemporâneo-predecessor-sucessor difere criticamente de pelo menos algumas versões da formulação *umwelt-mitwelt-vorwelt-vogelwelt* da qual se origina, pois não existe aqui a questão das decisões apodíticas da "subjetividade transcendental" *à la* Husserl, mas, ao contrário, "formas de compreensão" desenvolvidas sociopsicologicamente e historicamente transmitidas, *à la* Weber. Para uma discussão extensa, embora um tanto indecisa, desse contraste, cf. M. Merleau-Ponty, "Phenomenology and the Sciences of Man", em seu *The Primacy of Perception* (Evanston, 1964), pp. 43-55.

[7]Na discussão subsequente, serei forçado a esquematizar drasticamente as práticas balinesas e a representá-las como muito mais homogêneas e bastante mais consistentes do que elas são realmente. Particularmente as afirmativas categóricas, tanto da variedade positiva como negativa ("Todos os balineses..."; "Nenhum balinês...") devem ser lidas como tendo afixada a elas a qualificação implícita "...até onde vai meu conhecimento" e muitas vezes até, como pontas em ferraduras, com relação a exceções consideradas "anormais". Etnograficamente, podem ser encontradas apresentações dos dados aqui resumidos em H. e C. Geertz, "Teknonymy in Bali: Parenthood, Age-Grading and Genealogical Amnesia", *Journal of the Royal Anthropological Institute*, 94 (1964): pp. 94-108; C. Geertz, "Tihingan: A Balinese Village", *Bijdragen tot de taalland-en volkenkunde*, 120 (1964): 1-33; e C. Geertz, "Form and Variation in Balinese Village Structure", *American Anthropologist*, 61 (1959): pp. 991-1012.

raramente os usam, tanto para referir-se a si mesmos como aos outros, ou dirigindo-se a quem quer que seja. (No que diz respeito aos antepassados de alguém, inclusive seus pais, é até um sacrilégio usá-los.) As crianças é que são indicadas e muitas vezes até chamadas por seus nomes pessoais. É por isso que tais nomes são às vezes considerados nomes de "criança" ou "pequenos" embora, após terem sido outorgados ritualmente 105 dias depois do nascimento, eles sejam mantidos imutáveis durante todo o curso de vida de um homem. De modo geral, os nomes pessoais são pouco ouvidos e desempenham um papel público muito pequeno.

Entretanto, a despeito dessa marginalidade social, o sistema de dar nome às pessoas tem algumas características extremamente significativas para a compreensão das ideias balinesas sobre a condição pessoal, embora de forma um tanto canhestra. Primeiramente, os nomes pessoais, pelo menos entre as pessoas comuns (cerca de 90 por cento da população), são arbitrariamente cunhados como sílabas sem sentido. Eles não são retirados de uma relação de nomes estabelecidos, que poderia dar-lhes uma significação secundária como sendo "comuns" ou "fora do comum", ou dando o nome *de* alguém — um ancestral, um amigo dos pais, um personagem famoso — ou como sendo um nome propício, adequado, característico de um grupo ou região, indicando uma relação de parentesco, e assim por diante.[8] Em segundo lugar, a duplicação dos nomes pessoais dentro de uma única comunidade — isto é, um conjunto nuclear politicamente unificado — é cuidadosamente evitado. Tal conjunto (chamado *bandjar*, ou "povoação") é o grupo básico face a face fora do reino puramente doméstico da família e, em alguns sentidos, é até mais íntimo. Altamente endogâmica e sempre altamente corporativa, habitualmente a povoação é o mundo dos consócios balineses por exelência: dentro dele, cada pessoa, por menos saliente que seja o seu nível social, possui pelo menos os rudimentos de uma identidade cultural completamente única. Em terceiro lugar, os nomes pessoais são monômios e não indicam, portanto, as ligações familiares ou o fato de serem membros de qualquer tipo de grupo. Finalmente, não existem apelidos familiares (com muito poucas exceções, frequentemente apenas parciais), nenhum epíteto do tipo "Ricardo Coração de Leão" ou "Ivã o Terrível" entre a nobreza, nem mesmo diminutivo para as crianças ou nomes carinhosos entre os amantes, esposos, etc...

Assim sendo, qualquer que seja o papel que a ordem simbólica da definição-pessoa desempenhe através do sistema de dar nome às pessoas, para distinguir um balinês de outro ou para ordenar as relações sociais balinesas, sua natureza é essencialmente residual. O nome de alguém é o que resta para esse alguém quando são retirados todos os outros rótulos culturais que lhe são ligados, muito mais salientes socialmente. Como indica o evitar virtualmente religioso do seu uso direto, um nome pessoal é assunto inteiramente privado. De fato, quando um homem já está próximo do fim, quando está a apenas um passo de tornar-se a deidade que se tornará depois de morrer e ser cremado, somente então ele (ou ele e alguns poucos amigos igualmente idosos) pode saber o que de fato ele é — quando ele desaparece, o nome desaparece com ele. No mundo claramente iluminado da vida cotidiana, a parte puramente pessoal da definição cultural do indivíduo, aquela que é mais total e completamente sua no contexto da comunidade imediatamente consociada, é inteiramente silenciada. Com ela são também silenciados os aspectos mais idiossincráticos, meramente biográficos e, consequentemente, passageiros da sua existência como ser humano (aquilo que chamamos de sua "persona-

---

[8]Enquanto os nomes das pessoas comuns são meras invenções, sem qualquer sentido, os nomes da nobreza são retirados de fontes do sânscrito e "significam" alguma coisa, sempre de sentido elevado, como "guerreiro virtuoso" ou "estudioso corajoso". Mas esse significado é muito mais ornamental que denotativo e, na maioria dos casos, o que o nome significa (em oposição ao simples fato de ter significado) não é conhecido de fato. Esse contraste entre um simples tartamudear no campesinato e uma grandiloquência vazia na nobreza não deixa de ter um significado cultural, mas tal significado repousa principalmente na área da expressão e percepção da desigualdade social, não da indentidade pessoal.

lidade" em nosso arcabouço muito mais egoísta) em favor de alguns aspectos muito mais típicos, altamente convencionais e, portanto, mais duráveis.

NOMES NA ORDEM DE NASCIMENTO

Os rótulos mais elementares dentre os mais padronizados são os concedidos a uma criança, mesmo prematura, no instante do seu nascimento, conforme é o primeiro, segundo, terceiro, quarto, etc. membro de um conjunto fraternal. Há variações locais e de grupos de *status*, mas o sistema mais comum é usar *Wayan* para o primeiro filho, *Njoman* para o segundo, *Made* (ou *Nengah*) para o terceiro e *Ktut* para o quarto, recomeçando o ciclo novamente com Wayan para o quinto, Njoman para o sexto, e assim por diante.

Esses nomes na ordem de nascimento são os termos mais frequentemente utilizados dentro da povoação, tanto para se dirigir como para se referir às crianças e homens e mulheres jovens que ainda não produziram herdeiros. Em sua forma vocativa, eles são sempre usados simplesmente, isto é, sem o acréscimo do nome pessoal. "Wayan, dá-me o ancinho". Em termos referenciais, eles podem ser suplementados pelo nome pessoal, principalmente quando não há outro meio conveniente para distinguir as dúzias de Wayans ou Njomans na povoação: "Não, não Wayan Rugrug, Wayan Kepig", e assim por diante. Os pais chamam seus filhos e os irmãos sem filhos se dirigem uns aos outros quase que exclusivamente por esses nomes, em vez de seus nomes pessoais ou termos de parentesco. Eles nunca são usados, porém, para pessoas que têm filhos, tanto dentro da família como fora, sendo utilizados tecnônimos, como veremos, de forma que, em *termos culturais*, os balineses que chegam à maturidade sem ter filhos (uma pequena minoria) permanecem como crianças — isto é, eles são retratados simbolicamente como tais — fato que lhes causa grande vergonha e que embaraça os seus consócios, os quais muitas vezes evitam usar os vocativos em relação a eles.[9]

O sistema de ordem de nascimento da definição-pessoa representa, portanto, uma espécie de abordagem *plus ça change* da denominação dos indivíduos. Ele os distingue de acordo com quatro designações totalmente sem conteúdo, que nem definem classes genuínas (pois não há realidade conceptual ou social na classe de todos os Wayans e de todos os Ktuts numa comunidade), nem expressam qualquer característica concreta dos indivíduos aos quais é aplicado (não há qualquer noção de terem os Wayans quaisquer traços psicológicos ou espirituais em comum, em contraste com os Njomans ou os Ktuts). Esses nomes, que não têm em si mesmos qualquer significado literal (não são numerais ou derivados de numerais), não indicam, de fato, sequer a posição ou categoria na irmandade de forma realista ou digna de confiança.[10] Um Wayan pode ser um quinto (ou nono!) filho, assim como o primeiro; dada a estrutura demográfica camponesa tradicional — grande fertilidade, além de uma taxa elevada de nascimentos prematuros e de mortalidade infantil — um Made ou um Ktut pode ser, na verdade, o mais velho de uma longa irmandade e um Wayan ser o mais novo. O que isso sugere, porém, é que, para todos os casais procriadores, os nascimentos formam uma sucessão circular de Wayans, Njomans, Mades, Ktuts e, novamente, Wayans, uma interminável réplica em quatro estágios de uma forma imorredoura. Fisicamente, os homens vêm e vão, efêmeros como são, mas socialmente

---

[9]Isso não significa, naturalmente, que tais pessoas sejam reduzidas, em termos *sociológicos* (e muito menos psicológicos) a desempenharem o papel de criança, pois são aceitos pelos consócios como adultos, embora incompletos. O fato de não ter filhos, porém, é um grande empecilho para quem almeja o poder local ou prestígio e, de minha parte, não conheci nenhum homem sem filhos que tivesse influência nos conselhos da povoação ou que não fosse socialmente marginalizado de uma forma geral.

[10]De um ponto de vista simplesmente etimológico, eles têm realmente certa aura de significado, pois derivam de raízes obsoletas que indicam "principal", "mediano" e "seguinte". Todavia, esses significados impalpáveis não têm utilidade genuína no cotidiano e, na verdade, são percebidos de forma muito periférica.

as *personae dramatis* permanecem eternamente as mesmas, à medida que novos Wayans e Ktuts emergem do sempiterno mundo dos deuses (pois também as crianças estão a um passo da divindade) para substituir aqueles que mais uma vez nele se dissolvem.

TERMOS DE PARENTESCO

Formalmente, a terminologia de parentesco balinesa é muito simples em seu tipo, sendo da variedade tecnicamente conhecida como "havaiana" ou "geracional". Nesse tipo de sistema, um indivíduo classifica seus parentes basicamente de acordo com a geração que eles ocupam em relação à sua própria. Isso quer dizer que os irmãos, os meios irmãos e os primos (e os irmãos de seus esposos, etc.) são agrupados juntos sob o mesmo termo; todos os tios e tias de ambos os lados são classificados terminologicamente com a mãe e o pai; todos os filhos dos irmãos, irmãs, primos e assim por diante (isto é, sobrinhos de toda espécie) são identificados com seus próprios filhos. O mesmo ocorre para baixo, em relação à geração dos netos, bisnetos, etc., e para cima, em relação à geração dos avós, bisavós, etc. Para cada ator dado, o quadro geral é como se fosse um bolo em camadas de parentes, consistindo cada camada numa geração diferente de parentesco — a dos pais do ator ou de seus filhos, dos seus avós ou dos seus netos, e assim por diante, ficando a sua camada, aquela a partir da qual são feitos os cálculos, exatamente no meio no bolo.[11]

Dada a existência desse tipo de sistema, o fato mais significativo (e um tanto fora do comum) sobre a forma como ele funciona em Bali é que os termos que contém praticamente nunca são usados na forma vocativa, mas apenas como referência, e assim mesmo não com muita frequência. Com raras exceções, não se chama o pai (ou o tio) de "pai", ou o filho (ou sobrinho/sobrinha) de "filho", ou o irmão (ou primo) de "irmão", e assim por diante. Não existem sequer formas vocativas para chamar os parentes genealogicamente mais novos; elas existem para os parentes mais velhos, mas, como no caso dos nomes pessoais, usá-las é considerado falta de respeito para com os mais velhos. Na verdade, até mesmo as formas referenciais só são usadas quando especificamente necessárias, para transmitir alguma informação sobre o parentesco, quase nunca como um meio comum de identificar as pessoas.

Os termos de parentesco só aparecem no discurso público em resposta a alguma pergunta, ou para descrever algum acontecimento que tenha ocorrido ou que se espera que ocorra, e a respeito do qual a existência de um laço de parentesco pareça ser um dado relevante da informação. ("Você vai à limadura de dentes do Pai-de-Regreg?" "Sim, ele é meu 'irmão'. "). Assim sendo, os modos de dirigir-se ou de fazer referência dentro da família não são mais (ou muito mais) íntimos ou expressivos dos laços de parentesco em qualidade do que aqueles que existem dentro da povoação em geral. Logo que uma criança cresce suficientemente (seis anos, digamos, embora isso varie, naturalmente), ela passa a chamar sua mãe e seu pai pelo mesmo termo — um tecnônimo, um título de grupo de *status* ou um título público — que qualquer um que os conhece usa em relação a eles, e a criança é chamada por eles, por sua vez, de Wayan, Ktut, ou o que quer que seja. É quase certo, também, que a criança se refira a eles, quer eles ouçam ou não, por esse termo popular, extradoméstico.

Em suma, a terminologia de parentesco do sistema balinês define os indivíduos num idioma basicamente taxonômico, não face a face, como ocupantes de regiões num campo social, e não como sócios numa interação social. Ela funciona quase que inteiramente como um mapa cultural no qual certas pessoas podem

---

[11]Na verdade, o sistema balinês (e provavelmente qualquer outro sistema) não é puramente geracional. Todavia, o intuito aqui é apenas transmitir a forma geral do sistema, não sua estrutura precisa. Para o sistema terminológico completo, cf. H. e C. Geertz, "Teknonymy in Bali".

158 Capítulo Oito

ser localizadas e outras não, por não serem aspectos marcantes da paisagem. É claro que existem algumas noções do comportamento interpessoal apropriado quando já feitas essas determinações, quando já foi determinado o lugar da pessoa na estrutura. Mas o ponto crítico é que, na prática concreta, a terminologia de parentesco é utilizada quase que exclusivamente a serviço da determinação, não do comportamento, em cuja padronização dominam outros artifícios simbólicos.[12] As normas sociais associadas ao parentesco, embora bastante reais, são superadas habitualmente, mesmo dentro dos próprios grupos do tipo parentesco (famílias, ambientes domésticos, linhagens), por normas melhor articuladas culturalmente, associadas com a religião, a política e, a mais fundamental de todas, a estratificação social.

Todavia, a despeito do papel bem secundário que desempenha ao modelar o fluxo de momento a momemto do intercâmbio social, a terminologia do sistema de parentesco, como o sistema de dar nome às pessoas, contribui de forma importante, embora indireta, para a noção balinesa de condição pessoal. Como um sistema de símbolos significantes, ela também incorpora uma estrutura conceptual sob cuja mediação os indivíduos são apreendidos, a sua personalidade e a dos outros; uma estrutura conceptual que além disso tem uma congruência marcante com aquelas incorporadas nas outras ordens da definição-pessoa, diferentemente construídas e orientadas de forma variada. Aqui também o motivo principal é a imobilização do tempo através da iteração da forma.

Essa iteração é alcançada por um aspecto da terminologia balinesa do parentesco que ainda tenho de mencionar; na terceira geração, acima e abaixo da própria geração do ator, os termos tornam-se inteiramente recíprocos. Isso quer dizer que o termo relativo a "bisavô" e "bisneto" é o mesmo: *kumpi*. As duas gerações, e os indivíduos que as compõem, são culturalmente identificados. Simbolicamente, um homem é igualado para cima com seu ascendente mais distante e, para baixo, com o descendente mais distante, com o qual ele poderá eventualmente interagir como pessoa viva.

Na verdade, esse tipo de terminologia recíproca continua através da quarta geração e até além. Mas, como é extremamente raro que se sobreponham as vidas de um homem e seus tetravós (ou tetranetos), essa continuação só tem interesse teórico, e a maioria das pessoas nem sequer conhece os termos envolvidos. Esse espaço de tempo de quatro gerações (isto é, do próprio ator, mais três ascendentes ou três descendentes) é considerado o ideal a ser atingido, a imagem de uma vida totalmente completa e em torno da qual a terminologia kumpi-kumpi coloca um parêntese cultural enfático.

Esse parêntese é mais acentuado ainda pelos rituais que cercam a morte. No funeral de uma pessoa, todos os seus parentes geracionalmente mais jovens do que ela devem render homenagem a seu espírito flutuante, à maneira hindu, com as palmas das mãos na testa, tanto diante de seu esquife como, mais tarde, diante da sua tumba. Mas essa obrigação virtualmente absoluta, o cerne sacramental da cerimônia fúnebre, para com a terceira geração descendente, a de seus "netos". Seus "bisnetos" são seu kumpi, como ele é deles, e assim, dizem os balineses, eles não são realmente mais novos que ele, mas praticamente "da mesma idade". Assim sendo, não só não é exigido que prestem homenagem a seu espírito, como isto lhes é expressamente proibido. Um homem só reza a seus deuses e, o que é a mesma coisa, aos mais velhos que ele, nunca aos seus iguais ou aos mais novos.[13]

A terminologia de parentesco balinesa, portanto, não só divide os seres humanos em camadas geracionais no que diz respeito a um dado ator — ela dobra essas camadas numa superfície contínua que junta a mais

---

[12]Para uma distinção, semelhante à traçada aqui, entre os aspectos de "ordenação" e de "designação de papéis" das terminologias do parentesco, cf. D. Schneider e G. Homans, "Kinship Terminology and the American Kinship System", *American Anthropologist*, 57 (1955): pp. 1195-1208.

[13]Os homens velhos da mesma geração do falecido também não rezam a ele, sem dúvida pela mesma razão.

"baixa" com a mais "alta", de forma que talvez seja mais correto substituir a imagem do bolo em camadas por um cilindro, marcado com seis divisões paralelas chamadas "próprio", "pai", "avô", "kumpi", "bisavô" e "filho".[14] O que parece, num primeiro relance, uma formulação muito diacrônica, enfatizando a interminável progressão de gerações, é, de fato, uma afirmativa da irrealidade essencial — ou talvez da falta de importância — de tal progressão. O sentido de sequência, os conjuntos de colaterais seguindo-se um ao outro através do tempo, é uma ilusão gerada pelo fato de se olhar para o sistema terminológico como se ele fosse usado para formular a qualidade mutável das interações face a face entre o homem e seus parentes, à medida que envelhece e morrre — na verdade, como ocorre com a maioria desses sistemas. Quando se olha para ele, como o fazem basicamente os balineses, como uma taxonomia de senso comum dos tipos possíveis de relações familiares que os seres humanos podem ter, uma classificação de parentes como grupos naturais, torna-se claro então que o que as divisões do cilindro representam é a ordem genealógica de antiguidade entre as pessoas vivas e nada mais. Elas retratam as relações espirituais (e estruturais, o que é a mesma coisa) entre as gerações coexistentes, não a localização de gerações sucessivas num processo histórico que não se repete.

TECNÔNIMOS

Se os nomes pessoais são tratados como se fossem segredos militares, os nomes da ordem de nascimento se aplicam principalmente às crianças e aos jovens adolescentes, e os termos de parentesco são invocados, quando muito, esporadicamente e apenas para fins de especificação secundária, então de que maneira a maioria dos balineses se dirige ou se refere uns aos outros? Para a grande massa do campesinato a resposta é: através de tecnônimos.[15]

Logo que o primeiro filho de um casal recebe seu nome, as pessoas passam a dirigir-se e a referir-se a eles como "Pai de" e "Mãe de" Regreg, Pula, ou qualquer que seja o nome da criança. Eles continuam a ser chamados assim (e a se chamarem também) até que nasça seu primeiro neto, ocasião em que passam a ser chamados e a ser designados como "Avô de" e "Avó de" Suda, Lilir, ou quem quer que seja. Uma transição semelhante ocorre se eles vivem o bastante para ver seu primeiro bisneto.[16] Dessa forma, durante o espaço

---

[14]Poderia parecer que a continuação dos termos além do nível kumpi argumentaria contra essa opinião. Na verdade, ela a apoia. De fato, no caso muito raro de um homem ter um tetraneto (*kelab*) ("real" ou "classificatório") suficientemente crescido para reverenciá-lo na sua morte, mais uma vez a criança está proibida de fazê-lo. Todavia, neste caso, não é por ela ser "da mesma idade" do falecido, e sim porque é "(uma geração) mais velha" — isto é, equivalente ao "pai" do morto. De forma semelhante, um homem velho que vive o bastante para ter um tetraneto kelab, que passou da infância e então morreu, terá que reverenciá-lo — sozinho — no túmulo da criança, pois a criança é (uma geração) mais velha do que ele. Em princípio, esse padrão se mantém para gerações mais distantes, quando o problema passa a ser então inteiramente teórico, pois os balineses não usam termos de parentesco para se referir aos mortos ou não nascidos: "Esta seria a forma de chamá-los e como os trataríamos se os tivéssemos, porém não os temos."

[15]Os pronomes pessoais são outra possibilidade e podem ser considerados mesmo como uma ordem simbólica separada da definição-pessoa. Entretanto, na verdade, seu uso também tende a ser evitado sempre que possível, muitas vezes à custa de alguma estranheza na forma de se expressar.

[16]Essa utilização do nome pessoal de um descendente como parte de um tecnônimo de forma alguma contradiz minhas afirmativas anteriores quanto à falta de utilização pública de tais nomes. O "nome" aqui é parte da designação da pessoa que tem o tecnônimo, e não, mesmo derivativamente, da criança epônima, cujo nome é assumido puramente como ponto de referência, não tendo qualquer valor simbólico independente, tanto quanto pude observar. Se a criança morre, mesmo na infância, o tecnônimo é conservado sem mudanças; a criança epônima dirige-se e se refere a seu pai e a sua mãe pelo tecnônimo que inclui seu próprio nome, sem consciência própria. Não há qualquer noção de que a criança, cujo nome é incorporado pelos tecnônimos dos pais, avós ou bisavós, se sinta diferente ou privilegiada perante seus irmãos cujos nomes não são incorporados. Não há mudança de tecnônimos alguma para incluir os nomes de descendentes mais favorecidos ou mais capazes.

de tempo "natural" de quatro gerações kumpi a kumpi, o termo pelo qual um indivíduo é conhecido mudará três vezes, na medida em que primeiro ele, depois pelo menos um de seus filhos e finalmente pelo menos um de seus netos tiver descendentes.

É claro que a maior parte das pessoas não vive tanto ou não é tão feliz com a fertilidade de seus descendentes. Uma grande variedade de outros fatores também contribui para complicar esse quadro simplificado. Mas, colocando de lado as sutilezas, o fato é que temos aqui um sistema de tecnonímia excepcionalmente bem desenvolvido culturalmente e excepcionalmente influente em termos sociais. Qual o impacto que ele tem sobre as percepções individuais balinesas de si mesmo e dos seus conhecidos?

Seu primeiro efeito é identificar o par formado pelo marido e pela mulher, em vez de a noiva assumir o sobrenome do noivo, como acontece em nossa sociedade; aqui, porém, não é o ato do casamento que cria a identificação, mas o de procriação. Simbolicamente, o elo entre marido e mulher é expresso em termos de sua relação comum com seus filhos, netos e bisnetos, não em termos da incorporação da mulher à "família" do seu marido (como o casamento é altamente endogâmico, ela passa a pertencer a essa família de qualquer forma).

Esse casal marido-mulher — mais acertadamente, pai-mãe — tem uma enorme importância em termos econômicos, políticos e espirituais. Trata-se, na verdade, do bloco fundamental na construção social. Os homens solteiros não podem participar do conselho da povoação, onde os assentos são concedidos por casais casados; com raras exceções, só os homens que têm filhos têm peso decisório. (Em algumas povoações, não são concedidos assentos aos homens, até que tenham filhos.) O mesmo acontece com os grupos de descendentes, as organizações voluntárias, as sociedades de irrigação, as congregações de templos, e assim por diante. Em virtualmente todas as atividades locais, desde religiosas até agrícolas, o casal pai-mãe participa como uma unidade, o macho executando certas tarefas e a fêmea outras, complementares. Unindo o homem e sua mulher através da incorporação do nome de um de seus descendentes diretos ao seu próprio nome, a tecnonímia sublinha ao mesmo tempo a importância do par marital na sociedade local e o enorme valor que se atribui à procriação.[17]

Esse valor também aparece, numa forma mais explícita, na segunda consequência cultural do uso difundido dos tecnônimos: a classificação dos indivíduos naquilo que podemos chamar, à falta de melhor termo, de estratos procriacionais. Do ponto de vista de qualquer ator, seus companheiros de povoação estão divididos em pessoas sem filhos, chamados Wayan, Made, etc.; pessoas com filhos, chamados "Pai (Mãe) de", pessoas com netos, chamados "Avô (Avó) de" e pessoas com bisnetos, chamados "Bisavós de". A essa classificação está ligada uma imagem geral da natureza da hierarquia social: pessoas sem filhos são dependentes menores; "pais de" são cidadãos ativos que dirigem a vida comunitária; "avós de" são anciãos respeitados que dão sábios conselhos por trás dos bastidores; "bisavós de" são dependentes antigos, já a meio caminho para o mundo dos deuses. Em qualquer caso dado, têm de ser empregados diferentes mecanismos para ajustar essa fórmula demasiado esquemática às realidades práticas, de tal modo que permita estabelecer uma escala social funcional. Todavia, esses ajustamentos fazem-na funcionar e, como resultado, o *status procriativo* de um homem é um elemento principal em sua identidade social, tanto a seus próprios olhos como aos olhos de todos os outros. Em Bali, os estágios da vida humana não são concebidos em termos dos processos de envelhecimento biológico, ao qual é concedida muito pouca atenção cultural, mas dos de regênese social.

---

[17]Ela destaca também outro tema que percorre todas as ordens da definição-pessoa aqui discutidas: a minimização da diferença entre os sexos, que são representados como sendo praticamente intermutáveis no que concerne à maioria dos papéis sociais. Para uma discussão intrigante sobre esse tema, cf. J. Belo, *Rangda and Barong* (Locust Valley, N.Y., 1949).

Dessa forma, não é a simples capacidade reprodutiva como tal, ou quantos filhos alguém pode produzir, que é crítica. Um casal com dez filhos não recebe mais honrarias que um casal com cinco filhos, e um casal com apenas um filho que, por sua vez, tem apenas um filho pode superar a ambos. O que conta é a continuidade reprodutiva, a preservação da capacidade da comunidade de se perpetuar, o que a designação das correntes procriativas deixa bem claro, como terceiro resultado da tecnonímia.

A maneira pela qual a tecnonímia balinesa esboça tais correntes pode ser vista no diagrama modelo (Figura 1). A bem da simplicidade, mostro apenas os tecnônimos masculinos e utilizo nomes ingleses para a geração referente. Ordenei também o modelo de forma a enfatizar o fato de que as utilizações tecnonímicas refletem a idade absoluta e não a ordem genealógica (ou de sexo) dos descendentes epônimos.

Como indica a Figura 1, a tecnonímia esboça não apenas os *status* procriativos mas as sequências específicas de tais *status*, duas, três ou quatro (muito raramente cinco) gerações abaixo. Quais as sequências particulares que são destacadas é puramente acidental: se Mary nascesse antes de Joe, ou Don antes de Mary, todo o alinhamento seria alterado. Mas, embora os indivíduos particulares que são tomados como referentes, e daí as sequências particulares de filiação que recebem reconhecimento simbólico, constituam um tema arbitrário e não muito consequente, o fato de tais sequências serem destacadas enfatiza um fato importante sobre a identidade pessoal entre os balineses: um indivíduo não é percebido no contexto de quem foram os seus ancestrais (*isto*, dado o véu cultural que encobre os mortos, não é sequer conhecido), mas no contexto de quem ele é ancestral de. Não se é definido, como ocorre em muitas sociedades do mundo, em termos de quem produziu, do fundador mais ou menos afastado da sua linhagem, mas em termos de quem foi produzido, um indivíduo específico, meio formado, na maioria dos casos ainda vivo, que é filho, neto ou bisneto de alguém, e com quem se reconstituem as conexões através de um conjunto particular de elos

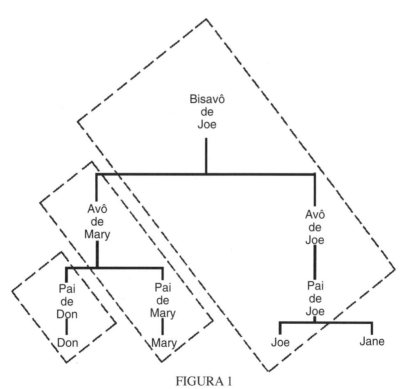

FIGURA 1

NOTA: Mary é mais velha do que Don; Joe é mais velho do que Mary, Jane e Don. As idades relativas de todas as outras pessoas, a menos que sejam, como são, ascendentes ou descendentes, são irrelevantes no que concerne à tecnonímia.

162 Capítulo Oito

procriativos.[18] O que liga o "Bisavô de Joe", o "Avô de Joe" e o "Pai de Joe" é o fato de que, num certo sentido, eles cooperaram para produzir Joe — isto é, para sustentar o metabolismo social do povo balinês em geral e sua povoação em particular. Mais uma vez, o que parece a celebração de um processo temporal é, na verdade, uma celebração da manutenção daquilo que, pedindo emprestado um termo à física, Gregory Bateson chamou, muito corretamente, de um "estado estável".[19] Nesse tipo de regime tecnonímico, toda a população é classificada em termos das suas relações e de sua representação na subclasse da população em cujas mãos repousa agora, mais imediatamente, a regênese — a corte iminente dos pais em perspectiva. Sob esse aspecto, até mesmo a condição humana mais saturada pelo tempo, a condição de bisavô, surge como apenas um dos ingredientes de um presente imperecível.

TÍTULOS DE "STATUS"

Em teoria, todos (ou praticamente todos) em Bali têm um ou outro título — *Ida Bagus, Gusti, Pasek, Dauh,* e assim por diante — e cada um tem seu lugar determinado numa escala de *status* que abrange toda Bali. Cada título representa um grau específico de superioridade ou inferioridade cultural em relação a cada um dos demais, e toda a população é dividida em conjuntos de castas uniformemente graduadas. Na verdade, a situação é muito mais complexa, como o descobriram aqueles que tentaram analisar o sistema em tais termos.

Não se trata simplesmente do caso de alguns aldeões de categoria inferior alegarem que eles (ou seus pais) praticamente já "esqueceram" quais eram os seus títulos; nem que existem inconsistências marcantes na categorização dos títulos de lugar para lugar e até mesmo de informante para informante; nem o fato de que, a despeito da sua base hereditária, há sempre maneiras de mudar os títulos. Estes são apenas alguns detalhes (não desinteressantes) relativos ao funcionamento do sistema no seu dia a dia. O que é realmente crítico é que os títulos de *status* não são ligados aos grupos, de forma alguma, mas apenas aos indivíduos.[20]

O *status* em Bali, ou pelo menos a espécie determinada pelos títulos, é uma característica pessoal: independe de quaisquer fatores estruturais sociais. Tem, sem dúvida, consequências práticas importantes, e essas consequências são modeladas e expressas através de uma grande variedade de classificações sociais que vão desde grupos de parentesco até instituições governamentais. Ser um *Dewa*, um *Pulosari*, um *Pring* ou um *Maspadan* só significa, basicamente, ter herdado o direito de manter esse título e exigir os atributos públicos de referência a ele associados. Não significa desempenhar qualquer papel particular, pertencer a qualquer grupo particular ou ocupar qualquer posição particular, econômica, política ou sacerdotal.

O sistema dos títulos de *status* é um sistema de puro prestígio. Através do título de um homem, e dado o seu próprio título, você saberá exatamente qual deverá ser sua atitude perante ele e a dele perante você em

---

[18]Nesse sentido, os termos da ordem de nascimento poderiam ser definidos como "tecnônimos zero", numa análise mais elegante, e incluídos nesta ordem simbólica: uma pessoa chamada Wayan, Njoman, etc. é uma pessoa que ainda não produziu ninguém, e que ao menos por enquanto não tem descendentes.

[19]G. Bateson, "Bali: The Value System of a Steady State", *in* M. Fortes, org., *Social Structure: Studies Presented to Radcliffe-Brown* (Nova York, 1963), pp. 35-53. Bateson foi o primeiro a apontar, embora de forma um tanto oblíqua, a natureza acrônica peculiar do pensamento balinês, e minha análise, focalizada mais estreitamente, foi muito estimulada por suas perspectivas gerais. Ver também seu "An Old Temple and a New Myth", *Djawa* (Jogjakarta) 17 (1937): 219-307. [Transcrito recentemente *in* J. Belo, org. *Traditional Balinese Culture* (Nova York, 1970), pp. 384-402; 111-136.]

[20]Não se sabe quantos títulos podem ser encontrados em Bali (deve haver mais de uma centena), nem quantos indivíduos têm cada título, pois nunca foi realizado um censo nesses termos. Em quatro povoados que pesquisei intensamente no Sudeste de Bali, estavam representados um total de trinta e dois títulos diferentes, sendo o maior deles atribuído a cerca de duzentos e cinquenta indivíduos e o menor a apenas um, a cifra modal ficando em torno de cinquenta ou sessenta. Cf. C. Geertz, "Tihingan: A Balinese Village".

praticamente cada contexto da vida pública, independentemente de quaisquer outros laços sociais existentes e do que você possa pensar a respeito dele como homem. A polidez balinesa é altamente desenvolvida e controla rigorosamente a superfície exterior do comportamento social em relação ao âmbito total da vida cotidiana. O estilo do discurso, a postura, a forma de vestir, de comer, o casamento, até a construção de uma casa, o local do enterro e o modo da cremação são padronizados em termos de um estrito código de maneiras que decorre menos de uma paixão pela elegância social como tal do que de algumas considerações metafísicas de longo alcance.

O tipo de desigualdade humana incorporado ao sistema de títulos de *status* e ao sistema de etiqueta que o expressa não é nem moral, nem econômico, nem político — é religioso. É o reflexo, na interação cotidiana, da ordem divina sob a qual tal interação parece ter sido modelada e, a partir desse ponto de vista, é uma forma de ritual. O título de um homem não indica sua riqueza, seu poder ou até mesmo sua reputação moral, mas sua composição espiritual, e a incongruência entre essa composição e a sua posição secular pode ser enorme. Algumas das figuras de proa em Bali podem ser abordadas com pouca cerimônia e a outras, muito menos respeitadas, é preciso dirigir-se de forma mais delicada. Seria difícil conceber algo tão distante do espírito balinês quanto o comentário de Maquiavel de que os títulos não refletem honrarias sobre os homens, mas, ao contrário, são os homens que ilustram seus títulos.

Em teoria — na teoria balinesa — todos os títulos provêm dos deuses. Cada um deles foi concedido, nem sempre sem alterações, de pai para filho, como alguma herança sagrada, e a diferença no valor do prestígio dos diversos títulos decorre do grau variável em que os homens que cuidaram desses títulos observaram as condições espirituais a eles incorporadas. Ter um título significa concordar, pelo menos implicitamente, com os padrões divinos da ação, ou pelo menos aproximar-se deles, e nem todos os homens foram capazes de fazê-lo da mesma maneira. O resultado é a discrepância existente entre a categoria dos títulos e aqueles que os possuem. O *status* cultural, como oposto à posição social, é aqui, uma vez mais, um reflexo da distância da divindade.

Associados a virtualmente cada título existem um ou uma série de acontecimentos legendários, muito concretos em sua natureza, e que envolvem algum deslize espiritualmente significativo de um ou outro portador de título. Essas ofensas — dificilmente se poderia chamá-las pecados — são vistas como especificando o grau no qual o título declinou em valor, a distância a que caiu de um *status* completamente transcendente, fixando, portanto, pelo menos de forma geral, sua posição na escala completa do prestígio. Migrações geográficas particulares (talvez míticas), casamentos com cruzamentos de títulos, fracassos militares, quebra da etiqueta do luto, lapsos rituais e similares são vistos como atos que rebaixam o título numa extensão maior ou menor: maior para os títulos inferiores, menor para os superiores.

Todavia, e a despeito das aparências, essa determinação desigual não é, em sua essência, nem um fenômeno moral, nem um fenômeno histórico. Não é moral porque os incidentes que podem tê-la ocasionado não são, em sua maioria, aqueles contra os quais ocorreria um julgamento ético negativo, principalmente em Bali, enquanto os defeitos morais genuínos (crueldade, traição, desonestidade, devassidão) apenas prejudicam reputações que desaparecem com seus proprietários, enquanto os títulos permanecem. Não é histórico, porque esses incidentes, ocorrências dispersas num passado remoto, não são invocados como causas das realidades presentes, mas como relatos sobre sua natureza. O fato importante a respeito dos acontecimentos que rebaixam os títulos não é terem acontecido no passado, ou sequer que tenham acontecido, mas que sejam rebaixantes. Não são formulações de processos que levaram ao atual estado de coisas, nem julgamentos morais sobre elas (e os balineses não demonstram muito interesse por qualquer desses exercícios intelectuais): eles constituem imagens do relacionamento subjacente existente entre a forma da sociedade humana e o padrão divino do qual ela é uma expressão imperfeita na natureza das coisas — mais imperfeita em alguns pontos do que em outros.

164 CAPÍTULO OITO

Entretanto, após tudo que foi dito sobre a autonomia do sistema de títulos, se é conhecido existir tal relação entre os padrões cósmicos e as formas sociais, de que maneira é ela compreendida exatamente? De que maneira o sistema de títulos, que se baseia somente em concepções religiosas, em teorias de diferenças inerentes de valor espiritual entre os homens individualmente, e, olhando de fora da sociedade, de que maneira ele estaria ligado ao que chamaríamos de "realidades" do poder, da influência, da riqueza, da reputação, e assim por diante, implícitas na divisão social do trabalho? Em suma, de que maneira a verdadeira ordem da direção social combina com um sistema de prestígio que se coloca como totalmente independente dela, de forma a dar conta e, na verdade, manter a correlação frouxa e geral entre eles, o que de fato consegue? A resposta é: executando uma espécie de truque do chapéu, de forma muito engenhosa, uma certa destreza de mão, com uma famosa instituição cultural importada da Índia e adaptada aos gostos locais — o Sistema Varna. Por meio do Sistema Varna, os balineses dão uma forma simples a uma coleção muito desordenada de compartimentos de *status*, forma essa que é representada como decorrendo naturalmente desse *status*, mas que, na verdade, lhe é arbitrariamente imposta.

Como na Índia, o Sistema Varna consiste em quatro categorias básicas — *Brahmana, Satria, Wesia e Sudra* — colocadas em ordem decrescente de prestígio, e as três primeiras (chamadas, em Bali, *Triwangsa* — "as três pessoas") definem um patriciado espiritual sobre a quarta, plebéia. Entretanto, o Sistema Varna em Bali não é, em si mesmo, um artifício cultural para fazer discriminações de *status*, mas para correlacionar aquelas que já foram feitas pelo sistema de títulos. Ele resume os intermináveis confrontos mínimos desse sistema numa separação concisa (sob alguns aspectos, demasiado concisa) entre carneiros e cabras, carneiros de primeira qualidade separados dos de segunda, os de segunda dos de terceira.[21] Os homens não se percebem uns aos outros como Satrias ou Sudras, mas como, digamos, Dewas ou Kebun Tubuhs, usando apenas a distinção Satria-Sudra para expressar, de forma geral e para propósitos de organização social, a ordem de contraste que envolve a identificação Dewa como um título Satria e a identificação Kebun Tubuh como um título Sudra. As categorias Varna são rótulos aplicados não aos homens, mas aos títulos que eles possuem — elas formulam a estrutura do sistema de prestígio. Os títulos, por sua vez, são rótulos aplicados aos homens individuais — eles colocam as pessoas dentro dessa estrutura. Na medida em que a classificação Varna dos títulos é congruente com a distribuição real do poder, da riqueza e da estima da sociedade — isto é, com o sistema de estratificação social — a sociedade é considerada bem ordenada. Os tipos certos de homens estão nos lugares certos: o valor espiritual e a posição social coincidem.

Essa diferença de função entre o título e o Varna fica clara pela maneira como são usadas as formas simbólicas e eles associadas. Na pequena nobreza Triwangsa onde, com poucas exceções, a tecnonímia não é empregada, o título de um indivíduo é usado por ele ou por ela como o termo principal de referência e como forma de ser chamado. Um homem é chamado *Ida Bagus, Njakan* ou *Gusi* (*não* Brahmana, Satria ou Wesia) e designado nos mesmos termos, por vezes acrescido do nome da ordem de nascimento para uma especificação mais exata (Ida Bagus Made, Njakan Njoman, e assim por diante). Entre os Sudras, os títulos só são usados referencialmente, não para dirigir-se a eles, e ainda assim apenas em respeito aos membros de outras povoações que não a sua própria, onde o tecnônimo da pessoa pode não ser conhecido ou, quando conhecido, pode ser considerado como de tonalidade demasiado familiar para com alguém que não é um companheiro de povoação. Dentro da povoação, o uso referencial dos títulos Sudra só ocorre quando a informação sobre

---

[21]As categorias Varna são muitas vezes subdivididas, principalmente por pessoas de *status* elevado, em três classes ordenadas — superior (*utama*), média (*madia*) e inferior (*nista*) — e os vários títulos na categoria geral são subagrupados de forma adequada. Uma análise completa do sistema balinês de estratificação social — tão polinésio como indiano em seu tipo — não pode ser dada aqui.

o *status* de prestígio é considerada relevante ("Pai de Joe é um *Kedisan*, portanto 'inferior' a nós, *Pande*", e assim por diante), mas as pessoas só se dirigem às outras em termos de tecnônimos. Saindo dos limites da povoação, caem os tecnônimos, a não ser entre amigos íntimos, e o termo mais comum para dirigir-se a alguém é *Djero*. Literalmente, isso significa "dentro" ou "aquele que está dentro", portanto um membro dos Triwangsas, que são considerados "de dentro", em oposição aos Sudras, que estão "fora" (*Djaba*). Nesse contexto, porém, isso tem o mesmo efeito que dizer: "Para ser educado, eu me dirijo a você como se você fosse um Triwangsa, o que você não é (se você fosse, eu o chamaria por seu título correto) e espero que você faça o mesmo em retribuição." Quanto aos termos Varna, eles são usados tanto pelos Triwangsas como pelos Sudras apenas para conceituar a hierarquia do prestígio total em termos gerais, uma necessidade que surge habitualmente em conexão com a política além da povoação, ou em assuntos sacerdotais ou estratificadores. "Os reis de Klungkung são Satrias, mas os de Tabanan são apenas Wesias", ou "Há muitos Brahmanas ricos em Sanur, e é por isso que os Sudras pouco têm a dizer a respeito dos assuntos da povoação", e assim por diante.

O Sistema Varna executa, assim, duas coisas. Faz a conexão de uma série de distinções de prestígio que parecem ser *ad hoc* e arbitrárias — os títulos — com o hinduísmo, ou a versão balinesa do hinduísmo, enraizando-as numa perspectiva mundial geral. Interpreta também as implicações dessa perspectiva mundial para a organização social, portanto, os títulos: as nuanças de prestígio implícitas no sistema de títulos devem refletir-se na distribuição real da riqueza, do poder e da estima na sociedade e, na verdade, coincidir completamente com essa distribuição. O grau em que essa coincidência existe é, quando muito, moderado. Todavia, por mais exceções que existam à regra — Sudras com enorme poder, Satrias que trabalham como meeiros, Brahmanas que não são estimados nem estimáveis — é a regra e não as exceções que os balineses veem como iluminando verdadeiramente a condição humana. O Sistema Varna ordena o sistema de títulos de forma tal a tornar possível encarar a vida social sob o aspecto de um conjunto geral de noções cosmológicas: noções nas quais a diversidade de talento humano e o trabalho do processo histórico são vistos como fenômenos superficiais quando comparados com a localização das pessoas num sistema de categorias padronizadas de *status*, tão cegas ao caráter individual como imortais.

TÍTULOS PÚBLICOS

Essa ordem simbólica final da definição-pessoa é, superficialmente, a que mais lembra uma das nossas formas mais proeminentes de identificar e caracterizar os indivíduos.[22] Com muita frequência (talvez até demasiada) vemos as pessoas através de uma rede de categorias ocupacionais — não apenas através da sua prática desta ou daquela vocação, mas como que fisicamente imbuídas de suas qualificações: carteiro, condutor, político ou vendedor. A função social serve de veículo simbólico através do qual é percebida a identidade pesoal: os homens são aquilo que eles fazem.

Entretanto, essa semelhança é apenas aparente. Estabelecida em meio a um conjunto diferente de ideias sobre em que consiste o "eu", colocada contra uma concepção religioso-filosófica diferente a respeito de em que consiste o mundo, e expressa em termos de um conjunto diferente de artifícios culturais — os títulos

---

[22]A existência de outra ordem, que tem a ver com marcação dos sexos (*Ni* para as mulheres, *I* para os homens), tem de ser pelo menos mencionada. Na vida comum, esses títulos são afixados apenas aos nomes pessoais (a maioria deles sexualmente neutros) ou aos nomes pessoais mais o nome da ordem de nascimento, e assim mesmo com pouca frequência. Resulta daí que, do ponto de vista da definição-pessoa, eles têm apenas uma importância incidental, o que justifica minha omissão de levá-los em conta mais explicitamente.

166 Capítulo Oito

públicos — para retratar essa função, a perspectiva balinesa da relação entre o papel social e a identidade pessoal dá uma nuança bem diferente à significação ideológica do que nós chamamos "ocupação" e que os balineses chamam *linggih* — "assento", "local", "ancoradouro".

Essa noção de "assento" repousa na existência, no pensamento e na prática balinesa, de uma distinção extremamente aguda entre os setores cívico e doméstico da sociedade. A fronteira entre os domínios público e privado da vida é traçada claramente, em nível tanto conceptual como institucional. Em todos os níveis, desde a povoação até o palácio real, os assuntos de preocupação geral se distinguem nitidamente e se isolam cuidadosamente dos assuntos de preocupação individual ou familiar, em vez de serem interpenetrados, como tantas vezes ocorre em muitas outras sociedades. O sentido balinês do público como um organismo corporativo, que tem interesses e objetivos próprios, é altamente desenvolvido. Em qualquer nível, o fato de ter atribuições com responsabilidades especiais relativas a esses interesses e objetivos faz com que o indivíduo seja colocado à parte em relação ao comum das pessoas que não têm tais atribuições, e é justamente esse *status* especial que os títulos públicos expressam.

Ao mesmo tempo, embora os balineses concebam o setor público da sociedade como limitado e autônomo, eles não o veem como formando um todo contínuo, ou sequer um todo. Muito pelo contrário, eles o veem como uma série de compartimentos separados, descontínuos e por vezes até competitivos, cada um deles autossuficiente, autocontido, zeloso dos seus direitos e baseado em princípios próprios de organização. Os mais destacados dentre esses compartimentos incluem: a povoação como comunidade política corporativa; o templo local como organismo religioso corporativo, uma congregação; a sociedade de irrigação como organismo agrícola corporativo e, acima desses, as estruturas de governo e de devoção regional — isto é, suprapovoação — centralizadas na nobreza e no sacerdócio mais elevado.

Uma descrição desses vários compartimentos ou setores públicos envolveria uma análise muito extensa da estrutura social balinesa, inadequada no presente contexto.[23] O aspecto a frisar, aqui, é que, associadas a cada um deles, existem autoridades responsáveis — talvez intendentes seja um termo melhor — as quais recebem, por isso, títulos particulares: *Klian, Perbekel, Pekaseh, Pemangku, Anak Agung, Tjakorda, Dewa Agung, Pedanda*, e assim por diante, totalizando cerca de cento e cinquenta ou até mais. Esses homens (uma proporção muito pequena da população) são chamados ou indicados por esses títulos oficiais — às vezes em combinação com os nomes da ordem de nascimento, os títulos de *status* ou, no caso dos Sudras, os tecnônimos para propósitos de especificação secundária.[24] Os vários "chefes de aldeia" e "sacerdotes populares" no nível Sudra e, no nível Triwangsa, a série de "reis", "príncipes", "senhores" e "altos sacerdotes" não desempenham simplesmente um papel: aos olhos deles mesmos e dos demais ao seu redor eles são absorvidos por esse papel. Eles são verdadeiramente homens públicos, homens para os quais os outros aspectos da condição de pessoa — caráter individual, ordem de nascimento, relações de parentesco, *status* procriativo e categoria de prestígio — assumem, pelo menos simbolicamente, posição secundária. Focalizando os traços psicológicos como o cerne da identidade pessoal, poderíamos dizer que eles sacrificam suas personalidades reais em função do papel que desempenham. Eles, por sua vez, focalizando sua posição social, dizem que o papel que desempenham é a essência de sua verdadeira personalidade.

---

[23]Para um ensaio nesse sentido, cf. C. Geertz, "Form and Variation in Balinese Village Structure".

[24]Nomes de lugares associados à função que o título expressa são talvez mais comuns como especificação secundária: "Klian Pau", sendo "Pau" o nome da povoação da qual a pessoa é *Klian* (chefe, ancião); "Anak Agung Kaleran", "Kaleran" — literalmente "Norte" ou "Nordeste" — é o nome (e a localização) do palácio do senhor.

O acesso a esses papéis de portadores-de-títulos-públicos está estreitamente ligado ao sistema de títulos de *status* e sua organização nas categorias Varna, uma ligação feita pelo que pode ser chamado de "doutrina da elegibilidade espiritual". Essa doutrina afirma que os "assentos" político e religioso de significado translocal — regional ou em toda Bali — só podem ser assumidos pelos Triwangsas, enquanto os de significação local devem ficar em mãos dos Sudras. Nos níveis mais elevados, a doutrina é estrita: só os Satrias — isto é, os homens que possuem títulos considerados da categoria Satria — podem ser reis ou príncipes importantes, só os Wesias ou Satrias podem ser senhores ou príncipes menos importantes, só os Brahmanas podem ser altos sacerdotes, e assim por diante. Nos níveis inferiores, a doutrina é menos estrita, mas ainda persiste fortemente a sensação de que os chefes de povoação, os dirigentes das sociedades de irrigação e os sacerdotes populares devem ser Sudras e de que os Triwangsas devem manter seu lugar. Em qualquer dos casos, porém, a grande maioria das pessoas que possuem títulos da categoria Varna ou categorias teoricamente elegíveis para os papéis de intendência aos quais estão ligados os títulos públicos não dispõe de tais papéis, e é pouco provável que os mesmos lhes sejam atribuídos. Ao nível Triwangsa, o acesso é hereditário, na maior parte das vezes, e até de primogenitura, sendo feita uma distinção marcante entre o punhado de indivíduos que "têm poder" e todo o restante da pequena nobreza que não o possui. No nível Sudra, o acesso ao cargo público é eletivo, muitas vezes, mas o número de pessoas que têm a oportunidade de servir é bem limitado. O *status* de prestígio decide qual a espécie de papel público que se pode atribuir a alguém; se esse alguém ocupará ou não o cargo, isso é outra questão.

Entretanto, em virtude da correlação geral entre o *status* de prestígio e o cargo público que a doutrina da eligibilidade espiritual levanta, a ordem da autoridade política e eclesiástica na sociedade está presa à noção geral de que a ordem social reflete apenas de forma difusa, e deveria refletir claramente, a ordem metafísica. E superando isso, ainda, que a identidade pessoal não deveria ser definida em termos tão superficiais — porque meramente humanos — como idade, sexo, talento, temperamento ou realizações — isto é, biograficamente — mas em termos da localização numa hierarquia espiritual geral, isto é, tipologicamente. Como todas as outras ordens simbólicas da definição-pessoa, a que se origina dos títulos públicos consiste numa formulação, no que diz respeito aos diferentes contextos sociais, de um pressuposto subjacente: não é o que o homem é como homem que importa (o fraseado é nosso), mas onde ele se adapta num conjunto de categorias culturais que não somente não mudam, mas que, sendo transumanas, não podem mudar.

Aqui, também, essas categorias ascendem em direcão à divindade (ou, o que é igualmente certo, descendem dela), e seu poder de submergir o caráter e anular o tempo aumenta na medida em que ascendem. O que ocorre é que não apenas os títulos públicos de nível mais elevado atribuídos aos seres humanos se fundem gradualmente com os atribuídos aos deuses, tornando-se idênticos a eles no seu ápice, mas no nível dos deuses nada mais resta da identidade, literalmente, a não ser o próprio título. Todos os deuses e deusas são chamados e indicados como *Dewa* (f. *Dewi*) ou, os de categoria mais elevadas, *Betara* (f. *Betari*). Em alguns poucos casos, essas nomenclaturas gerais são seguidas de outras mais particulares: Betara Guru, Dewi Sri e assim por diante. Mesmo essas divindades assim nomeadas especificamente não são concebidas como possuidoras de personalidades distintas: atribui-se a elas, por assim dizer, a responsabilidade administrativa de regulamentar certos assuntos de significação cósmica: fertilidade, poder, conhecimento, morte, etc. Na maioria dos casos, os balineses não conhecem, e nem querem conhecer, quais são os deuses e deusas venerados em seus vários templos (há sempre um par, um homem e uma mulher), chamando-os simplesmente *Dewa* (*Dewi*) *Pura* Tal e Tal" — deus (deusa) do templo tal e tal. Diferentemente dos antigos gregos e romanos, o balinês médio demonstra pouco interesse pelos atos detalhados de deuses particulares, suas motivações, suas personalidades ou suas histórias individuais. No tocante a esses assuntos, guarda-se a mesma circunspecção e decoro que se guarda em relação aos mais velhos e superiores em geral, em vista desses assuntos.[25]

Em suma, o mundo dos deuses é outro domínio público, que transcente todos os outros e está imbuído de um *ethos* que todos os outros procuram incorporar, na medida em que o podem fazer. As preocupações desse reino repousam no nível cósmico ao invés do público, do econômico ou do cerimonial (isto é, do humano) e seus intendentes são homens sem feições, indivíduos a respeito dos quais os índices comuns da humanidade mortal não têm qualquer significação. Esses ícones praticamente sem rosto, perfeitamente convencionais, imutáveis, através dos quais são representados deuses sem nome, conhecidos apenas por seus títulos públicos, ano após ano, nos milhares de festivais dos templos em toda a ilha, englobam a expressão mais pura do conceito balinês da condição de pessoa. Ajoelhando-se perante eles (ou, mais precisamente, diante dos deuses neles residentes no momento), os balineses não estão apenas reconhecendo o poder divino. Também se estão confrontando com a imagem do que imaginam ser, no fundo; uma imagem que os concomitantes biológico, psicológico e sociológico de estar vivo, as meras materialidades do tempo histórico, só tendem a obscurecer.

Um Triângulo Cultural de Forças

Há muitas formas através das quais os homens são conscientizados, ou talvez se conscientizem, da passagem do tempo — marcando a mudança das estações, as alterações da Lua ou o progresso na vida de uma planta; pelo ciclo medido dos ritos, do trabalho agrícola, das atividades domésticas: pela preparação e programação de projetos e pela lembrança e avaliação dos projetos executados; pela preservação de genealogias, o recital de lendas ou o enquadramento de profecias. Entre as mais importantes, porém, está certamente o reconhecimento, em si mesmo e em seus companheiros, do processo de envelhecimento biológico, o surgimento, a maturidade, a decadência e o desaparecimento dos indivíduos concretos. A maneira como se vê esse processo afeta, portanto, e profundamente, a maneira como se vê o tempo. Entre a concepção de um povo do que é ser uma pessoa e sua concepção da estrutura da história existe um elo interno inquebrantável.

Ora, como venho enfatizando, o elemento mais marcante a respeito dos padrões culturais nos quais estão incorporadas as noções balinesas de identidade pessoal é o grau no qual eles retratam virtualmente cada um — amigos, parentes, vizinhos e estranhos; anciões e jovens; superiores e inferiores; homens e mulheres; chefes, reis, sacerdotes, e deuses; até mesmo os mortos e os não nascidos — como contemporâneos estereotipados, companheiros abstratos e anônimos. Cada uma das ordens simbólicas da definição-pessoa, desde os nomes ocultos até os títulos ostentados, age de forma a enfatizar e fortalecer a padronização, a idealização e a generalização implícitas na relação entre os indivíduos cuja ligação principal consiste no acidente de

---

[25]Existem textos tradicionais, alguns deles muito extensos, contando algumas atividades dos deuses, e são bastante conhecidos fragmentos dessas estórias. Todavia, não só esses mitos refletem a perspectiva tipológica da condição de pessoa, a visão estática do tempo e o estilo cerimonioso da interação que eu estou procurando caracterizar, como também a hesitação geral em discutir ou pensar sobre o divino significa que as estórias que eles relatam penetram muito superficialmente nas tentativas balinesas de compreender e se adaptar "ao mundo". A diferença entre os gregos e os balineses reside não tanto na espécie de vida que seus deuses levam, escandalosa em ambos os casos, como na atitude deles em relação a essas vidas. Para os gregos, os atos privados de Zeus e seus associados eram concebidos como iluminando os feitos demasiado similares dos homens, e os boatos sobre eles tinham apenas uma ressonância filosófica. Para os balineses, as vidas privadas de Betara Guru e seus associados são apenas isso — vidas privadas — e lançar boatos a respeito não é agir com decência — é até impertinente, dado seu lugar na hierarquia de prestígio.

estarem vivos ao mesmo tempo, e para silenciar ou sofismar aquelas implícitas na relação entre os consócios, homens intimamente envolvidos nas biografias um do outro, ou entre predecessores e sucessores, homens que são, na relação de um com o outro, testadores cegos e herdeiros involuntários. As pessoas, em Bali, sem dúvida *estão* diretamente envolvidas na vida uma da outra, às vezes profundamente; elas *sentem*, certamente, que seu mundo foi moldado pelas ações daquelas que chegaram antes delas e orientam suas ações para moldar o mundo para aquelas que virão depois delas. Entretanto, não são esses aspectos de sua existência como pessoas — sua imediação e sua individualidade, ou seu impacto especial, que nunca será repetido, sobre a corrente dos acontecimentos históricos — que são explorados, enfatizados simbolicamente: é a sua colocação social, sua localização particular dentro de uma ordem metafísica persistente, na verdade eterna.[26] O paradoxo esclarecedor das formulações balinesas da condição de pessoa é que elas são — pelo menos em relação aos nossos termos — despersonalizantes.

Desta forma, os balineses entorpecem, embora certamente não possam apagar, três das fontes mais importantes de um sentido de temporalidade: a apreensão dos seus camaradas (e também deles mesmos) sobre a sua condição perecível; a consciência do peso que representa a vida completa dos mortos sobre as vidas incompletas dos vivos e a apreciação do impacto potencial que é assumido em relação aos ainda não nascidos.

Os consócios, quando se encontram, confrontam e apreendem um ao outro num presente imediato, um "agora" sinóptico e, ao fazê-lo, experimentam a fugacidade e efemeridade de tal agora na medida em que ele desliza na corrente de uma interação face a face. "Para cada parceiro [numa relação de consócios], o corpo do outro, seus gestos, seu porte, suas expressões faciais são imediatamente observáveis, não apenas como coisas ou acontecimentos do mundo exterior, mas em sua significação fisionômica, isto é, como [expressões] dos pensamentos do outro... Cada parceiro participa da vida corrente do outro, pode apreender num presente vívido os pensamentos do outro na medida em que são construídos, passo a passo. Assim, eles podem compartilhar, um com o outro, as antecipações do futuro como planos, esperanças, ansiedades... [Eles] estão mutuamente envolvidos na biografia um do outro; eles envelhecem juntos..."[27] Quanto aos predecessores e sucessores, separados por um fosso material, eles percebem um ao outro em termos de origem e resultados e, ao fazê-lo, experimentam a cronologia inerente dos acontecimentos, o progresso linear do tempo padronizado, transpessoal — o tipo de tempo cuja passagem pode ser medida com relógios e calendários.[28]

Ao minimizar, *culturalmente*, todas essas três experiências — a do presente evanescente que a intimidade dos consócios evoca; a do passado determinante que a contemplação dos predecessores evoca e a do futuro moldável que a antecipação dos sucessores evoca — em favor de um sentido de pura simultaneidade gerada pelo encontro anonimizado de simples contemporâneos, os balineses produzem um segundo paradoxo. Ligada à sua concepção despersonalizada da condição de pessoa, existe uma concepção atemporalizante (pelo menos do nosso ponto de vista) do tempo.

---

[26]É a ordem total que é concebida como fixa, não a localização individual dentro dela, a qual é móvel, embora mais ao longo de certos eixos do que de outros. (Ao longo de alguns, isto é, a ordem de nascimento, ela não é móvel, absolutamente.) Entretanto, o fato é que esse movimento não é concebido, pelo menos basicamente, sob os termos que nós chamamos de temporais: quando um "pai de" se torna "avô de", a alteração é percebida menos como um envelhecimento que como uma mudança nas coordenadas sociais (e, o que é o mesmo, cósmicas), um movimento dirigido através de uma espécie particular de atributo imutável — espaço. Dentro de algumas ordens simbólicas da definição-pessoa, a localização não é concebida como uma qualidade absoluta, de vez que as coordenadas são dependentes da origem: em Bali, como em outros lugares, o irmão de um homem é o tio de outro homem.

[27]Schutz, *The Problem of Social Reality*, pp. 16-17. Os colchetes foram acrescentados.

[28]*Ibid.*, pp. 221-222.

OS CALENDÁRIOS TAXONÔMICOS E A PRECISÃO DO TEMPO

As noções balinesas de calendário — seu mecanismo cultural para demarcar as unidades temporais — refletem isso muito claramente. Os calendários são usados principalmente não para marcar o decorrer do tempo, nem mesmo para acentuar a singularidade e inevitabilidade do momento que passa, mas para marcar e classificar as modalidades qualitativas nos termos das quais o tempo se manifesta na experiência humana. O calendário balinês (ou melhor, os calendários pois, como veremos, existem dois deles) corta o tempo em unidades limitadas, não para contá-las e totalizá-las, mas para descrevê-las e caracterizá-las, formular sua significação diversa social, intelectual e religiosa.[29]

Dos dois calendários que os balineses utilizam, um é lunar-solar e o outro é construído em torno da interação dos ciclos independentes dos nomes dos dias, e eu o chamarei de "permutacional". O calendário permutacional é, de longe, o mais importante. Consiste em dez ciclos diferentes de nomes dos dias. Esses ciclos variam em extensão: o mais longo contém dez nomes de dias, seguindo-se um ao outro, em ordem fixa, após o que reaparece o primeiro nome do dia e o ciclo recomeça. De forma similar, existem ciclos de nove, oito, sete, seis, cinco, quatro, três, dois e até mesmo de um dia — o último de uma perspectiva "de contemporização" do tempo. Os nomes também são diferentes em cada ciclo e os ciclos ocorrem de forma concorrente. Isso quer dizer que, para cada dia, pelo menos em teoria, existem dez nomes diferentes, um de cada um dos dez ciclos. Entretanto, dos dez ciclos, somente os que contêm cinco, seis e sete nomes de dias têm uma significação cultural maior, embora o ciclo de três nomes seja usado para definir a semana do mercado e desempenhe um papel ao fixar certos rituais menores, tais como a cerimônia de nomeação pessoal a que nos referimos anteriormente.

Ora, a interação desses três ciclos principais — de cinco, seis e sete dias — significa que um dado dia trinominalmente designado (isto é, aquele que possui uma combinação particular de nomes de todos os três ciclos) só aparecerá uma vez a cada duzentos e dez dias, o produto simples de cinco, seis e sete. Interações similares entre os ciclos de nomes de cinco e sete produzem dias designados binominalmente que ocorrem a cada trinta e cinco dias, entre os ciclos de seis e sete nomes, dias designados binominalmente que ocorrem a cada quarenta e dois dias, e entre os ciclos de cinco e seis nomes, dias designados binominalmente que ocorrem a intervalos de trinta dias. Consideram-se as conjunções que cada uma dessas quatro periodicidades definem, superciclos como são (*mas não as próprias periodicidades*), não apenas socialmente significativas, mas elas também refletem, de uma maneira ou de outra, a própria estrutura da realidade.

O resultado de toda essa computação de rodas-dentro-de-rodas é uma perspectiva do tempo consistindo em conjuntos ordenados de trinta, trinta e cinco, quarenta e dois ou duzentas e dez unidades *quantum* ("dias"), cada uma das quais tem uma significação qualitativa particular de alguma espécie, catalogada pelo seu nome trinominal ou binominal: algo parecido com a noção de desgraça ligada à sexta-feira 13. Para identificar

---

[29]Como um prefácio para a discussão que se segue, e um apêndice à que ocorreu, deve-se observar que, da mesma forma que os balineses mantêm relações consociadas um com o outro e têm algum sentido da ligação material entre ancestrais e descendentes, eles também têm alguns conceitos "verdadeiros", como diríamos, de calendário — datas absolutas no chamado sistema Caka, noções hindus de épocas sucessivas, e também acesso ao calendário gregoriano. Entretanto, esses elementos não são enfatizados (por volta de 1958) e são de importância nitidamente secundária no curso normal da vida cotidiana: padrões variados aplicados em contextos restritos, para propósitos específicos, e por certos tipos de pessoas em ocasiões esporádicas. Uma análise completa da cultura balinesa — na medida em que tal coisa se torna possível — teria sem dúvida que levar isso em conta e, sob alguns pontos de vista, eles têm alguma significação teórica. Porém, o principal aspecto, aqui e em outros pontos desta análise incompleta, não é que os balineses, como também são considerados os húngaros, sejam imigrantes de um outro planeta completamente diferente do nosso, mas que o impulso maior do pensamento deles a respeito de certos assuntos de importância social crítica reside, pelo menos no momento, numa direção acentuadamente diferente da nossa.

um dia no conjunto de quarenta e dois dias — e assim avaliar sua significação prática e/ou religiosa — é preciso determinar sua localização, isto é, seu nome, no ciclo de seis nomes (digamos, *Ariang*) e no de sete (digamos, *Boda*): o dia é *Boda-Ariang*, e a pessoa vai procurar agir de acordo com essa conjunção. Para identificar um dia no conjunto de trinta e cinco dias, é preciso conhecer seu lugar e nome no ciclo de cinco nomes (por exemplo, *Klion*) e no de sete: por exemplo, *Boda-Klion* — este é *rainan*, o dia em que se devem fazer pequenas oferendas em diversos pontos para "alimentar" os deuses. Para o conjunto de duzentos e dez dias, a determinação única exige os nomes de todas as três semanas: por exemplo, *Boda-Ariang-Klion*, que, acontece, é o dia em que se celebra o mais importante feriado balinês, o Galungan.[30]

Colocando à parte os detalhes, a natureza do reconhecimento do tempo que esse tipo de calendário possibilita não é de duração, claramente, mas de precisão. Isto é, ele não é usado (e só o poderia ser de forma muito canhestra e com o acréscimo de alguns dispositivos auxiliares) para medir o ritmo da passagem do tempo, a quantidade de tempo decorrida a partir de algum acontecimento ou a quantidade que resta para completar algum projeto. Ele é adaptado e usado para distinguir e classificar partículas de tempo discretas, autossubsistentes — os "dias". Os ciclos e superciclos são intermináveis, sem ponto de apoio, inexplicáveis e sem um clímax, pois sua ordem interna não tem significação. Eles não acumulam, não constroem e não se consumam. Eles não lhe dizem que tempo é agora — eles apenas informam que espécie de tempo é.[31]

A utilização do calendário permutacional estende-se a praticamente todos os aspectos da vida balinesa. No primeiro caso, ele determina (com uma exceção) todos os feriados — isto é, as celebrações da comunidade em geral — dos quais Goris relaciona cerca de trinta e dois no total, o que significa a média de um dia em cada sete.[32] Todavia, isso não aparece num ritmo totalmente discernível. Se começamos, arbitrariamente,

---

[30]Como os ciclos de trinta e sete nomes (*uku*) que formam o superciclo de duzentos e dez dias também são nomeados, eles podem ser, e habitualmente são, usados em conjunção com os nomes dos cinco e sete dias, eliminando assim a necessidade de invocar nomes do ciclo de seis nomes. Isso, porém, é apenas um assunto de observação: o resultado é exatamente o mesmo, embora os dias dos superciclos de trinta e quarenta e dois dias sejam assim obscurecidos. Os dispositivos balineses — mapas, listas, cálculos numéricos, mnemônicos — para fazer as determinações de calendário e avaliar seu significado são ao mesmo tempo complexos e variados, e há diferenças na técnica e interpretação entre indivíduos, aldeias e regiões da ilha. Calendários impressos (uma inovação ainda não muito difundida em Bali) procuram mostrar imediatamente o *uku*, o dia em cada um dos dez ciclos permutáveis (inclusive aquele que nunca muda!), o dia e o mês no sistema lunar-solar, o dia, o mês e o ano nos calendários gregoriano e islâmico, e o dia, mês, ano e nome do ano no calendário chinês — completo, com anotações sobre todos os feriados importantes, desde o Natal até o Galungan, que esses vários sistemas definem. Para discussões mais completas das ideias de calendário dos balineses e seu significado sociorreligioso, cf. R. Goris, "Holidays and Holy Days", *in* J. L. Swellengrebel, org., *Bali* (Haia, 1960), pp. 115-129, juntamente com as referências citadas aqui.

[31]Mais corretamente: os *dias* que eles definem informam-lhe que espécie de tempo é. Embora os ciclos e superciclos, sendo ciclos, sejam periódicos, não é a esse fato que dão importância ou significação. As periodicidades de trinta, trinta e cinco, quarenta e dois e duzentos e dez dias, e portanto os intervalos que elas demarcam, não são percebidas, ou o são apenas de forma periférica, como tal; nem mesmo os intervalos estão implícitos nas periodicidades elementares, os verdadeiros ciclos, que as geram — fato que muitas vezes é obscurecido em razão de chamarem aos primeiros "meses" e "anos", e "semanas" aos últimos. São apenas os "dias" que importam realmente — e é preciso enfatizar isso de forma marcante — e o sentido de tempo dos balineses não é mais cíclico do que duradouro: é particularizado. Dentro dos dias, individualmente, há uma certa medida de duração de curto alcance, não muito cuidadosamente calibrada, do ciclo diurno com o soar de gongos em vários pontos (de manhã, ao meio-dia, ao pôr do sol, etc.), e para certas tarefas coletivas de trabalho onde as contribuições individuais têm que ser mais ou menos equilibradas, através de relógios d'água. Mesmo isso é de pouca importância: em contraste com seu aparatoso calendário, os conceitos e mecanismos horológicos dos balineses são muito pouco desenvolvidos.

[32]Goris, "Holidays and Holy Days", p. 121. Nem todos esses feriados são importantes, certamente. Muitos deles são celebrados apenas em família e de forma rotineira. O que os torna feriados é que eles são idênticos para todos os balineses, o que não é o caso para outros tipos de celebração.

172 Capítulo Oito

com *Radité-Tungleh-Paing* como "um", os feriados aparecerão em dias numerados: 1, 2, 3, 4, 14, 15, 24, 49, 51, 68, 69, 71, 72, 73, 74, 77, 78, 79, 81, 83, 84, 85, 109, 119, 125, 154, 183, 189, 193, 196, 205, 210.[33] O resultado dessa espécie de ocorrência espasmódica de festivais, grandes e pequenos, é uma percepção de tempo — isto é, de dias como caindo amplamente em duas variedades muito gerais, "cheio" e "vazio": dias em que ocorrem coisas de importância e dias em que nada ou quase nada ocorre, sendo os primeiros chamados, às vezes, de "tempos" ou "junções", e os últimos de "buracos". Todas as outras aplicações do calendário apenas reforçam e refinam essa percepção geral.

Dentre essas outras aplicações, a mais importante é a determinação das celebrações nos templos. Ninguém sabe quantos templos existem em Bali, embora Swellengrebel tenha calculado que existam mais de 20.000.[34] Cada um desses templos — templos familiares, templos de grupos de descendência, templos de agricultura, templos de morte, templos de residência, templos de associação, templos de "casta", templos do Estado, e assim por diante — tem seu próprio dia de celebração, chamado *odalan*, termo que, embora traduzido comum e erroneamente como "dia de aniversário" ou, o que é pior, "aniversário", significa literalmente "saída", "emergência", "aparecimento" — isto é, não o dia em que o templo foi construído, mas o dia em que foi "ativado" (de vez que sempre existiu), no qual os deuses desceram do céu para habitá-lo. Entre os *odalans* ele permanece tranquilo, desabitado, vazio, e além de algumas poucas oferendas preparadas pelo seu sacerdote em certos dias nada acontece nele.

Na grande maioria dos templos, o *odalan* é determinado de acordo com o calendário permutacional (nos restantes, os *odalans* são determinados pelo calendário lunar-solar, o que, como veremos, resulta praticamente na mesma coisa, no que concerne aos modos de percepção do tempo), mais uma vez em termos de interação dos ciclos de cinco, seis e sete nomes. Isso significa que as cerimônias do templo — que vão desde as incrivelmente elaboradas até as quase invisivelmente simples — são ocorrências frequentes em Bali, para falar o mínimo, embora tais celebrações por vezes recaiam em dias certos, por vezes não, por motivos essencialmente metafísicos.[35]

A vida balinesa, portanto, não apenas é pontuada irregularmente por feriados frequentes, que todos celebram, mas ainda por frequentes celebrações nos templos que envolvem apenas os que são membros dos templos, habitualmente por nascimento. Como a maioria dos balineses pertence a meia dúzia de templos ou mais, isso acarreta uma vida ritual muito intensa, para não dizer frenética, embora se possa dizer, novamente, que ela se alterna, sem um ritmo preciso, entre a hiperatividade e a quiescência.

---

[33]*Ibid*. Existem, sem dúvida, sub-ritmos resultantes do funcionamento dos ciclos: assim, cada trigésimo quinto dia é feriado porque é determinado pela interação dos ciclos de cinco e sete nomes; mas, em termos da simples sucessão de dias, não há qualquer feriado, embora haja alguns amontoados aqui e ali. Goris vê o Radité-Tungleh-Paing como o primeiro dia do... ano balinês [permutacional] (e os outros dias como os primeiros dias de seus respectivos ciclos. Entretanto, embora possa haver (ou não, Goris não o esclareceu) alguma base textual para isso, eu não encontrei qualquer prova de que os balineses os percebam dessa forma. De fato, se existe algum dia que é visto como algo daquilo que chamamos marco temporal, este seria o Galungan (número setenta e quatro na listagem acima). Porém, até mesmo essa ideia é, quando muito, fracamente desenvolvida; como outros feriados, o Galungan apenas acontece. Apresentar o calendário balinês, mesmo parcialmente, em termos das ideias de fluxo de tempo ocidentais é, na minha opinião, deturpá-lo inevitavelmente, do ponto de vista fenomenológico.

[34]Swellengrebel, *Bali*, p. 12. Esses templos são de todos os tamanhos e têm todos os graus de significação, e Swellengrebel observa que o Bureau de Assuntos Religiosos em Bali apresentou uma cifra (de precisão suspeita), por volta de 1953, de 4.661 templos "grandes e importantes" na ilha que, é preciso lembrar, dispõe de 5.560 quilômetros quadrados, o tamanho aproximado do Estado de Delaware.

[35]Para uma descrição de um *odalan* a todo vapor (a maioria dura três dias em vez de apenas um), cf. J. Belo, *Balinese Temple Festival* (Locust Vallen, N. Y., 1953). Mais uma vez chamamos a atenção para o fato de os *odalans* serem computados mais comumente pelo uso do *uku* em vez do ciclo de seis nomes, juntamente com os ciclos de cinco e sete nomes. Ver nota 30.

Em aditamento a esses assuntos mais religiosos de feriados e festivais de templos, o calendário permutacional invade e engloba assuntos mais seculares da vida diária.[36] Há dias bons e maus nos quais construir uma casa, iniciar um empreendimento comercial, mudar de residência, partir em viagem, iniciar colheitas, aparar os esporões dos galos, fazer uma exibição de marionetes ou (no tempo antigo) iniciar uma guerra ou concluir a paz. O dia em que alguém nasceu, que não é o dia do aniversário segundo o nosso sentido (quando se pergunta a um balinês em que dia nasceu, ele responde com o equivalente a "Quinta-feira, dia nove", o que não ajuda muito para determinar sua idade), mas seu *odalan*, e se imagina que ele controle, ou mais acertadamente, que ele indique grande parte do seu destino.[37] Os homens nascidos nesse dia são capazes de se suicidar ou de se tornar ladrões, ou de se tornar ricos, ou de ser pobres; podem também viver bem e muito tempo, ou ser felizes, ou ser doentios, ou viver pouco, ou ser infelizes. O temperamento também é avaliado de forma semelhante, e o mesmo ocorre com o talento. O diagnóstico e o tratamento de doenças são complexamente integrados com as determinações do calendário, o que pode envolver os *odalans* de ambos, o paciente e aquele que cura, o dia em que ele caiu doente, bem como os dias associados metafisicamente com os sintomas e com a medicina. Antes que os casamentos sejam contratados, os *odalans* dos indivíduos são comparados para ver se sua conjunção é auspiciosa, e se isso não ocorrer — pelo menos se as partes são prudentes, o que ocorre na maioria dos casos — não há casamento. Há um tempo para enterrar e um tempo para cremar, um tempo para casar e um tempo para divorciar, um tempo — mudando do hebraico para o idioma balinês — para o topo da montanha e um tempo para o mercado, para um afastamento social e para uma participação social. As reuniões do conselho da aldeia, das sociedades de irrigação, das associações voluntárias são fixadas em termos do calendário permutacional (mais raramente do calendário lunar-solar); o mesmo ocorre com os períodos em que se fica quieto dentro de casa, tentando manter longe os aborrecimentos.

O calendário lunar-solar, embora construído numa base diferente, na verdade incorpora a mesma concepção precisa do tempo que o permutacional. Sua diferença principal, e sua vantagem, para certos propósitos, é que ele é mais ou menos fixo; não varia em relação às estações.

Esse calendário consiste em doze meses numerados que vão de uma lua nova para outra.[38] Esses meses são então divididos em duas espécies de dias (também numerados): lunar (*tihti*) e solar (*diwasa*). Há sempre trinta dias lunares num mês, mas, dada a discrepância entre os anos lunar e solar, há às vezes trinta dias solares num mês e às vezes somente vinte e nove. Neste último caso, consideram-se dois dias lunares caindo num único dia solar — isto é, pula-se um dia lunar. Isso ocorre a cada sessenta e três dias, porém, embora esse cálculo seja bastante exato do ponto de vista astronômico, a determinação real não é feita à base da observação e da teoria astronômica, para as quais os balineses não dispõem do necessário equipamento cultural (para não falar do interesse). Ele é determinado pelo uso do calendário permutacional. Naturalmente, chegou-se ao cálculo original através da Astronomia, mas isso foi feito pelos hindus,

---

[36]Há também várias concepções metafísicas associadas aos dias que têm nomes diferentes — constelações de deuses, de demônios, objetos naturais (árvores, pássaros, animais), virtudes e vícios (amor, ódio...) e assim por diante — o que explica "por que" eles têm o caráter que têm — mas isso não precisa ser explicado aqui. Nessa área, bem como na associada com a "leitura da sorte" descrita no texto, as teorias e interpretações são menos padronizadas e a computação não está confinada aos ciclos de cinco, seis e sete nomes, mas se estende a várias permutas com os outros, fato que faz com que as possibilidades sejam ilimitadas.

[37]No que se refere aos indivíduos, o termo aplicado é mais frequentemente *otonan* do que *odalan*, mas o significado radical é o mesmo: "emergência", "aparecimento", "surgimento".

[38]Os nomes dos dois últimos meses — emprestados do sânscrito — não são números no sentido estrito como os outros dez, porém em termos da percepção balinesa eles "significam" décimo primeiro e décimo segundo.

174 Capítulo Oito

de quem os balineses importaram o calendário, num passado remoto. Para os balineses, o dia lunar duplo — o dia em que são dois dias ao mesmo tempo — é apenas um tipo especial de dia ocasionado pelo funcionamento dos ciclos e superciclos do calendário permutacional — um conhecimento *a priori*, não *a posteriori*.

De qualquer forma, essa correlação ainda deixa um desvio de nove a onze dias em relação ao verdadeiro ano solar, e isso é compensado pela interpolação de um mês bissexto cada trinta meses, operação que, embora seja originalmente resultado da observação e dos cálculos astronômicos hindus, é aqui simplesmente mecânica. A despeito do fato de o calendário lunar-solar *parecer* astronômico e, portanto, *parecer* baseado em alguma percepção dos processos temporais naturais, relógios celestiais, isso é uma ilusão que resulta do fato de se prestar atenção à sua origem, e não aos seus usos. Esses usos estão tão afastados da observação dos céus — ou de qualquer outra experiência da passagem do tempo — como os do calendário permutacional com os quais ele está rigorosamente acertado. Como acontece com o calendário permutacional, é o sistema, automático, particularista, fundamentalmente não métrico, mas classificatório, que diz qual é o dia (ou que espécie de dia), e não o aparecimento da Lua, para o qual se olha apenas casualmente, e que é considerado não como um determinante do calendário, mas como um reflexo dele. O que é "realmente real" é o nome — ou, neste caso, o número (de dois lugares) — do dia, seu lugar na taxonomia transempírica dos dias, não seu reflexo epifenomenal no céu.[39]

Na prática, o calendário lunar-solar é utilizado da mesma forma e para os mesmos tipos de coisas que o permutacional. O fato de ser fixo (embora frouxamente), torna-o mais prático nos contextos agrícolas, de forma que plantar, limpar, colher e atos similares são habitualmente regulados em termos desse calendário, e alguns templos que têm uma conexão simbólica com a agricultura ou a fertilidade celebram suas recepções aos deuses de acordo com ele. Isso significa que essas recepções só ocorrem a cada 355 dias (nos anos bissextos, cerca de 385 dias), em vez de 210. Fora isso, o padrão não é modificado.

Há, ainda, um feriado principal, o *Njepi* ("aquietar"), que é celebrado de acordo com o calendário lunar-solar. Ele é chamado frequentemente pelos estudiosos ocidentais de "Ano Novo balinês", embora caia no princípio (isto é, na lua nova) não do primeiro, mas do décimo mês, e diga respeito não a uma renovação ou uma rededicação, mas a um acentuado medo dos demônios e uma tentativa de tranquilizar as emoções. O Njepi é observado como um estranho dia de silêncio: ninguém sai às ruas, nenhum trabalho é feito, não se acende qualquer lâmpada ou fogo e a conversação mantida nos pátios domésticos é abafada. O sistema lunar-solar não é muito usado para propósitos de "leitura da sorte", embora os dias de lua nova e de lua cheia sejam considerados possuidores de certas características qualitativas, sinistras no primeiro caso e auspiciosas no segundo. De forma geral, o calendário lunar-solar é mais um suplemento do permutacional do que uma alternativa para ele. Ele torna possível o emprego de uma concepção do tempo classificatória, cheia e vazia, "atemporal", em contextos onde o fato de as condições naturais variarem periodicamente têm de ter um reconhecimento mínimo.

---

[39]De fato, como mais um empréstimo índico, os anos também são numerados, mas — fora dos círculos sacerdotais onde a familiaridade com eles é mais um tema de prestígio de estudo, um ornamento cultural, do que qualquer outra coisa — a enumeração dos anos não desempenha virtualmente qualquer papel na utilização real do calendário, e as datas lunar-solares são dadas sempre sem se fazer menção do ano, que, com muito raras exceções, não é conhecido, nem se liga a ele. Os textos e inscrições antigos às vezes indicam o ano, mas no curso ordinário da vida os balineses nunca "datam" nada, em nosso sentido do termo, a não ser, talvez, para dizer que algum acontecimento — uma erupção vulcânica, uma guerra, e assim por diante — ocorreu "quando eu era pequeno", "quando os holandeses estavam aqui" ou, no *illo tempore* balinês, "nos tempos Madjapahit", etc.

CERIMÔNIA, TERROR DO PALCO E AUSÊNCIA DE CLÍMAX

O anonimato das pessoas e a imobilização do tempo constituem, pois, dois lados de um mesmo processo cultural: o esvaziamento simbólico, na vida cotidiana dos balineses, da percepção dos companheiros como consócios, sucessores ou predecessores, em favor da percepção deles como contemporâneos. Assim como as várias ordens simbólicas da definição-pessoa ocultam o fundamento biológico, psicológico e histórico desse padrão mutante de dotações e inclinações a que chamamos personalidade por trás e uma tela fechada de identidades prontas, personalidades icônicas, da mesma forma o calendário, ou melhor, a aplicação do calendário, dilui o sentido de dissolver os dias e evaporar os anos que esses fundamentos e esse padrão inevitavelmente sugerem, pulverizando o fluxo do tempo em partículas desconexas, infinitesimais e sem movimento. Uma simples contemporaneidade necessita de um presente absoluto no qual viver; um presente absoluto só pode ser habitado por um homem que se torna contemporâneo. Entretanto, existe um terceiro lado do mesmo processo que o transforma de um par de proposições complementares num triângulo de forças culturais mutuamente reforçáveis: a cerimonialização do intercâmbio social.

Para manter o anonimato (relativo) dos indivíduos com quem se tem um contato diário, para arrefecer a intimidade implícita nas relações face a face — em suma, para transformar os consócios contemporâneos — é necessário formalizar as relações com eles num nível bem elevado, confrontá-los numa distância sociológica média, onde estejam próximos o bastante para serem identificados, mas não tão próximos para serem apreendidos: quase estranhos, quase amigos. O cerimonial de grande parte da vida diária dos balineses, a extensão (e intensidade) com que são controladas as relações interpessoais através de um sistema desenvolvido de convenções e conveniências, é, portanto, um correlato lógico de uma tentativa em andamento de bloquear a visão dos aspectos mais criaturais da condição humana — individualidade, espontaneidade, mortalidade, emocionalidade, vulnerabilidade. Como sua contrapartida, essa tentativa só tem sucesso parcial, e o cerimonial da interação social balinesa não está mais próximo de se completar do que o anonimato das pessoas ou a imobilização do tempo. Mas o grau em que se deseja seu sucesso, o grau em que ele se torna um ideal obcecante, é responsável pelo grau que atinge esse cerimonial, pelo fato de em Bali as boas maneiras não constituírem um mero assunto de conveniência prática ou decoração incidental, mas serem uma preocupação espiritual profunda. A cortesia calculada, a forma exterior pura e simples, tem lá um valor normativo que nós, que a vemos como pretensiosa ou cômica, quando não como hipócrita, jamais poderemos apreciar, agora que Jane Austen está tão longe de nós quanto Bali.

Tal apreciação torna-se mais difícil pela presença, nesse polimento diligente das superfícies da vida social que tem uma nota peculiar, de uma nuança estilística que não esperávamos encontrar. Sendo estilística e sendo uma nuança (embora muito difusa), é muito difícil de comunicar a alguém que ainda não a experimentou. Uma "apresentação teatral" talvez esteja mais próxima como identificação, se se compreende que essa apresentação não é apenas ligeira, mas quase grave, e a teatralidade não é espontânea, mas como que forçada. As relações sociais balinesas são ao mesmo tempo um jogo e um drama estudado.

Isso é visto mais claramente em seu ritual e (o que é a mesma coisa) em sua vida artística, que é, na verdade, um retrato e um molde para a vida social. A interação cotidiana é uma atividade ritualista e religiosa, tão cívica, que é difícil dizer quanto termina uma e começa a outra: ambas são expressões do que é justamente o mais famoso atributo cultural de Bali — seu gênio artístico. A pompa elaborada dos templos, as óperas grandiloquentes, os balés e as peças de sombras sobre estacas; os discursos cheios de circunlóquios e gestos apologéticos — tudo isso constitui uma só peça. A etiqueta é uma espécie de dança, a dança uma espécie de ritual e a devoção uma forma de etiqueta. A arte, a religião e a cortesia, todas elas exaltam a aparência exterior, inventiva, bem ornamentada das coisas. Elas celebram as formas, e é essa manipulação das formas — o que eles chamam de "atuação" — que dá à vida balinesa essa névoa de cerimonial.

176 Capítulo Oito

Esse molde afetado das relações interpessoais balinesas, a fusão do rito, da perícia e da cortesia, leva a um reconhecimento da qualidade mais fundamental e mais distinta da espécie particular da sua sociabilidade: seu esteticismo radical. Os atos sociais, todos os atos sociais, são destinados a agradar, em primeiro lugar — agradar aos deuses, agradar à audiência, agradar ao outro, agradar a si mesmo; mas agradar como a beleza agrada, não como a virtude. Da mesma forma que as oferendas dos templos ou os concertos de *gamelan*, os atos de cortesia são obras de arte e, como tal, eles demonstram, e pretendem demonstrar, não a retidão (ou o que nós chamaríamos de retidão), mas a sensibilidade.

Ora, a partir de tudo isso — de que a vida cotidiana é marcantemente cerimoniosa; de que esse cerimonial toma a forma de uma espécie de "desempenho" intenso, até mesmo assíduo, das formas públicas; de que a religião, a arte e a etiqueta são apenas manifestações diferentemente dirigidas de uma fascinação cultural total com a semelhança trabalhada das coisas; e de que a moralidade, aqui, é, em consequência, estética em sua base — é possível atingir uma compreensão um pouco mais exata de dois dos aspectos mais marcantes (e mais observados) do tom afetivo da vida balinesa: a importância da emoção do que foi chamada (erradamente) de "vergonha" nas relações interpessoais e o fracasso na atividade coletiva — religiosa, artística, política, econômica — de construir as consumações definíveis, aquilo que foi chamado (com agudeza) de "ausência de clímax".[40] O primeiro desses temas leva diretamente de volta às concepções da condição de pessoa; o outro, não menos diretamente, às concepções do tempo, garantindo assim os vértices do nosso triângulo metafórico que liga o estilo comportamental balinês com o ambiente ideacional no qual ele se move.

O conceito de "vergonha", juntamente com seu primo moral e emocional, a "culpa", já foi muito discutido na literatura, sendo designadas culturas inteiras como "culturas de vergonha" em função da presumida proeminência que nelas ocorria de uma preocupação intensa com a "honra", a "reputação", e similares, a expensas de uma preocupação, concebida como dominantes nas "culturas de culpa", com o "pecado", o "valor interior", e assim por diante.[41] Pondo de lado a utilidade de tal categorização total e os problemas complexos da dinâmica psicológica comparativa, tornou-se muito difícil em tais estudos afastar o termo "vergonha" daquilo que é, afinal de contas, seu significado mais comum em nossa língua — "consciência de culpa" — e, portanto, desligá-lo completamente da culpa como tal — "o fato de sentir haver feito algo de repreensível". Habitualmente, o contraste focaliza o fato de a "vergonha" tender a ser aplicada (na verdade, não exclusivamente) às situações nas quais os erros são expostos publicamente, e a "culpa" (também longe de exclusivamente) a situações nas quais isso não existe. Vergonha é o sentimento de desgraça e humilhação que se segue a uma transgressão descoberta; culpa é o sentimento de maldade secreta de alguém que não foi, ou ainda não foi, descoberto. Assim, embora vergonha e culpa não sejam precisamente a mesma coisa em nosso vocabulário ético e psicológico, elas pertencem à mesma família; uma é a superfície da outra, a outra o esconderijo da primeira.

Mas a "vergonha" balinesa, ou o que foi traduzido como tal (*lek*), nada tem a ver com transgressões, expostas ou não, reconhecidas ou ocultas, apenas imaginadas ou verdadeiramente executadas. Isso não quer dizer que os balineses não sentem culpa ou vergonha, que não têm consciência ou orgulho, da mesma forma que não têm conhecimento de que o tempo passa ou de que os homens são indivíduos únicos. Queremos dizer apenas que nem a culpa nem a vergonha têm importância cardeal como reguladores afetivos de sua conduta

---

[40]Sobre o tema da "vergonha" na cultura balinesa, cf. M. Covarrubias, *The Island of Bali* (Nova York, 1956); sobre a "ausência de clímax", G. Bateson e M. Mead, *Balinese Character* (Nova York, 1942).

[41]Para uma revisão crítica abrangente, cf. G. Piers e M. Singer, *Shame and Guilt* (Springfield, Ill., 1953).

interpessoal, e que o *lek*, de longe o mais importante de tais reguladores, o mais intensamente enfatizado do ponto de vista cultural, não deve ser traduzido como "vergonha", mas, ao contrário, para prosseguir com a nossa imagem teatral, como "terror do palco". Não é a impressão de ter transgredido, nem a sensação de humilhação que se segue a uma transgressão descoberta, ambas sentidas muito ligeiramente e logo apagadas em Bali, que é a emoção controladora nos encontros face a face dos balineses. Pelo contrário, é um nervosismo difuso, habitualmente controlado, embora virtualmente paralisante em certas situações, ante a perspectiva (e o fato) da interação social, uma preocupação crônica, geralmente penetrante, de que não se possa agir com a *finesse* exigida.[42]

Quaisquer que sejam suas causas mais profundas, o terror do palco consiste no medo de que, por falta de habilidade ou autocontrole, ou talvez por mero acidente, não seja mantida a ilusão estética, de que o ator perderá o controle de seu papel e que o seu papel, portanto, se dissolverá no ator. A distância estética entra em colapso, a audiência (e o ator) perde de vista o Hamlet e passa a ver, com grande desconforto para todos envolvidos, um João da Silva qualquer, dolorosamente caricaturado como o Príncipe da Dinamarca. Em Bali o caso é o mesmo, embora o drama seja mais modesto. O que se receia — moderadamente na maioria dos casos, intensamente em alguns outros — é que a *performance* pública que é a etiqueta seja tosca, que a distância social que a etiqueta mantém sofra um colapso e que a personalidade do indivíduo penetre dissolvendo sua identidade pública padronizada. Quando isso ocorre, como acontece algumas vezes, nosso triângulo se desmancha: a cerimônia se evapora, a imediação do momento é sentida com uma intensidade excruciante e os homens tornam-se consócios indesejáveis, presos no embaraço mútuo, como se tivessem penetrado inadvertidamente na privacidade um do outro. O *lek* é imediatamente a consciência da possibilidade onipresente de ocorrer tal desastre interpessoal e, como terror do palco, uma força motivadora para evitá-lo. É o receio do *faux pas* — que se torna muito mais provável por uma polidez muito elaborada — que mentém deliberadamente o intercâmbio social em trilhas muito estreitas. É o *lek*, mais do que qualquer outra coisa, que protege os conceitos balineses sobre a condição de pessoa em relação à força individualizante dos encontros face a face.

A "ausência de clímax", a outra qualidade proeminente do comportamento social balinês, é tão peculiarmente distinta e tão peculiarmente estranha que só pode ser evocada satisfatoriamente através de extensas descrições de acontecimentos concretos. Ela se resume no fato de que as atividades sociais não constroem, ou não lhes é permitido construir, consumações definitivas. As discussões surgem e desaparecem, às vezes até persistem, mas é raro que subam à cabeça. Os assuntos não são levados a uma decisão, eles são contornados e amaciados na esperança de que a simples evolução das circunstâncias os solucione, ou melhor ainda, que eles simplesmente se evaporem. A vida cotidiana consiste em encontros autocontidos, monádicos, nos quais algo pode acontecer ou não — uma intenção é compreendida ou não, uma tarefa é realizada ou não. Quando a coisa não acontece — a intenção é frustrada, a tarefa não realizada — o esforço pode ser feito novamente, desde o princípio, em outra ocasião; ou pode ser simplesmente abandonado. Os espetáculos artísticos começam, continuam (às vezes durante períodos extensos, pois as pessoas não comparecem apenas, vão e voltam, conversam durante algum tempo, dormem durante algum tempo, assistem absortas durante algum tempo) e

---

[42]Mais uma vez, estou preocupado aqui com a fenomenologia cultural, não com a dinâmica psicológica. Embora creia que não haja evidência para prová-la ou desaprová-la, creio que o "terror do palco" dos balineses esteja ligado a sentimentos inconscientes de culpa de uma ou outra espécie. O ponto a frisar é que traduzir *lek* como "culpa" ou "vergonha" é, dado o sentido habitual desses termos em nossa língua, interpretá-lo mal, e nossa expressão "terror do palco" — "o nervosismo que se sente ao apresentar-se perante uma audiência" — dá uma ideia muito melhor, se bem que ainda imperfeita, daquilo a que os balineses se referem quando falam, como o fazem constantemente, do *lek*.

param; eles são tão descentralizados como uma parada, tão sem direção como um festival. Os rituais muitas vezes parecem consistir, como nas celebrações dos templos, principalmente em se aprontar e fazer a limpeza. O cerne do cerimonial, a reverência aos deuses comparecendo aos seus altares, é deliberadamente abafado a ponto de parecer, às vezes, apenas uma reflexão tardia, uma confrontação de relance, hesitante, de pessoas anônimas colocadas muito próximas fisicamente, mas mantidas à distância socialmente. Tudo se resume em receber bem e despedir-se, uma antecipação e um ressaibo, e o verdadeiro encontro com as próprias presenças sagradas é uma espécie de cerimonial abafado, ritualmente isolado. Até mesmo numa cerimônia mais dramaticamente atuante como a do Rangda-Barong, a feiticeira temerosa e o dragão tolo combatem-se num estado de completa irresolução, um embate místico, metafísico e moral que deixa tudo precisamente nos mesmos lugares, e o observador — ou pelo menos o observador estrangeiro — tem a sensação de que algo de decisivo estava a ponto de acontecer, mas não chegou a isso.[43]

Em suma, os acontecimentos assemelham-se aos feriados. Eles aparecem, desvanecem-se e reaparecem — cada um deles discreto, suficiente em si mesmo, uma manifestação particular da ordem de coisas fixadas. As atividades sociais são *performances* separadas, elas não caminham para o mesmo destino, não se reúnem para um desenlace. Da mesma forma que o tempo é preciso, a vida também o é. Não sem uma ordem, mas ordenada qualitativamente, como os próprios dias, num número limitado de espécies estabelecidas. A vida social balinesa ressente-se da falta de um clímax porque ocorre num presente sem movimento, um agora sem vetor. Ou, o que é igualmente verdadeiro, o tempo balinês ressente-se da falta de movimento porque a vida social balinesa se ressente da falta de um clímax. Os dois implicam-se mutuamente, e ambos juntos implicam e são implicados pela contemporização balinesa das pessoas. A percepção dos companheiros, a experiência da história e o temperamento da vida coletiva — o que algumas vezes é chamado *ethos* — são ligados por uma lógica definível. Mas essa lógica não é silogística — ela é social.

Integração Cultural, Conflito Cultural, Mudança Cultural

Referindo-se, como o faz, tanto aos princípios formais do raciocínio como às conexões racionais entre os fatos e acontecimentos, "lógica" é uma palavra traiçoeira, e em nenhum lugar ela é mais traiçoeira do que na análise da cultura. Quando se lida com formas cheias de significado, é quase insuportável a tentação de ver o relacionamento entre elas como imanente, como se elas consistissem em alguma espécie de afinidade intrínseca (ou desafinidade) que possuem uma em relação à outra. Assim, ouvimos falar de integração cultural como uma harmonia de significado, mudança cultural como uma instabilidade de significado e conflito cultural como uma incongruência de significado, com a implicação de que a harmonia, a instabilidade ou a incongruência são propriedades do próprio significado, da mesma forma que, digamos, a doçura é propriedade do açúcar, ou a fragilidade é propriedade do vidro.

Entretanto, quando tentamos tratar essas propriedades do mesmo modo que trataríamos a doçura ou a fragilidade, elas deixam de reagir, "logicamente", da forma esperada. Quando procuramos os constituintes da harmonia, da instabilidade ou da incongruência, somos incapazes de localizá-los naquilo de que são

---

[43]Para uma descrição do combate Rangda-Barong, cf. J. Belo, *Rangda and Barong;* para uma brilhante evocação de sua disposição, cf. G. Bateson e M. Mead, *Balinese Character*.

propriedades presumidas. Não se pode percorrer as formas simbólicas como uma espécie de material de análise cultural para descobrir seu conteúdo harmônico, sua taxa de estabilidade ou seu índice de incongruência. Podemos apenas olhar e ver se as formas em questão de fato coexistem, mudam ou interferem umas nas outras de alguma maneira, o que corresponde a provar o açúcar para ver se é doce ou derrubar um vidro para ver se é frágil, e que não corresponde, sem dúvida, a uma investigação sobre a composição química do açúcar ou da estrutura física do vidro. A razão para isso é que o significado não é intrínseco nos objetos, atos, processos e assim por diante que o possuem, mas — como Durkheim, Weber e muitos outros já enfatizaram — lhes é imposto. A explicação de suas propriedades, portanto, deve ser procurada naqueles que fazem essa imposição — os homens que vivem em sociedade. Tomando emprestado uma expressão de Joseph Levenson, o estudo do pensamento é o estudo dos homens que pensam;[44] como eles não pensam em algum local especial e sim no mesmo local — o mundo social — em que fazem tudo o mais, a natureza da integração cultural, da mudança cultural e do conflito cultural deve ser procurada aí: nas experiências dos indivíduos e grupos de indivíduos, à medida que, sob a direção dos símbolos, eles percebem, sentem, raciocinam, julgam e agem.

Dizer isso, porém, não é render-se ao psicologismo que, ao lado do logicismo, é o outro grande sabotador da análise cultural. A experiência humana — a vivência real através dos acontecimentos — não é mera sensação: partindo da percepção mais imediata até o julgamento mais mediado, ela é uma sensação significativa — uma sensação interpretada, uma sensação apreendida. Com a possível exceção dos recém-nascidos que, a não ser pela sua estrutura física, são humanos apenas *in posse*, para os seres humanos toda a experiência é construída, e as formas simbólicas nos termos das quais ela é constituída determinam sua textura intrínseca — em conjunção com uma grande variedade de outros fatores que vão da geometria celular da retina até os estágios endógenos da maturação psicológica. Abandonar a esperança de encontrar a "lógica" da organização cultural em algum "reino de significado" pitagórico não significa abandonar a esperança de encontrá-lo. É justamente o voltarmos nossa atenção para isso que dá aos símbolos sua vida: sua utilização.[45]

O que liga as estruturas simbólicas balinesas que definem as pessoas (nomes, termos de parentesco, tecnônimos, títulos, etc.) às suas estruturas simbólicas que caracterizam o tempo (calendários permutacionais, etc.), e ambos às suas estruturas simbólicas de ordenação do comportamento interpessoal (arte, ritual, cortesia, etc.), é a interação dos efeitos que cada uma dessas estruturas exerce sobre a percepção daqueles que a utilizam, a forma pela qual os seus impactos experimentais afetam e reforçam um ao outro. Uma propensão para "contemporizar" os companheiros diminui a sensação de envelhecimento biológico; uma sensação embotada de envelhecimento biológico remove uma das principais fontes do sentido do fluxo temporal; um sentido reduzido do fluxo temporal dá aos acontecimentos interpessoais uma qualidade episódica. Uma interação cerimoniosa apoia as percepções padronizadas dos outros; as percepções padronizadas dos outros apoiam uma concepção de "estado estável" da sociedade; a concepção de estado estável da sociedade apoia uma percepção taxonômica do tempo. E assim por diante: poder-se-ia iniciar com as concepções do tempo

---

[44]J. Levenson, *Modern China and Its Confucian Past* (Garden City, 1964), p. 212. Aqui, como em outros pontos, utilizo o termo "pensar" não apenas como reflexão deliberada, mas como qualquer tipo de atividade inteligente, e o termo "significado" não apenas como "conceitos" abstratos, mas como um significado de qualquer espécie. Talvez isso seja um tanto arbitrário, e até um pouco frouxo, mas é preciso dispor de termos gerais para falar sobre assuntos gerais, mesmo se o que é envolvido por esses assuntos está muito longe de ser homogêneo.

[45]"Qualquer sinal *em si mesmo* está morto. *O que* lhe dá vida? — quando em uso ele *está vivo*. É a vida soprada para dentro dele? — ou é a sua *utilização* a sua vida?" L. Wittgenstein, *Philosophical Investigations* (Nova York, 1953), pp. 125 ss. Grifos no original.

180 CAPÍTULO OITO

e percorrer o mesmo círculo, em qualquer direção. O círculo, porém, embora contínuo, não é fechado em seu sentido estrito, pois nenhum desses modos de experiência é mais do que uma tendência dominante, uma ênfase cultural, e seus oponentes obscurecidos, igualmente bem enraizados nas condições gerais da existência humana e não destituídos de alguma expressão cultural própria, coexistem com eles e na verdade agem contra eles. Todavia, eles *são* dominantes, eles se *reforçam* um ao outro e eles *são* persistentes. É a essa situação, nem permanente nem perfeita, que o conceito de "integração cultural" — o que Weber chamou "*Sinnzusammenhang*" — pode ser aplicado legitimamente.

Sob essa perspectiva, a integração cultural não pode ser mais considerada como um fenômeno *sui generis*, fechado e apartado da vida comum do homem num mundo lógico próprio. E, o que talvez seja mais importante, ela não é assumida como um fenômeno abarcante, inteiramente difundido, ilimitado. Em primeiro lugar, como foi dito, os padrões contraditórios aos básicos existem como subdominantes, mas ainda assim como temas importantes em qualquer cultura, na medida em que nos é dado observar. De uma forma comum, muito não hegeliana, os elementos da própria negação da cultura são, com maior ou menor intensidade, incluídos na própria cultura. No que se refere aos balineses, por exemplo, uma investigação das suas crenças em bruxaria (ou, para falar fenomenologicamente, as experiências de bruxaria) como inversos do que pode ser chamado de suas crenças pessoais, ou do seu comportamento em transe como um inverso da sua etiqueta, seria muito esclarecedora a esse respeito, e acrescentaria ao mesmo tempo profundidade e complexidade à presente análise. Alguns dos ataques mais famosos recebidos pelas caracterizações culturais — revelações de suspeita e facciosismo entre os Pueblos "amantes da harmonia", ou o "lado amigável" dos Kwakiutl rivais — consistem basicamente em apontar a existência e a importância de tais temas.[46]

Além dessa espécie de contraponto natural, contudo, existem ainda descontinuidades simples, não resumidas, entre os próprios temas principais. Nem tudo está ligado a tudo o mais tão diretamente; nem tudo afeta imediatamente ou está contra tudo o mais. Tal interconexão básica universal tem que ser, no mínimo, demonstrada empiricamente, e não apenas presumida axiomaticamente, como tem sido feito tantas vezes.

A descontinuidade cultural e as desorganizações sociais que dela podem resultar, mesmo em sociedades altamente estáveis, é tão real como a integração cultural. A noção, ainda muito difundida em antropologia, de que a cultura é uma teia sem emendas não é mais um *petitio principii* do que a perspectiva mais antiga de que a cultura é algo constituído de retalhos e remendos, a qual, com um certo excesso de entusiasmo, ela substituiu após a revolução de Malinowski nos primórdios dos anos 1930. Os sistemas não precisam ser interligados exaustivamente para serem sistemas. Eles podem ser interligados densa ou pobremente, mas a maneira como o são — de que forma eles são corretamente integrados — é um assunto empírico. Para confirmar as ligações entre os modos de experimentar, como entre quaisquer variáveis, é necessário encontrá-los (e descobrir a maneira de encontrá-los), não presumi-los simplesmente. Como existem algumas razões teóricas muito imperativas para se acreditar que um sistema que seja ao mesmo tempo complexo, como o é qualquer cultura, e inteiramente coordenado não pode funcionar, o problema da análise cultural é muito mais

---

[46]Li An-che, "Zuñi: Some Observations and Queries", *American Anthropologist,* 39 (1937): pp. 62-76; H. Codere, "The Amiable Side of Kwakiutl Life", *American Anthropologist,* 58 (1956): pp. 334-351. Qual dos dois padrões antitéticos ou feixes de padrões, se é que existe algum, é de fato o básico, é sem dúvida um problema empírico, mas não insolúvel, se se pensar um pouco sobre o que significa "básico" nesse sentido.

uma forma de determinar tanto as independências como as interligações, tanto os fossos como as pontes.[47] A imagem apropriada da organização cultural, se é que se deve ter imagens, não é nem a de uma teia de aranha nem a de um montículo de areia. É mais a de um polvo, cujos tentáculos são integrados separadamente em sua maior parte, do ponto de vista neural muito fracamente ligados um com o outro e com o que passa por cérebro no polvo, e que, não obstante, consegue ao mesmo tempo movimentar-se e se preservar, pelo menos durante algum tempo, como uma entidade viável, embora um tanto desajeitada.

A interdependência íntima e imediata entre as concepções de pessoa, tempo e conduta que foi proposta neste ensaio é, como eu poderia argumentar, um fenômeno geral, mesmo que no caso particular balinês ela seja de um grau bastante peculiar, de vez que tal interdependência é inerente à forma pela qual a experiência humana é organizada, um efeito necessário das condições sob as quais é conduzida a vida humana. Todavia, essa é apenas uma entre o número enorme e desconhecido de tais interdependências gerais, sendo que com algumas ela está ligada mais ou menos diretamente, enquanto com outras está ligada só muito indiretamente, e com outras ainda não tem virtualmente qualquer ligação, para propósitos práticos.

A análise da cultura se reduz aqui, portanto, não a um ataque heroico e "sagrado" às "configurações básicas da cultura", a uma "ordem das ordens" exageradamente dolorosa, a partir da qual se pode ver configurações mais limitadas como meras deduções, mas a uma pesquisa dos símbolos significantes, feixes de símbolos significantes e feixes de feixes de símbolos significantes — os veículos materiais da percepção, da emoção e da compreensão — e a afirmação das regularidades subjacentes da experiência humana implícitas em sua formação. Uma teoria da cultura plausível só pode ser alcançada, se um dia o for, construindo a partir dos modos de pensamento diretamente observáveis, primeiro para determinar as famílias desses modos de pensamento, prosseguindo depois para sistemas "polvoides" desses modos de pensamento, mas variáveis, menos estreitamente coerentes, porém ordenados, não obstante, confluências de integrações parciais, de incongruências parciais e de independências parciais.

A cultura também se movimenta como um polvo — não ao mesmo tempo, como uma sinergia de partes perfeitamente coordenadas, como uma compulsão maciça de todo, mas através de movimentos desarticulados desta parte, depois daquela, e depois ainda da outra, que de alguma forma se acumulam para uma mudança direcional. Deixando de lado os cefalópodes — onde surgirão os primeiros impulsos para uma progressão numa determinada cultura, de que forma e em que grau eles se espalharão através do sistema, tudo isso ainda é altamente imprevisível, se não totalmente, no atual estágio do nosso entendimento. Entretanto, não parece ser uma suposição irracional dizer que, quando tais impulsos surgirem em alguma parte do sistema intimamente interligada e socialmente consequente, sua força impulsionadora será certamente bastante elevada.

Qualquer acontecimento que atacasse efetivamente as percepções-pessoa balinesas, as experiências balinesas de tempo ou as noções balinesas de oportunidade estaria certamente sobrecarregado de potencialidade para a transformação da maior parte da cultura balinesa. Não são esses os únicos pontos onde podem surgir tais acontecimentos revolucionários (qualquer coisa que atacasse as noções balinesas de prestígio e suas

---

[47]"Portanto, foi demonstrado que, para que as adaptações se acumulem, *não* pode haver canais... de algumas variáveis... para outras... A ideia, tantas vezes implícita nos trabalhos fisiológicos, de que tudo ficará bem se tiver suficientes ligações cruzadas é inteiramente errônea." W. R. Ashby, *Design for a Brain*, 2.ª ed. rev. (Nova Iorque, 1960), p. 155. Grifos no original. As referências aqui são, naturalmente, a ligações diretas — o que Ashby chama de "junturas básicas". Qualquer variável que não tenha qualquer relação com outras variáveis no sistema simplesmente não faria parte dele. Para uma discussão sobre o cerne dos problemas teóricos aqui envolvidos, cf. Ashby, pp. 171-183, 205-218. Para um argumento de que a descontinuidade cultural pode não ser compatível com o funcionamento efetivo dos sistemas sociais que eles governam, mas que pode até ser suporte de tal funcionamento, cf. J.W. Fernandez, "Symbolic Consensus in a Fang Reformative Cult", *American Anthropologist*, 67 (1965): pp. 902-929.

bases seria igualmente portentosa, no mínimo), mas eles estão entre os mais importantes, sem dúvida. Se o balineses desenvolvessem uma perspectiva menos anônima um do outro, ou um sentido de tempo mais dinâmico, ou ainda um estilo mais informal de interação social, muita coisa teria de mudar na vida balinesa — não tudo, mas grande parte — se não por outro motivo, porque qualquer dessas mudanças implicaria uma outra, direta e imediatamente, e essas três desempenham um papel crucial, de diferentes modos e em contextos diferentes, ao modelar esse tipo de vida.

Em teoria, essas mudanças culturais poderiam provir de dentro ou de fora da sociedade balinesa, mas, levando em consideração o fato de que Bali é parte, agora, de um Estado nacional em desenvolvimento cujo centro de gravidade está em outro lugar — nas grandes cidades de Java e Sumatra — é bem possível que viessem de fora.

A emergência, quase que pela primeira vez na história indonésia, de um líder político que é humano, demasiado humano, não apenas de fato, mas na aparência, parece implicar uma espécie de desafio às concepções tradicionais balinesas de condição pessoal. Sukarno não é apenas uma personalidade única, vívida e intensamente íntima aos olhos dos balineses, ele também está envelhecendo em público, se assim podemos dizer. A despeito do fato de não se ligarem com ele numa interação face a face, ele é, fenomenologicamente, muito mais o seu consócio do que seu contemporâneo; seu sucesso sem paralelo em alcançar esse tipo de relação — não apenas em Bali, mas praticamente em toda a Indonésia — constitui o segredo de grande parte da influência e da fascinação que exerce sobre a população. Como ocorre com todas as figuras verdadeiramente carismáticas, seu poder provém, em grande parte, do fato de ele não se enquadrar nas categorias culturais tradicionais, mas romper com todas elas enquanto celebra sua própria distinção. O mesmo se aplica também, com uma intensidade mais reduzida, aos líderes menores da Nova Indonésia, até os pequenos Sukarnos (com os quais a população de fato *tem* relações face a face) que começam a aparecer agora na própria Bali.[48] O tipo de individualismo que Burckhardt viu os príncipes da Renascença introduzirem na Itália pela simples força de caráter, trazendo com isso a moderna consciência ocidental, pode estar em processo, em Bali, de uma forma um tanto diferente, através dos novos príncipes populistas da Indonésia.

De forma similar, a política de crise continuada na qual embarcou o Estado nacional, uma paixão para empurrar os acontecimentos até o seu clímax em vez de procurar desviá-los desse clímax, parece apresentar o mesmo tipo de desafio às concepções balinesas do tempo. Na medida em que tal política é enquadrada, como vem ocorrendo cada vez mais, no arcabouço histórico tão característico do nacionalismo de Nação Nova em praticamente todos os lugares — grandeza original, opressão estrangeira, luta ampliada, sacrifício e autoliberação, modernização iminente — altera-se toda a concepção da relação do que está acontecendo agora com o que já aconteceu e o que ainda vai acontecer.

Finalmente, a nova informalidade da vida urbana e da cultura pan-indonésia que a domina — a crescente importância da juventude e da cultura jovem, com o consequente estreitamento, às vezes até o reverso, da

---

[48]Talvez seja sugestivo lembrar que o único balinês de grande importância no governo central indonésio durante os primeiros anos da República — exerceu o cargo de Ministro do Exterior durante algum tempo — foi o principal príncipe Satria de Gianjar, um dos reinos balineses tradicionais, que tinha o "nome" maravilhosamente balinês de Anak Agung Gde Agung. "Anak Agung" é o título público que possuem os membros da casa reinante de Gianjar, "Gde" é o título da ordem de nascimento (o equivalente Triwangsa de Wayan) e Agung, embora um nome pessoal, é de fato apenas um eco do título público. Como tanto "gde" como "agung" significam "grande", e "anak" quer dizer homem, o nome todo do príncipe vem a ser, mais ou menos, "Grande, Grande, Grande Homem" — o que de fato ele era, até perder a proteção de Sukarno. Os líderes políticos mais recentes em Bali passaram a usar seus nomes pessoais mais individualizados, à moda de Sukarno, e a abandonar os títulos, os nomes da ordem de nascimento, os tecnônimos e outros, considerando-os "feudais" ou "antiquados".

distância social entre as gerações; a camaradagem sentimental dos companheiros revolucionários, o igualitarismo populista da ideologia política, tanto dos marxistas como dos não marxistas — parecem conter uma ameaça similar ao terceiro lado do triângulo balinês, o *ethos* do estilo comportamental.

Admitimos que tudo isso não passa de simples especulação (embora, dados os acontecimentos ocorridos em quinze anos de independência, não seja uma especulação totalmente sem fundamento), e é impossível predizer mesmo amplamente, quanto mais em detalhes, quando, como, quão rápido e em que ordem mudarão as percepções balinesas da pessoa, do tempo e da conduta. Mas como isso ocorrerá — e para mim é certo, e na verdade já começou[49] — o tipo de análise aqui desenvolvido sobre os conceitos culturais como forças ativas, sobre o pensamento como fenômeno público cujos efeitos são idênticos aos de outros fenômenos públicos, deverá ajudar-nos a descobrir seu delineamento, sua dinâmica e, o que é ainda mais importante, suas implicações sociais. E ela terá utilidade também em outros lugares, sob outras formas e com outros resultados.

---

[49]Isso foi escrito no princípio de 1965; com relação às mudanças dramáticas que ocorreram, de fato, mais tarde nesse mesmo ano, ver Capítulo 2.

CAPÍTULO 9

UM JOGO ABSORVENTE:
Notas sobre a Briga de Galos Balinesa

A Invasão

Em princípios de abril de 1958, minha mulher e eu chegamos a uma aldeia balinesa, atacados de malária e muito abalados, e nessa aldeia pretendíamos estudar como antropólogos. Um lugar pequeno, com cerca de quinhentos habitantes e relativamente afastado, a aldeia constituía seu próprio mundo. Nós éramos invasores, profissionais é verdade, mas os aldeões nos trataram como parece que só os balineses tratam as pessoas que não fazem parte de sua vida e que, no entanto, os assediam: como se nós não estivéssemos lá. Para eles, e até certo ponto para nós mesmos, éramos não pessoas, espectros, criaturas invisíveis.

Acomodamo-nos com uma família extensa (as acomodações já haviam sido reservadas anteriormente através do governo provincial) e que pertencia a uma das quatro maiores facções da vida da aldeia. Exceto por nosso senhorio e pelo chefe da aldeia, do qual ele era primo e cunhado, todos os demais nos ignoravam de uma forma que só os balineses conhecem. Enquanto caminhávamos sem destino, incertos, ansiosos, dispostos a agradar, as pessoas pareciam olhar através de nós, focalizando o olhar a alguma distância, sobre uma pedra ou uma árvore, mais reais do que nós. Praticamente ninguém nos cumprimentava, mas também ninguém nos ameaçava ou dizia algo desagradável, o que seria até mais agradável do que ser ignorado. Quando nos arriscávamos a abordar alguém (e numa atmosfera como essa a pessoa sente-se terrivelmente inibida para isso), essa pessoa se afastava, negligente, mas definitivamente. Se ela estivesse sentada ou apoiando-se a uma parede e não se pudesse afastar, simplesmente não falava nada ou murmurava aquilo que representa para o balinês uma não palavra — "*yes*". A indiferença, sem dúvida, era estudada; os aldeões vigiavam cada movimento que fazíamos e dispunham de uma quantidade enorme de informações bastante corretas sobre quem éramos e o que pretendíamos fazer. Mas eles agiam como se nós simplesmente não existíssemos e esse comportamento era para nos informar que de fato nós não existíamos, ou ainda não existíamos.

Conforme já disse, isso é comum em Bali. Em todos os outros lugares onde estive na própria Indonésia e, mais tarde, no Marrocos, sempre que eu chegava a uma aldeia as pessoas acorriam de todos os lados para me ver de perto, e muitas vezes até me tocavam. Nas aldeias balinesas, pelo menos as que ficam afastadas do circuito turístico, nada acontece. As pessoas continuam martelando, conversando, fazendo oferendas, olhando para o espaço, carregando cestos, enquanto o estranho vagueia em redor e se sente vagamente como um ente desencarnado. O mesmo acontece também em nível individual. Quando você encontra um balinês pela primeira vez, ele parece nem ligar a você; ele está "afastado", segundo o termo que Gregory Bateson e Margaret Mead tornaram famoso.[1] Então — num dia, numa semana, num mês (para algumas pessoas esse

---

[1] G. Bateson e M. Mead, *Balinese Charecter: A Photographic Analysis* (Nova York, 1942), p. 68.

momento mágico nunca chega) — ele decide, por motivos que eu nunca fui capaz de entender, que você *é* real e ele se torna então uma pessoa calorosa, alegre, sensível, simpática, embora, sendo balinês, sempre muito controlada. De alguma forma você conseguiu cruzar uma fronteira de sombra moral ou metafísica, e embora não seja considerado exatamente como um balinês (para isso é preciso ter nascido balinês), você é pelo menos visto como ser humano em vez de uma nuvem ou um sopro de vento. Todo o aspecto de sua relação muda drasticamente, na maioria dos casos, para uma relação gentil, quase afetuosa — uma cordialidade branda, muito brincalhona, afetada e confusa.

Minha mulher e eu ainda estávamos no estágio do sopro de vento, um estágio muito frustrante e enervante, em que se começa até a duvidar se se é verdadeiramente real, quando, dez dias ou pouco mais após a nossa chegada, foi organizada uma briga de galos muito disputada na praça pública, para angariar dinheiro para uma nova escola.

Ora, a não ser em ocasiões muito especiais, as brigas de galos são ilegais em Bali desde que foi proclamada a república (como o eram sob os holandeses, por motivos não muito bem explicados), em função das pretensões ao puritanismo que o nacionalismo radical tende a trazer consigo. A elite, que não é tão puritana, preocupa-se com o camponês pobre, ignorante, que aposta todo o seu dinheiro, com o que o estrangeiro poderá pensar, com o desperdício de tempo que poderia ser melhor aplicado na construção do país. Ela vê a briga de galos como "primitiva", "atrasada", "não progressista" e que não combina, em geral, com uma nação ambiciosa. Como acontece com outros motivos de constrangimento — fumar ópio, mendigar ou ter os seios descobertos — ela procura acabar com eles, de forma não sistemática.

Da mesma forma que a bebida na era da Lei Seca ou, hoje em dia, fumar maconha, as brigas de galos, sendo parte do "Estilo de Vida Balinês", continuam a ocorrer e com extraordinária frequência. Como acontecia durante a Lei Seca ou hoje com a maconha, de tempos em tempos a polícia (que, pelo menos em 1958, não era composta de balineses, mas de javaneses) sentia-se obrigada a fazer uma incursão, confiscar galos e esporões, multar pessoas e até mesmo expor algumas delas ao sol tropical durante um dia, como uma lição objetiva que jamais é aprendida, embora ocasionalmente, muito ocasionalmente, o objeto da lição morra.

Como resultado disso, as rinhas são levadas a efeito nos cantos isolados de uma aldeia, quase em segredo, fato que tende a diminuir um pouco o ritmo da ação — não muito, mas os balineses não gostam dessa diminuição. Nesse caso, porém, talvez porque estivessem angariando dinheiro para uma escola que o governo não tinha condições de dar-lhes, ou talvez porque as incursões policiais tivessem diminuído recentemente, pois o necessário suborno havia sido pago segundo deduzi de discussões subsequentes, os aldeões acharam que poderiam ocupar a praça central e atrair uma multidão maior e mais entusiasta sem chamar a atenção da lei.

Eles estavam enganados. No meio da terceira rinha, com centenas de pessoas em volta, inclusive eu e minha mulher, ainda transparentes, um superorganismo, no sentido literal da palavra, um caminhão cheio de policiais armados de metralhadoras, surgiu como bloco único em torno da rinha. Por entre os gritos estridentes de "polícia! polícia!" proferidos pela multidão, os policiais saltaram do caminhão, pularam para o meio da rinha e começaram a apontar suas armas ao redor, como *gangsters* num filme, embora não chegassem a disparά-las. O superorganismo desmanchou-se rapidamente, espalhando seus componentes em todas as direções. As pessoas corriam pela estrada, pulavam muros, escondiam-se sob plataformas, enroscavam-se por trás de biombos de vime, subiam nos coqueiros. Os galos, munidos de esporões de aço afiados o bastante para arrancar um dedo ou fazer um buraco num pé, espalharam-se ao redor, selvagemente. A poeira e o pânico eram tremendos.

Seguindo o princípio antropológico estabelecido. "Quando em Roma...", minha mulher e eu decidimos, alguns minutos mais tarde que os demais, que o que tínhamos a fazer era correr também. Corremos pela rua principal da aldeia, em direção ao Norte, afastando-nos de onde morávamos, pois estávamos naquele lado da rinha. Na metade do caminho, mais ou menos, outro fugitivo entrou subitamente num galpão — seu próprio, soubemos depois — e nós, nada vendo à nossa frente, a não ser campos de arroz, um campo aberto e um vulcão muito alto, seguimo-lo. Quando nós três chegamos ao pátio interno, sua mulher, que provavelmente já estava a par desses acontecimentos, apareceu com uma mesinha, uma toalha de mesa, três cadeiras e três chávenas de chá, e todos nós, sem qualquer comunicação explícita, nos sentamos, começamos a beber o chá e procuramos recompor-nos.

Alguns momentos mais tarde, um dos policiais entrou no pátio, com ares importantes, procurando o chefe da aldeia. (O chefe não só estivera na rinha, mas a tinha organizado. Quando o caminhão chegou, ele correu para o rio, tirou o seu sarongue e mergulhou de forma a poder dizer, quando eles finalmente o encontraram à beira do rio, jogando água na cabeça, que ele estava longe, tomando banho no rio, quando tudo aconteceu e ignorava do que se tratava. Eles não acreditaram nele e multaram-no em trezentas rupias, quantia essa que a aldeia arrecadou coletivamente.) Vendo minha mulher e eu, "brancos", lá no pátio, o policial executou a clássica aproximação dúbia. Quando recobrou a voz, ele perguntou, em tradução aproximada, que diabo estávamos fazendo ali. Nosso hospedeiro de cinco minutos saltou instantaneamene em nossa defesa, fazendo uma descrição tão apaixonada de quem e do que nós éramos, com tantos detalhes e tão correta que eu, que mal me havia comunicado com um ser humano vivo, a não ser meu senhorio e o chefe da aldeia, durante mais de uma semana, cheguei a ficar assombrado. Nós tínhamos todo o direito de estar ali, disse ele, olhando diretamente nos olhos do javanês. Éramos professores norte-americanos, o governo nos havia dado permissão, estávamos ali para estudar a cultura, íamos escrever um livro para contar aos norte-americanos sobre Bali. Estivéramos lá a tarde toda, bebendo chá e conversando sobre assuntos culturais, e nada sabíamos sobre brigas de galos. Além disso, não havíamos visto o chefe da aldeia durante todo o dia; ele devia ter ido à cidade. O policial retirou-se completamente arrasado e, após um intervalo decente, intrigados, mas aliviados por havermos sobrevivido e estarmos fora da cadeia, nós também nos retiramos.

Na manhã seguinte, a aldeia era um mundo completamente diferente para nós. Não só deixáramos de ser invisíveis, mas éramos agora o centro de todas as atenções, o objeto de um grande extravasamento de calor, interesse e, principalmente, de diversão. Na aldeia todos sabiam que havíamos fugido como todo mundo. Repetidamente nos indagavam (eu devo ter contado a estória, com todos os detalhes, pelo menos umas cinquenta vezes antes que o dia terminasse), de modo gentil, afetuoso, mas bulindo conosco de forma insistente: "Por que vocês não ficaram lá e contaram à polícia quem vocês eram?" "Por que vocês não disseram que estavam apenas assistindo e não apostando?" "Vocês estavam realmente com medo daquelas armas pequenas?" Mantendo sempre o sentido cinestético, mesmo quando em fuga para salvar suas vidas (ou, como aconteceu oito anos mais tarde, entregando-as), de povo mais empertigado do mundo, eles imitavam, muito satisfeitos, também repetidas vezes, nosso modo desajeitado de correr e o que alegavam ser nossas expressões faciais de pânico. Mas, acima de tudo, todos eles estavam muito satisfeitos e até mesmo surpresos porque nós simplesmente não "apresentamos nossos papéis" (eles sabiam sobre isso também), não afirmando nossa condição de Visitantes Distintos, e preferimos demonstrar nossa solidariedade para com os que eram agora nossos coaldeões. (Na verdade, o que exibimos foi a nossa covardia, mas parece que também há certa camaradagem nisso.) Até mesmo o sacerdote Brahmana, um tipo idoso, grave, a meio caminho do céu, que em virtude da sua associação com o outro mundo jamais se envolveria, mesmo remotamente, com uma briga de galos, e cuja abordagem era difícil até para os outros balineses, mandou-nos chamar à sua casa para perguntar-nos o que acontecera, rindo, feliz, com o extraordinário do fato.

Em Bali, ser caçado é ser aceito. Foi justamente o ponto da reviravolta no que concerne ao nosso relacionamento com a comunidade, e havíamos sido literalmente "aceitos". Toda a aldeia se abriu para nós, provavelmente mais do que o faria em qualquer outra ocasião (talvez eu nunca chegasse até o sacerdote e

188 Capítulo Nove

nosso hospedeiro ocasional tornou-se meu melhor informante), e certamente com muito maior rapidez. Ser apanhado, ou quase apanhado, numa incursão policial ao vício talvez não seja uma receita muito generalizada para alcançar aquela necessidade do trabalho de campo antropológico — o acordo, a harmonia — mas para mim ela funcionou admiravelmente. Levou-me a uma aceitação súbita e total, não habitual, numa sociedade extremamente avessa à penetração de estrangeiros. Deu-me a oportunidade de aprender, de imediato, um aspecto introspectivo da "mentalidade camponesa", que os antropólogos que não tiveram a sorte de fugir como eu, juntamente com o objeto de suas pesquisas, das autoridades armadas, normalmente não conseguem. E, o que é mais importante, pois todas as outras coisas poderiam ter chegado a meu conhecimento de outra maneira, isso colocou-me em contato direto com uma combinação de explosão emocional, situação de guerra e drama filosófico de grande significação para a sociedade cuja natureza interna eu desejava entender. Por ocasião de minha partida, eu já havia despendido tanto tempo pesquisando as brigas de galos como a feitiçaria, a irrigação, as castas ou o casamento.

De Galos e Homens

Bali, principalmente por ser Bali, é um lugar muito estudado. Sua mitologia, sua arte, seu ritual, sua organização social, seus padrões de educação para crianças, suas formas de lei, até mesmo os estilos de transe, já foram microscopicamente examinados à procura de traços daquela substância fugidia que Jane Belo chamou "O Temperamento Balinês".[2] Entretanto, a não ser por algumas observações de passagem, as brigas de galos foram pouco mencionadas, apesar de representarem, como obsessão popular de poder consumidor, uma revelação pelo menos tão importante quanto os outros fenômenos mais celebrados do que seja "ser realmente" um balinês.[3] Da mesma forma que a América do Norte se revela num campo de beisebol, num campo de golfe, numa pista de corridas ou em torno de uma mesa de pôquer, grande parte de Bali se revela numa rinha de galos. É apenas na aparência que os galos brigam ali — na verdade, são os homens que se defrontam.

Para quem quer que tenha permanecido algum tempo em Bali, a profunda identificação psicológica dos homens balineses com seus galos é incontestável. Aqui, o duplo sentido é deliberado. Ele funciona exatamente da mesma maneira em balinês como em nossa língua, com as mesmas piadas antigas, os mesmos trocadilhos forçados, as mesmas obscenidades. Bateson e Mead sugeriram até, levando em conta a concepção balinesa do corpo como um conjunto de partes separadas animadas, que os galos eram vistos como pênis separados, autofuncionáveis, órgãos genitais ambulantes, com vida própria.[4] Embora eu também não disponha do tipo

---

[2] J. Belo, "The Balinese Temper", *in Traditional Balinese Culture,* org. por J. Belo (Nova York, 1970) (publicado originalmente em 1935), pp. 85-110.

[3] A melhor discussão sobre rinhas é, uma vez mais, a de Bateson e Mead, *Balinese Character,* pp. 24-25, 140, mas ela também é muito genérica e abreviada.

[4] *Ibid.*, pp. 25-26. A briga de galos tem o aspecto incomum na cultura balinesa de ser uma atividade pública de apenas um sexo, sendo o outro excluído total e expressamente. Do ponto de vista cultural, a diferenciação sexual é minimizada em Bali, e a maior parte das atividades, formais e informais, envolvem a participação de homens e mulheres no mesmo pé de igualdade, comumente como casais unidos. Desde a religião até a política, a economia, o parentesco, a forma de vestir, Bali é uma sociedade bem "unissex", fato que tanto seus costumes como seu simbolismo expressam claramente. Mesmo nos contextos em que as mulheres não desempenham um papel importante — na música, na pintura, em certas atividades agrícolas — sua ausência, sempre relativa em qualquer caso, é mais um fato episódico do que reforçado socialmente. Nesse quadro geral, a briga de galos inteiramente dos, por e para homens (as mulheres — pelo menos as mulheres balinesas — nem sequer as assistem) constitui a exceção mais marcante.

de material inconsciente que possa confirmar ou não essa noção intrigante, o fato de que eles são símbolos masculinos *par excellence* é tão indubitável e tão evidente para os balineses como o fato de que a água desce pela montanha.

A linguagem do moralismo cotidiano pelo menos é eivada, no lado masculino, de imagens de galos. *Sabung*, a palavra correspondente a galo (que aparece em inscrições tão antigas como 922 d.C.) é usada de forma metafísica com o significado de "herói", "guerreiro", "campeão", "homem de valor", "candidato político", "solteiro", "dandi", "Don Juan" ou "cara durão". Um homem pomposo, cujo comportamento está acima da sua condição, é comparado a um galo sem rabo que se pavoneia como se tivesse um rabo enorme, espetacular. Um homem desesperado, que faz um último esforço irracional para sair de uma situação impossível, é equiparado a um galo moribundo que se lança contra o seu contendor num esforço final, tentando levá-lo à destruição comum. Um homem avarento, que promete muito e dá pouco, e ainda lamenta esse pouco, é comparado a um galo que, seguro pelo rabo, pula em direção ao outro sem conseguir alcançá-lo. Um jovem casadouro, ainda tímido em relação ao sexo oposto, ou alguém num emprego novo, ansioso por fazer boa impressão, é chamado de "galo lutador engaiolado pela primeira vez".[5] Os julgamentos na corte, as guerras, as reuniões políticas, as disputas de herança e os argumentos de rua são todos comparados a brigas de galos.[6] Até a própria ilha é percebida como tendo o contorno de um galo pequeno, orgulhoso, ereto, com o pescoço estendido, o dorso arqueado, o rabo levantado, num eterno desafio à grande, incapaz, informe Java.[7]

Mas a intimidade dos homens com seus galos é mais do que metafórica. Os homens balineses, ou grande maioria deles pelo menos, despendem um tempo enormes com seus favoritos, aparando-os, alimentando-os, discutindo sobre eles, experimentando-os uns contra os outros, ou apenas admirando-os, com um misto de admiração embevecida ou uma autoabsorção sonhadora. Sempre que se vê um grupo de homens balineses tagarelando preguiçosamente no galpão do conselho ou ao longo dos caminhos, com seus quadris abaixados, ombros para a frente e joelhos levantados, pelo menos metade deles terá um galo nas mãos, segurando-o entre as coxas, balançando-o gentilmente para cima e para baixo, para fortalecer suas pernas, sacudindo suas penas com uma sensualidade abstrata, empurrando-o contra o galo do vizinho para atiçar seu espírito, acolhendo-o para junto de si, para acalmá-lo. De vez em quando, para poder sentir uma outra ave, um homem poderá brincar dessa maneira com o galo de outra pessoa, mas usualmente, para fazer isso, ele se ajoelha por trás de onde está o galo, em vez de este ser passado para suas mãos como se fosse uma ave comum.

No pátio doméstico, um local cercado de altas paredes onde as pessoas vivem, os galos de briga são mantidos em gaiolas de vime, frequentemente mexidas para que haja um equilíbrio ótimo entre o sol e sombra. Eles são alimentados com uma dieta especial, que varia um tanto de acordo com as teorias individuais, mas que consiste principalmente em milho, peneirado para remover impurezas com muito mais cuidado do que quando se trata da alimentação dos simples humanos, e que é oferecido ao animal grão por grão. Colocam ainda pimenta-malagueta pelo bico adentro e no ânus para excitá-los. Eles são banhados com a mesma

---

[5]C. Hooykass, *The Lay of the Jaya Prana* (Londres, 1958), p. 39. A balada tem uma estrofe (n.º 17) que usa a imagem do noivo relutante. Jaya Prana, o tema de um mito balinês Uriah, responde ao senhor que lhe ofereceu a mais linda das suas seiscentas servas: "Amado Rei, Meu Senhor e Mestre / eu lhe peço, dê-me licença para me retirar / tais coisas ainda não estão em minha mente; / como um galo de briga engaiolado / na verdade estou em brios / mas estou sozinho / a chama ainda não foi acessa."

[6]A esse respeito, cf. V. E. Korn, *Het Adatrecht von Bali*, 2.ª ed. (Haia, 1932).

[7]Existe até uma lenda relativa à separação de Java e Bali que afirma que ela se deve à ação de uma poderosa figura religiosa javanesa, que desejava proteger-se contra um herói cultural balinês (o ancestral de duas castas Ksatria), apaixonado apostador das brigas de galos. Cf. C. Hooykaas, *Agama Tirtha* (Amsterdã, 1964), p. 184.

preparação cerimonial de água morna, ervas medicinais, flores e cebolas com a qual as crianças são banhadas e, quando se trata de um galo premiado, tantas vezes quanto as crianças. Suas cristas são cortadas, sua plumagem preparada, suas esporas aparadas e suas pernas massageadas, e eles são inspecionados à procura de manchas com a mesma concentração de um mercador de diamantes. Um homem que tenha paixão por galos, um entusiasta no sentido literal do termo, pode passar a maior parte de sua vida com eles, e mesmo aqueles — a grande maioria — cuja paixão, embora intensa, não se limite aos galos, gastam com eles o que parece ser, não apenas para alguém de fora, mas para eles mesmos, um tempo enorme. "Eu sou louco por galos", costumava murmurar o meu senhorio, um aficionado bem comum pelos padrões balineses, enquanto mudava uma das gaiolas, banhava um dos galos ou levava outro para comer. "Nós todos somos loucos por galos."

A loucura tem, porém, algumas dimensões menos visíveis, pois, embora seja verdade que os galos são expressões simbólicas ou ampliações da personalidade do seu proprietário, o ego masculino narcisista em termos esopianos, eles também representam expressões — e bem mais imediatas — daquilo que os balineses veem como a inversão direta, estética, moral e metafísica, da condição humana: a animalidade.

A repulsa balinesa contra qualquer comportamento visto como animal não pode deixar de ser superenfatizada. É por isso que não se permite aos bebês engatinharem. O incesto, embora não seja aprovado, é um crime bem menos repugnante do que a bestialidade. (A punição adequada para a segunda é a morte por afogamento; para o primeiro, é ser obrigado a viver como um animal.)[8] Muitos demônios são representados — na escultura, na dança, no ritual, no mito — sob alguma forma real ou fantástica de animal. O principal rito de puberdade consiste em limar os dentes da criança de forma que não pareçam presas de animal. Não apenas defecar, mas até comer é visto como uma atividade desagradável, quase obscena, que deve ser feita apressadamente e em particular, devido à sua associação com a animalidade. Levar um tombo, ou qualquer outra manifestação desajeitada, é considerado um mal, por essa mesma razão. Além dos galos e alguns poucos animais domésticos — bois, patos — de nenhuma significação emocional, os balineses são avessos a animais e tratam o grande número de cães existentes não apenas com dureza, mas com uma crueldade fóbica. Ao identificar-se com seu galo, o homem balinês se está identificando não apenas com seu eu ideal, ou mesmo com seu pênis, mas também, e ao mesmo tempo, com aquilo que ele mais teme, odeia e, sendo a ambivalência o que é, o que mais o fascina — "Os Poderes das Trevas".

A ligação dos galos e brigas de galos com tais Poderes, com os demônios animalescos que constantemente ameaçam invadir o pequeno espaço limpo no qual os balineses tão cuidadosamente construíram suas vidas, para devorar seus habitantes, é muito explícita. Uma briga de galos, qualquer briga de galos, é, em primeiro lugar, um sacrifício de sangue oferecido aos demônios, com os cânticos e oblações apropriadas, a fim de pacificar sua fome voraz, canibalesca. Nenhum festival de templo pode ser iniciado antes que um tal sacrifício seja feito. (Se ele é esquecido, alguém cairá inevitavelmente em transe e ordenará, com a voz de um espírito zangado, que o esquecimento seja imediatamente corrigido.) As respostas coletivas aos males naturais — doenças, fracasso de colheitas, erupções vulcânicas — quase sempre envolvem tais sacrifícios. E o famoso feriado de Bali, "O Dia do Silêncio" (*Njepi*), quando todos se sentam em silêncio e imóveis durante todo o dia, a fim de evitar qualquer contato com um súbito influxo de demônios saídos do inferno, é precedido, no dia anterior, por brigas de galos em grande escala (legais, neste caso) em praticamente todas as aldeias da ilha.

---

[8]Um casal incestuoso é obrigado a usar cangas de porco em seus pescoços e rastejar até um cocho para comer com a boca, diretamente. Sobre isso, ver J. Belo, "Customs Pertaining to Twins in Bali", *in Traditional Balinese Culture*, org. por J. Belo, p. 49: quanto ao horror à animalidade em geral, Bateson e Mead, *Balinese Character*, p. 22.

Na briga de galos, o homem e a besta, o bem e o mal, o ego e o id, o poder criativo da masculinidade desperta e o poder destrutivo da animalidade desenfreada fundem-se num drama sangrento de ódio, crueldade, violência e morte. Não é de admirar que, como é regra invariável, quando o proprietário do galo vencedor leva a carcaça do perdedor — muitas vezes com os membros arrancados, um por um, por seu proprietário enraivecido — para comer em casa, ele o faz com um misto de embaraço social, satisfação moral, desgosto estético e alegria canibal. Ou que um homem que tenha perdido uma luta importante seja impelido, às vezes, a arrebentar seu santuário familiar e amaldiçoar os deuses, um ato de suicídio metafísico (e social). Ou que, na busca de analogias terrestres para o céu e o inferno, os balineses comparem o primeiro à disposição de um homem cujo galo acaba de vencer e o último à de um homem cujo galo acaba de perder.

O Embate

As brigas de galo (*tetadjen; sabungan*) ocorrem numa rinha de cerca de cinquenta pés quadrados. Habitualmente, elas se iniciam na parte da tarde e duram de três a quatro horas, até o pôr do sol. Um programa compreende nove ou dez brigas diferentes (*sehet*). Cada briga é precisamente igual às outras, em seu padrão geral: não há um encontro principal, nenhuma ligação entre brigas individuais, nenhuma variação no seu feitio, e cada uma delas é arranjada numa base completamente *ad hoc*. Quando termina uma briga e os despojos são retirados — as apostas pagas, as pragas praguejadas, as carcaças retiradas — sete, oito, ou talvez uma dúzia de homens entram na rinha negligentemente, com um galo, e procuram encontrar um contendor à altura dele. Esse processo, que raramente toma mais do que dez minutos, podendo no entanto demorar mais tempo, é levado a efeito de um modo muito reprimido, oblíquo, às vezes até dissimulado, Aqueles que não estão diretamente envolvidos apenas lhe dedicam uma atenção disfarçada, de longe; os que estão envolvidos, embaraçados, procuram fingir que nada está acontecendo.

Combinada a luta, os outros se retiram com a mesma indiferença deliberada e os galos selecionados têm seus esporões (*tadji*) colocados — afiados como lâminas, espadas de pontas de aço, com quatro ou cinco polegadas de comprimento. Essa é uma operação muito delicada, que apenas meia dúzia de homens em cada aldeia sabe executar de forma correta. O homem que coloca os esporões também os fornece e, se o galo que ele ajuda vence, seu proprietário lhe dá de presente a perna da vítima com o esporão. Esses esporões são afixados enrolando um fio comprido em torno do suporte do esporão e da perna do galo. Por motivos aos quais voltarrei em breve, isso é feito de modo diferente de caso para caso, e é um negócio obsessivamente deliberado. A sapiência em relação aos esporões é bem extensa — eles só são afiados nos dias de eclipse e enquanto a Lua está oculta, devem ser conservados fora das vistas das mulheres, e assim por diante. Além disso, são manuseados com a mesma combinação curiosa de espalhafato e sensualidade que os balineses dedicam aos objetos rituais em geral.

Afixados os esporões, os dois galos são colocados no centro da rinha, um em frente ao outro, por seus treinadores (que podem ou não ser os proprietários).[9] Um coco com um orifício perfurado é colocado num

---

[9]A não ser em brigas sem importância, de pequenas apostas (sobre a questão da "importância" das brigas, ver adiante), a afixação dos esporões é feita por outro que não o proprietário. Se o proprietário lida ou não com o galo, depende mais ou menos da habilidade que ele tem, consideração cuja importância uma vez mais é relativa à importância da briga. Quando os que colocam os esporões e os que lidam com os galos são outros que não os proprietários, eles quase sempre são um parente muito próximo — um irmão ou primo — ou um amigo muito íntimo. São, assim, quase que extensões da personalidade do proprietário, como demonstra o fato de que todos os três se referem ao galo como "meu" e dizem "Eu" lutei com o tal. Essa tríade de proprietário-lidador-e-afixador de esporões costuma ser fixa, embora os indivíduos possam participar em papéis diversos e mudar esses papéis em relação a uma determinada luta.

192 Capítulo Nove

balde de águas e leva uns vinte segundos para afundar, período esse conhecido como *tjeng*, e marcado no princípio e no fim da briga pelo soar de um gongo fendido. Durante esses vinte segundos não é permitido aos treinadores (*pengangkeb*) tocar em seus galos. Se, como acontece às vezes, os animais não lutam durante esse período, eles são apanhados, afofados, puxados, espetados ou insultados, e recolocados no centro da rinha, e o processo recomeça. Algumas vezes eles se recusam a brigar, ou começam a correr em torno da rinha, caso em que são aprisionados juntos numa gaiola de vime, o que faz com que eles se enfrentem.

Na maioria das vezes, porém, os galos atiram-se imediatamente um ao outro, batendo as asas, estirando a cabeça e batendo com os pés, numa explosão de fúria animal, tão pura, tão absoluta e, a seu próprio modo, tão bonita que até parece abstrata, um conceito platônico de ódio. Em poucos momentos um deles consegue atingir o outro com um golpe do esporão. O treinador cujo galo deu o golpe imediatamente o levanta, de forma que ele não leve um golpe em revide, pois se isto não for feito a briga praticamente termina num abraço mortal, na medida em que as duas aves se cortam literalmente em pedaços. Isso é ainda mais verdadeiro se, como acontece com frequência, o esporão penetra no corpo da sua vítima, pois então o agressor fica à mercê de seu contendor ferido.

Quando as aves estão outra vez nas mãos de seus treinadores, o coco é afundado três vezes, após o que o galo que deu o primeiro golpe deve ser reposto na rinha para mostrar que está firme, fato esse que ele demonstra andando vagarosamente em torno da rinha enquanto um coco afunda. O coco é afundado mais duas vezes, e a briga deve recomeçar.

Durante esse intervalo, que dura cerca de dois minutos, o treinador do galo ferido trabalha freneticamente com ele, como um segundo lida com um *boxeur* atingido entre os assaltos, para deixá-lo em forma numa última e desesperada tentativa de vitória. Ele sopra no seu bico, colocando toda a cabeça da ave em sua boca, sugando e soprando, afofa-o, cobre seus ferimentos com vários tipos de remédios e em geral tenta tudo que pode para despertar o mínimo de ânimo que ainda resta no animal. Quando é forçado a repô-lo na rinha, ele está ensopado de sangue, mas, como acontece nos campeonatos de boxe, um bom treinador vale seu peso em ouro. Alguns deles podem fazer com que os mortos andem, praticamente, ou pelo menos o bastante para o segundo e último assalto.

Nessa batalha final (se é que acontece: às vezes o galo ferido expira nas mãos do seu treinador ou imediatamente após ser recolocado na rinha), o galo que deu o primeiro golpe habitualmente prossegue tentando acabar com seu contendor enfraquecido. Todavia, esse não é um resultado inevitável, pois se o galo ainda pode andar, pode lutar, e se pode lutar, pode matar, e o que conta é que galo que morre primeiro. Se o ferido pode desferir um golpe e manter-se de pé até que o outro caia, ele é o vencedor oficial, mesmo que desabe no instante seguinte.

Cercando todo esse melodrama — que a multidão compacta em torno da rinha segue quase em silêncio, movendo seus corpos numa simpatia cinestética segundo o movimento dos animais, animando seus campeões com gestos de mão, sem palavras, com movimentos dos ombros, volteando a cabeça, recuando em massa quando o galo com os esporões mortais tomba num dos lados da rinha (diz-se que os espetadores às vezes perdem os olhos e os dedos por ficarem tão atentos), balançando-se em frente novamente enquanto olham de um para o outro — existe um vasto conjunto de regras extraordinariamente elaboradas e detalhadas com precisão.

Essas regras, juntamente com a sapiência desenvolvida em relação aos galos e à briga de galos que as acompanha, são escritas em manuscritos de folhas de palmeira (*lontar; rontal*), passadas de geração a geração como parte da tradição legal e cultural comum das aldeias. Numa briga, o árbitro (*saja komong; djuru kembar*) — o homem que lida com o coco — encarrega-se da aplicação dessas regras e sua autoridade é absoluta. Jamais vi o julgamento de um árbitro ser questionado sobre qualquer assunto, mesmo pelos perdedores mais desalentados, nem escutei jamais, mesmo em particular, uma acusação de parcialidade contra um deles ou qualquer reclamação contra os árbitros em geral. Somente o cidadão excepcionalmente bem acreditado, sólido e, dada a complexidade do código, bem reputado executa esse trabalho, e, na verdade, os homens só trazem seus galos para brigas presididas por esses homens. E só se dirigem ao árbitro, contra os quais as acusações de trapacear surgem ocasionalmente, embora isso seja extremamene raro; é ele quem decide, nos casos não muito infrequentes em que os dois galos morrem quase que ao mesmo tempo, qual morreu primeiro (ou se há empate, embora os balineses não apreciem tal resultado). Semelhante a um juiz, um rei, um sacerdote e um policial, ele combina todas essas qualificações, e é sob a segurança de sua direção que a paixão animal da luta prossegue com a garantia cívica da lei. Nas dezenas de brigas de galos que presenciei em Bali, jamais assisti a qualquer altercação a respeito das regras. Na verdade, jamais presenciei uma alteração aberta, a não ser as que ocorrem entre os galos.

Essa duplicidade cruzada de um acontecimento que, tomado como fato da natureza, é de um furor incontido e, tomado como fato da cultura, é aperfeiçoado em sua forma, define a briga de galos como uma entidade sociológica. Uma briga de galos é o que Erving Goffman chamou de "reunião concentrada", procurando o nome de algo insuficientemente consistente para ser chamado de grupo e insuficientemente desestruturado para ser chamado de multidão — um conjunto de pessoas absorvidas num fluxo de atividade comum e se relacionando umas com as outras em termos desse fluxo.[10] Essas reuniões ocorrem e se dispersam, seus participantes são flutuantes, a atividade que as provoca é discreta — um processo particularizado que ocorre novamente, em vez de um processo contínuo que persiste. Essas reuniões assumem sua forma a partir da situação que as congrega, o local onde estão situadas, conforme assegura Goffman; todavia, trata-se de uma forma, e uma forma articulada. Para cada situação, o cenário é criado por ela mesma, em deliberações de júri, operações cirúrgicas, reuniões compactas, greves brancas, brigas de galos, através de preocupações culturais — no caso aqui, como veremos, a celebração da rivalidade do *status* — que não apenas especificam o enfoque, mas o colocam em primeiro plano, reunindo atores e dispondo o cenário.

Num período clássico (isto é, anterior à invasão holandesa de 1908), quando não havia burocratas para incrementar a moralidade popular, a encenação de uma briga de galos era um assunto explicitamente societário. Levar um galo de briga para uma luta importante era, para um adulto masculino, um dever compulsório de cidadania; a taxação das brigas, que ocorriam geralmente nos dias de mercado, era uma das principais fontes de renda pública; o patrocínio da arte era uma responsabilidade estabelecida para os príncipes, e a rinha de galos, ou *wantilan*, ficava no centro da aldeia, próximo aos outros monumentos da civilidade balinesa — a casa do conselho, o templo de origem, o local de mercado, a torre de sinalização e a figueira-de-bengala. Hoje em dia, a não ser em ocasiões muito especiais, a nova orientação torna impossível tal afirmação aberta da ligação entre as excitações da vida coletiva e as do esporte sangrento, mas essa conexão permanece íntima e intata, embora expressa menos diretamente. Para expô-la, todavia, é necessário voltar-se para o aspecto da briga de galos em torno do qual todos os outros se reúnem e através do qual eles exercem sua força, um aspecto que eu vinha ignorando propositadamente até agora: as apostas, o caráter do jogo.

As Vantagens e o Direito ao Par

Os balineses nunca fazem algo de maneira simples quando podem fazê-lo de modo complicado, e as apostas nas brigas de galos não constituem exceção a essa regra geral.

---

[10]Goffman, *Encounters*: *Two Studies in The Sociology of Interaction* (Indianápolis, 1961), pp. 9-10.

194 Capítulo Nove

Em primeiro lugar, há dois tipos de apostas, ou *toh*.[11] Há a aposta principal, no centro, entre os chefes (*toh ketengah*), e há a multidão de apostas periféricas em torno da rinha, entre o espectadores (*toh kesasi*). A primeira é tipicamente grande; a segunda, tipicamente pequena. A primeira é coletiva, envolvendo coalizões de apostadores enxameando em torno do proprietário; a segunda é individual, de homem para homem. A primeira é motivo de entendimentos deliberados, muito quietos, quase furtivos, entre os membros da coalizão e o árbitro, reunidos como conspiradores no centro da rinha; a segunda é motivo de gritos impulsivos, ofertas públicas e aceitação pública pela multidão excitada reunida na periferia. Entretanto, o que é muito curioso e, como veremos, muito revelador, *enquanto a primeira é sempre, sem exceção, dinheiro equiparado, a segunda nunca o é, igualmente sem exceção*. O que é uma moeda lícita no centro, é uma moeda desviada na periferia.

A aposta feita no centro é oficial, também envolvida numa teia de regras, e é feita entre os dois proprietários dos galos, sendo o árbitro o depositante e testemunha pública.[12] Essa aposta que, como digo, é muitas vezes relativamente grande, nunca é apresentada simplesmente pelo proprietário em cujo nome é feita, mas por ele juntamente com quatro ou cinco, às vezes sete ou oito, sócios — parentes, companheiros de aldeia, amigos íntimos. Se ele não estiver bem de finanças, poderá não ser o maior contribuinte, embora tenha de ser um contribuinte significativo, pelo menos para mostrar que não está envolvido em qualquer trapaça.

Nas cinquenta e sete lutas em relação às quais eu disponho de uma documentação exata sobre as apostas no centro, elas iam de quinze até quinhentos *ringgits*, com uma média de oitenta e cinco, sendo a distribuição notadamente trimodal: lutas pequenas (15 *ringgits* de cada lado de 35) responsáveis por cerca de 45% do número total; lutas médias (20 *ringgits* de cada lado de 70), cerca de 25%; e lutas grandes (75 *ringgits* de cada lado de 175), cerca de 20%, com algumas apostas muito pequenas ou muito grandes nos seus extremos. Numa sociedade onde o salário diário normal de um trabalhador manual — pedreiro, trabalhador de fazenda comum, vendedor de mercado — era de cerca de três *ringgts* por dia, e levando em consideração o fato de que as brigas ocorriam, em média, a cada dois dias e meio na área imediata que eu estudei, isso faz com que o jogo se constitua num assunto muito sério, mesmo que as apostas sejam conjuntas em vez de individuais.

As apostas por fora, porém, são outro assunto. Em vez de constituírem aquele pacto do centro, solene, legal, esses desafios ocorrem mais ou menos da mesma maneira que nas bolsas de valores dos mercados livres. Há um paradigma fixo e conhecido de lances que seguem numa série contínua de dez para nove, no mínimo, e de dois para um no máximo: 10-9, 9-8, 8-7, 7-6, 6-5, 5-4, 4-3, 3-2, 2-1. O homem que deseja apostar no *galo azarão* (deixando de lado, por um momento, de que maneira são determinados os favoritos, *debut*, e os azarões, *ngai*) grita o número mínimo indicando as vantagens que *deseja receber*. Isto é, se ele grita *gasal*, "cinco", ele quer o azarão a cinco para quatro (ou, para ele, quatro para cinco); se ele grita "quatro", ele deseja uma vantagem de quatro para três (novamente, ele aposta os "três"); se ele grita "nove"

---

[11]Essa palavra, que significa literalmente mancha indelével ou marca, como uma marca de nascimento ou um veio numa pedra, é também usada como depósito num caso judicial, um penhor, uma garantia de empréstimo, como substituto de alguém num contexto legal ou cerimonial, como adiantamento num negócio, como sinal colocado num campo para indicar que a propriedade está em disputa e para indicar a situação de uma mulher infiel de cujo amante o marido deve tomar satisfações, ou passá-la para ele. Cf. Korn, *Het Adatrecht van Bali*; Th. Pigeaud, *Javans-Nederlands Hand-woordenboek* (Groningen, 1938); H. H. Juynboll *Oudjavaansche-Nederlandsche Woordenlijst* (Leiden, 1923).

[12]A aposta central deve ser paga em dinheiro por ambas as partes, antes da briga. O árbitro toma conta do dinheiro até que a rinha é decidida e paga ao vencedor, o que evita, entre outras coisas, o embaraço que sentiriam tanto vencedor quanto perdedor se este último tivesse de pagar pessoalmente, em seguida à derrota. Cerca de 10% do total do vencedor constituem a participação do árbitro e dos patrocinadores da luta.

é nove para oito, e assim por diante. Um homem que aposta no favorito e que dá vantagens, se ele consegue dá-las no mínimo possível, indica o fato gritando o tipo de cor do galo — "castanho", "pintado" ou o que quer que seja.[13]

À medida que os participantes dos lances que levam as vantagens (apostadores no favorito) excitam a multidão com seus gritos, eles começam também a procurar com os olhos um ou outro como apostador em potencial, às vezes no lado oposto da rinha. O que quer a vantagem grita para o outro pedindo vantagens maiores, enquanto aquele que dá a vantagem tenta torná-la menor.[14] O que leva a vantagem, e que desafia nessa situação, faz o sinal do nível da aposta indicando-a com os dedos da mão levantada em frente ao rosto e sacudindo-os vigorosamente. Se aquele que dá a vantagem, o desafiado, responde da mesma forma, a aposta é feita, se não, eles desviam os olhos e a procura continua.

A aposta por fora, que ocorre depois que a aposta central foi feita e foi anunciado o seu montante, consiste então num crescendo de gritos, à medida que os apostadores do azarão oferecem suas propostas a quem quer as aceite, enquanto aqueles que apostam no favorito, mas não se satisfazem com a vantagem oferecida, gritam da mesma maneira, freneticamente, a cor do galo — mostrando que eles também estão desesperados para apostar, mas querem oferecer vantagens menores.

Essas ofertas de vantagens, que parecem ser consensuais na medida em que todos gritam praticamente a mesma coisa a um só tempo, começam com o nível mais elevado — cinco para quatro ou quatro para três — e passam então, também consensualmente, para o nível menor, com maior o menor velocidade e com um grau maior ou menor. Os homens que gritam "cinco" e encontram resposta de "marrom" começam a gritar "seis", conseguindo então rapidamente contendores ou retirando-se da cena quando suas ofertas, demasiado generosas, não são aceitas. Se a mudança é feita e ainda faltam parceiros, o processo é repetido aumentando-se para "sete" e assim por diante, mas muito raramente, e só nas lutas muito importantes, alcançam-se os níveis correspondentes a "nove" ou "dez". Ocasionalmente, quando os galos não estão claramente equiparados, pode não haver um movimento ascendente ou até mesmo ocorrer um movimento descendente de quatro

---

[13]Na verdade, a determinação dos tipos de galos é extremamente elaborada (eu colecionei mais de vinte tipos, e certamente não é uma relação completa), não se baseando apenas na cor, mas numa série de dimensões independentes, interatuantes, que incluem — além da cor — o tamanho, a espessura dos ossos, a plumagem e o temperamento (mas *não* o *pedigree*). Os balineses não criam galos numa extensão significativa e nunca o fizeram, segundo pude verificar. O *asil*, o galo da mata, que é o que tem a inclinação básica para a briga em todos os lugares onde o esporte é encontrado, é nativo da Ásia do Sul, e pode-se comprar um bom animal na seção de aves de qualquer mercado balinês, a desde quatro ou cinco *ringgits* até cinquenta ou mais. O elemento cor é apenas o usado normalmente como o nome do tipo, exceto quando os dois galos de tipos diferentes — como deve ser em princípio — têm a mesma cor, em cujo caso é acrescentada uma indicação secundária das outras dimensões ("pintas grandes" *v.* "pintas pequenas", etc.). Os tipos são coordenados com várias ideias cosmológicas que ajudam a modelar a ocorrência dos embates. Assim, por exemplo, no lado este da rinha, põe-se para brigar um galo pequeno, de cabeça forte, pintado de marrom e branco, num certo dia do complexo calendário balinês, e outro galo grande, cauteloso, todo preto, com penas em tufos e pernas curtas no lado Norte da rinha em outro dia, e assim por diante. Mais uma vez, tudo isso está registrado nos manuscritos de folha de palmeira e discutido interminavelmente pelos balineses (nem todos têm sistemas idênticos). Uma análise completa, componencial e simbólica, das classificações do galo seria extremamente valiosa em si mesma e como complemento à descrição da briga de galos. Minha documentação sobre o assunto, embora extensa e variada, não parece bastante completa e sistemática para tentar tal análise aqui. Para ideias cosmológicas balinesas em geral, cf. Belo, org., *Traditional Balinese Culture*, e J. I. Swellengrebel, org., *Bali: Studies in Life, Thought and Ritual* (Haia, 1960).

[14]Deve-se notar, para efeito de complementação etnográfica, que é possível para o homem que aposta no favorito — o que dá vantagem — fazer uma aposta na qual ele ganha se seu galo ganha ou se existe uma ligação, uma diminuição ligeira da vantagem (não sei exatamente, mas parece que isso ocorre uma vez em cada quinze ou vinte lutas). Ele indica o que quer gritando *sapih* ("ligação") em vez do tipo de galo, porém tais apostas não são muito frequentes.

196 CAPÍTULO NOVE

para três, três para dois, muito raramente de dois para um, mudança que é acompanhada de um número declinante de apostas, da mesma forma que uma mudança ascendente é acompanhada por um número maior. Mas o quadro geral é no sentido de as apostas mudarem mais para cima ou para baixo, nas apostas por fora, até atingirem o nível não formalizado do dinheiro equiparado, caindo a grande maioria das apostas no nível entre quatro para três até oito para sete.[15]

Quando se aproxima o momento de os galos serem soltos por seus segundos, os gritos alcançam proporções frenéticas, pelo menos nas lutas em que a aposta central é bastante grande, na medida em que os apostadores restantes tentam desesperadamente encontrar um contendor de último minuto, a um preço que lhes convenha. (Quando a aposta central é pequena, tende a ocorrer o inverso — as apostas silenciam, as vantagens oferecidas são maiores e as pessoas perdem o interesse.) Numa luta de grandes apostas, bemfeita — o tipo de embate que os balineses veem como uma "briga de galos verdadeira" — a qualidade de encenação da multidão, o sentido de verdadeiro caos que parece irromper, com toda aquela agitação, gritos, empurrões, e homens escalando, é muito forte, efeito que só tende a aumentar pelo intenso silêncio que cai subitamente, como se alguém tivesse apagado a luz, quando soa o gongo fendido, os galos são colocados na rinha e a batalha se inicia.

Quando ela termina, o que pode levar quinze segundos ou cinco minutos, *todas as apostas são pagas imediatamente*. Não há absolutamente empecilho algum, pelo menos quanto a um oponente apostador. Sem dúvida, alguém pode pedir emprestado a um amigo antes de aceitar ou oferecer uma vantagem, mas para oferecê-la ou aceitá-la você tem de ter o dinheiro na mão e, se você perde, terá de pagar na hora, antes que se inicie a próxima luta. Esta é uma regra férrea e, como jamais ouvi uma disputa sobre a decisão do árbitro (embora, sem dúvida, devam ocorrer algumas), também nunca ouvi falar de uma aposta que não fosse paga, mesmo porque, numa multidão agitada como a que assiste às brigas de galos, as consequências poderiam ser drásticas e imediatas (como às vezes acontece com os trapaceiros, segundo relatos que ouvi).

De qualquer forma, é essa assimetria formal entre as apostas centrais equilibradas e as apostas por fora, desequilibradas, que apresenta o problema analítico crítico para uma teoria que vê a briga de galos se agitando como elo de ligação entre a luta em si e o mundo mais amplo da cultura balinesa. Ela sugere, também, o caminho a seguir para resolver esse problema e demonstrar esse elo de ligação.

O primeiro ponto a frisar nesse sentido é que, quanto mais elevada a aposta central, mais provável é que a luta seja bem equilibrada. Uma simples consideração de racionalidade o sugere. Se você aposta quinze *ringgits* num galo, você está disposto a manter esse dinheiro numa aposta certa, mesmo que sinta que seu animal é um pouco menos promissor. Mas se você aposta quinhentos *ringgits*, você abomina fazê-lo. As-

---

[15]A dinâmica precisa do movimento de apostas é um dos aspectos da luta mais intrigante, mais complicada e, dadas as condições agitadas em que ocorrem, mais difícil de se estudar. Seria necessário talvez registrar a situação através de filmes, com múltiplos observadores, para ter uma noção precisa. Mesmo de forma impressionista — a única abordagem que resta a um etnógrafo solitário apanhado no meio disto tudo — fica claro que certos homens são os dirigentes, tanto ao determinar o favorito (isto é, fazendo as primeiras chamadas do tipo de galo, que sempre iniciam o processo) como ao dirigir o movimento das vantagens oferecidas a esses "líderes de opinião" geralmente são os mais completos torcedores de brigas de galos — cidadãos sólidos a serem discutidos posteriormente. Se esses homens começam a mudar os seus chamados, os outros o seguem; se eles iniciam as apostas, o mesmo fazem os outros — embora haja sempre um grande número de apostadores frustrados que gritam por vantagens maiores ou menores até o final — e o movimento cessa, mais ou menos. Todavia, a compreensão detalhada de todo o processo aguarda ainda aquilo que, parece, não será alcançado jamais: um teórico decidido armado de observações precisas sobre o comportamento individual.

sim, nas lutas em que as apostas são maiores, e que sem dúvida envolvem melhores animais, toma-se muito cuidado para que os galos sejam equiparados em tamanho, condições gerais, pugnacidade e outros fatores, dentro do que é humanamente possível. As diferentes formas de ajustar os esporões dos animais também contribuem para garantir isso. Se um dos galos parece mais forte, será feito um acordo para colocar seus esporões num ângulo um pouco menos vantajoso — uma espécie de *handicap* no qual os afixadores de esporões são extremamente habilidosos, segundo se diz. Tomar-se-á mais cuidado, também, em empregar segundos mais capazes e para que eles se equiparem em capacidade.

Em suma, numa luta de grandes apostas, a pressão para que o embate tenha uma proporção de cinquenta por cento é enorme, e essa pressão é sentida conscientemente. Ela é menor quando as lutas são de nível médio, e menor ainda quando se trata de lutas pequenas, embora haja sempre um esforço para que as coisas sejam aproximadamente iguais, pois mesmo com apostas de quinze *ringgts* (salário de cinco dias de trabalho) ninguém deseja fazer apostas ao par em situação desfavorável. Mais uma vez, todas as estatísticas que possuo tendem a demonstrar isso. Nas cinquenta e sete lutas catalogadas, o favorito venceu trinta e três vezes, o azarão vinte e quatro, uma proporção de 1,4:1. Mas se considerar as cifras em apostas centrais de sessenta *ringgits*, as proporções foram de 1,1:1 (vinte e onze) para aqueles acima dessa linha e 1,6:1 (vinte e um e treze) para aqueles abaixo. Se você tomar os extremos, nas grandes lutas, aquelas de apostas centrais acima de cem *ringgits*, a proporção é de 1:1 (sete e sete); para lutas muito pequenas, em que as apostas ficam abaixo de quarenta *ringgits*, a proporção é de 1,9:1 (dezenove e dez).[16]

Aposta central mais equilibrada (meio a meio) é a proposição da briga de galos — duas coisas seguemse imediatamente: (1) quanto maior a aposta central, tanto maiores são as apostas por fora, com menores vantagens oferecidas, e vice-versa; (2) quanto maior a aposta central, maior o volume das apostas por fora, e vice-versa.

A lógica é similar em ambos os casos. Quanto mais próxima a luta em relação ao dinheiro ao par, menos atrativas parecem as vantagens maiores oferecidas e, portanto, elas terão que ser menores para encontrar apostadores. Isso torna-se evidente com a simples inspeção, a partir da própria análise balinesa do assunto e da informação que pude coligir. Dada a dificuldade de fazer um registro preciso e completo das apostas por fora, também fica difícil colocar esse argumento em termos numéricos, mas em todos os casos que observei o ponto consensual entre os que dão as vantagens e os que as aproveitam, um equilíbrio mínimo-máximo onde são feitas a maioria das apostas (calculo dois terços e três quartos, na maioria dos casos), corresponde a três ou quatro pontos acima na escala que aponta para as vantagens menores nas lutas de grandes apostas centrais do que nas lutas pequenas, ficando as lutas médias geralmente no meio. No que diz respeito a detalhes, esse dado não é totalmente exato, mas o padrão geral é bastante consistente: o poder da aposta central de puxar as apostas por fora em direção ao seu próprio padrão de dinheiro ao par é diretamente proporcional à sua dimensão, pois essa dimensão é diretamente proporcional ao grau em que os galos estão de fato equiparados. Quanto à questão de volume, o total é maior nas lutas de grandes apostas centrais porque tais lutas são consideradas mais "interessantes", não apenas no sentido de serem menos previsíveis, mas porque

---

[16]Levando em conta apenas uma variabilidade binomial, a possibilidade da expectativa de meio a meio nos casos de sessenta *ringgits* e menos é um desvio padrão de 1,38 ou (num teste de direção única) uma possibilidade de oito em cem, por pura sorte. Nos casos abaixo de quarenta *ringgits*, os desvios padrões são de 1,65, ou cerca de cinco em cem. O fato de esses desvios, embora reais, não serem extremos indica simplesmente que, mesmo nas lutas menores, persiste a tendência de equilibrar os galos, pelo menos razoavelmente. É o caso de um relativo relaxamento das pressões por uma igualdade, não sua eliminação. As tendências de serem as contendas de apostas elevadas proposições de azar são ainda mais relevantes sugerindo que os balineses sabem muito bem em que estão se metendo.

198 Capítulo Nove

existe muito mais em jogo — em termos de dinheiro, em termos de qualidade dos galos e, em consequência, como diremos, em termos de prestígio social.[17]

O paradoxo de uma moeda certa no meio e uma moeda enviesada por fora é, portanto, apenas aparente. Os dois sistemas de apostas, embora formalmente incongruentes, não são realmente mutuamente contraditórias, mas partes de um único sistema maior, no qual a aposta central é por assim dizer "o centro de gravidade", atraindo as apostas de fora para os lados de vantagens menores da balança, e quanto maior esse centro, mais atraem. A aposta central, portanto, "estabelece o jogo", ou melhor talvez, define-o, assinala aquilo que, seguindo uma noção de Jeremy Bentham, passarei a chamar de sua "absorção".

Os balineses tentam criar um embate interessante e, se quiserem, "absorvente", fazendo com que a aposta central seja a maior possível, de forma que os galos que se defrontam sejam os mais iguais e os melhores possíveis, e que o resultado seja tão imprevisível quanto possível. Nem sempre são bem sucedidos. Praticamente metade das lutas é relativamente trivial, relativamente desinteressante — "frívolas", em minha terminologia emprestada. Todavia, tal fato não depõe contra minha interpretação, da mesma forma que o fato de a maioria dos pintores, poetas e autores de peças ser medíocre não depõe contra a perspectiva de que o esforço artístico é dirigido para uma certa profundidade, a qual é atingida com certa frequência. A imagem da técnica artística, na verdade, é bastante correta: a aposta central é um meio, um artifício, para criar embates "interessantes", "absorventes", *não* a razão, ou pelo menos não a razão principal, *por que* elas são interessantes, a fonte da sua fascinação, a substância da sua profundidade. O motivo por que tais embates são interessantes — na verdade, para os balineses, totalmente absorventes — leva-nos para fora do reino das preocupações formais, para reinos mais amplamente sociológicos e sociopsicológicos, e a uma ideia menos puramente econômica do que significa a "profundidade" no jogo.[18]

---

[17]A redução nas oscilações das lutas menores (que se alimentam por si mesmas, sem dúvida; uma das razões pelas quais as pessoas acham desinteressantes as lutas menores é porque existem menos oscilações nelas e o contrário nas maiores) ocorre de três maneiras mutuamente reforçáveis. Em primeiro lugar, há uma simples falta de interesse na medida em que as pessoas saem para tomar uma xícara de café, ou para conversar com amigos. Em segundo lugar, os balineses não reduzem matematicamente as vantagens, mas apostam diretamente, em termos de vantagens estabelecidas. Assim, para uma aposta de nove para oito, um homem mostra nove *ringgits*, o outro oito; para cinco para quatro, um aposta cinco, o outro quatro. Para qualquer unidade monetária, portanto, como o *ringgit*, o dinheiro envolvido é 6,3 vezes numa aposta de dez para nove do que uma de dois para um, por exemplo, e, como foi observado, nas lutas pequenas as apostas assentam-se em vantagens maiores. Finalmente, as apostas feitas tendem a ser de um, em vez de dois, três e, em algumas lutas muito grandes, de quatro ou cinco dedos. (Os dedos indicam os *múltiplos* das vantagens de aposta firmada, não números absolutos. Dois dedos numa situação de seis para cinco significa que um homem aposta dez *ringgits* num azarão contra doze, três numa situação oito para sete, vinte e um contra vinte e quatro, e assim por diante.)

[18]Além das oscilações, há outros aspectos econômicos na briga de galos, especialmente sua ligação muito estreita com o sistema de mercado local e, embora secundários tanto quanto à sua motivação como à sua função, eles não deixam de ter importância. As brigas de galos estão abertas a qualquer um que deseje assistir a elas, às vezes vindos de locais distantes, mas cerca de 90% delas, provavelmente acima de 95%, são assuntos locais, e o lugar envolvido não é definido pela aldeia, nem mesmo pelo distrito administrativo, mas pelo sistema de mercado rural. Bali tem uma semana de mercado de três dias, com o tipo familiar de rotação de "sistema solar". Embora os próprios mercados nunca sejam bastante desenvolvidos, reduzindo-se a pequenos negócios locais na praça da aldeia, geralmente pela manhã, é a microrregião que essa rotação geralmente assinala — dez ou vinte milhas quadradas, sete ou oito aldeias vizinhas (o que, na Bali contemporânea, significa de cinco a dez ou onze mil pessoas) de onde provém a assistência principal de qualquer briga de galos; na verdade, praticamente todos vêm assistir. A maioria das lutas é organizada e patrocinada por pequenos combinados de mercadores rurais menores, sob a concepção geral, fortemente reconhecida por eles e por todos os balineses, de que as brigas de galo são boas para o comércio porque "elas tiram o dinheiro de dentro de casa, elas o fazem circular". Em torno da área instalam-se barracas que vendem toda espécie de coisas, assim como barracas de jogos de azar (ver adiante), de forma a tornar o acontecimento uma espécie de feira. Essa ligação da briga de galos com os mercados e vendedores de mercado é muito antiga, como indica, entre outras coisas, sua conjunção em inscrições [R. Goris, *Prasasti Bali*, 2 vols. (Bandung, 1954)]. O comércio seguiu o galo durante séculos na Bali rural, e esse esporte tem sido um dos principais agenciadores da monetização da ilha.

Brincando com o Fogo

O conceito de Bentham de "jogo profundo" é encontrado em sua *The Theory of Legislation*.[19] Significa jogo no qual as apostas são tão altas que, do ponto de vista utilitarista, é irracional que os homens se envolvam nele. Se um homem cuja fortuna é de mil libras (ou *ringgits*) aposta quinhentas ao par, a utilidade marginal da libra que ele pode ganhar é claramente menor do que a falta de utilidade marginal da libra que ele pode perder. Num jogo profundo genuíno, isso acontece com ambas as partes. Eles estão ambos mergulhados até a cabeça. Chegando juntos em busca de prazer, eles entram numa relação que trará aos participantes, considerados coletivamente, mais dor que prazer. A conclusão de Bentham, portanto, é de que o jogo profundo é imoral a partir de seus princípios básicos e que deveria ser legalmente proscrito, uma atitude típica desse autor.

Mais interessante que o problema ético, pelo menos quanto à nossa preocupação, é que, a despeito da força lógica da análise de Bentham, os homens engajam-se num tal jogo, muitas vezes e apaixonadamente, e mesmo em face de uma punição legal. Para Bentham e os que pensam como ele (hoje em dia principalmente advogados, economistas e alguns psiquiatras), a explicação é que, como já disse, tais homens são irracionais — viciados, fetichistas, crianças, tolos, selvagens — que precisam ser protegidos contra eles mesmos. Entretanto, para os balineses, embora não a formulem em tantas palavras, a explicação repousa no fato de que nesse jogo o dinheiro é menos uma medida de utilidade, tida ou esperada, do que um símbolo de importância moral, percebido ou imposto.

É justamente nos jogos frívolos, naqueles que envolvem pequenas somas de dinheiro, que os acréscimos ou decréscimos de dinheiro são sintomas mais próximos da utilidade ou falta de utilidade, no sentido comum, não expandido, de prazer e sofrimento, felicidade e infelicidade. Nos jogos profundos, onde as somas de dinheiro são elevadas, está em jogo muito mais do que o simples lucro material: o saber, a estima, a honra, a dignidade, o respeito — em suma, o *status*, embora em Bali esta seja uma palavra profundamente temida.[20] Ele está em jogo simbolicamente, pois o *status* de ninguém é alterado pelo resultado de uma briga de galos (além de uns poucos casos de jogadores viciados arruinados); ele é apenas afirmado ou insultado, e assim mesmo momentaneamente. Entretanto, para os balineses, para os quais nada proporciona maior prazer do que uma afronta feita de forma oblíqua, ou nada é mais doloroso do que uma afronta recebida de forma oblíqua — principalmente quando estão assistindo conhecidos mútuos, e que não se deixam enganar pelas aparências — tal drama é avaliado profundamente.

Isso *não* significa, é preciso afirmar uma vez mais, que o dinheiro não conta ou que o balinês não está mais preocupado em perder quinhentos *ringgits* do que quinze. Seria absurda tal conclusão. É justamente porque o dinheiro *importa*, nessa sociedade altamente imaterial, e importa muito, que quanto maior o risco, maior a quantidade de outras coisas que se arriscam, tais como orgulho, pose, uma falta de paixão, masculinidade e, embora o risco seja momentâneo, ele é público, ao mesmo tempo. Nas brigas de galos absorventes, um proprietário e seus colaboradores e, numa extensão menor, porém real, como veremos, seus apostadores por fora, colocam seu dinehiro onde está seu *status*.

---

[19]A expressão é encontrada na tradução Hildreth, International Library of Psychology (1931), nota da p. 106; cf. L. L. Fuller, *The Morality of Law* (New Haven, 1964), pp. 6 ss.

[20]Sem dúvida, mesmo em Bentham, a utilidade não se limita normalmente, como conceito, às perdas ou lucros monetários, e meu argumento pode ser colocado mais cuidadosamente em termos de uma negação de que para os balineses, como para qualquer povo, a utilidade (o prazer, a felicidade...) seja identificada apenas com a riqueza. Mas tais problemas terminológicos são, de qualquer maneira, secundários quanto ao aspecto principal: a briga de galos não é uma roleta.

200 Capítulo Nove

É em grande parte *porque* a falta de utilidade marginal da perda é tão grande nos níveis mais elevados de aposta que se engajar nela é colocar-se em público, de forma alusiva e metafórica, por intermédio do galo de alguém. Embora para um benthamista isso possa parecer apenas um aumento da irracionalidade do empreendimento, para os balineses isso concorre para o aumento do significado do fato como um todo. E como (ficando com Weber, em vez de Bentham) a imposição do significado na vida é o fim principal e a condição básica da existência humana, esse acesso à significação compensa amplamente os custos econômicos envolvidos.[21] Na verdade, dada a qualidade do dinheiro ao par nos grandes embates, não parecem ocorrer mudanças importantes na fortuna material entre aqueles que deles participam regularmente, provavelmente porque as coisas se ajeitam a longo prazo. É justamente nas lutas menores, mais frívolas, onde se encontra um punhado de jogadores mais puros, do tipo viciado — os que *estão* nisso principalmente pelo dinheiro — que as mudanças "reais" na posição social ocorrem, principalmente para baixo. Homens desse tipo, especuladores, são desprezados pelos "verdadeiros aficionados de brigas de galos" como tolos que não compreendem o que é o esporte, elementos vulgares que não veem o ponto principal. Esses viciados são vistos como presa fácil para os entusiastas genuínos, aqueles que compreendem, para tirar algum dinheiro deles — algo fácil de conseguir atraindo-os, por sua ambição, a apostas irracionais em relação a galos não equiparados. Na verdade, a maioria deles se arrisca num período de tempo relativamente curto, mas sempre parece haver um ou outro que consegue penhorar sua terra ou vender suas roupas a fim de apostar, a qualquer tempo.[22]

Essa correlação gradual de "jogo de *status*" com lutas absorventes e, inversamente, "jogo a dinheiro" com lutas frívolas é geral, de fato. Os próprios apostadores formam uma hierarquia sociomoral nesses temos. Como observamos anteriormente, na maioria das brigas de galo existe, nas fímbrias da rinha de galos, grande número de jogos de azar (roleta, dados, lançamento de moeda, grãos sob uma concha) que funcionam através de concessionários. Somente mulheres, crianças, adolescentes e outros tipos de pessoas que não se defrontam (ou não ainda) nas brigas de galos — os extremamente pobres, os desprezados socialmente, os idiossincráticos pessoais — participam desses jogos, que só envolvem moedas de pouco valor. Os homens que se interessam pelas brigas de galos se sentiriam envergonhados de aproximar-se desses jogos. Um tanto acima deles estão aqueles que, não lidando com as brigas de galos, apostam nas lutas pequenas, nas fímbrias das rinhas. Em seguida, vêm aqueles que se interessam pelas brigas de galos em embates pequenos ou, ocasionalmente, médios, mas não têm *status* para participar dos grandes embates, embora de vez em quando

---

[21]M. Weber, *The Sociology of Religion* (Boston, 1963). Nada há de especificamente balinês com relação ao aprofundamento do significado do dinheiro, como o demonstra a descrição de Whyte dos garotos da esquina num distrito da classe trabalhadora em Boston. "O jogo desempenha um papel importante nas vidas das pessoas de Cornerville. Qualquer que seja o jogo que os garotos da esquina joguem, eles sempre apostam no resultado. Quando nada há para apostar, o jogo não é considerado uma disputa verdadeira. Isso não significa que o elemento financeiro seja o mais importante. Tenho ouvido, frequentemente, homens dizerem que o prazer de ganhar é muito mais importante que o dinheiro em jogo. Os garotos da esquina consideram jogar a dinheiro uma prova real de habilidade, e, a não ser que um homem se dê bem quando o dinheiro está em jogo, ele não é considerado um bom competidor." W. F. Whyte, *Street Corner Society*, 2.ª ed. (Chicago, 1955), p. 140.

[22]Os extremos a que essa loucura pode conduzir, por vezes — e o fato de ser considerada loucura — é demonstrado pela lenda popular balinesa *I Tuhung Kuning*. Um jogador ficou tão alucinado pela sua paixão que, partindo em viagem, ordenou à sua mulher grávida que se nascesse um menino ela poderia tomar conta, se fosse uma menina deveria ser dada como comida a seus galos de briga. A mãe deu à luz uma menina e, em vez de dá-la aos galos, ela lhes deu um grande rato e escondeu a menina com a avó. Quando o marido voltou, os galos contaram-lhe o que aconteceu, e ele, furioso, procurou a criança para matá-la. Uma deusa desceu do céu e levou consigo a menina. Os galos morreram com o alimento que lhes foi dado e o proprietário recuperou a sanidade; a deusa trouxe de volta a criança, entregando-a ao pai, que voltou para sua mulher. A estória é contada em "Geel Komkommertje", *in* J. Hooykaas-van Leeuwen Boomkamp, *Sprookjes en Verhalen van Bali* (Haia, 1956), pp. 19-25.

possam também apostar por fora. Finalmente, existem aqueles, os membros verdadeiramente substanciais da comunidade, a cidadania sólida em torno da qual evolui a vida local, que disputamn nas grandes lutas e que apostam nelas por fora. Constituindo o elemento em foco nessas reuniões concentradas, esses homens geralmente dominam e definem o esporte da mesma forma que dominam e definem a sociedade. Quando um macho balinês fala, numa forma de quase veneração, sobre o "verdadeiro lutador de galos", o *bebatoh* ("apostador") ou *djuru kurung* ("guardador da gaiola"), ele quer indicar essas pessoas, não aqueles que trazem a mentalidade do jogo de grão sob a concha para o contexto bem diferente, inadequado, da briga de galos, o jogador compulsório (*potêt*, uma palavra que tem o significado sedundário de ladrão ou réprobo) e aqueles que se aferram. Para tal homem, o que realmente ocorre numa briga está mais próximo de um *affaire d'honneur* (embora, para o talento balinês, de fantasia prática, o sangue derramado só seja humano em termos figurativos) do que do funcionamento estúpido, mecânico, dos caça-níqueis.

O que torna a briga de galos balinesa absorvente não é o dinheiro em si, mas o que o dinheiro faz acontecer, e quanto mais dinheiro, mais acontece: a migração da hierarquia de *status* balinesa para o corpo da briga de galos. Sendo psicologicamente uma representação esopiana do ideal/demoníaco, altamente narcisista, da condição de macho, em termos sociológicos ela é igualmente uma representação esopiana dos campos de tensão complexos estabelecidos pelo cerimonial controlado, abafado, mas, não obstante, uma interação profundamente sentida dos próprios eus no contexto da vida cotidiana. Os galos podem ser substituídos pelas personalidades de seus proprietários, espelhos animais de forma psíquica, mas a briga de galos é — ou, mais exatamente, torna-se — um estímulo da matriz social, o sistema envolvido de cortes cruzados, sobrepondo-se a grupos altamente corporativos — aldeias, grupos de parentesco, sociedades de irrigação, congregações de tempo, "castas" — nos quais vivem seus devotos.[23] E, como o prestígio, a necessidade de afirmá-lo, de defendê-lo, de celebrá-lo, de justificá-lo e de simplesmente revolver-se nele (mas, dado o caráter fortemente reservado da estratificação balinesa, não de procurá-lo) talvez seja a força impulsionadora central na sociedade, da mesma forma ele é da briga de galos — à parte os pênis ambulantes, os sacrifícios de sangue e o intercâmbio monetário. Esse divertimento aparente e semelhante a um esporte é, para retomar outra frase de Erving Goffman, um "banho de sangue de *status*".[24]

A forma mais fácil de tornar isso claro, e demonstrá-lo num grau mínimo, é invocar a aldeia na qual observei mais de perto as atividades da briga de galos — aquela em que ocorreu a incursão policial e na qual foram obtidas minhas informações estatísticas.

Como todas as aldeias balinesas, essa — Tihingan, na região Klungkung, do Sudeste de Bali — é organizada de forma complicada, um labirinto de alianças e oposições. Mas, ao contrário de muitas, duas espécies de grupos corporativos, que são também grupos de *status*, destacam-se particularmente, e podemos concentrar-nos neles, como partes de um todo, sem uma distorção indevida.

Primeiramente, a aldeia é dominada por quatro grupos de descendência, grandes, patrilineares, parcialmente endogâmicos, que estão contantemente concorrendo um com o outro e que constituem as principais facções da aldeia. Algumas vezes eles se agrupam dois a dois, ou por outra, os dois maiores contra os dois menores, mais todos os elementos não filiados; às vezes eles funcionam independentemente. Existem também subfacções dentro deles, subfacções de subfacções, e assim por diante, até níveis bem sutis de distinção. Em

---

[23]Para uma descrição mais completa da estrutura social rural balinesa, cf. C. Geertz, "Form and Variation in Balinese Village Structure", *American Anthropologist*, 61 (1959), pp. 94-108; "Tihingan, a Balinese Village", *in* R. M. Koentjaraningrat, *Village in Indonesia* (Ithaca, 1957), pp. 210-243, e, embora fuja à regra geral das aldeias balinesas, V. E. Korn, *De Dorpsrepubliek tnganan Pagringsingan* (Santpoort, Holanda, 1933).

[24]Goffman, *Encounters,* p. 78.

segundo lugar, existe a própria aldeia, quase que inteiramente endogâmica, que se opõe a todas as outras aldeias em redor no seu circuito de brigas de galos (que, como explicado, é o mercado regional) mas que também forma alianças com alguns desses vizinhos contra certos outros em vários contextos políticos e sociais supra-aldeia. A situação exata, como por toda parte em Bali, é bem diferente, mas o padrão geral de uma hierarquia em camadas de rivalidades de *status* entre agrupamentos altamente corporativos, mas com bases diferentes (e, portanto, entre seus membros) é inteiramente generalizado.

Consideremos, portanto, como apoio à tese geral de que a briga de galos, e especialmene a briga de galos absorvente, é fundamentalmente uma dramatização das preocupações de *status*, os seguintes fatos que eu enumero simplesmente como fatos, para evitar descrições etnográficas extensas — embora as provas concretas, os exemplos, as declarações e os números que possam ser apresentados como material de apoio sejam extensos e sem erro:

1. Um homem quase nunca aposta contra um galo de propriedade de seu próprio grupo de parentesco. Habitualmente, ele se sentirá obrigado a apostar nele, tanto mais quanto mais próximo for o parentesco e mais absorvente a luta. Se tiver a certeza de que não ganhará, ele pode simplesmente não apostar, principalmente em se tratando da ave de um primo em segundo grau, ou se a luta for apenas frívola. Mas como regra geral ele se sente obrigado a apoiá-lo e, nos jogos absorventes, quase sempre o faz. Assim, a grande maioria das pessoas que grita "cinco" ou "pintados" de forma tão demonstrativa está expressando sua adesão a seus parentes, não sua avaliação da ave, sua compreensão da teoria da probabilidade ou até mesmo sua esperança de uma renda obtida sem esforço.

2. Esse princípio logicamente se amplia. Se seu grupo de parentesco não está envolvido, você apoiará um grupo de parentesco aliado contra um não aliado, da mesma forma, e assim por diante, através das redes de aliança envolvidas que, como já disse, envolvem tanto essa aldeia balinesa como outras.

3. O mesmo ocorre para a aldeia como um todo. Se um galo de fora está lutando contra um galo da aldeia, é claro que você apoiará o galo local. Se, o que é uma circunstância rara, mas possível de vez em quando, um galo de fora de seu circuito de briga de galos está lutando contra um de dentro, você também apoiará a "ave da casa".

4. Os galos que vêm de alguma distância quase sempre são favoritos, pois a teoria é que o homem não ousaria trazê-lo se ele não fosse um bom galo, e ele é tanto melhor quanto de mais longe ele vem. Seus seguidores são obrigados a apoiá-lo, sem dúvida, e quando ocorrem as brigas de galos locais em grande escala (nos feriados, etc.), as pessoas da aldeia apanham os que eles consideram os melhores galos, sejam quem forem seus proprietários, e lhes emprestam todo o apoio, embora tenham que oferecer vantagens, certamente, e fazer grandes apostas para mostrar que não se trata de uma aldeia qualquer. Na verdade, tais "jogos de fora", embora não frequentes, tendem a desfazer as rupturas entre os membros da aldeia frequentemente provocados pelos "jogos domésticos", onde as facções da aldeia se exacerbam em vez de se unirem.

5. Praticamente todos os embates são sociologicamente relevantes. É raro ver lutando dois galos de fora ou dois galos sem o apoio de algum grupo particular, ou com apoio de um grupo que não seja relacionado mutuamente de maneira perfeitamente clara. Quando isso ocorre, o jogo é muito superficial, as apostas são lentas e todo o acontecimento é muito monótono, sem que haja interesse de parte alguma, a não ser os diretamente interessados e um ou outro jogador inveterado.

6. Pelo mesmo motivo, é raro ter dois galos do mesmo grupo lutando, e ainda mais raro, da mesma subfacção, e nunca da mesma subsubfacção (que na maioria dos casos é apenas uma família extensa). De maneira similar, nas lutas fora da aldeia, dois membros da aldeia raramente lutarão um contra o outro, mesmo que, como rivais rancorosos, eles lutassem com entusiasmo em território doméstico.

7. Em nível individual, as pessoas envolvidas numa relação de hostilidade institucionalizada, chamada *puik*, na qual não se falam e nada têm a ver uma com a outra (as causas para esse rompimento de relações são diversas: sedução da mulher, discussão sobre herança, diferenças políticas) apostarão com muito ardor, às vezes de forma maníaca, uma contra a outra, no que seria um ataque franco e direto à própria masculinidade do contendor, o terreno final do seu *status*.

8. A coalizão da aposta central, em todos os jogos, a não ser os muito banais, é *sempre* formada por aliados estruturais — nenhum "dinheiro de fora" é envolvido. O que é "de fora" depende do contexto sem dúvida, mas, levando isso em conta, nenhum dinheiro de fora se mistura na aposta principal. Se os elementos principais não o podem levantar, a aposta não é feita. A aposta central, mais uma vez, principalmente nos jogos mais absorventes, é assim a expressão mais direta e franca da oposição social, que é uma das razões por que tanto ela como os arranjos de casamento são cercados por tal aura de desassossego, furtividade, embaraço, e assim por diante.

9. A regra a respeito de pedir dinheiro emprestado — você pode fazê-lo *para* uma aposta, mas não *nela* — se origina (e os balineses têm perfeita consciência disto) de considerações semelhantes: assim, você nunca está à mercê *econômica* de seu inimigo. As dívidas de jogo, que podem ser bastante substanciais a curto prazo, são sempre com amigos, nunca com inimigos, estruturalmente falando.

10. Quando dois galos são estruturalmente irrelevantes ou neutros no que *lhe* concerne (embora, como mencionamos, dificilmente eles o sejam), você nem sequer pergunta a um parente ou um amigo em quem ele está apostando, porque, caso você saiba em quem ele está apostando e ele saiba que você sabe, se você apostar no outro lado isso levará a um estremecimento de relações. Esta regra é explícita e rígida, muito elaborada, embora sejam tomadas precauções artificiais para evitar quebrá-la. Você deve pelo menos fingir que não está reparando no que ele faz, e ele no que você está fazendo.

11. Há uma palavra especial para a aposta contra o grão, que é também a palavra para "desculpe-me" (*mpura*). Isso é considerado errado, embora, quando a aposta central é pequena, não se faça muito caso, desde que isso não ocorra com frequência. Quanto maior a aposta e quanto mais frequentemente você faz isso, tanto mais o "desculpe-me" levará a uma ruptura social.

12. De fato, a relação de hostilidade institucionalizada, *puik*, é formalmente iniciada, muitas vezes (embora as causas estejam em outro lugar) através de tal aposta "desculpe-me" numa luta absorvente, colocando no fogo uma gordura simbólica. De forma semelhante, o término de tal relação e o reatamento de um intercâmbio social normal é muitas vezes assinalado (embora sem uma referência explícita) por um dos inimigos que apoia a ave do outro.

13. Em situações desagradáveis, de lealdade cruzada, das quais há inúmeras nesse sistema social extraordinariamente complexo, onde um homem é apanhado entre duas lealdades mais ou menos equilibradas, ele procura sair para tomar uma xícara de café ou outra coisa qualquer, de forma a evitar uma aposta, uma forma de comportamento que lembra os eleitores norte-americanos em situações semelhantes.[25]

14. As pessoas envolvidas nas apostas centrais, principalmente nas lutas absorventes, geralmente são membros proeminentes de seu grupo — de parentesco, da aldeia ou o que quer que seja. Além disso, os que apostam por fora (incluindo essas pessoas) são, como já foi dito, os membros estabelecidos da aldeia — os cidadãos sólidos. A briga de galos é para os que estão envolvidos também na política de prestígio do dia a dia, não para os jovens, as mulheres, os subordinados, e assim por diante.

---

[25]B. R. Berelson, P. F. Lazersfeld e W. N. McPhee, *Voting: A Study of Opinion Formulation in a Presidential Campaign* (Chicago, 1954).

204 Capítulo Nove

15. No que diz respeito ao dinheiro, a atitude explicitamente expressa em relação a ele é um tema secundário. Não é que não seja importante, como já disse; os balineses não se sentem mais felizes em perder a renda de algumas semanas do que qualquer outra pessoa. Mas eles olham para o aspecto monetário da briga de galos como um autoequilíbrio, uma forma de movimentar o dinheiro, de fazê-lo circular num grupo muito bem definido de lutadores de galos sérios. Os ganhos e perdas realmente importantes são vistos principalmente em outros termos, e a atitude geral em relação à aposta não é a esperança de limpar tudo, de dar um golpe (os jogadores inveterados constituem uma exceção), mas a correspondente à prece do apostador de cavalos: "Oh, Deus, por favor deixe-me empatar." Em termos de prestígio, porém, você não quer empatar, mas ganhar numa espécie de sorte momentânea, destacada. A conversa (que decorre durante todo o tempo) é sobre as lutas contra o galo tal ou tal de um fulano que seu galo derrubou, não sobre quanto você ganhou, fato que as pessoas raramente lembram durante muito tempo, mesmo em apostas grandes, embora lembrem muito bem o dia em que ganharam com o galo de Pan Loh, o melhor durante muitos anos.

16. Você deve apostar nos galos de seu próprio grupo, à parte as considerações de lealdade, pois se não o fizer, as pessoas dirão: "O quê? Será que ele é orgulhoso demais para nós? Será que ele precisa ir para Java ou Den Pasar (a capital) para apostar porque é um homem importante demais?" Há, portanto, uma pressão generalizada não apenas para demonstrar que você é importante do ponto de vista local, mas que você não é importante o bastante para considerar os demais como não satisfatórios, e até mesmo como rivais. De forma semelhante, as pessoas de casa devem apostar contra os galos de fora, se não os de fora as acusarão — o que é sério — de apenas cobrar entradas e não estarem interessadas na briga de galos, ou então de serem arrogantes e insultuosas.

17. Finalmente, os próprios camponeses de Bali têm consciência de tudo isso e, pelo menos para um etnógrafo, afirmam-no em termos aproximados aos que eu relatei. Praticamente todos os balineses com quem conversei afirmaram que as brigas de galos são como brincar com fogo, porém sem o risco de se queimar. Você incita as rivalidades e hostilidades da aldeia e dos grupos de parentesco, mas sob uma forma de "brincadeira", chegando perigosa e maravilhosamente próximo à expressão de uma agressão aberta e direta, interpessoal e intergrupal (algo que geralmente não acontece, também, no curso normal da vida comum), mas só próximo porque, afinal de contas, trata-se apenas de uma "briga de galos".

Poder-se-iam acrescentar outras observações a esse respeito, mas creio que os pontos gerais estão bem delineados, se não completos, e o argumento total pode ser resumido num paradigma formal.

QUANTO MAIS UM EMBATE É...

1. Entre iguais, de *status* aproximado (e/ou inimigos pessoais)
2. Entre indivíduos de *status* elevado

TANTO MAIS ABSORVENTE ELE É.

QUANTO MAIS ABSORVENTE É O EMBATE...

1. Mais próxima a identificação entre o galo e o homem (ou, o que é mais adequado, quanto mais absorvente o embate, mais audacioso será o homem, mais estreitamente identificado com o galo).
2. Quanto mais refinados os galos, mais exatamente serão eles equipados.
3. Quanto maior a emoção envolvida, maior a absorção geral no embate.
4. Quanto mais altas as apostas individuais centrais e por fora, menores tenderão a ser as vantagens das apostas por fora, e maiores serão as apostas em geral.

5. Quanto menor for a perspectiva "econômica" e maior a perspectiva de *status* da aposta envolvida, mais "sólidos" os cidadãos que apostarão.[26]

Argumentos inversos aplicam-se a lutas mais banais que culminam, num sentido de sinais inversos, em lançamentos de moedas, de dados e outros divertimentos. Para lutas absorventes não há limites superiores absolutos, embora haja limites práticos, e há um grande número de estórias lendárias de grandes combates tipo "Duelos ao Sol" entre senhores e príncipes nos períodos clássicos (pois as brigas de galos foram tanto preocupações de elite como populares), muito mais absorventes que qualquer outra apresentada hoje em qualquer lugar de Bali, mesmo entre aristocratas.

Na verdade, um dos grandes heróis culturais em Bali é um príncipe chamado, por sua paixão pelo esporte, o "Lutador de Galos", que se encontrava longe, numa briga de galos muito absorvente, com um príncipe vizinho, quando toda a sua família — pai, irmãos, mulheres, irmãs — foi assassinada por usurpadores comuns. Salvo dessa maneira, ele retornou para debelar a rebelião, reconquistar o trono, reconstituir a elevada tradição balinesa e construir um Estado mais poderoso, glorioso e próspero. Além de tudo o mais que os balineses veem na briga de galos — eles mesmos, sua ordem social, um ódio abstrato, masculinidade, poder demoníaco — eles veem também o arquétipo da virtude de *status*, o jogador arrogante, resoluto, louco pela honraria, com um fogo verdadeiro, o príncipe *ksatria*.[27]

---

[26]Como esse é um paradigma formal, ele se propõe mostrar a estrutura lógica, não causal, da briga de galos. Qual dessas considerações conduz à outra, em que ordem e através de que mecanismos, isso é outro assunto — sobre o qual eu tenho tentado lançar alguma luz na discussão geral.

[27]Numa outra estória folclórica de Hooykaas-van Leeuwen Boomkamp ("De Gast", *Sprookjes en Verhalen von Bali*, pp. 172-180), um *Sudra* de casta inferior, homem generoso, devoto e descuidado, e também um completo lutador de galos, a despeito de suas realizações, perde luta após luta, até que finalmente fica completamente sem dinheiro e com apenas um último galo. Ele, porém, não desespera — "Eu aposto", diz ele, "no Mundo Desconhecido".

Sua esposa, uma mulher boa, trabalhadora, sabendo quanto ele gostava das brigas de galos, dá-lhe o último dinheiro "de sua economia", para que ele pudesse apostar. Mas, apreensivo pela sua má sorte, ele deixa seu galo em casa e apenas aposta por fora. Perde tudo, menos uma ou duas moedas, e vai procurar uma barraca de comida onde se encontra um velho mendigo, decrépito, malcheiroso, apoiando-se num balcão. O velho pede-lhe comida e o herói gasta suas últimas moedas comprando-lhe alimentos. O velho pede, ainda, para passar a noite com ele, e ele o convida com prazer. Como não há mais comida em casa, o herói pede à sua mulher que mate o último galo para o jantar. Quando o velho descobre o fato, ele diz ao herói que tem três galos em sua cabana na montanha e o herói pode dispor de um para lutar. Ele pede também que o filho do herói o acompanhe como servo e, quando o filho concorda, isso é feito.

O velho de fato é Siva, e mora num grande palácio no céu, embora o herói não o saiba. Numa ocasião, o herói resolve visitar seu filho e cobrar o galo prometido. Alçado à presença de Siva, lhe é concedida a escolha entre três galos. O primeiro diz: "Eu derrotei quinze contendores." O segundo diz: "Eu derrotei vinte e cinco contendores." O terceiro diz: "Eu derrotei o rei." "Esse último, o terceiro, é a minha escolha", diz o herói e regressa à terra com ele.

Quando ele chega à rinha, pedem-lhe a entrada e ele responde: "Não tenho dinheiro, pagarei depois que meu galo vencer." Como se sabe que ele nunca vence, deixam-no entrar porque o rei, que também está lutando lá, não gosta dele e pensa escravizá-lo se ele perder e não puder pagar. Para garantir que isso aconteça, o rei apresenta o melhor galo contra o do herói. Quando os galos são colocados na rinha, o do herói voa e a multidão, conduzida pelo arrogante rei, cai na gargalhada. O galo do herói voa em direção ao próprio rei, mata-o com um golpe de espora na garganta. O herói foge. Sua casa é cercada pelos homens do rei. O galo transforma-se num Garuda, o grande pássaro mítico da lenda índica, e transporta o herói e sua mulher para a segurança dos céus.

Quando o povo vê isso, ele escolhe o herói como rei e sua mulher como rainha, e eles regressam à terra. Mais tarde seu filho, libertado por Siva, também regressa à terra, e o herói-rei anuncia sua intenção de entrar para um eremitério. ("Nunca mais participarei de brigas de galos. Eu apostei no Desconhecido e ganhei.") Ele entra no eremitério e seu filho torna-se rei.

Penas, Sangue, Multidões e Dinheiro

"A poesia nada faz acontecer", diz Auden em sua elegia a Yeats, "ela sobrevive no vale de suas palavras... na forma de acontecer, numa boca." A briga de galos também, neste sentido coloquial, nada faz acontecer. Os homens prosseguem humilhando alegoricamente a um e outro e sendo humilhados alegoricamene por um ou outro, dia após dia, regozijando-se tranquilamente com a experiência quando triunfam, esmagados um tanto mais abertamente se não o conseguiram *Mas não se modifica realmente o* status *de ninguém*. Não se pode ascender na escala de *status* pelo fato de vencer brigas de galos; como indivíduo, você não pode ascender nessa escala de maneira alguma. E também não pode descer por esse meio.[28] Tudo que você pode fazer é aproveitar e saborear, ou sofrer e aguentar, a sensação engendrada de movimentação drástica e momentânea ao longo de uma semelhança estética dessa escala, uma espécie de salto de *status* por trás do espelho, que tem a aparência de mobilidade, mas não é real.

Como qualquer forma de arte — e é justamente com isso que estamos lidando, afinal de contas — a briga de galos torna compreensível a experiência comum, cotidiana, apresentando-a em termos de atos e objetos dos quais foram removidas e reduzidas (ou aumentadas, se preferirem) as consequências práticas ao nível da simples aparência, onde seu significado pode ser articulado de forma mais poderosa e percebido com mais exatidão. A briga de galos só é "verdadeiramente real" para os galos — ela não mata ninguém, não castra ninguém, não reduz ninguém à condição de animal, não altera as relações hierárquicas entre as pessoas ou remodela a hierarquia; ela nem mesmo redistribui a renda de forma significativa. O que ela faz é o mesmo que fazem *Lear* e *Crime e Castigo* para outras pessoas com outros temperamentos e outras convenções: ela assume esses temas — morte, masculinidade, raiva, orgulho, perda, beneficência, oportunidade — e, ordenando-os numa estrutura globalizante, apresenta-os de maneira tal que alivia uma visão particular da sua natureza essencial. Ela faz um construto desses temas e, para aqueles historicamente posicionados para apreciarem esse construto, torna-os significativos — visíveis, tangíveis, apreensíveis — "reais" num sentido ideacional. Uma imagem, uma ficção um modelo, uma metáfora, a briga de galos é um meio de expressão; sua função não é nem aliviar as paixões sociais nem exacerbá-las (embora, em sua forma de brincar com fogo ela faça um pouco de cada cosia) mas exibi-las em meio às penas, ao sangue, às multidões e ao dinheiro.

A questão sobre a maneira como percebemos qualidades em coisas — pinturas, livros, melodias, peças teatrais — sobre as quais não sentimos poder afirmar literalmente como estando nelas veio à tona na teoria estética, nestes últimos anos.[29] Nem os sentimentos do artista, que continuam sendo seus, nem os dos espectadores, que continuam sendo deles, podem dar conta da agitação de uma pintura ou da serenidade de uma outra. Atribuímos grandeza, espírito, desespero, exuberância e encadeamentos de sons; leveza, energia, violência, fluidez a blocos de pedra. Dizemos das novelas que têm força, das construções que têm eloquência, das peças teatrais que têm *momentum*, dos balés que têm uma qualidade repousante. Nesse

---

[28] Os jogadores inveterados são realmente menos desclassificados (pois seu *status* é herdado, como o de todos) do que simplesmente empobrecidos ou pessoalmente desgraçados. O principal jogador viciado no meu circuito de brigas de galos era, na verdade, um *satria* de casta muito elevada que vendeu a maior parte de suas consideráveis propriedades para sustentar seu vício. Embora todos o considerassem um tolo, em particular, e até mais do que isso (alguns, mais caridosos, julgavam-no doente), publicamente ele era tratado com uma deferência elaborada e com a cortesia inerente à sua posição. Sobre a independência da reputação pessoal e do *status* público em Bali, ver o capítulo anterior (8).

[29] Para quatro tratamentos, um tanto variados, cf. S. Langer, *Feeling and Form* (Nova York, 1953); R. Wollheim, *Art and Its Objects* (Nova York, 1968); N. Goodman, *Languages of Art* (Indianápolis, 1968); M. Merleau-Ponty, "The Eye and the Mind", *in The Primacy of Perception* (Evanston, Ill., 1964), pp. 158-190.

reino de predicados excêntricos, dizer que a briga de galos, pelo menos em seus casos mais aperfeiçoados, é "inquietante" não parece fora do natural, mas apenas um tanto estranho, de vez que acabo de negar suas consequências práticas.

A inquietação surge, "de alguma forma", a partir de uma conjunção de três atributos de briga: sua forma dramática imediata, seu conteúdo metafórico e seu contexto social. A briga, uma figura cultural contra um fundamento social, é ao mesmo tempo uma avolumação convulsiva de ódio animal, uma guerra caricaturada de eus simbólicos e uma simulação formal das tensões de *status*, e seu poder estético deriva de sua capacidade de conseguir combinar essas três realidades diversas. O motivo por que é inquietante não se deve a seus resultados materiais (ela tem alguns, mas são insignificantes): é que ela junta o orgulho à noção do eu, a noção do eu aos galos e os galos à destruição, o que leva à realização imaginativa uma dimensão da experiência balinesa que normalmente fica bem obscurecida. A transferência de um sentido de gravidade para aquilo que é, em si mesmo, um espetáculo altamente amorfo e invariável, uma comoção de asas batendo e pernas pulsando, é feita interptetando-o como expressão de algo desordenado na forma como seus autores e espectadores vivem ou, o que é mais grave, no que eles são.

Como forma dramática, a luta exibe uma característica que não parece tão notável até que se compreenda que ela não deveria estar ali: uma estrutura radicalmente atomística.[30] Cada embate é um mundo em si mesmo, um rompimento de forma particularizado. Há a equiparação na luta, há as apostas, há a luta, há o resultado — triunfo completo e derrota completa — e há a passagem do dinheiro de um para outro, apressada, embaraçada. O perdedor não é consolado; as pessoas afastam-se dele, desviam o olhar, deixam-no sozinho para que ele assimile sua queda momentânea num não ser, recomponha-se e retorne à rixa, sem cicatrizes e intato. Os vencedores também não são cumprimentados ou os acontecimentos recapitulados; uma vez terminado o embate, a atenção da multidão se concentra totalmente na disputa seguinte, e ninguém olha para trás. Sem dúvida permanece com os disputantes uma sombra da experiência vivida, talvez até com as testemunhas de uma luta absorvente, como permanece conosco quando saímos de um teatro depois de assistirmos a uma peça de conteúdo, bem desempenhada. Mas isso logo desaparece e se torna, quando muito, uma lembraça esquemática — um brilho difuso ou um estremecimento abstrato — e muitas vezes nem mesmo isso. Qualquer forma expressiva só vive em seu próprio presente — aquele que ela mesma cria. Entretanto, aqui, esse presente é partido numa torrente de lampejos, alguns mais brilhantes que outros, mas todos eles desconexos, alguns *quanta* estéticos. O que quer que a briga de galos diga, ela o diz em jorros.

Aliás, como já argumentei exaustivamente em outro local, os balineses vivem em jorros.[31] Sua vida, a forma como a dispõem e a percebem, é menos um fluxo, um movimento direcional que vem do passado, através do presente e em direção ao futuro, do que uma pulsação ligada e desligada de significado e vacuidade, uma alternação arrítmica de períodos curtos em que "algo" (isto é, algo significativo) está acontecendo,

---

[30]As brigas de galos inglesas (o esporte foi proibido em 1840) parecem se ter ressentido da falta dessa estrutura, tendo gerado, portanto, uma família de formas bem diferentes. A maioria das brigas inglesas era chamada "*main*", e nelas um número predeterminado de galos se alinhava em dois "*teams*" lutando em série. Mantinha-se a contagem e as apostas eram feitas tanto nas lutas individuais como no conjunto como um todo. Havia, ainda, "batalhas reais", tanto na Inglaterra como no continente, nas quais se soltava um certo número de galos de uma só vez, e o último que ficasse de pé era o vencedor. No País de Gales, a chamada "*main*" galesa seguia um padrão eliminatório, semelhante aos atuais torneios de tênis, participando os vencedores do torneio seguinte. No seu gênero, as brigas de galos têm talvez uma flexibilidade menos composicional do que, digamos, a comédia latina, mas não se ressentem totalmente de sua falta. A respeito das brigas de galos em geral, cf. A. Ruport, *The Art of Cockfighting* (Nova York, 1949); G. R. Scott, *History of Cockfighting* (Londres, 1957) e L. Fitz-Barnard, *Fighting Sports* (Londres, 1921).

[31]Cf. capítulo anterior.

208 CAPÍTULO NOVE

e períodos igualmente curtos em que "nada" (isto é, quase nada) acontece — entre aquilo que eles mesmos chamam períodos "cheios" e períodos "vazios" ou, num outro idioma, "junções" e "buracos". Focalizando a atividade como um simples ponto de vista candente, a briga de galos é apenas ser balinês da mesma forma que os encontros monádicos da vida cotidiana, através do pontilhismo ressoante da música do *gamelan*, até o dia-da-visitação-dos-deuses das celebrações dos templos. Não significa uma imitação da pontuação da vida social balinesa, nem uma representação dela, nem mesmo uma expressão dela — é um exemplo dela, cuidadosamente preparado.[32]

Entretanto, se uma dimensão da estrutura da briga de galos, sua falta de direção temporal, faz com que ela pareça um segmento típico da vida social em geral, a outra, sua agressividade categórica, cabeça com cabeça (ou esporas com esporas), faz com que ela pareça uma contradição, um reverso, até mesmo uma subversão dela. No curso normal das coisas, os balineses são tímidos a um ponto de obsessão quanto ao conflito aberto. Oblíquos, cautelosos, reprimidos, controlados, senhores da falta de direção e da dissimulação — o que chaman *alus*, "polido", "suave" — raramente enfrentam aquilo que podem evitar, raramente resistem quando podem evadir-se. Aqui, porém, eles se retratam como selvagens e mortíferos, com explosões maníacas de crueldade instintiva. Uma representação poderosa da vida na forma mais indesejada para os balineses (para adaptar uma frase que Frye usou em relação ao deslumbramento de Gloucester) é apresentada no contexto de uma amostra dela, como ela é de fato para eles.[33] E porque o contexto sugere que a representação, embora inferior a uma descrição direta, é, apesar disso, mais do que uma simples fantasia, é aqui que a inquietude emerge — a inquietude da *luta*, não dos patronos (ou não necessariamente), que muito se divertem. A matança na rinha de galos não é um retrato de como as coisas são literalmente entre os homens, mas, de um ângulo particular, de como elas são do ponto de vista da imaginação, o que é bem pior.[34]

O ângulo é, sem dúvida, estratificador. Como já tivemos oportunidade de ver, a briga de galos se expressa com mais força sobre as relações de *status*, e o que ela expressa a esse respeito é que se trata de assunto de vida ou morte. O fato de que o prestígio é assunto profundamente sério torna-se evidente em qualquer lugar de Bali — na aldeia, na família, na economia, no Estado. Uma fusão particular de títulos polinésios de situação e de castas hindus, a hierarquia do orgulho constitui a espinha dorsal da sociedade em termos morais. Entretanto, é somente nas brigas de galos que os sentimentos sobre os quais repousa essa hierarquia se revelam em suas cores naturais. Envolvidos, nos outros lugares, numa névoa de etiqueta, uma nuvem espessa de eufemismo e cerimônia, de gestos e alusões, aqui eles se expressam sob o disfarce muito tênue

---

[32]Para a necessidade de distinguir entre "descrição", "representação", "exemplificação" e "expressão" (e a irrelevância da "imitação" para com todos eles) como modos de referência simbólica, cf. Goodman, *Languages of Art,* pp. 61-110, 45-91, 225-241.

[33]N. Frye, *The Educated Imagination* (Bloomington, Ind., 1964), p. 99.

[34]Há dois outros valores e desvalores balineses que, ligados à temporalidade precisa, de um lado, e à agressividade sem peias, de outro, reforçam a sensação de que a briga de galos é ao mesmo tempo uma continuidade da vida social comum e uma negação direta dela: aquilo que os balineses chamam *ramé* e o que eles chamam *paling*. *Ramé* significa repleto, barulhento, ativo, e é um estado social muito procurado: mercados, festivais de massa, ruas movimentadas são todos *ramé*, da mesma forma que a briga de galos, ao extremo. *Ramé* é o que acontece no período "cheio" (o seu oposto, *sepi*, "quieto", é o que acontece nos períodos "vazios"). *Paling* é uma vertigem social, o sentimento embriagador, desorientador, perdido, volteado, que se tem quando seu lugar nas coordenadas do espaço social não está claro, e é um estado tremendamente desfavorável, que produz uma terrível ansiedade. Os balineses veem a manutenção exata da orientação espacial ("não saber onde está o Norte" é estar louco), do equilíbrio, do decoro, das relações de *status*, e assim por diante, como fundamentais para a vida ordenada *(krama)* e o *paling*, o tipo de confusão espiralante da posição que os galos em competição exemplificam, como seu inimigo mais acirrado e suas contradições mais profundas. Sobre o *ramé*, cf. Bateson e Mead, *Balinese Character*, pp. 3, 64; sobre o *paling, ibid.*, p. 11, e Belo, org., *Traditional Balinese Culture*, pp. 90 ss.

de uma máscara animal, uma máscara que na verdade os revela muito mais do que os oculta. Em Bali, o ciúme é tanto parte da pose como a inveja é da graça, a brutalidade do encanto, mas sem a briga de galos os balineses teriam uma compreensão menos correta disso tudo, e é por isso, presumo, que eles a valorizam tanto.

Qualquer forma expressiva atua (quando atua) desarrumando os contextos semânticos de tal maneira que as conveniências impostas convencionalmente a certas coisas são impostas não convencionalmente a outras as quais são vistas, então, como as possuindo, realmente. Chamar o vento de aleijado, como o fez Stevens, fixar a tonalidade e manipular o timbre, como o faz Schoenberg ou, aproximando-se mais do nosso caso, retratar um crítico de arte como um urso dissoluto, como o faz Hogarth, é cruzar os limites conceituais. As conjunções estabelecidas entre os objetos e suas qualidades são alteradas e os fenômenos — tempo de outono, forma melódica ou jornalismo cultural — são revestidos de significados que normalmente apontam para outros referentes.[35] De forma similar, ligar — e ligar, e ligar — a colisão dos galos de briga com o divisionismo do *status* é convidar a uma transferência de percepções do primeiro para o último, transferência que é, ao mesmo tempo, descrição e julgamento. (Logicamente, a transferência também poderia ser feita para o outro lado, sem dúvida, mas, como quase todos nós, os balineses estão muito mais interessados em compreender os homens do que em compreender os galos.)

O que coloca a briga de galos à parte no curso ordinário da vida, que a ergue do reino dos assuntos práticos cotidianos e a cerca com uma aura de importância maior, não é, como poderia pensar a sociologia funcionalista, o fato de ela reforçar a discriminação do *status* (esse reforço não é necessário numa sociedade em que cada ato proclama essa discriminação), mas o fato de ela fornecer um comentário metassocial sobre todo o tema de distribuir os seres humanos em categorias hierárquicas fixas e depois organizar a maior parte da existência coletiva em torno dessa distribuição. Sua função, se asssim podemos chamá-la, é interpretativa: é uma leitura balinesa da experiência balinesa, uma estória sobre eles que eles contam a si mesmos.

Dizer Alguma Coisa sobre Algo

Colocar o assunto dessa maneira é engajar-se numa espécie de reenfoque metafórico de caso próprio, pois ele muda a análise das formas culturais de uma tentativa de traçar um paralelo geral para dissecar um organismo, diagnosticar um sintoma, decifrar um código ou ordenar um sistema — as analogias dominantes na antropologia contemporânea — para um paralelo geral da penetração de um texto literário. Se se toma a briga de galos, ou qualquer outra estrutura simbólica coletivamente, organizada, como meio de "dizer alguma coisa sobre algo" (para invocar um famoso rótulo aristoteliano), enfrenta-se, então, um problema não

---

[35]A referência de Stevens é a "The Motive for Metaphor" ("Você gosta de ficar sob as árvores no outono / Porque tudo está morto / O vento move-se como um aleijado entre as folhas / E repete palavras sem significado"). *Cophyright 1947 by Wallace Stevens,* reproduzido de *The Collected Papers of Wallace Stevens,* com permissão de Alfred A. Knopf, Inc., e Faber and Faber Ltd.; a referência a Schoenberg é à terceira das suas *Five Orchestral Pieces* (Opus 16) e é emprestada de H. H. Drager, "The Concep of 'Tonal Body'" *in Reflections on Arts,* org. por S. Langer (Nova York, 1961), p. 174. Sobre Hogarth e sobre todo esse problema — ali chamado "combinação de matrizes múltiplas" — cf. E. H. Gombrich, "The Use of Art for Study of Symbols", *in Psychology and the Visual Arts,* org. por J. Hogg (Baltimore, 1969), pp. 149-170. O termo mais usual para essa espécie de alquimia semântica é "transferência metafórica", sendo encontradas boas discussões técnicas em M. Black, *Models and Metaphors* (Ithaca. N. Y., 1962), pp. 25 ss.; Goodman, *Language as Art.* pp. 44 ss., e W. Percy, "Metaphor as Mistake", *Sewanee Review,* 66 (1958), pp. 78-79.

de mecânica social, mas de semântica social.[36] Para o antropólogo, cuja preocupação é com a fomulação de princípios sociológicos, não com a promoção ou a apreciação de brigas de galos, a questão é: que é que se aprende sobre tais princípios examinando a cultura como uma reunião de textos?

Tal extensão da nação de um texto como mais do que um material escrito e mais do que um material verbal, embora metafórico, certamente não constitui novidade. A tradição *interpretatio naturae* da Idade Média que, culminando com Spinoza, tentava ler a natureza como se fossen as Escrituras, o esforço nietszchiano de tratar os sistemas de valores como se fossem atenuantes para a vontade do poder (ou o esforço marxista de tratá-los como atenuantes das relações de propriedade) e a substituição freudiana do texto enigmático do sonho manifesto pelo texto simples do sonho latente, todos oferecem precedentes, embora nem todos igualmente recomendáveis.[37] Entretanto, a ideia continua a ser pouco desenvolvida teoricamente, e o corolário mais profundo, no que concerne à antropologia, de que as forças culturais podem ser tratadas como textos, como obras imaginativas construídas a partir de materiais sociais, ainda tem que ser explorado sistematicamente.[38]

No caso em pauta, tratar a briga de galos como texto é salientar um aspecto dela (na minha opinião, o aspecto principal) que, tratando-a como um rito ou um passatempo, as duas alternativas mais óbvias, se tenderia a obscurecer: sua utilização da emoção para fins cognitivos. O que a briga de galos diz, ela o faz num vocabulário de sentimento — a excitação do risco, o desespero da derrota, o prazer do triunfo. Entretanto, o que ela diz não é apenas que o risco é excitante, que a derrota é deprimente ou que o triunfo é gratificante, tautologias banais do afeto, mas que é com essas emoções, assim exemplificadas, que a sociedade é construída e que os indivíduos são reunidos. Assistir a brigas de galos e delas participar é, para o balinês, uma espécie de educação sentimental. Lá, o que ele aprende, é qual a aparência que têm o *ethos* de sua cultura e sua sensibilidade privada (ou, pelo menos, certos aspectos dela) quando soletradas externamente, num texto coletivo; que os dois são tão parecidos que podem ser articulados no simbolismo de um único desses textos; e — a parte inquietante — que o texto no qual se faz essa revelação consiste num frango rasgando o outro em pedaços, inconscientemente.

Segundo o provérbio, cada povo ama sua própria forma de violência. A briga de galos é a reflexão balinesa sobre essa violência deles: sobre sua aparência, seus usos, sua força, sua fascinação. Recorrendo a praticamente todos os níveis da experiência balinesa, ela reúne todos os temas — selvageria animal, narcisismo machista, participação no jogo, rivalidades de *status*, excitação de massa, sacrifício sangrento — cuja ligação principal é o envolvimento deles com o ódio e o receio desse ódio. Reunindo-os num conjunto de regras que ao mesmo tempo os refreia e lhes permite agir, esse envolvimento constrói uma estrutura simbólica na qual a realidade de sua filiação pode ser sentida de forma inteligível, mais e mais. Para citar novamente Northorp Frye, se vamos assistir a *Macbeth* para aprender de que maneira um homem se sente após ganhar um reino, mas perder sua alma, os balineses vão às brigas de galos para descobrir como se sente um homem,

---

[36]Esse rótulo consta do segundo livro do *Organon, On Interpretation*. Para uma discussão a respeito, e um argumento completo para libertar "a noção do texto... da noção da escritura ou do escrito", construindo, assim, uma hermenêutica geral, cf. P. Ricoeur, *Freud and Philosophy* (New Haven, 1970), pp. 20 ss.

[37]*Ibid*.

[38]O "estruturalismo" de Lévi-Strauss pode parecer uma exceção. Todavia, essa exceção é apenas aparente, pois, em vez de tomar os mitos, os ritos totêmicos, as regras de casamento ou o que quer seja como textos a interpretar, Lévi-Strauss os toma como códigos a serem decifrados, o que não é a mesma coisa. Ele não procura compreender as formas simbólicas em termos de como elas funcionam em situações concretas para organizar as percepções (significados, emoções, conceitos, atitudes); procura compreendê-las apenas em termos da sua estrutura interna, *independent de tout sujet, de tout objet, et de tout contexte*.

habitualmente composto, afastado, quase obsessivamente autoabsorvido, uma espécie de autocosmos moral, quando, depois de atacado, atormentado, desafiado, insultado e, em virtude disso, levado a paroxismos de fúria, atinge o triunfo total ou o nível mais baixo. Vale a pena reportar-nos novamente a Aristósteles (mas à sua *Poética*, não à *Hermenêutica*):

Mas o poeta [em oposição ao historiador], diz Aristóteles, nunca faz qualquer declaração real, e nunca, certamente, declarações particulares ou específicas. O trabalho do poeta não é contar o que aconteceu, mas o que está acontecendo: não aquilo que ocorreu, mas a espécie de coisa que sempre está ocorrendo. Ele fornece o acontecimento típico, repetido, ou universal, como o chama Aristóteles. Você não iria assistir a *Macbeth* para aprender a história da Escócia — você vai para saber como se sente um homem depois que ganha um reino e perde sua alma. Quando você encontra um tipo de pessoa como o Micawber, em Dickens, você não imagina que deva ter existido um homem que Dickens conheceu que fosse exatamente assim: você sente que existe um pouco de Micawber em quase todas as pessoas que você conhece, inclusive você mesmo. Nossas impressões sobre a vida humana são colhidas uma a uma e permanecem, para a maioria de nós, frouxas e desorganizadas. Entretanto, encontramos constantemente na literatura coisas que subitamente coordenam e trazem a foco uma grande quantidade dessas impressões, e isso é parte daquilo que Aristóteles queria dizer com o acontecimento humano típico ou universal.[39]

É justamente isso, o colocar em foco essa espécie de experiências variadas da vida cotidiana, que a briga de galos executa, colocada à parte dessa vida como "apenas um jogo" e religada a ela como "mais do que um jogo". Ela cria, assim, o que pode ser chamado de acontecimento humano paradigmático, um nome melhor do que típico ou universal — isto é, ela nos conta menos o que acontece do que o tipo de coisas que aconteceria, o que não é o caso, se a vida fosse arte e pudesse ser livremente modelada por estilos de sentimento, como o são *Macbeth* e *David Copperfield*.

Encenada e reencenada, até agora sem um final, a briga de galos permite ao balinês, como a nós mesmos, ler e reler *Macbeth*, verificar a dimensão de sua própria subjetividade. Na medida em que assiste a uma luta após outra, com a assistência ativa de um proprietário e de um apostador (pois a briga de galos não tem maior interesse como esporte para o simples espectador do que o *croquet* ou a corrida de cães), ele se familiariza com ela e com o que ela tem para transmitir-lhe, da mesma forma que o ouvinte atento de um quarteto de cordas ou o apreciador absorto de uma natureza morta torna-se aos poucos familiarizado com eles de maneira tal que eles também abrem sua subjetividade para ele mesmo.[40]

Entretanto, através de outro desses paradoxos que perseguem a estética, ao lado dos sentimentos pintados e dos atos inconsequentes, e porque essa subjetividade não existe propriamente até que seja organizada dessa forma, as formas de arte originam e regeneram a própria subjetividade que elas se propõem exibir. Quartetos, naturezas mortas e brigas de galos não são meros reflexos de uma sensibilidade preexistente e representada analogicamente; eles são agentes positivos na criação e manutenção de tal sensibilidade. Se vemos a nós

---

[39]Frye, *The Educated Imagination,* pp. 63-64.

[40]O uso do idioma visual "natural" para a percepção, para os europeus — "ver", "vigiar", etc. — tem uma conotação comumente errônea aqui, porque, como já mencionamos anteriormente, os balineses seguem o desenrolar da luta tanto com os olhos como com o corpo todo (talvez porque os galos de briga sejam difíceis de ver, a não ser como manchas em movimento); eles mexem todos os membros, a cabeça e o tronco, copiando na gesticulação as manobras dos galos, o que significa que grande parte da experiência da luta do indivíduo é mais cinestética do que visual. Se jamais existiu um exemplo da definição de Kennet Burke do ato simbólico como "a dança de uma atitude" [*The Philosophy of Literary Form,* ed. rev. (Nova York, 1957), p. 9] ele é a briga de galos. Sobre o grande papel desempenhado pela percepção cinestética na vida balinesa, cf. Bateson e Mead, *Balinese Character,* pp. 84-88; sobre a natureza ativa da percepção estética em geral, ver Goodman, *Language of Art,* pp. 241-244.

212   Capítulo Nove

mesmos como um monte de Micawbers, é porque lemos Dickens demais (se nos vemos como realistas sem ilusão, é porque o lemos muito pouco); o mesmo ocorre com os balineses, os galos e as brigas de galos. É dessa forma, colorindo a experiência com a luz que elas projetam, em vez de qualquer efeito material que possam ter, que as artes desempenham seu papel, como artes, na vida social.[41]

Na briga de galos, portanto, o balinês forma e descobre seu temperamento e o temperamento de sua sociedade ao mesmo tempo. Ou, mais exatamente, ele forma e descobre uma faceta particular deles. Não só existem ainda muitos outros textos culturais que fornecem comentários sobre a hierarquia do *status* e a autoapreciação em Bali, como existem muitos outros setores críticos da vida balinesa além do estratificador e do agonístico que recebem tais comentários. A cerimônia que consagra um sacerdote Brahmana, o tema do controle respiratório, da imobilidade de postura e da concentração vazia na profundidade do ser mostram uma propriedade radicalmente diferente, mas igualmente real para os balineses, da hierarquia social — seu alcance da transcendência numinosa. Estabelecida não na matriz da emocionalidade cinética dos animais, mas na desapaixonada estática da mentalidade divina, ela expressa a tranquilidade e não a inquietação. Os festivais de massa nos templos das aldeias, que mobilizam toda a população local em recepções elaboradas aos deuses visitantes — canções, danças, cumprimentos, presentes — afirmam a unidade espiritual dos companheiros de aldeia em relação à sua desigualdade de *status* e projeta uma disposição de amabilidade e confiança.[42] A briga de galos não é a chave principal para a vida balinesa, da mesma forma que não o é a tourada para os espanhóis. O que ela diz a respeito dessa vida não deixa de ser qualificado ou até desafiado pelo que outras afirmativas culturais igualmente eloquentes também dizem sobre ela. Mas nada existe de mais surpreendente nisso do que no fato de Racine e Molière terem sido contemporâneos ou de que as mesmas pessoas que fazem arranjos de crisântemos cruzem espadas.[43]

A cultura de um povo é um conjunto de textos, eles mesmos conjuntos, que o antropólogo tenta ler por sobre os ombros daqueles a quem eles pertencem. Existem enormes dificuldades em tal empreendimento,

---

[41]Todo esse acoplamento do ocidental superior com o oriental inferior perturbará, sem dúvida, alguns tipos de esteticistas, da mesma forma que os primeiros esforços dos antropólogos em falar do cristianismo e do totemismo simultaneamente perturbavam certos tipos de teólogos. Entretanto, como as questões ontológicas estão (ou deveriam estar) enquadradas na Sociologia da Religião, as questões de julgamento estão (ou deveriam estar) enquadradas na Sociologia da Arte. De qualquer forma, a tentativa de desprovincianizar o conceito da arte faz parte da conspiração antropológica geral de desprovincianizar todos os conceitos sociais importantes — casamento, religião, lei, racionalidade — e, embora isso seja uma ameaça às teorias estéticas que veem certas obras de arte como além do alcance da análise sociológica, ela não é uma ameaça à convicção, pela qual Robert Graves alega que foi censurado em seu exame em Cambridge, de que alguns poemas são melhores do que outros.

[42]Para a cerimônia de consagração. cf. V. E. Korn, "The Consecration of the Priest", *in* Swellengrebel, org., *Bali: Studies,* pp. 131-154; quanto à comunhão da aldeia (um tanto exagerada), cf. R. Goris, "The Religious Character of the Balinese Village" *ibid.*, pp. 79-100.

[43]O fato de aquilo que a briga de galos tem a dizer sobre Bali não passar despercebido e a inquietação que ela expressa sobre o padrão geral da vida balinesa não ser inteiramente sem razão é atestado pelo fato de que, em duas semanas, em dezembro de 1965, durante os levantes que se seguiram ao golpe de Estado em Jacarta, entre quarenta e oitenta mil balineses (numa população de cerca de dois milhões) foram mortos, uns pelos outros, principalmente — a pior explosão de violência no país. [J. Hughes, *Indonesian Upheaval* (Nova York, 1967), pp. 173-183. Os números indicados por Hughes são, sem dúvida, estimativas casuais, mas não são os mais extremos.] Não queremos dizer com isso que as mortes foram causadas pelas brigas de galos, que elas podiam ser previstas na base dessas brigas, ou que elas foram uma espécie de versão ampliada delas com pessoas reais no lugar de galos — isso seria rematada tolice. Queremos apenas dizer que se olha para Bali não apenas através de sua dança, de suas peças de sombras, de sua escultura e de suas moças, mas também através de suas brigas de galos — como os próprios balineses — o fato de o massacre ter ocorrido, embora estarrecedor, parece menos uma contradição com as leis da natureza. Como já descobriu mais de um Gloucester verdadeiro, às vezes as pessoas conseguem a vida precisamente quando deixam de querê-la mais profundamente.

abismos metodológicos que abalariam um freudiano, além de algumas perplexidades morais. Esta não é a única maneira de se ligar sociologicamente com as formas simbólicas. O funcionalismo ainda vive, e o mesmo acontece com o psicologismo. Mas olhar essas formas como "dizer alguma coisa sobre algo", e dizer isso a alguém, é pelo menos entrever a possibilidade de uma análise que atenda à sua substância, em vez de fórmulas redutivas que professam dar conta dela.

Da mesma forma que nos exercícios familiares de leitura atenta, pode-se começar em qualquer lugar, num repertório de formas de uma cultura, e terminar em qualquer outro lugar. Pode-se permanecer, como eu, numa única forma, mais ou menos limitada, e circular em torno dela de maneira estável. Pode-se movimentar por entre as formas em busca de unidades maiores ou contrastes informativos. Pode-se até comparar formas de diferentes culturas a fim de definir-lhes o caráter para um auxílio mútuo. Entretanto, qualquer que seja o nível em que se atua, e por mais intrincado que seja, o princípio orientador é o mesmo: as sociedades, como as vidas, contêm suas próprias interpretações. É preciso apenas descobrir o acesso a elas.

Agradecimentos

"The Impact of the Concept of Culture on the Concept of Man", *in New View of the Nature of Man,* org. por J. Platt (Chicago: University of Chicago Press, 1966), pp. 93-118. Reproduzido com permissão da The University of Chicago Press e © *1966 by* The University of Chicago.

"The Growth of Culture and the Evolution of Mind", reproduzido com permissão de Macmillan Publishing Co., Inc., de *Theories of Mind,* org. por J. Scher, pp. 713-740. *Copyright* © The Free Press of Glencoe, Divisão da Macmillan Company, 1962.

"Religion as a Cultural System", *in Anthropological Approaches to the Study of Religion,* org. por M. Banton (Londres: Tavistock Publications Ltd., 1966), pp. 1-46. Reproduzido com permissão.

"Ethos, World View and the Analysis of Sacred Symbols", *Copyright* © *1957 by* the Antioch Review, Inc. Publicado pela primeira vez em *The Antioch Review,* vol. 17, n.º 4; reproduzido com permissão dos diretores.

"Ideology as a Cultural System", reproduzido com permissão de Macmillan Publishing Co., Inc., de *Ideology and Discontent,* org. por D. Apter, pp. 47-56. *Copyright* © *1964 by* The Free Press of Glencoe, Divisão da Reproduzido com permissão.

Poesia reproduzida de "In Memory of W. B. Yeats", *Collected Shorter Poems 1927-1957,* por W. H. Auden, Copyright 1940, renovado em 1968 por W. H. Auden. Permissão da Randon House, Inc., e Faber and Faber Ltd.

Citações de Lévi-Strauss, Claude, *Tristes Tropiques,* tradução de John Russell, Nova York, 1964, usado com permissão de George Borchardt Literary Agents e Hutchinson Publishing Group Ltd. The Macmillan Company.

"The Politics of Meaning", reproduzido de *Culture and Politics in Indonesia,* org. por Claire Holt, com a assistência de Benedict R. O'G. Anderson e James Siegel. *Copyright* © *1972 by* Cornell University. Usado com permissão da Cornell University Press.

Person, Time and Conduct in Bali: An Essay in Cultural Analysis. Southeast Asia Program, Cultural Report Series, n.º 14, 1966. Reproduzido com permissão.

"Deep Play: Notas on the Balinese Cockfight", in *Daedalus,* 101 (1972): 1-37.

Poesia reproduzida de "In Memory of W. B. Yeats", *Collected Shorter Poems 1927-1957,* por W. H. Auden. *Copyright 1940,* renovado em 1968 por W. H. Auden. Permisssão da Random House Inc. e Faber and Faber Ltd.

Citações de Lévi-Strauss, Claude, *Tristes Tropiques,* tradução de John Russell, Nova York, 1964, usado com permissão de George Borchardt Literary Agents e Hutchinson Publishing Group Ltd.